大学生朋辈心理辅导
——出入相友，守望相助

主　编　蔡　颖　丛建伟　高明慧
副主编　张忠宇　王俊红
　　　　张　彬　毕凤玲

哈尔滨工程大学出版社
Harbin Engineering University Press

内容简介

大学生朋辈心理辅导工作越来越受到我国高校心理健康教育工作者的重视。我校从2002年开始开设针对本科生的"朋辈心理辅导"课程，深受学生喜爱。本书是多位一线老师多年教学实践经验的总结。全书分为心理学理论讲授、大学生常见十大心理困扰和团体心理训练活动三个部分。

本书具有通俗性、易读性和趣味性的特点，既可以成为大学生自助读本，又可以作为教授或者培训大学生朋辈心理辅导员的教材。

图书在版编目(CIP)数据

大学生朋辈心理辅导：出入相友，守望相助/蔡颖，丛建伟，高明慧主编. —哈尔滨：哈尔滨工程大学出版社，2021.10
 ISBN 978-7-5661-3304-5

Ⅰ.①大… Ⅱ.①蔡…②丛…③高… Ⅲ.①大学生-心理辅导 Ⅳ.①G444

中国版本图书馆 CIP 数据核字(2021)第 216737 号

大学生朋辈心理辅导——出入相友，守望相助
DAXUESHENG PENGBEI XINLI FUDAO——CHURU XIANGYOU,SHOUWANG XIANGZHU

选题策划	薛 力
责任编辑	唐欢欢
封面设计	李海波

出版发行	哈尔滨工程大学出版社
社　　址	哈尔滨市南岗区南通大街 145 号
邮政编码	150001
发行电话	0451-82519328
传　　真	0451-82519699
经　　销	新华书店
印　　刷	哈尔滨理想印刷有限公司
开　　本	787 mm×1 092 mm　1/16
印　　张	18
字　　数	407 千字
版　　次	2021 年 10 月第 1 版
印　　次	2021 年 10 月第 1 次印刷
定　　价	49.8 元

http://www.hrbeupress.com
E-mail:heupress@hrbeu.edu.cn

前　言

近年来，我国高校的朋辈心理辅导工作日益受到关注且发展迅速。大学生朋辈心理辅导员在学生心理健康教育和危机预防中起着不可替代的重要作用。各高校也越来越重视朋辈心理辅导员的培训和培养。

2001年，我有幸跟随清华大学樊富珉教授学习团体心理辅导课程，了解到樊老师将团体心理训练活动融入心理健康教育课程。2002年，我校在创设旨在培养朋辈心理辅导员的选修课程"朋辈心理辅导"时，也尝试将团体活动融入课堂教学。团体形式满足了大学生渴望同辈交往的心理需求，寓教于乐的形式深受学生喜爱。经过多位心理健康教育老师的多年努力与实践，这门课已经成为我校学生经常抢不到的选修课。随着选课学生与授课教师对课程教材与时俱进的需求，编写课程新教材已成为亟待解决的重要问题，促使本教材应运而生。

全书内容分为三大部分，即理论知识介绍部分、常见心理困扰部分和团体心理训练活动部分。理论知识介绍部分包括心理辅导方法的概述、基本理论、主要技术、在朋辈心理辅导中的应用等内容。常见心理困扰部分优选当代大学生最常见的十大心理困扰：自信培养、生涯规划、环境适应、人际交往、情感解惑、亲子沟通、自控能力、压力管理、生命关怀及丧失应对；每一项大学生常见心理困扰包括问题表现、心理小测验、心理学解析、心理学小知识、应对的策略与方法、自助练习及推荐读物七个模块。团体心理训练活动部分包括相识、信任、自我探索（一）、自我探索（二）、人际互动（一）、人际互动（二）、人际互动（三）、团体协作（一）、团体协作（二）和团体结束环节。

本教材的编写者均为黑龙江省高校心理健康教育教师。教材主编蔡颖、丛建伟、高明慧，副主编张忠宇、王俊红、张彬、毕凤玲。哈尔滨工程大学王俊红负责编写第一章，哈尔滨工程大学高明慧负责编写第二章，齐齐哈尔医学院史倩负责编写第三章，哈尔滨工程大学张彬负责编写第四章，哈尔滨工程大学齐云鹤负责编写第五章，哈尔滨工程大学毕凤玲负责编写第六章，黑龙江中医药大学侯润楠负责编写第七章，哈尔滨工程大学蔡颖负责编写第八章，哈尔滨工程大学张忠宇负责编写第九章，哈尔滨工程大学吴雨晨负责编写第十章。蔡颖负责教材的统稿，丛建伟和高明慧负责教材的审校。

哈尔滨工程大学出版社的编辑薛力、唐欢欢和牛钮在本教材的出版过程中给予了大力支持，在此深表谢意。

由于编者水平有限，书中难免有疏漏和不妥之处，恳请广大读者批评指正。

编　者

2021 年 9 月

目 录

第 1 章 朋辈心理辅导概述 ··· 1
  1.1 理论知识介绍 ··· 1
  1.2 大学生常见心理问题之自信培养 ································· 11
  1.3 朋辈交往团体:相识 ··· 20

第 2 章 朋辈心理辅导的常用技术 ·· 24
  2.1 理论知识介绍 ·· 24
  2.2 大学生常见心理问题之生涯规划 ································ 33
  2.3 朋辈交往团体:信任 ··· 46

第 3 章 精神分析疗法 ··· 51
  3.1 理论知识介绍 ·· 51
  3.2 大学生常见心理问题之环境适应 ································ 60
  3.3 朋辈交往团体:自我探索(一) ·································· 72

第 4 章 行为疗法 ·· 77
  4.1 理论知识介绍 ·· 77
  4.2 大学生常见心理问题之人际交往 ································ 92
  4.3 朋辈交往团体:自我探索(二) ·································· 104

第 5 章 认知行为疗法 ··· 109
  5.1 理论知识介绍 ·· 109
  5.2 大学生常见心理问题之情感解惑 ································ 120
  5.3 朋辈交往团体:人际互动(一) ·································· 135

第 6 章 人本主义疗法 ··· 140
  6.1 理论知识介绍 ·· 140
  6.2 大学生常见心理问题之亲子沟通 ································ 158
  6.3 朋辈交往团体:人际互动(二) ·································· 168

第 7 章 表达性艺术疗法 ·· 173
  7.1 理论知识介绍 ·· 173

  7.2 大学生常见心理问题之自控能力 ·················· 184
  7.3 朋辈交往团体:人际互动(三) ······················ 197

第8章 后现代疗法 ·· 201
  8.1 理论知识介绍 ·· 201
  8.2 大学生常见心理问题之压力管理 ·················· 207
  8.3 朋辈交往团体:团体互动(一) ······················ 216

第9章 危机干预与预防 ·· 221
  9.1 理论知识介绍 ·· 221
  9.2 大学生常见心理问题之生命关怀 ·················· 234
  9.3 朋辈交往团体:团体互动(二) ······················ 246

第10章 常见心理障碍识别 ······································· 251
  10.1 理论知识介绍 ·· 251
  10.2 大学生常见心理问题之丧失应对 ················ 266
  10.3 朋辈交往团体:团体结束 ··························· 273

参考文献 ··· 279

第1章　朋辈心理辅导概述

朋辈心理辅导是大学生心理健康教育的重要手段,是由经过一定训练的学生实施的,为同龄人提供心理帮助、支持、教育、关爱的活动。近20年来,我国高校朋辈心理辅导蓬勃发展,人员队伍建制合理、功能广泛、培训体系完善,充分满足了大学生日益增长的心理健康服务需求,弥补了专业人员的不足,在心理危机预警和干预中起到重要的、坚实的、广泛的、不可替代的作用。

1.1　理论知识介绍

1.1.1　什么是朋辈心理辅导

朋辈心理辅导(Peer Tutoring)是一种新型的建设性的人际关系,是同伴之间运用一定的专业知识、生活经验和助人技巧所进行的同龄人之间的心理互助、激励、支持、指导、训练和咨询活动,其目的是使学生建立良好的社会支持系统,克服成长中的障碍,有效调控行为,形成良好个性品质,了解自己和他人,增进社会适应能力和充分发挥潜能。

1.1.2　朋辈心理辅导的形成与发展

1. 在国外

(1)在美国

美国心理卫生半专业人员的兴起,可追溯到20世纪20年代。美国社会福利的立法使得福利机构对一些失业人员、社会青年及可能休学的学生进行短暂的培训,让他们担任社会福利领域的半专业协助者。在高校、医疗机构、社区纷纷设置心理辅导,但治疗的专业人员严重不足的情况下,一些接受过半专业训练的人员逐渐受到重视,甚至有些只是粗通专业的人员也临时上了岗。1961年,美国颁布《社区精神健康议案》,再次推动了"非专业人士"在专业人员和城镇社区居民之间桥梁作用的发挥。同时,种族暴乱、校园骚乱等社会危机,使得美国青年一代受到家庭、学业和就业等问题的困扰,各种心理问题日趋突出,半专业助人者再一次引起了教育专家和社会的高度重视。

随后,学者们对如何训练门外汉成为半专业的助人者进行了很多的研究和探索。

1965年,Carkhuff在《外行心理健康咨询:外行团体咨询的效果》一文中指出半专业人员的功能不亚于专业人员,从而使半专业人员的功能逐渐被肯定,半专业辅助计划也随之增加。此后,沟通技术训练模式得到快速发展,比如 Carkhuff(1969)的人际关系训练模型(human relations training model)、Ivey 的微咨询培训模型(microcounseling training model)。Vriend(1969)、Lippit(1970)、Murray(1972)等人对朋辈辅导的可行性和必要性进行了很多的研究。其中 Vriend(1969)发表的利用受训的高成就的高中学生以团体咨询方式帮助低成就的学生的研究报告,用数据证实了朋辈辅导在成员人格发展和学业成就上的效果,被称为是有关美国学校朋辈心理辅导效果研究的首篇论文。

1972年,心理辅导专家哈姆伯格(Hamburg)和他的同事们在美国加利福尼亚州发起了非专业心理咨询运动(也称朋辈辅导运动),使得朋辈辅导逐渐被大家熟悉和认可。在各级各类学校里,朋辈辅导的应用领域主要涉及人格咨询、情绪咨询、自我探索咨询、生涯咨询、适应性(跨文化适应、学校适应)咨询、性心理咨询、学业咨询、道德伦理咨询、药物滥用咨询、酗酒咨询、问题解决咨询、人际关系咨询、辍学咨询、危机干预咨询、经济问题咨询、时间管理咨询、社会兴趣咨询等。准专业咨询人员的概念也逐渐被朋辈咨询师取代。

1984年,美国成立全美朋辈互助者协会(The National Peer Helpers Association,NPHA),后来更名为全美朋辈教育联合会(The National Association of Peer Programs,NAPP)。该协会是一个非营利性组织,聚集了全美501个致力于朋辈心理咨询推广的合作伙伴,与全美37个州的协会保持着密切联系,在国外设有14个附属机构,会员遍布世界各地。他们定期举办年度大会、开办培训班、创办简报和专业性杂志《朋辈计划前瞻》,一同探讨朋辈心理辅导的发展,制定朋辈心理咨询实施的统一标准,并提供不间断的职后培训和监督。

20世纪末,美国朋辈辅导活动的实施逐渐形成规范的项目管理模式。由全美朋辈教育联合会修订项目标准 NAPP Programmatic Standards(2002),对各行各类实施的朋辈心理辅导从项目启动(计划、义务、人事、组织结构)、项目实施(选拔、培训、服务、监督)、项目维护(评估、公众联系、长远规划)等三个阶段进行标准化的规范和指导,以提高朋辈心理咨询的实施质量。

在美国,是否拥有朋辈咨询项目通常是评价一个校园好坏的硬性标准。较为常见的项目可以归结为朋辈健康教育、朋辈伴读、朋辈调解、朋辈心理咨询四种基本类型。

①朋辈健康教育(peer health education)

朋辈健康教育项目被美国学校广泛运用于包括饮食紊乱、酗酒、吸烟、吸毒、性心理卫生、艾滋病的防治等方面的学生健康教育。实施方式是从学校里选出一些"健康使者",为其他同学进行健康知识宣传,也可以是具有同样困惑的学生组成支持小组,在成员的支持和相互帮助下获得成长。伯纳德(Benard,1990)在《朋辈教育项目案例研究》一书中指出,青年朋辈互助可以减轻青少年因吸毒、酗酒、辍学和少女妈妈等社会问题被家庭、学校和社会抛弃所体验到的孤独感。伯纳德还将朋辈辅导称为"心理干预的天然磁石",对学校心理健康教育具有重要的意义。布莱克(Black)、托伯(Tobler)、赛斯卡(Sciacca)等人(1998)通过120个系列研究分析得出的结论是,参与朋辈干预的7~9年级的孩子对烟草、大麻、酒精等其他违法物品的抵御能力要明显优于教师干预的孩子。

②朋辈伴读(peer tutoring or mentoring)

朋辈伴读项目被应用于适应新的环境、学习能力较弱、身体残疾、在国外留学等有特殊困难学生的学习和生活辅导。实施方式是从高年级挑选出一些成绩优秀的学生,经过一定的培训后,为需要帮助的学生提供学习技能、生活技巧和心理问题等方面的朋辈咨询。1977年,美国国家科学研究委员会通过美国大量院校的研究报告指出,朋辈伴读能够提高学生的学习动力,特别是对基本学习技能很差的学生有着非常大的帮助作用。

③朋辈调解(peer mediation)

朋辈调解是指学校从学生中选拔出的朋辈调解员(Peer Mediator)依靠沟通和调解技巧为冲突或有争端的学生双方提供第三者的介入和帮助,以有效地解决问题。美国25岁以下青少年的暴力冲突多发生在美国校园里,大多数冲突是因为学生不正确的处理方式升级而成的。朋辈调解项目的目标是使学生与教师、学校领导和心理指导老师共同担负起维护安全稳定的校园环境的责任,通过朋辈调解的培训和过程使双方同学增强对自我和他人的认识,提高冲突沟通的技巧。1992—1994年,约翰(Johns)等人对费城公学区60多所中学开展了朋辈调解项目有效性研究,表明朋辈调解使90%的争端得到化解,且能够改变学生用身体暴力处理争端的错误认知,提高了学生处理冲突的能力。

④朋辈心理咨询(peer counseling)

在美国的大学和中学里,一些学生在接受一定的专业心理咨询培训后,经常辅助或代替专业心理咨询老师,通过热线电话和门诊咨询两种形式,为寻求心理咨询的学生提供主动倾听和支持性疗法,帮助他们宣泄情感、解决问题和促进个人成长。朋辈心理咨询不等于通常意义上的同学之间的互帮互助,它具有一定的专业色彩,但由于受训内容和受训时间的影响,因而其受训人员的专业能力会受到限制,所以,朋辈心理咨询又被称为"准心理咨询"(paracounseling)或"类专业心理咨询"(para-professional counseling)。

从20世纪60年代发展至今,朋辈心理咨询已经成为美国普遍采用的同龄人互助方式。哈佛大学心理健康服务中心下设六七个朋辈辅导团体,例如"13号室""反应""回响热线""共同热线"等,为学生提供学校适应、人际关系、学业、压力、性、饮食、酗酒等方面的咨询。斯坦福大学的朋辈心理咨询中心成立于1971年,是坐落在校园里的一个独立的三层小楼,完全由学生管理和运转,目的是为在校生提供同龄人的心理帮助,形式包括面对面咨询和电话咨询、自杀预防热线和哀伤辅导、冲突调解、酒精和药物预防等。朋辈心理咨询中心提供24小时全天候的心理服务,所有咨询师的服务都是义务和志愿的,学校不提供工作酬金或者其他补助。

(2)在英国

英国的朋辈关爱服务是在1990年由牛津大学的美国学者Ann引入的,当时在牛津大学工作的Kate Ward-Perkins对这项工作非常感兴趣,积极参与了这项对学生的支持服务。朋辈关爱是在学生遇到的困难没有成为非常严重的问题前,所采取的一种非正式的服务方式,由学校心理咨询中心下设的朋辈关爱中心实施。

英国里丁朋辈关爱的志愿者由招募而来,学生需要填写详细的申请表格和进行简单的面试。选择志愿者的标准是学生要热心、可靠,情商要高,他们能够理性地了解自己的行为举止和情绪。英国高校招募的志愿者有本科生、硕士生、成人学生或国际学生等。志愿者培训通常是一年三次,两次在秋季,一次在春季。每次培训大约有15名学生,每年有约45名新学生接受培训成为活动志愿者。有的学生第一年成为朋辈关爱的服务者,次年还想继续参加关爱行动,因此学校每年有60~70名学生参加朋辈关爱服务。

培训一般分6次进行,每次3小时,共18小时。培训核心内容是倾听的主要技能和向学生提供帮助的主要技能。培训模式包括个人反思练习、2~3人一组练习倾听(其中一个人观摩)、小组活动、小组讨论。培训是一个循环的过程:学习体验—反思—学到更多—再体验。志愿者首先经历朋辈关爱,进行倾听训练,在此基础之上反思自己的经历体验,在反思体验的过程中体会什么内容的帮助比较困难,什么内容的帮助比较有效,通过这样的反思进行下一步的学习,在经历和反思的过程中,志愿者得到收获,然后再进行体验经历。给志愿者布置的课外作业有在首次培训后安排接受培训的学生和不认识的学生进行交流体验等。

朋辈志愿者的工作形式包括每学期在学生会做宣传活动,可通过贴海报、电子屏传、院系电子邮箱和微信公众号等进行宣传。志愿者组织经常用学生十分关注的问题来做活动的主题:学期开始,开展以帮助学生有效利用时间为主题的活动;临近期末考试时会给学生提供如何有效缓解压力的主题活动等。学生可以通过多种方式联系帮助中心和志愿者:设置电子邮箱;通过网站查询志愿者联系方式;可以现场直接接受服务,通过时间表查询相应的志愿者并进行咨询;在学生宿舍里张贴海报,提供志愿者的图片简介,学生可以找到这些志愿者并进行咨询;每一周的校区里非正式见面时,可以一起走走,可以一起喝杯咖啡,可以一起去参加一个俱乐部等。接受过服务的学生,通过朋辈关爱有了明显的积极变化。

心理咨询中心会在志愿者提供服务的时候进行监督和指导。学校每学期会召开志愿者的集体会议,了解队伍的成员,针对饮食失调,学生行为举止不当、自我伤害,避免自杀,国际留学生支持等方面的问题进行讨论。

近些年其他英国大学也开始提供朋辈关爱服务,如拉夫堡大学、利物浦大学等。目前在英国的其他大学或继续教育学校乃至中小学,都有不同形式的朋辈关爱服务。

2. 在国内

20世纪70年代,"psychological counseling"传入我国时,曾在不同地区被分别翻译为心理辅导、心理咨询,因此在高校,除了专业教师提供的专业咨询外,也有很多经过半专业训练的学生提供的朋辈辅导。朋辈心理辅导的发展大致有以下三条脉络。

(1)朋辈心理咨询

在开设有心理学专业本科或研究生教育的学校,一方面,专业培养本身需要学生参与实践活动;另一方面,朋辈辅导的优势所在,使得朋辈心理咨询在校园里以各种各样的形式盛行。比如河北师范大学心理学专业本科生组织的"心理咨询小组",每周两天晚上,在校园主干道路边"摆摊儿",为路过的学生提供朋辈心理咨询服务。1998年时,咨询设置很灵活,一张桌子,前后各一张椅子,朋辈咨询员坐在一边,另一边坐着一个来访者,后边还常常能围着一圈听众。来访者诉说着自己的问题,听众也随着两人的互动倾听着、感受着、收获着,前一个同学的问题讨论完了,后一个同学紧接着坐下。那个时候,同学们觉得心理咨询很正常,争先恐后地,很热闹。后来由于学校合并,心理咨询小组的同学转到了另一个校区,老校区的同学还表达着想念,希望朋辈咨询员们回来继续工作。

近些年,朋辈心理咨询的管理、培训、督导体系逐渐系统和完善。在哈尔滨工程大学,临床与心理咨询方向的研究生在二年级上学期开始,可以申请在学校心理咨询中心接待来访者,个案咨询每次45分钟,在咨询室里进行;团体心理辅导可以采用招募的形式进行,心理咨询中心会为朋辈咨询员提供每周一次、每次1.5小时的督导。在华中师范大学,临床与心理咨询方向的研究生在二年级下学期开始,可以申请在心理咨询中心以实习咨询师身份接待来访者,同样需要接受每周一次的督导。如果督导师认为某个实习咨询师不能够胜任,会终止他的实习。

在没有心理学本科和研究生的学校,或者即便是有也感觉不能满足学生需求的学校,则会招募一些其他专业的志愿者,经过系统的培训后,再开展朋辈心理咨询工作。2011年,中国人民大学引入在美国斯坦福大学的"桥"朋辈心理咨询项目的培训体系与运营模式,以全校选修课的形式讲授朋辈心理咨询技巧课程以及朋辈心理咨询专题课程,课程采用不超过30人的小班教学模式,课程强调讲授与技巧实操训练相结合,每周1.5小时由教师进行讲授,2小时由现任朋辈心理咨询师带领练习咨询技巧,再两两搭档2小时的模拟咨询练习,然后完成自评表格并获得来自现任咨询师的反馈,完成所有培训和练习至少需要126个小时。朋辈心理咨询师在"中国人民大学朋辈心理咨询中心",以设立在公寓楼的四个"朋辈小屋"为平台,面向在校学生提供准专业的同龄人一对一心理咨询与校园心理健康拓展服务,同时兼具困难学生和危机转介的功能。

(2)朋辈心理健康教育

虽然经过系统培训的学生也能发挥一些校园朋辈心理健康教育的功能,但在我国大多数高校,更普遍的则是以心理社团的形式进行组织。心理社团通常由学生自行发起,在校团委进行注册,由学校心理健康教育工作部门进行专业指导。心理社团对成员的要求不高,只要是对心理学感兴趣即可申请加入。开展的活动包括策划、承办"心理健康宣传月",组织教师讲座、读书会、团体活动、素质拓展训练、心理电影解析、心理沙龙、校园心理剧演出等,还可以通过网站、新媒体、学校广播台等宣传途径,开设《心理健康知识》《趣味心理测验》《案例分析》等栏目,编辑出版学生心理辅导报纸、刊物进行心理健康教育宣传。这些活动对专业性要求也不高,但需要较多人员的参与,能够在学校更大范围内形成维护心理健康的良好氛围。

(3)危机预警和干预心理联络

为了应对学校突发的心理危机,弥补专业老师工作角度的限制,高校开始在学生中设置用于心理危机预防和干预的骨干队伍。2003年,哈尔滨工程大学在总结危机事件发生的规律后,提出了要在每个寝室设置一名"寝室心理联络员",负责关注寝室同学的心理动态,发现危机及时上报,在每个班级设置男、女各一名负责人,并设置年级负责人。因这支队伍的最小单位是寝室,故将这项制度命名为"心理联络员制度"。2004年,天津大学也建立起危机干预学生骨干队伍,其设置主要在班级,故称其成员为"班级心理委员"。而后,其他高校也陆续建立起包含三级或四级心理危机预警和干预体系,其最小单位也是寝室,但在每个学校的命名却不尽相同。随着学生骨干工作的深入和工作内容的丰富,部分高校也开始建立起学校层面的心理健康教育学生骨干,如在校团委学生会设立心理部,或者在校心理健康教育部门下设心理委员联合会、关爱心灵学生委员会。因此,心理健康教育的学生骨干已经由最初的心理联络员发展为由寝室心理联络员、班级心理委员、年级负责人、院系负责人、院系学生心理组织、校级学生心理组织等多个层面组成的学生组织。

《高等学校学生心理健康教育指导纲要》(教党〔2018〕41号)指出,高校应"健全心理危机预防和快速反应机制,建立学校、院系、班级、宿舍"四级"预警防控体系,完善心理危机干预工作预案,做好对心理危机学生的跟踪服务,注重做好特殊时期、不同季节的心理危机预防与干预工作,定期开展案例督导和个案研讨,不断提高心理危机预防干预专业水平"。心理健康教育学生骨干作为最基础、最普遍的信息来源,在危机干预工作中占有重要地位,发挥着重要作用。四级危机干预网络的建立,使寝室心理联络员成为联系心理辅导教师、辅导员和同学之间的纽带,可及时将班级出现的问题向教师反馈。这种组织模式在全国已经较为普遍。

1.1.3 朋辈心理辅导的实质与特点

1. 朋辈心理辅导的实质

朋辈心理辅导是在心理健康教育的要求和组织下,培训和督导一批志愿从事心理援助工作的学生,或挑选、培训半专业的助人者,并结合大学生之间年龄相近、环境相同、经验和价值观相似等特点,在同伴之间运用一定的专业知识、生活经验和助人技巧所进行的同龄人之间的心理互助、激励、支持、指导、训练和咨询活动,其目的是使学生建立良好的社会支持系统,克服成长中的障碍,有效调控行为,形成良好个性品质,了解自己和他人,增进社会适应能力和充分发挥潜能。

(1)朋辈心理辅导是一种心理健康教育形式。

朋辈心理辅导是由学校心理健康教育部门组织开展的,其内容和形式属于心理健康教育的一种,目标和手段符合心理健康工作的要求。《高等学校学生心理健康教育指导纲要》指出,"发挥学生主体作用,支持学生成立心理健康教育社团,组织开展心理健康教育活动,增长心理健康知识,提升心理调适能力,积极进行心理健康自助互助"。

(2)朋辈心理辅导是在同辈、朋友之间发生的。

"朋辈"一词含有"朋友"和"同辈"的意思,即指同年龄者或年龄相当者,他们通常具有相同的年龄、性别、生存环境,相近的价值观念、经验、生活方式和文化背景,他们所关注的问题和热爱的事物也常常一致。因此,他们更容易相互沟通和理解。

(3)朋辈心理辅导重在预防和发现。

传统意义上的学校心理辅导主要是希望解决学生成长适应中的问题,对于辅导人员专业知识、理论技巧也有很高的要求。朋辈心理辅导员由于本身的能力有限,所以只能将重点放在构建良好社会支持系统,及时发现同学中存在的严重心理问题,并向辅导员和学校咨询机构反映。对于成长中的学生来说,拥有良好的社会支持系统本身就可以预防心理问题的发生。朋辈之间形成安全、信任的人际关系,是大学生社会支持系统中很重要的一部分。这种社会支持系统将有助于建立和优化健康、轻松的心理氛围,通过言传身教实施影响。尤为重要的是,在学生发生危机事件时,朋辈组织能够立即制止其自伤、伤人、自杀等危险行为,通报辅导员、专任教师,并进行全程陪护,成为心理辅导人员实施危机干预的有力帮手。

(4)所采用的手段可以多种多样。

朋辈心理辅导不能等同于同伴帮助(peer helping)、同伴教育(peer education)、同伴指教(peer tutoring)、同伴指导(peer instruction)、辅助性咨询(paracounseling),但是其所运用的手段则可以包含以上所有的方面。为帮助大学生解决学习和生活中遇到的实际问题,化解心理危机,可以依据各个学科的专业知识,如哲学、心理学、精神医学、教育学、社会学、人类学等。同时,可以采用多种心理帮助的技巧,如给予陪伴、支持,鼓励宣泄;通过安慰、劝说、解释来安抚情绪;通过提供建议、指导来解决问题;甚至可以通过干预直接帮其改善不良环境。

2. 朋辈心理辅导的特点

我们认为,朋辈心理辅导的特点主要表现在以下五个方面:

(1)普遍性

对于我国学生的研究显示,当他们遇到心理社会性的问题(即焦虑和抑郁、记忆力和注意力、严重的心理困扰和异性交往)时,偏好向朋友求助;对于学业和事业问题(即课业、未来就业),则偏好向父母咨询,只有涉及要解决失眠和严重的心理困扰时,才会找心理老师或精神科医生。

中国青少年研究中心的调查报告显示,当大学生有了心理问题的时候,首先选择的是向朋友倾诉(79.8%),其次是向母亲(45.5%)、同学(38.6%)、恋人(30.9%)、父亲

(22.5%)、同龄亲属(15.8%)倾诉,选择向心理咨询师倾诉的仅占3.2%。因此,朋辈心理辅导所发生的概率和涉及的对象都比心理咨询要高,可以作为学校心理健康教育的普遍形式。

(2) 全员性

全员参与性即意味着全体学生均可通过不同方式参与到朋辈心理辅导的队伍中来。单纯依靠心理健康教师,很难完成全校所有本科生和研究生的心理辅导工作。在管理层面,学校需要各单位、各部门的密切配合;在学生层面,更需要广大学生的互相帮助和支持。每个学生都建立起自己的社会支持系统,将有助于其心理困惑的解决和大学生活的适应。因此,具有行政职能的大学生心理健康指导中心就需要创造各种有利条件,为尽可能多的学生提供培训、参与和表现的机会。

(3) 义务性

人类总是以家庭、群体或集体的方式生活,在遇到自身无法克服的心理困扰时,往往会激发向外寻求帮助的行为。由于利他主义的存在,因此被求助的人也会主动、自发地给予接受、理解和关心。在人际互动的过程中,人们会自觉或不自觉地介入对他人的帮助活动中,从这个意义上讲,人类的心理互助是一种本能行为。为此,辅导者会付出一些时间、精神(如情绪受到影响),甚至物质(如在经济上接济来访者)的损失,但同时可以满足自己的助人愿望,获得来访者的尊重和感激,提升自我价值感和自尊心。因此,朋辈辅导者一般不会要求物质的报酬,而是义务性的付出和奉献。

(4) 时效性

在大学校园中,学生通常以班级、寝室或者社团为单位联系在一起。朋辈心理辅导员分布于同学中间,能广泛和同学接触。和专业心理咨询教师相比,朋辈心理辅导员往往更容易发现问题,也更容易及时和同学沟通。心理咨询总是先经过预约,然后再和老师建立信任关系,这都需要一个过程。而同学、寝室成员之间在寝室的卧谈会上,在一起吃饭、上课的路上,都可以进行沟通和交流。由于彼此相互了解程度较深,易于交流,因此帮助和辅导的过程实施起来也很方便、快捷,可以提高心理辅导和咨询的时效性。

(5) 直接干预性

担任朋辈心理辅导工作的通常是求助学生要好的朋友或同学,受时间、地域、语言等因素的影响较少,能够更直接有效地干预,及时帮助求助学生缓解心理压力、监督建议实施、矫治问题行为和化解危机。如对于网络成瘾的学生,心理咨询老师最多只能帮其在认知上调整,制定行为计划,难以实现监督的功能。而朋辈心理辅导员就可以直接在其无法控制自己的行为时将其从网吧拉回来,每天坚持和他一起上自习,帮其建立良好的行为习惯。

1.1.4 朋辈心理辅导员的素质与任务

1. 朋辈心理辅导员的素质

朋辈心理辅导员作为半专业的心理助人者,所从事的是心理健康工作。对专业心理助人者所提出的个性、态度、素质要求,也适用于朋辈心理辅导员。

(1)自身健康

作为心理工作人员,首先自己要有一个比较健康的心理状态,有正确的自我概念、积极的自我评价,对自己充满信心,能够自我管理和调控。朋辈心理辅导员良好的人格特质是胜任力的核心要素,是能否被学生接受认可、愿意向其吐露心扉的基础。个性外向、乐观开朗,能够做到悦纳自己、善待他人的朋辈心理辅导员,更容易被同学接纳,也更容易开展工作。朋辈心理辅导员的个性特征里面最关键的是性格,性格里面最关键是乐观。朋辈心理辅导员阳光一点、耐心一点、随和一点,周围的人才愿意把心里的事和你说。

(2)善于建立良好关系

心理咨询师为了与来访者建立良好的咨询关系,会采用尊重、温暖、真诚、热情、积极关注等态度,尊重个体作为生命主体的权利,关心个体的生命发展可能,以现实的态度关注个体的积极方面,帮助个体实现满意的人生。

朋辈心理辅导员在与被辅导对象建立关系时,也要像朋友一样做到关心、耐心、细心、诚心、热心,要有帮助他人的意愿,善于与人沟通。

(3)遵守心理工作伦理

在同学向自己吐露了不属于危机的心理状况后,要能够尊重同学的隐私,不到处传播与泄露,也不要到处打听别人的隐私。在工作中做到不该说的秘密绝对不说,不该记录的秘密绝对不记,不在不利于保密的地方存放秘密文件资料,不与其他无关人士讨论秘密,不向无关人透露工作情况,保护被关注对象的隐私。

(4)工作态度和能力

心理工作的特殊性,要求朋辈心理辅导员在平时的工作中要有高度的责任心,对工作方式和方法勤于思考。由于心理危机的发生具有一定的隐蔽性,因此朋辈心理辅导员在关注和识别中,需要有敏锐的觉察力;关注渠道多样,需要朋辈心理辅导员保持负责的态度,认真关注与反馈。在发现危机情况后,要有迅速的反应能力,清晰的语言表达能力,简短而全面地报告危机。在心理健康宣传中,朋辈心理辅导员要有良好的人格魅力和积极的影响力,能够把积极阳光的正能量传递给周围的人。在宣传活动中,需要具备一定的组织管理能力。

2.朋辈心理辅导员的任务

朋辈心理辅导员作为心理健康教育的学生骨干,在大学生心理健康教育中发挥着危机联络、心理健康宣传、心理辅导、助理的角色,其任务有以下几种:

(1)关注和识别

危机联络员设置最初就是基于学校危机干预网络的建设,主要功能是危机识别和干预。学生骨干是学校危机干预系统中最基层的部分。为了加强沟通和全员覆盖,高校建立了可以"不漏掉任何一个学生"的心理联络员学生关注系统。

以院系为单位,在寝室设置心理联络员,负责对本寝室同学进行关注;在班级设置心理委员，负责对本班心理联络员进行关注。年级负责人负责对本年级心理委员进行关注。院系负责人负责对年级负责人进行关注。院系负责人由校级心理联络员组织进行关注。关注和识别可以通过日常观察、交流、QQ空间、个性签名、微博、个人主页等途径。

在关注和识别中需要做到：

①通过多种形式与被关注对象沟通，让其感受到自己被关心和关注；

②了解被关注对象近期所经历的生活事件和情绪状态；

③判断被关注对象是否存在心理危机，是否需要心理帮助。

需要注意的是关注要带有友谊和情感，而不是监视；识别要在不经意中完成，而不能让对方感受到压力和窥探。

（2）干预和传递

危机的发生常常有一个潜在的变化过程，在最初阶段，可以通过教育、疏导化解，在危机正在进行时，则需要立即干预。大部分高校都已经建立了分级危机预警机制，对于立即发生的危机，学生心理联络员的职责是：

①立即上报辅导员或心理教师；

②按照辅导员和心理教师的指导进行看护和紧急干预。

对于潜在的危机，可以通过"定期上报学生的心理动态"的制度来让心理联络员将关注中了解到的被关注对象的近期生活事件和情绪状态上报给辅导员，辅导员再根据情况做出相应处理，并备案。如有个体咨询、团体辅导、讲座等需求，可与心理教师取得联系，也可以与心理教师沟通，共同制定帮助和解决方案。

（3）宣传和引导

良好的环境对学生心理健康的维护至关重要，朋辈心理辅导员可以通过树立自身积极、阳光、助人的形象，建立一个相互关心、关注、关爱的人际氛围，营造和谐校园环境，来引导身边的同学关注心理健康，创造美好人生。具体的实现形式多种多样。如可以定期接受院系或心理健康指导中心组织的专业知识培训，维护自己的心理健康，把健康的信息通过身体力行的方式传达给同寝、同班的其他人；在班级和院系开展主题班会、团体训练、心理涂鸦等心理健康知识的宣传和普及工作；根据班级需要向心理健康指导中心提出申请，邀请心理教师到班级开展团体训练、讲座等心理健康专题活动。

（4）心理辅导

大学生在日常学习和生活中总会遇到一些琐碎的困难，对此，他们经常喜欢向同学、朋友求助，同学、朋友也有很高的热情，愿意给予帮助。朋辈心理辅导主要是针对有问题的学生提供倾听、支持、鼓励、安慰等的半专业心理助人服务工作，可以在一定程度上帮助学生解决心理困惑和实际问题。能够提供这部分服务的往往是心理专业的研究生或经过系统训练的其他专业学生，其工作方式和专业心理辅导一样，既可以在学校的心理咨询中心等待学生来访，也可以使用心理学的专业手段主动去帮助日常生活中发现的需要帮助的人。朋辈心理辅导员的身份要对来访学生进行告知，学生有权自由选择是接受朋辈心理辅导还是专业的心理咨询。心理咨询中心要为朋辈心理辅导员提供专业的案例督导,以监督和指导其成长。朋辈心理辅导员也可以充当心理咨询中心的接待员,通过初步判断对学生进行分流,让经验较少的老师接待问题较轻的学生,专业教师处理问题相对严重一些的学生,以保证资源的合理分配和最大程度的利用。

(5)联络和助手

心理联络员作为辅导员、班主任、心理教师与学生进行信息沟通和交流的纽带,可以协助学校和学院完成本班级心理健康教育相关工作。如定期组织学习和交流;协助心理教师组织班级心理健康教育活动,发放和回收心理调查问卷,以及班主任、辅导员、心理教师布置的其他日常工作。

1.2 大学生常见心理问题之自信培养

1.2.1 问题表现

1. 不接纳身体形象

进入青春期以后的个体,会非常在意自己的身体形象。无论男生、女生,你都会发现,自己照镜子的时间增加了,思考如何打扮自己的心思变多了。对于自己身体的变化也会更加注意。进入大学后,身体发育逐渐稳定,男生常常会思考:身形是不是足够挺拔,肩膀是不是结实宽厚,双臂是不是充满力量,第二性征是否足够明显,或者过于明显……女生则会较多关注肤色、体重、发型、服饰等。

案例1 小雪,女,大二。认为自己身高过矮,非常不喜欢其他人用娇小、瘦弱这样的词形容自己,好像是别人都在说自己很弱,非常反感,但其实自己也觉得自己很弱,为此她非常难过。之后特意去学了两年跆拳道,其间一直是被虐的状态,认为自己力气小,也不敢动手。她时常会嫉妒那些比自己好看、学习又好的女生,但同时又认为自己不应该这样,把自己受忽视的原因全部归结于外表,又想要摆脱这种状态,于是来到心理咨询中心求助,希望尽快摆脱心理困惑,开心愉快地学习和生活。

2. 低估自己的能力

刚刚进入大学时,同学们往往都是怀揣梦想,希望在大学里施展自己的才华,赢得一众赞许的目光,但是很快就会发现,"人外有人、山外有山",之前自己很轻松就可以获得的排名现在需要付出更多的努力,"有些题目别的同学做出来了,我却没做出来……我是不是很差劲"。除了学习上出现自我否定,在人际关系、社会交往方面,也很容易在与他人的比较中自惭形秽,觉得自己不行。这种自我否定的心理往往会影响对自我能力的正确判断,以致低估自己的能力。

案例2 小松,男,大一。家庭经济状况不好,性格内向,学习刻苦,但说话声音特别小,别人要非常努力才能听清楚。平时他也不太愿意和同学交流,也不愿意参加集体活动。白天总是一个人出门去上课和自习,晚上回到寝室更是洗漱完就上床休息。同学们都觉得他很孤僻,也不知道如何和他交往。班长想要劝说小松参加社团活动,但小松觉得自己什么特长都没有,不敢加入。

3.对个人成就不满

自我认知常常来源于早年在主要养育者那里得到的反馈和评价,如果在幼年被严格要求、总是被负面评价的个体,在成年后也常常觉得自己无论怎样都是不好的。即便已经取得令人羡慕的成就,但仍然感觉到内在的匮乏。

案例3 珊珊,女,某大学国际合作学院大二学生。该学院同学在大二年级结束后将面临出国,所以同学们的学习重点大部分会放在英语上,对于专业课的学习要求是只要超过85分就行。但珊珊的表现却与众不同,无论是英语课、专业课,还是通识教育选修课,每门功课她都学得非常认真,成绩也是异常出众,稳居年级第一。同时她还担任班级干部和学生会部长等职务,周围的同学都很羡慕珊珊。但是珊珊却感到自己做得并不好,比如在比赛中没有获得一等奖就会让她崩溃大哭好几天。

4.认为自己不值得

案例4 小良,男,大一,独生子。在人际交往中唯唯诺诺,别人要他干什么他就干什么,特别怕得罪人。当一群人在一起时,他若走在前面,总感觉一种不安。父母都是中学教师,以智育发展为第一要求,从小对他要求特别严厉,对课外活动、同学交往都不重视,认为这些耽误时间。他成绩不好时,母亲会说他无能,是废物,他自己也感到是这样。虽然平均成绩都是在80分以上,但他还是会觉得自己干什么都不行,极度自卑。在人际互动中,不敢表达自己的观点、感受,认为"我应该成为一个处处完美的人,如果没有让自己的观点无懈可击,就不配在人群中发言"。无论与谁一起比较,都会看到对方身上优于自己的方面,然后认为自己不如别人。在人际互动的时候,如果朋友请自己吃饭花了50元,他一定要回请100元,不想让自己感到亏欠别人。

1.2.2 心理小测验

1.自尊量表

Rosenberg 编制的 SES 量表(Self - EsteemScale),经过广泛的使用和充分的检验评估,具有很好的效度和信度,适用广泛。SES 由10个项目组成,受试者根据题目要求选出与自己状态最相符的一个选项。选项为4个等级:非常不符合、不符合、符合、非常符合,采用4点计分,非常不符合=1,不符合=2,符合=3,非常符合=4,其中第3、5、8、9、10题为反向计分题:1=4,2=3,3=2,4=1。得分区间在10~40分,分数高说明自尊强,反之则弱。

(1)我感到我是一个有价值的人,至少与其他人在同一水平上。
(2)我感到我有许多好的品质。
(3)归根到底,我倾向于觉得自己是一个失败者。
(4)我能像大多数人一样把事情做好。

(5)我感到自己值得自豪的地方不多。

(6)我对自己持肯定的态度。

(7)总的来说,我对自己是满意的。

(8)我要是能看得起自己就好了。

(9)我确实时常感到自己毫无用处。

(10)我时常认为自己一无是处。

2. 个人评价问卷

个人评价问卷(Personal Evaluation Inventory,PEI),由美国纽约大学心理系教授Shrauger 于 1990 年编制,季益富、于欣翻译并修订。该量表是自我概念领域中关于自信问题的最有前途的测查表,具有一定的信度和效度。量表共 54 个题目,它由六个分量表组成,分别为体育运动(5 题)、外表(7 题)、学业表现(7 题)、爱情关系(7 题)、交谈(7 题)以及社会相互作用(7 题)。除了这些分量表外,还有一些条目是评定总体自信水平和有可能影响自信判断的心境状态,共 54 个题目,以 4 级评分,非常同意 = 4,基本同意 = 3,基本不同意 = 2,非常不同意 = 1,其中第 2、3、5、6、7、8、9、13、18、21、22、23、25、28、29、30、34、35、38、40、44、45、49、52、53、54 题为反向计分题:4 = 1,3 = 2,2 = 3,1 = 4。得分区间在 54~216 分,分数越高,表明自信程度越高。

(1)我是个会交际的人。

(2)近几天来有好几次我对自己非常失望。

(3)使我烦恼的是我的模样不能更好看点。

(4)维持一个令人满意的爱情关系对我没有困难。

(5)此刻比之前几周都要快乐。

(6)我对我的身体外貌很满意。

(7)有时我不去参加球类及非正式的体育活动是认为自己对此并不擅长。

(8)当众讲话会使我不舒服。

(9)我愿意认识更多的人可我又不愿外出同他们见面。

(10)体育运动是我的擅长之一。

(11)学业表现是显示我的能力、让别人认识我的成绩的一个方面。

(12)我比一般人长得好看。

(13)在公共场合演节目和讲话我想都不敢想。

(14)想到大多数体育活动时我便充满热情和渴望,而不是疑惧和焦虑。

(15)即使身处那些我过去曾应付得很好的场合,我仍然常对自己没把握。

(16)我常怀疑自己是否有这份天资能成功地实现我的职业和专业目标。

(17)我比与我年龄、性别相同的大多数人更擅长体育运动。

(18)我缺少使我成功的一些重要能力。

(19)当我当众讲话时,我常常有把握做到清楚自己的看法。

(20)我真庆幸自己长得漂亮。

(21) 我已经意识到，与同我竞争的人相比我并不是个好学生。
(22) 最近几天我对自己不满意的地方比以往更多。
(23) 对体育运动不擅长是我一个很大的缺点。
(24) 对我来说，结识一个新朋友是我所盼望的愉快感受。
(25) 许多时候我感到自己不像身边许多人那样有本事。
(26) 在晚会或其他许多聚会上我几乎从未感到过不舒服。
(27) 比起大多数人我更少怀疑自己的能力。
(28) 我在建立爱情关系上比大多数人困难更多。
(29) 今天我与平常相比对自己的能力更无把握。
(30) 令我烦恼的是我在智力上比不上其他人。
(31) 当事情变得糟糕时我通常相信自己能妥善地处理它们。
(32) 我比大多数人更为担心自己在公共场合讲话的能力。
(33) 我比我认识的多数人更自信。
(34) 当我考虑继续约会时我感到紧张或没把握。
(35) 大多数人可能会认为我的外表没有吸引力。
(36) 当我学一门新课时，我通常可以肯定自己在结束时成绩处于班上前1/4内。
(37) 我像大多数人一样有能力当众讲话。
(38) 当我参加社交聚会时常感到笨拙和不自在。
(39) 通常我的爱情生活似乎比大多数人好。
(40) 有时我因为不想当众发言而回避上课或做其他事情。
(41) 当我必须通过重要的考试或完成其他专业任务时，我知道自己能行。
(42) 我似乎比大多数人更擅长结识新朋友。
(43) 我今天比平时更为自信。
(44) 我时时避开那些我有可能会与之产生爱情关系的人，因为我在他/她们身边会感到太紧张。
(45) 我希望我能改变自己的容貌。
(46) 我比大多数人更少担心在公共场合讲话。
(47) 现在我感到比平时更乐观和积极。
(48) 对我来说，吸引一个渴望得到的男朋友或女朋友从来不成问题。
(49) 假如我更自信一点，我的生活就会好一些。
(50) 我追求那些智力上富有挑战性的活动，因为我知道我能比大多数人做得更好。
(51) 我能毫无困难地得到许多约会。
(52) 我在人群中不能像大多数人那样感到舒服。
(53) 今天我比平时对自己更有把握。
(54) 要是我长得更好看一些，我会在约会上更成功。

1.2.3 心理学解析

1. 构建身体自尊

身体是自我的载体,与对个人身体形象的评价和感受在心理学上被称作"身体自尊"。身体自尊是自尊的重要组成部分。身体自尊的形成与外界的话语有关,但是也包含着主体对外界话语的认同。当咨询师询问小雪同学,有多少人说你娇小、瘦弱的时候,小雪最开始说几乎从小学到大学都有人说过。随后,咨询师再次询问在认识多久后说的时,小雪说一般都是相对熟悉的时候,在表达关心的时候说起。在这个过程中,小雪认识到,并非别人都会把注意力放在她的身材上,当自己在英语课上流利表达的时候,一样获得过钦佩和羡慕的目光。

身体自尊与体育锻炼、减重行动、主观幸福感密切相关。当身体有不足时,当然可以通过锻炼、减重、化妆等方式使自己看起来更好。但是,有些无法改变的身体特点,则无须过分敏感和纠结。身体永远无法限制精神世界的发展,接纳自己原有的样子,才能使自己的才能得到最大的发挥。

2. 转变关注视角

世界上没有两片相同的树叶,更不会有两个完全一样的人。人的发展是多个方面的,每个方面也都有自己的发展顺序和位次,一方面比这个人强点,另一方面比那个人弱点,当把自己放在更大的群体中,给自己画一个全面的发展顺序图时就会发现,自己总是居于人群中的某个中间位置。低估自己的能力是因为只看到了别人身上优于自己的部分,没有看到自己身上优于别人的部分,因此需要转变关注视角,从更全面的角度评价自己和别人,就能够更客观看待自己。

小松可以先从看到自己在学习上的优异表现开始,建立对自己正向积极的认知,然后找到自己在人际交往中目前可以达到的位置,平和接纳,哪怕做一个观众,你也是这个集体的一分子,在同学们展示的时候为他们加油喝彩,大家也会感到同在。只要自己认为自己是团体的一员;每个人都能找到自己在团体中独特的价值,团体成员的相互需要和确认也能够增加个体的自我确认。

3. 学会爱自己

每个人都无法选择自己的出身,无法挑选自己的父母和家庭环境。在早年养育中获得更多负面评价、被严格要求而使得自己也无法接纳自己的成就时,个体常常会怨恨父母及其他养育者,试图证明给养育者看"自己可以做到更加优秀",所以无形之中就给自己增加了过强的压力和不断提高的期待。尽管在孩子多次的呼唤中,有些父母和养育者能够有所反思、做出调整,与孩子一起讨论其在养育过程中孩子所经历和感受的,能够达成相互的理解,并最终给到孩子不一样的评价。但大多数养育者还是很难从自己习惯化的行为方式中改变,孩子的强烈呼唤没有得到回应,所以孩子一直处于不满足中。

虽然珊珊已成年,但内心的需要还停留在儿童期对父母无条件爱的追求中,这部分期待常常被投射到交往中的其他人。我们无法左右其他人，但是可以改变自己，成年的珊珊可以通过调动自己爱的能力，自己给到自己确认。而这部分爱的能力则可以通过与师长、同学的互动，通过阅读相关的书籍，通过心理咨询或者自我反思而获得。因为珊珊所经历的是大部分人在青春期时都会面对的一项成长任务，就是放弃以父母为代表的养育者所给到的僵化刻板的评价体系，构建自己对世界的具有灵活性的主体认知框架。通过阅读，珊珊会看到每个人都有不一样的生命体验，也会发现评价体系的多样性，从而能够把自己从单一的评价中解脱出来，完成对自己的救赎，并最终形成独立的自我意识，达成自我的协调统一。

4. 他者的评价

他者是拉康派精神分析的一个重要概念，拉康在最初使用这个概念的时候，仅仅指涉"其他人"，然后才渐渐抽象为"他性"。"他者"既是自我意识的对立面，也是自我意识的创造者。在小良身上，我们更加清晰地看到了作为他者的母亲在其自我意识形成中的作用。在母亲眼里，小良看到了自己的影像，并将这个影像认同为"我"，这个我带给小良统一感与完整感，却也埋下了永恒的侵凌性和创伤性。要想从这种侵凌性和创伤性中解脱出来，主体需要进入以"父亲的名义"为代表的符号网络，将母亲的话语在符号网络中定位，使其不再弥散性地吞噬主体。

具体到小良身上，就是可以意识到，母亲的评价仅仅是她的一面之词，这可能是她对于自己不能很好管教的无能感之投射，也可能是在小良身上看到了曾经脆弱自我的影子，对小良的不接纳可能是她对自己的不接纳的投射。小良作为一个生命降生到世界上，就像每一个生命一样，是值得被看到、被尊重、被爱的。母亲的评级不是全部，也不应该成为全部，当小良能够把目光看向更广泛的语言符号、规则体系，就能够重新找到自己的位置。

1.2.4 心理学小知识

1. 摩西奶奶效应——相信自己的潜力

摩西奶奶是美国著名的艺术家，75岁才开始画画，80岁的时候举办了自己的个人画展。摩西奶奶其实一生都待在农场里操劳农活，而且还有十个孩子要抚养，但她从来没有以此为理由放弃画画，她还曾经给日本作家渡边淳一写过信，鼓励他相信自己，要继续坚持写作。

摩西奶奶效应告诉我们，当我们懂得去挖掘自己潜力的时候，不放弃塑造自己的时候，你就离明日之星不远了。

2. 瓦拉赫效应——找到自己的优势和短板

瓦拉赫效应是指每个人的智商有高有低，有强有弱，一旦我们找到自己的优势与长板，往往会取得惊人的效应。在人才济济的时代，我们尤其需要静下心来，花费更多时间找到自己的长处，找到自己与众不同的地方，反复思考自己的优势，这样我们才能事半功倍，也才能告别生命中的平庸，真正让生活熠熠生辉。

3. 皮格马利翁效应——不断进行积极暗示

皮格马利翁效应是来源于希腊神话,有一个国王叫皮格马利翁,他十分擅长雕塑,有一次他雕塑了一个完美少女像,非常美丽,然后国王皮格马利翁自己爱上了这座雕像,于是国王向爱与美神阿佛洛狄忒求助。阿佛洛狄忒被感动,决定赐予雕塑生命,后来少女雕像复活了,皮格马利翁梦想成真,和这个少女结婚了。

这一效应由美国心理学家罗森塔尔和 L. 雅各布森于 1968 年通过实验发现。一般而言,这种效应主要是因为教师对高成就者和低成就者分别期望着不同的行为,并以不同的方式对待他们,从而维持了他们原有的行为模式。

实验者认为,教师应该接受实验者的建议,即教师不仅对名单上的学生有更高的期望,而且通过态度、表情、理解,提出更多的问题给予更多的咨询和认可,有意或无意地将隐含期望传递给学生。著名心理学家罗森塔尔通过研究证实了这一效应。所以当情绪低落的时候,可以经常给自己积极暗示,对自己有所期待,并且经常进行自我赞美和肯定,通过正面暗示重塑信心并建立价值感。

1.2.5 培养自信的策略与方法

1. 了解自己

正确地认识自己是培养自信的第一步,世界不是千篇一律的,每个人都各有长短,大部分不自信的人都低估了自己的长处,高估了自己的缺点,有些时候能力是足够的,但心理上的自我否定却使得结果出现偏差,因此只有清晰地认识到自己的长处在哪里、短板是什么,才能够更好地扬长避短、取长补短,不断增加成功体验,提高自信心。自我认知的九个方面分别是:自我了解、他人评价、社会反馈、反省总结、准备充足、学会说"不"、直面批评、学会表达、克服害羞。

(1)自我了解

从自己的身体、能力、优缺点等方面来认识自己的生理情况、心理情况,以及社会情况。身高或者长相会使个人产生自卑或自信等心理情绪。面对这些情绪,自己是否产生过调节或想要调节的想法。我们还能从自己的社会行为层面来为自己的人际交往打分。

(2)他人评价

只从一个角度看一件东西往往是不够全面的,我们要吸收、听取他人对自己的评价,从多个角度分析自己是一个什么样的人。只有这样,我们才能了解到一个更为立体的自己,从而计划性地调控自己的优缺点。

(3)社会反馈

虽然他人评价与自我了解已经能够产生一个立体客观的自我认知了,但是其中会伴随着个体的主观情绪,所以还是有一定的缺陷性。我们可以选择一个社会阶段中与自己相当的人群同自己进行对比。

（4）反省总结

古语云：吾日三省吾身，反思自己是认识自己的最后一步。我们可以通过以上三个方面认识自己，但对人格等方面还需要自己做一个总结。当我们已经对自己有了全面的认识后，最后只需要做出总结，那么一个栩栩如生的自我就呈现出来了。

（5）准备充足

台上的自信和从容源自台下一遍又一遍的苦练，每当重要面试、表演或者当众发言，一定要事先做好准备，在家人、朋友面前练习好如何说话。在做任何事情的时候，只有事前充分准备、心里有底气才会变得更加自信，当一个东西经过千锤百炼，内化成自己的身体记忆，那么需要输出、需要表现的时候，无论在什么情况下你都可以自信地呈现出来。

（6）学会说"不"

多数不自信的人都很难拒绝别人的要求，怕失去，怕别人不喜欢自己，但我们要知道，你不是万能的，真正喜欢你的人不会因为你的合理拒绝而离开。保持心情平静，思考自己的需要是什么，这反映了你的权利，比如明天要考试，那么自己的需要就是复习功课；判断自己的需要是否公平，这反映了对他人权利的尊重；清楚地表达自己的需要。当你知道自己的需要是什么，而且也知道是合理的，那么就应该大胆地表达出来。

（7）直面批评

每个人在生活中都不可避免地要接受评价甚至批评，尤其是当你的行为没有符合别人的期待时。能正确面对批评的人不多，喜欢被别人批评的人更是少见，尤其缺乏自信的人对批评有着超常的敏感性，总是千方百计地想要避开它，久而久之就会产生恐惧。而克服这种恐惧的唯一办法就是直面它，可以从以下几个方面让自己正面倾听、分析批评，并从中获益。

①要倾听批评你的人说话，不要中途打岔，不要用面部表情或身体动作表现出你不愿对方继续说下去。

②在心中仔细思考他人的评价，以便后续改变自己的行为。例如别人说你说话发音不标准，此后你便知道该如何去做。

③帮助对方清晰地说出他对你的评价，而不是令他对你的批评含糊不清，这样你才能知道自己的不足在哪里。

④礼貌地询问对方怎样改善自己的行为，这样不但可以了解对方的想法，还可以学习各种方式方法。

⑤如果你不认可对方的说法，也要等对方把话说完再解释。

⑥如果对方言之有理，的确自己尚有不足，那么就真诚地道歉并表示自己愿意改正。但也不要一直道歉请求别人的原谅，过分的谦卑无助于自信的培养。

（8）学会表达

这里的表达是爱的表达。不只批评会让不自信的人感到害怕，表达自己的爱同样也会令他们感到害怕，害怕被拒绝，害怕被嘲笑，害怕被伤害等。这些恐惧源于自己经历的过程,但过去的事情未必会再发生,所以只要把握现在,尽力去表达自己的爱,恐惧自然会消失。

(9)克服害羞

害羞与自信是息息相关的,一个人如果从来没有失败过,那么它基本上是自信的、不害羞的,但是人或多或少都会遇到挫折,都会有失败的经历,而失败和挫折会使人感到羞愧。自信和害羞是呈负相关的。因此克服害羞对培养自信十分重要,我们可以通过以下几种方法减少害羞。

①永远不要把自己说得一无是处。也许你有做错事的时候,例如说错话,但这不表示你这个人就是笨拙的。

②试着坐在人群的中心位置。害羞的人常喜欢躲在角落,免得引人注目。因为这样也就没有人注意到自己,因而证实了"没人关心自己"的想法。改掉这个习惯,让别人有机会注意你、关心你。

③有话大声说。害羞的人说话都很小声,不妨把你的音调提高,你会更加相信自己有权说话。

④别人跟你讲话时,你的眼睛要看着对方,害羞的人常常忘了这一点,要让对方知道你在认真倾听。

1.2.6 自助练习

1. 具身赋予法

研究表明,人的认知是受到身体和情境共同影响的,因此可以通过身体上的小改变提高自信。

(1)多笑。对自己笑也对别人笑,当我们生理上做出微笑动作的时候,我们的心理上也会感受到积极的情绪,这种情绪可以缓解我们的紧张,让我们更从容、更自信。

(2)穿着漂亮得体的衣服。日常生活中就要以最积极的姿态去面对,身着漂亮得体的衣服会让我们的精神面貌更加向上,让我们更自信。

(3)握拳。研究表明,在重要场合或者比赛时,握拳的动作会给人以力量感。

(4)挺胸抬头。大多数情况下,垂头是失败的表现,是没有力量的表现,是丧失信心的表现。成功得意的人总是昂首挺胸、意气风发,这是富有力量的表现,是自信的表现。

2. 自我暗示法

默念"我行,我能行"。有自卑感的同学评价自己时总认为自己不行,学习不行、运动不行、社交不行,这不行那也不行。越认为自己不行就越没有信心,越没信心就越觉得做什么都没有力量,甚至破罐子破摔。所以为了克服自卑心理,树立自信,要在心中默念"我行,我能行",每天都要重复几次,特别是遇到困难的时候,早起默念九次,临睡前默念九次,这样就会通过积极的自我暗示,逐渐积累心理力量。

1.2.7 推荐读物

1. 张灵芝.不怯场:怕,就会输掉一辈子[M].南昌:江西人民出版社,2016.
2. 阿尔弗雷德·阿德勒.自卑与超越[M].汪小玲,译.上海:华东师范大学出版社,2011.
3. 林恩·亨德森.害羞与社交焦虑症:CBT治疗与社交技能训练[M].姜佟琳,译.北京:人民邮电出版社,2015.

1.3 朋辈交往团体:相识

1.3.1 团体设计理念

团体心理辅导是在团体的情境下进行的一种心理辅导形式,它是通过团体内人际交互作用,促使个体在交往中观察、学习、体验、认识自我、探索自我、调整改善与他人的关系、学习新的态度与行为方式,以促进其良好适应与发展的助人过程。大学生朋辈心理辅导课既是知识和理论的课堂,也是技能和策略的练习场。团体辅导的实施能够促进成员在课堂上演练所学到的知识和技术。

一个好的团体应该是大小适当、人员比例协调,具有清晰的团体规范、良好的团队氛围,团队成员具有凝聚力和向心力。团体建立初期的主要任务是使成员尽快相互熟悉、建立信任感,规范设置团体和团体互动方式。大学生朋辈心理辅导的课堂一般都是60人以上的大团体,为了达到深入的练习效果,需要进行小组演练;为了更多地分享资源,需要设置大团体交流和互动的机会,因此第一次团体辅导的主要任务是相识、建立团队、形成团体规范、了解总体操作流程。

1.3.2 团体流程

团体流程如表1.1所示。

表1.1 团体流程表

序号	目标	活动内容	所需时间	所需材料
1	破冰,活跃气氛,促进相识	热身活动:微笑握手 备选热身活动:爱在指间流动	5~10分钟	—
2	建立团队	主题活动:报数分组	约5分钟	—

表 1.1(续)

序号	目标	活动内容	所需时间	所需材料
3	相识	主题活动:超级访问 备选主题活动:滚雪球	约20分钟	—
4	增强团体凝聚力	主题活动:团队建设	约10分钟	纸,笔
5	促进成员在大团体中的交流	主题活动:大组展示	约15分钟	—

1.3.3 团体实施

团体实施方案如表 1.2 所示。

表1.2 团体实施方案

目的及时间	活动内容
目的:破冰,帮助成员打破陌生,活跃现场气氛,促进相识 时间:5分钟 材料准备:宽敞的空间	1. 热身活动:微笑握手 　　指导语:给大家 10 秒钟时间,请每位同学离开座位,在教室里与尽可能多的同学握手,握手时请面带微笑,注视对方,真诚地道一声"你好"。当老师喊"停"的时候,请同学们报告自己刚才握了几个人的手,并与正在和你握手的同学走到一边,进行 3~5 分钟的交流,内容主要是自我介绍,了解对方,结识新团体中的第一位朋友。 　　注意事项:老师根据现场情况,指导同学们积极参与活动。
目的:建立团队 时间:5分钟 材料准备:可以挪动桌椅的教室	2. 主题活动:报数分组 　　目的:将全体成员分成 8~10 人的小组,以小组进行活动,这样能使讨论更加深入。 　　操作方式:将成员总数除以每组的人数,得到组数 n,为了使每组中男女均衡,可以男生和女生分别报数,从男生开始,从 1 到 n 报数,男生报完,女生接着男生报的数往后报,报到几就是第几组。老师将教室分成与组数相同的区域,各组成员聚在一起,将椅子围成圆圈就座,准备开始后续的活动。 　　注意事项:依据场地和总人数合理分配每组的人数。

表1.2(续1)

目的及时间	活动内容
目的:打破尴尬,组内初识,学习通过观察去了解别人,并调整自己主动交往的策略和技能 时间:20分钟 材料准备:宽敞的空间	3. 主题活动:超级访问 　　操作:小组内两两搭档,一人作为访问者,一人作为被访问者,访问者可以依据彼此的熟悉程度向被访问者提出任何自己想要去了解对方的问题,但同时需要注意观察对方是否愿意回答。访问时限3分钟,之后角色互换,在访问的同时需要向对方确认哪些信息是可以向全组成员公开的。两两搭档访问结束后,各自向组内成员介绍自己的搭档。所有人介绍完成后,组内分享活动感受。 　　注意事项:活动进行中,老师可以挨组走动,倾听和指导提问;分享环节中,如果成员不能描述活动中的感受,老师可以提出思考问题,如"什么样的问题别人愿意回答,如何在短短的3分钟内去感受一个人的情绪和情感"。
目的:增强团体凝聚力 时间:10分钟 材料准备:笔、纸	4. 主题活动:团队建设 　　指导语:请每组同学基于刚才的相识和了解,来商定出本组的组长、组名、口号、出场队形、组规,组长负责协助老师对小组活动进行组织,组名、口号、出场队形用于小组向大组展示自己的精神风貌,组规是保障小组成员参与活动、保障成员利益的行为规范。选定之后写在纸上,所有成员签下姓名作为承诺。 　　注意事项:注意提醒成员采用积极向上的组名和口号,提醒成员在团体基本规范中应设置的内容。
目的:促进成员在大团体中的交流 时间:15分钟 材料准备:可以做展示的空间	5. 主题活动:大组展示 　　操作:邀请组长带领本组成员在大团体中展示本组的组名、口号、队形,并介绍全体成员和活动感受。 　　注意事项:注意时间把控,尽量给每组相同的分享时间。
目的:破冰,帮助成员打破陌生,活跃现场气氛,促进相识 时间:10分钟 材料准备:宽敞的空间	6. 备选热身活动:爱在指间流动 　　活动准备:一半同学先围成一个圆圈,另一半同学分别站在围成圆圈的同学的身后,这样就又围成了一个稍大的圈。然后,圈里的同学转过身来与外圈的同学相对而站。如果空间不够大,也可以所有同学排成四排,单数排向后转,形成相对站立的四排,将第一排和第四排设定成外圈,第二排和第三排设定为内圈。 　　指导语:当老师说"预备"时,所有同学将双手背到身后。当老师说"开始"时,所有同学向对面的同学用右手手势来表示自己的交往意愿。1个手指代表不想和对方相识,2个手指代表愿意和对方相识,3个手指代表愿意和对方成为朋友,4个手指代表愿意和对方成为生死之交。如果搭档双方都是1个手指,请都把脸转向左边,互相不理;如果都是两个手指,互相握一下手,彼此介绍一下

表 1.2(续 2)

目的及时间	活动内容
	自己;如果都是 3 个手指,则双手相握,彼此聊一聊;如果都是 4 个手指,请拥抱对方,并彼此聊一聊。如果手指数不一样,则不需要做动作,也可以彼此聊一聊自己基于什么考虑而伸出这样数目的手指。 注意事项:本活动可以多次重复,可让里圈的人再向左跨一定步数,找到新的搭档,重复进行刚才的活动。
目的:相识,迅速记住小组内成员的姓名和简单的基本信息 时间:20 分钟 材料准备:宽敞的空间	7. 备选主题活动:滚雪球 　　指导语:请小组中每人用一句话介绍自己,一句话中需要包含 4 项基本信息,如所属(院、系、班级或寝室)、家乡(可以具体到省或市)、个人特征(如爱说爱笑、喜欢唱歌、爱读书、外冷内热,等等)、姓名。在依次介绍过程中,每个人介绍自己之前要附带前面介绍过的同学的所有信息。格式如下: Ⓐ　　A:我是○○学院来自○○的性格○○的○○。 Ⓗ　Ⓑ　B:我是○○学院来自○○的性格○○的○○旁边的△△学院来自△△喜欢△△的△△。 Ⓖ　Ⓒ　C:我是○○学院来自○○的性格○○的○○旁边的△△学院来自△△喜欢△△的△△旁边的◇◇学院来自◇◇喜欢◇◇的◇◇。 Ⓕ　Ⓓ 　Ⓔ 当最后一名成员顺利做完这种滚雪球式的自我介绍之后,全组为他鼓掌以示鼓励。 　　注意事项:整个过程无须提前介绍,不可以做文字记录,每个人都用耳朵去听,不清楚的字写出来,如果介绍的人忘记了,可以适当提醒,虽然在过程中不一定完全记住,但相信最后大家都能够记住。

第 2 章 朋辈心理辅导的常用技术

本章主要介绍了心理咨询原则在朋辈心理辅导中的应用及朋辈心理辅导的常用技术。大学生的职业生涯困惑是常见的问题之一,本章从问题表现、心理测验、心理学解析、培养职业生涯意识的策略及方法、自助练习及推荐读物六个方面进行阐述,使大学生提高职业生涯的探索能力,合理规划大学生涯。本章中朋辈交往团体的主题是信任。

2.1 理论知识介绍

2.1.1 心理咨询与朋辈心理辅导

对于心理咨询的内涵和外延的界定,不同的理论流派的专家学者因其重视的角度不同,定义说法有所差异。

以人为中心治疗的领袖人物罗杰斯(Rogers,1942)对心理咨询的定义是:咨询是一个过程,辅导者与当事人的关系能给予后者一种安全感,使其可以从容地开放自己,甚至可以正视自己过去曾经否定的经验,然后把那些经验融合于已经改变了的自己,做出统合。

帕特森(Patterson,1967)认为,咨询是一种人际关系,在这种关系中咨询人员提供一定的心理气氛或条件,使对象发生变化,做出选择,解决自己的问题,并且形成一个有责任感的独立个性,从而成为更好的人和更好的社会成员。

伯克斯和斯蒂弗洛(Burks&Stefflre,1979)认为,心理咨询指的是一个受过专业培训的心理咨询师和来访者之间的职业关系。

归纳上述比较有代表性的观点,心理咨询的要素包括:受过专业培训的心理咨询师、有求助意愿解决心理问题的来访者、专业的咨询关系。

米歇尔夫(Mamarchev,1981)认为,朋辈心理辅导是非专业心理工作者经过选拔、培训或者督导向寻求帮助的年龄相仿的受助者提供具有心理咨询功能的人际帮助的过程。不同学者对朋辈心理辅导的定义有不同的表述,但基本侧重于认为朋辈心理辅导是非专业心理工作者经过专业的培训和督导,提供类似心理咨询功能的帮助活动。

2.1.2 心理咨询的原则在朋辈心理辅导中的应用

朋辈心理辅导是一种特殊的助人活动,是学校心理健康教育专兼职教师队伍的重要补充。由于它具有类似心理咨询的功能,为了能够使朋辈心理辅导更顺利有效地开展,在实际工作中可以参考心理咨询的一些基本原则。

1. 保密原则

这是心理咨询中最为重要的原则,心理咨询师需要尊重和保护来访者的隐私权,明确认识到隐私权在内容和范围上受到国家法律和专业伦理规范的保护和约束。咨询开始时,咨询师需要向来访者说明保密原则以及保密例外的情况。保密例外情况:

(1)有伤害自身或他人的严重危险;

(2)不具备完全民事行为能力的未成年人等受到性侵犯或虐待;

(3)法律规定需要披露的其他情况。

朋辈心理辅导工作中,朋辈心理辅导者对朋辈辅导的对象需要参照心理咨询的保密原则,为朋辈辅导创设一个安全的环境,使来访者能减轻或解除心中的顾虑,提升心理的安全感,可以真正地打开自己的内心。这是建立和维持双方信任关系的前提,良好的关系有助于朋辈辅导的效果。

2. 价值中立原则

咨询师要尊重来访者的价值观,保持客观公正、中立、不偏不倚的立场,不要以自己的价值准则对来访者的行为表现进行价值判断。当来访者的价值观与咨询师的价值观发生冲突的时候,咨询师应以"非评判性"的态度去理解接纳来访者。来访者问题的背后都存在着相对于它自身来说合理的原因——"存在即合理"。咨询师对来访者的情况进行客观的分析,引导来访者梳理问题,更好地适应生活。但对于某些在来访者所属文化的主流中属于反社会或者边缘性的价值取向,咨询师应保持警觉。坚持价值中立原则,是建立良好咨询关系的一个重要条件。

朋辈心理辅导需要保持价值中立原则,朋辈心理辅导员不批判、不指责,尊重来访者,不将个人意见强加给来访者,迫使对方接受自己的观点和态度,能够始终保持清醒的头脑。使来访者感受到自己在朋辈辅导的关系中的平等性,充分地表达自己的所思所想、情感和行为。通过朋辈心理辅导员的启发和引导,来访者可主动去思考,寻找解决问题的方法。

3. 助人自助原则

心理咨询是咨询师"协助"来访者解决心理问题的过程,是以非指导性的原则启发、帮助来访者,激发其内部的成长潜力,鼓励来访者进行自我探索与领悟,寻找解决问题的办法,激发来访者主动投入心理自助的过程。当来访者面临一些选择问题时,咨询师不应直接给出选择的建议,而是需要帮助来访者去分析和厘清每种选择的利弊及可能需要承担的后果,由来访者自己做出最终的选择。

助人自助原则适用于朋辈辅导员,朋辈心理辅导员要善于发现来访者的资源及积极因素,使来访者用新的视角去看待自己及需要面对的心理问题,尝试做出改变,体验不同的感受,增强解决问题的信心。当来访者面对心理困境时,朋辈心理辅导员不应直接告诉其应该如何去做,而是需要帮助其去分析和探索,使来访者去思考问题,找到应对问题的方法。

4. 重大决策延期原则

心理咨询期间,如果来访者处于情绪不稳定的状态,原则上应规劝其不要轻易做出如退学、离婚、调换工作、辞职等重大决定。在咨询结束后,来访者的情绪稳定了,能够理性地思考和判断,这时再让其做出选择。

朋辈辅导的过程中,来访者如果出现情绪不稳定、心理状态异常的情况,建议采取重大决策延期原则,待其情绪状态平稳后,再慎重思考及衡量利弊,最后做出选择。

2.1.3 朋辈心理辅导的常用技术

1. 倾听技术

倾听是在接纳基础上积极地听、认真地听、关注地听,并在倾听时适度参与。表达对当事人的尊重理解、积极关注。朋辈心理辅导员要专注地去听当事人的述说,获取并理解当事人所传达的信息。瑞克(Reik,1984)谈到用第三只耳朵倾听,试图去听当事人真正想表达的,而不仅仅是公开所表达的东西。

朋辈心理辅导员首先要成为一名倾听者。通过积极的倾听,学会设身处地地去体验对方的内心感受并做出相应的反应,有助于双方建立良好的信任关系,这也是朋辈心理辅导能够成功的基础;可以鼓励当事人更加开放自己,倾诉自己的故事和烦恼;助人者专注当事人的言语信息和非言语信息,加深对当事人所思所感的理解。

(1)如何有效地倾听

①倾听时需要有专注的态度及适当的回应

朋辈心理辅导员要全身心地专注于当事人,倾听当事人的诉说。可以通过轻微鼓励,如"嗯、哦、是啊……"复述当事人话中的关键词或短语、点头等方式,让当事人能感受到助人者对他们说的内容感兴趣。这会使当事人感受到被尊重、被重视,愿意更开放自己去表达。可以通过反应式倾听去回应当事人,进一步了解当事人话语中隐含的意义,找出其隐藏的感受。可以说,"听者"就像一面镜子,将当事人的感受和情绪反映出来,帮助当事人探索自己、了解自己。同时,反应式倾听也是一种开放式的沟通反应,是助人者对当事人表达的内容及情感的回应,可以让当事人有"我被了解"的感觉。

②倾听和观察的内容:言语信息与非言语信息

当事人一般会用语言的方式来讲述他的故事,助人者要注意倾听当事人讲了什么内容,如成长经历、人际关系、家庭、情绪情感、个性特点、困扰的问题等,助人者站在当事人的角度,去思考和理解当事人的问题。

有研究表明,人们在表达真实感受时,更多是通过非言语信息。当言语信息与非言语信息之间出现不一致的时候,非言语信息更能反映当事人的真情实感。因此助人者应更关注当事人的非言语信息。

目光接触是一种重要的非语言信息。"眼睛是心灵的窗户",通过目光接触,可以传达温暖、信任、希望、焦虑、恐惧、回避等信息,目光接触也有度的问题,太多的目光接触会让人感觉不舒服、被控制、被冒犯;太少的目光接触会让人觉得听者对所说的内容不感兴趣。朋辈心理辅导员应在目光接触中去传递温暖、亲切、共感等信息,注意观察当事人在目光接触中的表现及传递的信息。

语速语调也是一种非语言的交流。在交谈的过程中,语速、语调可以表现出助人者的某些个性特征,也可以反映出助人者当下的情绪状态。通常助人者要在一定程度上去配合当事人的语速,但如果发现当事人说话速度过快,助人者可以有意识地去放慢说话的速度,鼓励当事人去调整说话的节奏,慢一点叙述。语调的运用上,助人者通常应该用比较亲切、温和的方式与当事人交流,让当事人感觉到温暖、舒服,愿意更加开放自己去交流。助人者在辅导的过程中,要留意当事人语速语调的变化,是在说什么内容时发生了声音的改变,收集到这些信息可以帮助助人者更深入地去理解当事人,适时地反馈给当事人,引导当事人去探索自己、理解自己的问题。

面部表情也是一种非语言交流的重要方式,通过观察人的面部表情可以获得很多信息。保罗·艾克曼,美国心理学家,他提出不同文化背景的面部表情都有共通性。并研究了六种基本情绪的面部表情:愤怒、厌恶、快乐、悲伤、惊讶、恐惧。助人者在帮助当事人的过程中,要注意自己的面部表情,适度地微笑表示友好,通过表情传达出对当事人的关注及兴趣。要注意观察当事人的面部表情想要传达给我们的信息,尤其是当语言信息与面部表情不匹配,甚至是矛盾的时候,可以提供给我们很重要的信息,以此为切入点,可以加深对当事人问题的探索。

肢体语言。助人者的姿势可以向当事人倾斜,保持开放的姿势,从肢体上表现出对当事人的专注态度。观察当事人肢体语言,可以获取重要的信息。弗洛伊德曾生动地描述:"只要一个人用眼睛去看,用耳朵去听,就会确信没有一个凡人能保守住秘密。如果他的嘴唇是沉默的,他的指尖也会喋喋不休地谈,每一个毛孔都会背叛他,泄露他的秘密。"

(2)使用倾听技术的注意事项

①不要在当事人还没有充分地表达清楚自己的想法时,就轻易表态,妄下断语,要有足够的耐心。

②切忌轻视当事人的问题,要把关注点放在当事人身上,不能以助人者的偏好干扰、转移话题。

③在交谈中,助人者要让当事人感受到我们一直在专注地听,适时给予适当的反应;并尊重当事人,不做道德或价值观评判。

(3)倾听的举例、练习活动

①举例

助人者:"你好,今天想和我谈些什么呢?"

当事人:(语速比较慢,声音低沉)"我最近感觉状态不好,压力大。"

助人者:(声音配合当事人放慢语速)"你最近感觉状态不好,压力大。能具体说下最近的情况吗? 什么事情让你感觉压力大?"

当事人:"最近几天有些失眠,没有食欲,快到期末考试了,感觉还有很多学习内容不会,担心考试挂科。"

助人者:"听起来,你是由于近期面临考试,所以才处于焦虑的状态。"

当事人:(轻轻地叹息)"是的,我就是考试焦虑,压力大,想调节下状态。"

助人者:(点头)"嗯。你尝试过用什么方法调节自己的焦虑情绪?"

当事人:……

②练习活动:你的心事我来听

三人一组,每个人轮换扮演三个角色:朋辈心理辅导员、当事人和观察员。请当事人倾诉最近一段时间的一个烦恼、困惑或问题等,朋辈心理辅导员运用倾听技术做心理辅导,观察员做记录,每轮结束后讨论角色扮演的体验。

2. 询问技术

提问技术是在倾听完当事人的叙述后,针对一些模糊不清的问题,或鼓励当事人有更多的表达,提出相关问题询问,对当事人做进一步的了解。

(1)封闭式询问

助人者通过使用封闭式询问来收集一些资料,澄清事实,获取重点,缩小讨论范围。当当事人的叙述偏离正题时,用来适当地终止其叙述,控制谈话方向。询问通常使用"是不是""对不对""有没有"等,如:"你有没有尝试用其他的方法去应对这个问题?"而回答一般为"是""否"式的简单答案。

在心理辅导的过程中,不宜过多地使用封闭式询问,否则会使当事人陷入被动回答之中,会阻碍当事人自我表达的愿望及对自我的探索,甚至使当事人产生压抑感、被讯问的感觉。特别是对暗示性较高、对自己的问题把握不准的当事人,封闭性询问会产生误导作用。

(2)开放式询问

开放式询问是助人者常用的一种提问方式。让当事人就有关问题、思想、情感给予详细解释、说明或补充,便于了解当事人的详细情况,促进当事人自由地表达所思所想。开放式询问可以引导谈话的方向或选择谈话内容,常以"什么""为什么""怎么样"等词在内的语句发问,没有固定答案。这些询问通常具有一定的导向作用,如使用"什么"的询问方式便于收集基本的资料;"怎么样"的询问一般会涉及事情的过程;"为什么"的询问往往会引出对原因的分析和探讨;用"愿不愿"的询问句可促进当事人自我探索。

(3)询问的注意事项

①语气要平和、礼貌、真诚,注意询问的方式,多使用开放式。同样一句话,不同的神态、语气、语调,会产生不同的效果。

②封闭式提问不可连续使用,不能给当事人以被审问或被剖析的感觉,要善用积极

性的提问,适当回应。

③询问的目的是了解情况,而不是为了满足助人者的好奇心。

④询问前,助人者要思考清楚自己想问的问题,问题不能杂乱无序。询问的问题应与当事人的问题和辅导目标有关,要围绕当事人的关注点。提出问题后,要给当事人足够的时间去回答。

(4)有效询问的方法

①正向引导问题方向

正向引导当事人去思考问题及想要达到的目标,用"会"去做什么、"会"去想什么的表达方式,而非"不会"去做什么、"不会"去想什么的叙述。引导当事人去想象或描述想拥有的、想要实现的情境,而非停留在负面的情绪状态中。

举例:

当事人:"我不想在和妈妈意见不一致时,对她大喊大叫。"

助人者:"那么,你希望在你和妈妈意见不一致的时候做什么呢?"

②以过程的方式进行描述

引导当事人用行动、想法来动态地描述想要达到的目标,促进当事人的行动力。

举例:

当事人:"我想和寝室同学友好相处。"

助人者:"当你和寝室同学友好相处时,你会做些什么?"

引导当事人思索和寝室同学友好相处时他的言行表现,目标具体的话更容易制定行动计划,实施行动。

③由小步骤开始

有的当事人对改变现状持有很高的期望,但想要实现目标感觉很难,离自己很远。助人者可以通过询问方式引导其建立合理的目标,设定近期小目标,即求助者付出努力就可实现的目标,鼓励其迈出一小步,逐渐实现自己的最终目标。可以询问当事人如果已经向自己的目标前进时,或者假设已经达成目标时,他的行为会有什么不一样。让当事人意识到,描述的内容不一定要等到将来才能去做,要从当下做起,即使是小行动,也有可能带来大的改变。例如,当事人:"我想,等我高中毕业离开家去读大学后,我和我妈的矛盾就能解决了。"

举例:

助人者1:"假设你已经考上大学了,你对妈妈的方式会有什么不一样?"

助人者2:"当你们母女关系有好转时,最先可以看到的征兆是什么?"

助人者3:"当母女关系有所改善时,你想第一个可以做出的改变是什么?"

④练习活动

3~5人为一组,轮流扮演当事人,当事人选择一个话题简要叙述,每位组员对当事人的谈论内容各自进行询问,当事人对应做出回应。小组成员探询结束后,针对练习过程中角色扮演的感受及询问技术的运用进行交流讨论。

3. 具体化技术

具体化是针对当事人模糊、笼统的谈论,帮助其澄清所表达的那些模糊不清的观念、情感以及遇到的问题,通常指向事实细节、具体行为等。有些当事人用抽象含糊的语言表达自己,或者有意无意地使用一些防御机制模糊了焦点问题。这些模糊不清的东西常常是引起他们困扰的重要原因。助人者可以用具体化的技术,把话题引向深入,鼓励当事人表达,以"何人、何时、何地、有何感觉、有何想法、发生什么事、如何发生"等问题,来协助当事人更清楚、更具体地描述其问题。让当事人弄清自己的所思所感,促使其进行实际有效的问题探讨、制定行动计划。

举例:

当事人:"我再也不想理他,我对他那么好,没想到他竟然这样对待我,真是忘恩负义。"

助人者:"你们之间似乎发生了一些事,让你很生气。你能具体谈一谈吗?"

在使用具体化技术时,要倾听和观察当事人的言语和非言语信息的内容,了解当事人告诉你的哪些是含糊或混乱的信息。促进当事人准确地讲述其所面临的情境及对情境的反应,可以借用开放式实现,如:"你说你觉得……你能说得更具体点吗?""你所说的……是指什么?""你能给我举个例子吗?"通过倾听和观察当事人的反应来评估具体化的效果。

举例:

当事人:"我总觉得我人际关系不好。"

助人者:"你觉得自己人际关系不好,能举个例子吗?"

(1) 具体化技术适用范围

①当事人的问题模糊不清。有些当事人表达不清楚自己的想法、情感和事情经过,或者自己也不清楚事情是怎样的,自己的真实想法是什么,体验到的往往是一种不确定、模糊的感觉。助人者的任务就是帮助当事人清晰、明确其想法、情绪、情感等。

举例:

当事人:"我很烦。"

助人者:"你能具体说说最近发生了什么吗?"

当事人:"我认真准备英语课的主题发言,但是在课上出现了一些临时状况,我对自己的表现不满意,心情烦躁。"

②过分概括化。一些当事人用以偏概全、以一概十的非理性思维去看待人及事物,导致自己产生负面的情绪或认知。例如当事人:"大家都不喜欢我",通过具体化技术询问,结果发现是个别人对他有些看法,并非周围的人都不喜欢他。

③概念不清。一些当事人对一些心理学、医学的概念一知半解,容易将自己的一些症状或行为表现对号入座,贴标签。比如把"焦虑情绪"当作"焦虑症"等。当助人者运用具体化技术去帮助当事人澄清概念之后,通常情况下,当事人的负面情绪会得到一定缓解。

(2)具体化技术注意事项

①专注倾听当事人的叙述,发现其笼统、模糊的内容。如果有多处此类情况,可以选择关键性的部分具体化,让当事人具体描述该部分的细节。

②具体化技术与共情的态度相结合,更能贴近当事人的感觉,让当事人愿意进一步说明。

③注意判断笼统、模糊是否有病理学意义,是否会阻碍当事人对问题的探索。

④常用开放式提问做出应对性的反应,如"你能具体描述下当时的情况吗?""可以具体举个例子吗?"

(3)练习活动

3~5人为一组,选一人扮演当事人,以"我最近感觉有些烦"为开头,讲述一个笼统、模糊的事情,小组成员轮流扮演助人者,引导当事人具体化。一对一角色扮演时,其他小组成员扮演观察员,每轮限时2分钟。结束后,小组进行讨论分享感受。

4. 面质技术

面质又称对质、对峙,是助人者运用言语反应描述当事人存在言行不一致、表里不一致、认知与情绪不一致等现象并质疑。让当事人去看到这些矛盾的地方。美国心理辅导专家伊根指出:面质已日益成为心理辅导的核心部分,它促使当事人发现自身言行中的种种自我挫败的表现,并努力加以克服。通过面质技术,协助当事人促进对自己的感受、信念、行为及所处境况的深入了解;激励当事人放下自己的防御心理,更真实地面对自己,探索自己。

(1)常见不一致的类型

①言语和非言语信息之间的矛盾。例如,当事人:(微笑地陈述)"我和男朋友分手了,很伤心。"助人者:"你说你与男友分手了很伤心,可我看到你是在面带微笑地述说。"

②两个言语信息之间的矛盾。例如,当事人:"我的朋友比较少,我想扩大我的交际圈,但是我不愿意主动去交朋友。"助人者:"你说你想多结交朋友,但又不愿意主动去交朋友。"

③两个非言语信息之间的矛盾。例如,(当事人在讲述某个内容时目光直视助人者,但把椅子搬离助人者)。助人者:"在你谈到这些内容时,你能直视我,同时又要与我保持距离。"

④言语信息和行为之间的矛盾。例如,当事人:"我打算下周去看望爸爸"(言语),但实际上并没有去看望爸爸(行动)。助人者:"你说你要去看望爸爸,可到现在为止,你并没有这样做。"

⑤两种行为之间的矛盾。例如,助人者:"你虽然在笑,但是感觉又咬紧牙关,面部肌肉僵硬。"

⑥两种情绪之间的矛盾。例如,助人者:"你对考研失败感到伤心,但又有些高兴,因为你可以和女友同去一个城市工作,不用异地恋。"

(2) 如何使用面质

面质必须谨慎使用,以免给当事人成长带来不利。使用面质技术时要评估双方关系是否安全、稳固,面质时会不会使其关系破裂。助人者需要考虑为何使用面质,想要完成什么样的目标,是提升觉察,还是达到领悟,或是处理抗拒;还要检视面质的需要是来自当事人所陈述的内容还是助人者自己的问题;当事人能否从面质中受益,判断是否适合使用面质。面质采取的步骤:识别不一致、指出不一致、评估当事人的反应。指出不一致的时候常用句式:一方面……但另一方面……;你说……,但在行为上……;你说……,但你又说……。

(3) 面质注意事项

①面质反应前,应建立良好的关系和信任度,要让当事人把助人者当作同盟者而非对立关系。助人者应选择合适的面质时机,不要过早地使用面质技术给当事人施加压力。

②要注意掌握事实根据,考虑当事人的文化背景和性别差异。仔细观察当事人,收集足够的信息,敏锐觉察其不一致的地方。

③在运用面质技术时,要以温暖、尊重、关怀为基础,让当事人面对面质时感受到被支持而不是觉得被攻击。避免助人者运用面质进行个人发泄,同时需要考虑到当事人的感受。一般来说,双方关系没建立好应避免使用面质,不得不使用时,可以考虑应用尝试性的面质。例如:"我不知是否误会了你的意思?""你似乎……""不知我这样说对不对?"

5. 自我表露技术

自我表露也称自我开放,助人者有意识、有目的地表露有关自己的信息,把自己与当事人类似的情感、思想、经验与其分享,协助当事人对自己的感觉、想法与行为后果有进一步的了解,并从中得到积极的启示。助人者向当事人开放自己的经验,使当事人感受到双方是处于平等的位置上。当当事人发现助人者也同样被类似的问题所困扰过并找到了应对的方法,能增强战胜问题的勇气和信心,并感到与人分担了他的困扰。助人者的开放使当事人更多地开放,帮助当事人从其他不同的选择视角进行思考。

(1) 自我表露的功能

①建立情感协调,增进彼此的关系,促进当事人更多地自我开放。助人者的真诚态度可以增进当事人的信任,当事人因为受到助人者类似经验的鼓励,愿意卸下防卫,开放自己,一起探讨自己的问题。

②产生示范作用。助人者以自己以往的经验,可以协助当事人了解自己的行为可能产生的后果,并作为其解决问题的参考。

③为当事人带来希望,使之集中注意探讨问题的关键部分。助人者自我开放的内容,可以引导当事人注意某些重要的信息,并与之进行深入的探讨。

④帮助当事人从不同的视角进行思考。当事人被问题所困扰,常限于自己习惯化、固定化的思维模式中去考虑问题。助人者的自我开放可以为当事人提供不同的视角,

帮助其找到解决问题的方法。

举例：

当事人："我对自己的学习状态不满意，学习计划无法完成，我讨厌这样的自己。父母对我寄予很高的期望，希望我考研，将来有一个好前程。父亲在外地打工很辛苦，母亲在家附近打零工，供我上学真的不容易。我一想到他们就会感到羞愧，更加讨厌自己。"

助人者："你对自己的学习状态不满意，觉得辜负了父母的期望与苦心，自己很内疚。"

当事人："是的。"

助人者："我也曾有过类似的经历，我从小生活在农村，父母劳累辛苦，很想我能考上大学，可高考失利，父母很难过。复读期间，我觉得有无形的压力压得我喘不过气来，当时我的情形跟你现在很相似。后来我把父母的期望转换成学习的动力，并拥有一个坚定的信念，能朝着一个目标前进，调整心态后投入备考中，最终顺利考入大学。"

当事人："是啊，其实父母的期待既是一种压力，又是一种动力，我们需要有勇气和耐心去面对……"

（2）自我表露的注意事项

①需建立良好的关系，不宜过早地自我表露。自我表露的次数不宜频繁，自我开放的程度要随着彼此的亲密程度有所调整。一次只表露一种情感、事实、方法。

②助人者的自我表露应与心理辅导的某些目的相关。助人者必须确定自我表露的内容有助于当事人，而非满足自己的需要。开放的内容、深度、广度都应与当事人所涉及的主题有关。

③助人者应该考虑自我开放的适宜对象，选择与当事人相似的经历，应对其问题的成功的经验及方法。

④以共情的态度尝试性地表述，表述应简洁，不详细叙述自己的事情，不表露自己尚未处理好的事情。

2.2 大学生常见心理问题之生涯规划

2.2.1 问题表现

1. 目标的迷茫

事例 小李是大一自动化专业的学生，进入大学后，忙于各种事情，上课、听讲座、开展学生干部的日常工作、参加学院组织的各项活动及社团活动等。小李感觉在学业、工作及活动时间安排上，自己很难合理地安排。自己到底想要提高哪方面的能力？大学生活该如何去规划？……

很多大学生尤其是大一的新生,进入大学后,变得很迷茫,缺少目标和动力。高中时期高考是非常明确的目标,主要的精力都投入高考的备战中,当顺利考入大学后,对于自己如何度过大学生活、自己未来的职业发展感觉很迷茫。如常见的困惑:不知道自己适合做什么,所学专业就业前景怎么样,职业方向如何选择,……缺少职业生涯规划的意识、无清晰的目标,成为困扰很多大学生的问题。

2. 自我探索的困扰

事例 小吴同学是大二的学生,他对人际关系比较敏感,很在乎他人对自己的评价。他做事时缺少自信,为了避免失败,很多事情还没开始行动,就在想法上放弃了。为什么自己比较敏感?怎样才能提高能力、增强自信?

大学阶段大学生的自我意识迅速发展,他们围绕个人的发展、个人与社会的关系,主动积极探索自我,关注自己的内心体验,开始有明确的价值探索和追求。他们经常会思考和反省一些问题:我的性格如何?别人如何评价我?我想成为什么样的人?自己以后能够胜任工作吗?……但在自我探索的过程中,由于缺少一些有效的方法,很多大学生对自我的认知还是模糊不清的,甚至有部分学生还存在着认知偏差,在职业生涯规划方面自我探索得不深入,从而很难做出适合自己的职业生涯发展规划。

3. 专业与职业发展的困惑

事例 小王同学高考填报志愿时,对专业了解有限,后来被一所重点大学的土木工程专业录取,入学后发现自己不喜欢这个专业,于是他想:考研的时候要不要跨专业考研?还是稳妥点继续考本专业的研究生?由于专业的选择会影响以后的职业选择,因此他担心自己选择错误,很难做出决定。

很多学生在高考填报专业的时候,对专业的认知是有限的,还有部分学生是家长帮助选择的专业。到了大学后,对专业有了进一步的了解,一些学生发现自己并不喜欢所学的专业,那么要选择转专业吗?到底什么专业适合自己呢?专业的就业前景如何呢?在选择职业的过程中,所学的专业可能会对应一个或多个职业群,还有的大学生选择的职业与所学专业无关。如何选择适合自己的职业呢?自己的知识、技能等是否会满足职业岗位的要求,能胜任什么样的工作呢?是从职业兴趣出发去选择职业发展方向,还是要更多考虑现实的因素,选择与专业相关的工作呢?……这些问题都是大学生在专业和职业的发展中常见的。

4. 职业决策的困惑

事例 小张是一名应届毕业的研究生,最近收到了两家用人单位的录取通知书,他需要决定与哪家单位签约。小张一直犹豫不决,他在权衡签约后的现实情况:一个单位所在城市是中心城市,对于目前单身的小张来说,以后找对象会更便利些,但这个单位给的工资待遇不如另一个单位;另一个单位提供的工资待遇要好,但是工作地点比较偏僻,以后找对象可选择范围会很小。各有利弊的时候,要怎么选择呢?小张陷入职业选择的困惑中。

大学生常见的关于职业决策的困惑:是选择考研还是工作?是出国读研还是在国

内读研?如果考研失败了,要继续再备考一年不找工作,还是先工作以后再考研?同时拿到 2 份 offer,两个工作从多方面因素分析各有利弊,要如何去选择与哪个用人单位签约等。在职业决策中,大学生面临着挑战和困难,因此需要帮助大学生树立信心,掌握一些决策的方法,从而做出正确的职业决策。

2.2.2 心理小测验

兴趣岛——探索职业兴趣

如果有机会让你可以到一个岛屿去生活,生活时间至少半年以上,请从兴趣的角度选择你最想前往的岛屿:

1. 岛屿 R:自然原始的岛屿。岛上保留有原始森林,自然生态保持得很好,有各种野生动物。居民以手工见长,自己种植花果蔬菜、修缮房屋、打造器物、制作工具,喜欢户外运动。

2. 岛屿 I:深思冥想的岛屿。岛上人迹较少,建筑物多僻处一隅,平畴绿野,适合夜观星象。有多处天文馆、科技博物馆及图书馆等。居民喜好观察、学习、探究、分析,崇尚和追求真知。常有机会和来自各地的哲学家、科学家、心理学家等交换心得。

3. 岛屿 A:美丽浪漫的岛屿。充满了美术馆、音乐厅,街头雕塑和街边艺人,弥漫着浓厚的艺术文化气息。当地的居民保留了传统的舞蹈、音乐与绘画,许多文艺界的朋友都喜欢来这个地方找寻灵感。

4. 岛屿 S:友善亲切的岛屿。岛上居民个性温和、友善、乐于助人,社区均自成一个密切互动的服务网络,人们重视互助合作,重视教育,关怀他人,充满人文气息。

5. 岛屿 E:显赫富庶的岛屿。岛上的居民善于企业经营和贸易,能言善道,以口才见长。经济高度发展,处处是高级饭店、俱乐部、高尔夫球场。来往者多是企业家、经理人、政治家、律师等,曾多次在此召开财富论坛及行业峰会。

6. 岛屿 C:现代井然的岛屿。岛上建筑十分现代化,是进步的都市形态,以完善的户政管理、地政管理、金融管理见长。岛上居民个性冷静保守,处事有条不紊,善于组织规划,细心高效。

请回答以下问题:

(1)你最想去的岛屿是哪个呢?_____

(2)第二想去哪个岛屿?_____

(3)第三想去哪个岛屿?_____

六个岛屿代表着六种典型的职业生涯兴趣类型,你的回答能得出自己最有兴趣的前三个类型,即你的霍兰德代码,其中第一个是主要兴趣,第二、三个是辅助兴趣。六种类型的基本特征如下:

1. 选择岛屿 R
   类型:实用型(realistic)

喜欢的活动:用手、工具、机器制造或修理东西。愿意从事实务性的工作、体力活动,喜欢户外活动或操作机器,不喜欢在办公室工作。

典型职业:计算机硬件人员、机械装配工、木匠、制图员、技工、修理工、园艺师等。

2. 选择岛屿 I

类型:研究型(investigative)

喜欢的活动:喜欢探索和理解事物,处理信息(观点、理论),喜欢抽象的、分析的、推理的、独立的任务。

典型职业:实验室工作人员、生物学家、化学家、工程设计师、物理学家、程序设计员、心理学家、天文气象学者、动物学者、地质学者、数学家等。

3. 选择岛屿 A

类型:艺术型(artistic type)

喜欢的活动:喜欢通过艺术作品来达到自我表现,喜欢音乐、艺术和文学等具有创造性、变化性的工作。

典型职业:作家、摄影师、音乐家、诗人、雕刻家、漫画家、演员、戏剧导演或编剧、作曲家、记者和室内装潢专家等。

4. 选择岛屿 S

类型:社会型(social)

喜欢的活动:喜欢与人交往,喜欢与人合作,愿意帮助别人成长或解决困难,服务社会与他人。

典型职业:导游、心理咨询师、教师、社会工作者、服务性行业人员、福利机构工作者、护士等。

5. 选择岛屿 E

类型:企业型(enterprising)

喜欢的活动:喜欢领导和支配别人,追求权力、权威和物质财富,具有目标导向,希望成就一番事业。

典型职业:律师、政治家、法官、营销人员、企业领导、电视制片人和保险代理等。

6. 选择岛屿 C

类型:事务型(conventional)

喜欢的活动:喜欢系统的有条理的工作任务,喜欢固定的、有秩序的工作或活动,希望确切地知道工作的要求和标准。愿意在一个大的机构中处于从属地位。

典型职业:会计师、出纳员、行政助理、秘书、税务员、计算机操作员、打字员、办公室职员、图书馆管理员等。

2.2.3 心理学解析

1. 生涯规划目标

目标对人的生涯发展有着重要的导向作用。没有人生目标的人,仿佛是随波逐流的扁舟,很难顺利到达彼岸。选择不同的目标,可能成就不同的人生。哈佛大学有一个关于目标对人生影响的跟踪调查。调查对象是一群智力、学历、环境等各方面都差不多的大学毕业生。有27%的人没有目标,60%的人目标模糊,10%的人有清晰的较短期目标,只有3%的人有清晰而长期的目标。25年后,调查结果显示:3%有长期目标的人,25年来他们朝着目标不懈努力,几乎都成为社会各界的成功人士,其中不乏行业领袖和社会精英。10%有短期目标的人,生活在社会的中上层,短期的目标不断地被达成,生活状态稳步上升。60%目标模糊的人,几乎都生活在社会的中下层,他们能够安稳地生活与工作,但似乎都没什么特别的成就。27%没有目标的人,几乎都生活在社会的最底层,生活过得不如意,常常失业,靠社会救济生活,常抱怨他人、抱怨社会。

大学生活丰富多彩,大学生可以选择不同类型的学习生活路线,如学优型、创业型、科技创新型等。如何选择适合自己的路线,使自己的大学生活过得充实而有意义,要树立职业生涯规划意识,结合自身实际情况,设立目标。目标是动力的源泉,可以帮助大学生明确努力的方向,围绕发展的目标聚焦当下,合理地分配和管理时间,为当下的行动赋予积极的长远意义,在行动中去发现更多的可能性、更多的机会,促进自我成长,成为更好的自己。

2. 自我认识

美国心理学家威廉·詹姆斯提出自我认识的对象包括三方面:物质自我、社会自我、心理自我。物质自我指个体的生理特征,如身高、体重、外貌等;社会自我指个体在群体中的地位、角色、与他人关系等;心理自我指个体的智力、性格、气质、兴趣、情绪、价值观等。我们在职业生涯规划中,可以从兴趣、性格、能力、价值观等方面探索自我,加强对自我的认知。兴趣和工作的满意度、职业的稳定感、成就感之间存在明显的关系。人们对于感兴趣的事情会投入更多的时间,培养较强的能力,做起事情更得心应手,从而对此产生更加浓厚的兴趣。我们每个人都有自己的独特个性,在做事情的时候,有我们擅长的一面,也有不擅长的一面。理解我们的性格及与之相适应的环境和职业,可以帮助我们做出适合的职业选择。当人们的个人能力和工作的要求匹配时,会获得满足感和成就感;能力不足以胜任工作的要求时,会产生挫败感。因此在选择职业时我们要清楚个人具备的能力有哪些?需要提高哪方面的能力,才能与职业要求的能力匹配。价值观是我们在生活和工作中所看重的原则、标准或品质。我们要明确自己的价值观,它对我们的职业选择和发展起到重要的作用。

3. 社会学习理论

克朗伯兹在班杜拉的学习理论基础上,形成了生涯决定社会学习论。克朗伯兹认为影响人的生涯有四个决定因素:遗传因素和特殊的能力、环境的因素和实践、学习经验、工作取向的技能。生涯的选择是各种影响因素之间交互作用的结果。其主要的观点为:

(1)人必须扩展其能力与兴趣,生涯决定不能仅仅基于现存的特质;
(2)各行各业的工作内容不是一成不变的,人必须随时培养职业应变能力;

（3）必须鼓舞人采取行动，而不是坐待诊断结果。对于在成长过程中遇到的偶发事件，采取接纳的态度，主动行动，使其成为学习的机会，看到更多的可能性，加强职业生涯发展的探索。

4. 认知信息加工理论

认知信息加工理论研究个体内在对信息处理的历程，是个体有效进行生涯抉择的重要条件。以彼得森为首的研究团队相信，一个人如果能够"认知"到生涯选择的内涵，就能提升生涯选择的能力。彼得森等学者构建了"信息加工层面的金字塔"，主要分为知识领域、决策领域、执行处理领域。知识领域主要包括自我知识和职业知识，这些信息会保存在长期记忆中，当进行生涯决策时会提取出来，为生涯决策提供基础。决策过程主要包括五个步骤：沟通、分析、综合、评估和执行。

2.2.4 心理学小知识

霍兰德职业兴趣类型理论

霍兰德（John Holland），美国霍普金斯大学荣誉退休教授。1995年，美国心理学会为霍兰德颁发杰出贡献奖，颁词提到：霍兰德的生涯理论提供了一个智性的工具，统整了我们对职业意图、职业兴趣、人格与工作史的知识。他在职业心理学领域的杰出贡献，使得职业心理学迈出了重要的一大步。他认为选择一种职业，是一种人格的表现，职业兴趣是人格的呈现。职业兴趣可以提高人们的积极性，促使人们积极地、愉快地从事该职业。霍兰德将其归纳为六种类型，即实用型R、研究型I、艺术型A、社会型S、企业型E和事物型C。个人的职业兴趣往往是多方面的，通常用得分最高的前三位的兴趣的字母代码表示一个人的职业兴趣，这个代码被称为"霍兰德代码"。三个字母的顺序表示了兴趣强弱程度不同。比如RIA，表示R的兴趣得分是最高的，其次是I，然后是A。

职业生涯的探索，就是对自我及工作世界的探索，霍兰德代码巧妙地拉近了自我与工作世界之间的距离。个人兴趣类型和职业环境之间的适配，会增加个人对工作的兴趣和满意度，更能激发自己发挥才能，获得工作的成就感。

2.2.5 培养职业生涯意识的策略与方法

1. 确立目标的方法

（1）目标要具体、明确。常听到一些大学生这样描述：我想努力学习，取得好成绩，参加社会实践，锻炼提高自己的能力。这些描述是笼统的、含糊的，我们设立目标需要明确、具体。

（2）目标要可量化。制定了可以量化的目标，才能去衡量评价自己是否完成了目标，与既定的目标有多大的差距。如"本学期想努力提高英语成绩"，可改为"本学期每天背诵5个单词,做两篇阅读理解,听力练习15分钟"。

(3)目标要有明确的时间限定。没有时间限制的目标,会不清晰什么时间需要完成,影响行动力。我们可以把大的目标分解成小的目标,设定具体的时间,如一年、一个学期、一个月、一周等,逐渐完成既定小目标或阶段性的目标,向最终目标有效推进。

(4)目标要有一定的难度,但通过努力可以实现。设定目标要切合实际,如一个学生制定英语学习计划,每天背诵50个单词,很难坚持下去,最后放弃了计划。当目标有一定的挑战性,且通过努力可以完成时,会激发我们的行动力,提高我们实现目标的信心。如果目标定得难度太大,尝试后发现很难实现,就会缺少动力去行动。

职业生涯规划的目标可分为长期目标、中期目标、短期目标。长期目标一般是将来5～10年想要实现的目标,看到未来发展的愿景;中期目标一般为3～5年,经过努力达到的阶段性目标;短期目标时间比较灵活,可以是一年、一月、一周、一日等。大学生在确立职业目标时,可以把中长期目标分解成短期的阶段性小目标,明确努力的方向及现在要去做什么,以利于目标的逐步达成。

事例 日本著名马拉松运动员山田本一曾两次获得国际马拉松比赛世界冠军。当记者向他询问成功的原因时,山田本一总是斩钉截铁地回答道:"凭智慧战胜对手,取得胜利。"记者对此回答迷惑不解。十年后,他终于在其自传中解开了这个谜。自传中写道:"每次比赛之前,我都要乘车将比赛的路线仔细地看一遍,并把沿途比较醒目的标志画下来,比如第一个标志是一家银行,第二个标志是一棵大树,第三个标志是一座公寓……这样一直到赛程的终点。比赛开始后,我以百米冲刺的劲头向第一个目标冲去,到达第一个目标后,又以同样的速度向第二个目标冲去……40多公里的路程就这样被我分解成若干个小目标而轻松地跑完。起初,我并不是这样做的,而是把目标一下子定在终点线的那面旗帜上,结果跑到十几公里就觉得疲惫不堪了,因为我被前面那段遥远的路程吓倒了。"

从山田本一成功的事例中我们可以看到,大的成功由小的目标铺垫而成,把大目标分解,每实现一个小目标,就会体验到一次成功,从而增加自信,充分调动潜能去实现下一个目标。

2. 兴趣探索

不考虑现实的因素,仅从兴趣出发,列出你感兴趣的五种职业,每一种职业吸引你的原因?有无共同的特征?

_____
_____
_____
_____

3. 性格探索

美国心理学家布里格斯和迈尔斯母女在荣格的两种态度类型(内倾、外倾)和四种功能类型(思维、情感、感觉、直觉)的基础上,又增加了判断和知觉两种类型,并发展成为心理测评工具 MBTI,用以衡量和描述人们在获取信息、做出决策等方面的心理活动规律、性格类型偏好。下面我们通过 MBTI 的四个维度了解下性格。

(1)能量倾向:外倾(I)—内倾(E)维度

外倾:注意力和能量指向外部世界的人和事,从中获得支持并依赖于外在环境中发生的信息。兴趣广泛,喜欢活动,偏好于通过谈话的方式来思考,先行动后思考,在人际交往中积极主动。

内倾:注意力和能量指向于内部的精神世界,其心理能量通过内部的思想、情感等反思而获得。在内部世界中获得支持并看重发生的事件的概念、意义等。更愿意用书面的方式沟通,安静而显得内向,先思考后行动。

练习1:对照外倾和内倾的特点,结合自己的日常表现,你觉得自己是偏外倾还是内倾? 写下你判断的理由。

_____
_____

(2)接受信息:感觉(S)—直觉(N)维度

感觉:通过各种感官去注意现实的、直接的、实际的、可观察的事件,并能记住细节,相信自己的经验。重视当前的实际情况,经过推理得出结论。

直觉:对事件将来的各种可能性和事件背后隐含的意义感兴趣。富于想象力和创造力,注重未来的可能性,靠直觉得出结论。

练习2:请完成6句话,桥是……

桥是_____;桥是_____;
桥是_____;桥是_____;
桥是_____;桥是_____。

看看你自己是如何描述的,你的偏好是感觉型还是直觉型?

(3)处理信息:思考(T)—情感(F)维度

思考:通过分析行动或选择的逻辑后果来做决定。注重因果关系,寻求事实的客观标准,以逻辑的方式解决问题,爱讲道理。

情感:喜欢考虑对自己和他人来说什么是重要的,衡量决定对他人产生的影响和后果。富于同情心,善于理解他人的感受,寻求和谐的气氛和积极的人际交往。

练习3:结合你在日常学习、工作、生活中,遇到问题和事情时你的想法和决定,判断下自己可能是哪个类型偏好。

_____

(4)行动方式:判断(J)—知觉(P)维度

判断:喜欢有计划、井然有序的生活方式,按照计划和日程安排对生活加以控制。习惯并喜欢做决定,喜欢把事情落实敲定。

知觉:喜欢灵活、有弹性、自然的生活方式,更愿意去理解生活而不是控制生活。保持开放性,让其自然地变化,不喜欢把事情确定下来。做事比较随意,不愿做决定,详细计划会觉得是种束缚。

练习4:对于一门课程布置的大作业,一周内需要上交,你通常会如何做,判断下你是哪个类型。
_____

完成 MBTI 四个维度的练习后,请将你初步判断的每个维度偏好英文代码记录下来:
你的 MBTI 类型:_____

4. 技能探索

技能是人们通过后天学习和练习而获得的能力。辛迪·梵和理查德·鲍尔斯将技能分为三种类型:知识技能、自我管理技能、可迁移技能。知识技能是指需要通过教育或培训获得的知识和能力,如地理、数学、英语等。自我管理技能经常被看作个性品质,被用来描述或说明人具有的某些特征,如坚强的、礼貌的、热情的等。可迁移技能就是人会做的事,也被称为通用技能,如服务、计算、驾驶等。

(1)知识技能探索

①回顾下你的成长经历,请列出你所掌握的专业知识技能。
_____
_____

②你觉得自己目前尚不具备但希望学到的知识技能有哪些?可以通过什么途径学习到?
_____
_____

(2)自我管理技能探索

①结合你对自己的了解及他人对你的反馈,请列出你认为拥有的自我管理技能。
_____
_____

②你认为最重要的5项自我管理技能是:_____
_____

(3)可迁移技能探索

请回顾你的学习和生活经历,参考可迁移技能词汇表(表2.1),根据自己的实际情况及判断,思考以下问题。

表 2.1　可迁移技能词汇表

管理	合作	编辑	校对	指导	执行
观察	计算	组织	预算	推进	设计
公关	总结	销售	写作	制图	决策
领导	适应	评价	发明	表达	建议
监督	描述	训练	收集	研究	挑选
交流	提问	创意	调整	想象	探索
驾驶	预测	联系	推理	提升	计划
比较	证明	解释	维修	分类	举例
照顾	激励	学习	分析	交际	示范
阅读	领会	保护	倾听	测量	协助

①哪几项是你已经较为熟练使用的技能?

②哪几项是你目前不胜任,需要重点培养的技能?

5. 价值观探索

价值观是我们在生活和工作中所看重的原则、标准或品质,在人们的职业生涯发展中起到极其重要的、决定方向性的作用。美国心理学家洛特克(Rokeach)于1973年在《人类价值观的本质》一书中,提出了13种价值观:

(1)成就感:提升社会地位,得到社会认同,希望工作能得到他人的认可,对工作的完成和挑战成功感到满足。

(2)美感的追求:能有机会多方面地欣赏周遭的人、事、物,或任何自己觉得重要且有意义的事物。

(3)挑战:能有机会运用聪明才智来解决困难。舍弃传统的方法,而选择创新的方法处理事情。

(4)健康,包括身体和心理:工作能够免于焦虑、紧张和恐惧,希望能够心平气和地处理事情。

(5)收入与财富:工作能够明显、有效地改变自己的财务状况,希望能够得到金钱所能买到的东西。

(6)独立性:在工作中能有弹性,可以充分掌握自己的时间和行动,自由度高。

(7)爱、家庭、人际关系:关心他人,与别人分享,协助别人解决问题,体贴、关爱别人,对周遭的人慷慨。

(8)道德感:与组织的目标、价值观和工作使命能够不相冲突,紧密结合。

(9)欢乐:享受生命,结交新朋友,与别人共处,一同享受美好时光。

(10)权力:能够影响或控制他人,使他人照着自己的意思去行动。

(11)安全感:能够满足基本的需求,有安全感,远离突如其来的变动。

(12)自我成长:能够追求知性上的刺激,寻求更圆满的人生,在智慧、知识与人生的体会上有所提升。

(13)协助他人:认识到自己的付出对团体是有帮助的,别人因为你的行为而受惠颇多。

参考以上13种价值观,请思考以下几个问题:

(1)你重视的价值观是什么?请按照对你的重要程度列出来。
_____
_____

(2)以上列出的价值观是你一直都重视的吗?如果曾经有改变,什么时间发生了变化?变化的原因是什么?
_____
_____

(3)对于你重视的价值观,你打算采取什么行动?
_____
_____

6. 决策平衡单

我们在日常生活中遇到重要的事情需要做出抉择时,会考虑很多因素权衡利弊,做出自己的选择。可以使用"决策平衡单"(Jains & Mann,1977)的方法,帮助我们去分析可能的选择方案,对其利弊得失做分析,对结果做评估。将重要抉择的思考方向聚焦在四个方面:自我物质方面的得失、他人物质方面的得失、个人精神方面的得失、他人精神方面的得失。针对四个方面列出自己会考虑的因素,并按照其重要程度赋予权重,逐项对所有的选择进行加权加分,按总分排序,如表2.2及表2.3所示。

表 2.2　决策平衡单

考虑因素	选择项目						
^	权重 1~5	选择一		选择二		选择三	
^	^	加权分数 (+)	加权分数 (-)	加权分数 (+)	加权分数 (-)	加权分数 (+)	加权分数 (-)
个人物质方面的得失 1. 2. 3. ⋮							
他人物质方面的得失 1. 2. 3. ⋮							
个人精神方面的得失 1. 2. 3. ⋮							
他人精神方面的得失 1. 2. 3. ⋮							
总分							

表 2.3 示例:王同学的决策平衡单

考虑因素	权重 1~5	选择项目(因素评分为 -5 至 +5)					
		选择一:直接工作		选择二:国内读研		选择三:出国留学	
		加权分数(+)	加权分数(-)	加权分数(+)	加权分数(-)	加权分数(+)	加权分数(-)
个人物质方面的得失 1.个人收入	4	+4(+16)		+2(+8)			-1(-4)
2.健康状况	5		-3(-15)	+4(+20)		+2(+10)	
3.休闲时间	3		-2(-6)	+3(+9)		+2(+6)	
4.未来发展	4	+2(+8)		+4(+16)		+4(+16)	
5.适合自身的处境	5		-1(-5)	+4(+20)			-3(-15)
他人物质方面的得失 1.家庭收入	2	+3(+6)			-2(-4)		-4(-8)
2.与家人相处时间	3	+2(+6)		+4(+12)			-5(-15)
个人精神方面的得失 1.专业知识应用	2	+2(+4)		+5(+10)		+5(+10)	
2.多样性和变化性	3		-1(-3)	+3(+9)		+5(+15)	
3.挑战性	3	+2(+6)		+3(+9)		+5(+15)	
4.兴趣的满足	4	+1(+4)		+2(+8)			-2(-8)
5.自由独立	4	+3(+12)			-1(-4)	+5(+20)	
他人精神方面的得失 1.父亲	3	+2(+6)		+3(+9)		+1(+3)	
2.母亲	3		-3(-9)	+5(+15)		+2(+6)	
总分		30		137		51	

2.2.6 自助练习

设立个人职业目标及行动计划

你的五年目标:_____

要实现你的目标,你需要做哪些准备,经过哪几个步骤?
_____

你可以培养的生涯兴趣:_____

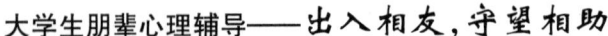

你需要培养的能力：_____
据此设立你的短期目标和行动计划：_____
一年目标：_____
一年行动计划：_____
一个月目标：_____
一个月行动计划：_____

2.2.7 推荐读物

1. 塞缪·H.奥西普,路易丝,F.菲茨杰拉德.生涯发展理论[M].上海:上海教育出版社,2010.
2. 里尔登,伦兹,彼得森等.职业生涯发展与规划[M].4版.北京:中国人民大学出版社,2018.

2.3 朋辈交往团体:信任

2.3.1 团体设计理念

1.团体理论

(1)人际关系的三维理论

美国学者舒茨以人际需要为主线提出人际关系的三维理论,认为个体都有三种基本的人际需要:包容需要、支配需要、感情需要。这三种基本的人际需要与人们的表现方式(主动、被动)结合形成六种人际关系取向:主动包容式、被动包容式、主动支配式、被动支配式、主动感情式、被动感情式。童年期的人际需要是否得到满足,以及形成的行为模式,对其成年后的人际关系有很大影响。

(2)马斯洛需求层次理论

马斯洛需求层次理论把需求分成生理需求、安全需求、爱和归属感、尊重和自我实现五类。五种需求像阶梯一样从低到高,按层次逐级递升,但次序不是完全固定的,可以变化。一般来说,某一层次的需求相对满足了,就会向高一层次发展,追求更高层次的需求就成为驱使行为的动力。相应地,获得基本满足的需求就不再是一股激励力量。

(3)舒伯的生涯发展理论

舒伯认为,职业生涯的发展是一个持续渐进的过程,一直伴随个人的一生。把职业生涯分为五个阶段:成长阶段(0～14岁)、探索阶段(15～24岁)、建立阶段(25～44岁)、维持阶段(45～64岁)及衰退阶段(65岁以后)。在后来的研究中,他提出职业发展的五个阶段并不完全和年龄相关,各阶段可能存在交叉,在人生的不同时期,可能经历由这五个阶段构成的"小循环"。大学生处于生涯发展的探索期,主要就是探索自我和探索外部工作世界,为未来的职业发展做好规划,明确目标和方向。

2.本单元团体设计整体思路及目标

团体心理辅导进程按时间顺序分为创始阶段、过渡阶段、工作阶段及结束阶段。本单元中,朋辈交往团体处于过渡阶段,由于团体刚建立,成员之间相识但尚不熟悉,需要通过设计开展一些团体活动,增强彼此的了解及团体成员之间的信任感和凝聚力,逐渐形成一个安全、可以一定程度自我表露的团体氛围。

由于本单元研究的专题是生涯发展的问题,因此在设计团体辅导活动中,备选的主题活动围绕大学生生涯规划开展,大学生通过探索自我和工作世界,制定具体的职业生涯规划,明确目标和努力的方向,为将来进入职场生活做好准备。

2.3.2 团体流程

团体流程见表2.4。

表2.4 团体流程表

次序	目标	活动内容	所需时间
1	暖身,破冰活动,加强团队凝聚力	热身活动:心有千千结 备选活动:心灵电波	约10分钟
2	增强对他人的信任与接纳;规划大学生活,主动探索生涯之路	主题活动:信任之旅 备选活动:大学生活拼图、生涯联想	约30分钟
3	分享活动感受,增进小组成员间的了解与接纳	小组内分享	约10分钟
4	促进大团体成员间的交流,增加团体凝聚力	大组内分享	约5分钟
5	促进领悟,引发成员的思考,强化活动效果	总结	约5分钟

2.3.3 团体实施

团体实施方案见表2.5。

表2.5 团体实施方案

目的:通过团体游戏,让成员体会到协作的重要性,享受团体合作的快乐,感受集体的力量,每位成员在集体中的责任与作	1.热身活动:心有千千结 　指导语:"首先,每组成员手拉手围站在一个圆圈,面向圆心,记住自己左右手分别与哪位同学牵手。然

表 2.5(续 1)

用,增加团队凝聚力 时间:约 10 分钟 材料准备:音乐	后,在播放的背景音乐中,大家放开手,在一定范围内随意走动,音乐一停,停止脚步,去牵原来左右手牵手的人,如果够不到要牵手的人,可以稍微挪动下位置,形成一个错综复杂的"结"。所有人牵好手后,在手不松开的前提下,用各种方法如跨、钻、转等,将交错的结解开,恢复成最初状态的大圆圈。接下来,每个小组选一名同学发言,分享活动感受。" 注意事项: (1)记住左右手拉手的同学,走动后,左手还是与原来左边同学的右手握手,右手还是与原来右边同学的左手握手。 (2)在整个解"结"的过程中,不能松开手。 (3)带领者观察成员在团体中的表现,而团体成员发挥群体智慧,积极协作尽快找到解决办法,并分享给全体成员。 (4)带领者总结活动的目的与意义,促进成员思考与领悟。
目的:通过助人和受助人的"盲行"体验,让组员体验、感悟信任与被信任,引导成员对求助与助人产生不同的感悟,体会信任带给人的力量,增强对他人的信任感 时间:约 50 分钟 材料准备:眼罩、选定好路线	2. 主题活动:信任之旅 指导语:"今天带领大家开展团体活动是信任之旅——盲行。首先 1~2 报数,一共分成两大组,一组的成员做'盲人',二组的成员做'拐棍'。然后随机配对,两人一组,'盲人'戴上眼罩后,原地转 2~3 圈,暂时失去方向感,'拐棍'去随机找一个'盲人'搀扶,沿着带领者选定的路线,带领'盲人'行走。整个活动过程,不能讲话交流,'拐棍'只能用非语言形式,如动作、手势等方式去提示'盲人'行进中需要注意的道路,如上下楼、拐弯等,帮助'盲人'顺利完成信任之旅的路线。所有成员完成一轮信任之旅后,可以互换角色,体验不同角色的感受。请在小组内分享活动感受,说说你得到帮助时的感受是怎样的,你是如何去帮助他人的、在活动中遇到什么问题或困难等。然后小组代表在大组内分享、交流感受。" 注意事项: (1)活动指导者要选好路线,最好有一定的障碍,如上下楼、拐弯等,要强调安全的问题,以免由于疏忽而造成身体上的损伤; (2)为了使体验更加深刻,要强调在活动过程中双方不能进行言语交流。

表2.5(续2)

目的:激励成员挑战自我,激发成员的潜能,提高快速反应能力,增强团体凝聚力 时间:约10分钟 材料准备:秒表	3. 备选热身活动:心灵电波 　　指导语:"所有成员手拉手站成一圈,左手手心朝上,右手手心朝下,右手搭在相邻成员的手心上。 　　活动规则: (1)全体成员闭上眼睛,指导者随意选出一人,让他用右手点击相邻成员的左手,发出"电波"信号,依次传递"电波",直到返回起点。 (2)由指导者发出"开始"的指令,并用秒表记录时间,向成员反馈所用的时间,重新再做几遍电波传递,挑战用更短的时长完成任务。 (3)传递的方向可以是顺时针、逆时针,也可以同时向两个方向传递。 (4)完成心灵电波的传递活动,团体成员分享、交流活动感受。" 　　注意事项: (1)在安静的环境内,避免受外界声音的干扰。 (2)闭上眼睛,用心去聆听,感受心灵电波的传递。
目的:帮助成员去思考和规划大学生活,明确目标和努力的方向,为职业生涯规划打好基础 时间:约25分钟 材料准备:"大学生活拼图"表格、纸、笔	4. 备选主题活动:大学生活拼图 　　指导语:"发给每位同学一张大学生活拼图的表格,请大家从九个方面认真思考在大学期间想要规划的内容,并逐一在表格中写出自己所希望做的事情和想要实现的目标,设计自己的大学生活规划蓝图。完成表格内容后与组内成员分享自己的规划。在小组内讨论如下问题: (1)在你的规划中,哪些比较容易实现?为什么? (2)哪些比较难实现?为什么? (3)为了实现自己的规划,现在开始需要做哪些努力?小组内交流讨论,派一名代表参加大组的交流发言,分享感受。" 　　注意事项: (1)规划的内容尽量具体详尽、具有可操作性。 (2)成员分享时,可根据自己的实际情况,完善和补充规划的内容。

表2.5(续3)

| 目的:帮助成员去建构未来的职业生涯远景,以及具体的生涯期待,更加明确自己的理想和目标
时间:约25分钟
材料准备:音乐、纸、笔 | 5.备选主题活动:画出你未来工作世界的样子
　　指导语:"请大家找到一个舒服的姿势坐好,闭上眼睛,调整呼吸,让自己进入放松的状态,想象下你毕业后已经参加工作五年了。你在哪个城市工作?在什么样的单位工作?从事什么工作?你的办公场所是什么样子的?你的工作状态如何?你和同事之间一般是如何互动的?想象下你工作世界里看到的、听到的、感受到的画面……好,我将数5个数让我们重新回到现在,5、4、3、2、1,请睁开你的眼睛,在座位上活动下身体。请你用画画的方式,描绘出你刚才想象中未来工作世界的样子。小组成员分享感受,然后大组交流活动感受。"
　　注意事项:
(1)在画画之前,先带领成员进入未来工作世界想象的空间。
(2)在描述具体情景时,指导者语速要放慢,有停顿,给成员留有充足的时间去想象。 |

大学生活拼图

说明:请从以下九个方面规划你的大学生活,将自己希望做的事情及想要实现的目标逐一填写在表2.6中。

表2.6　大学生活拼图

学业发展	人际关系	个人情感
家庭关系	自我成长	休闲娱乐
身心健康	社会服务	兼职工作

第3章 精神分析疗法

3.1 理论知识介绍

3.1.1 精神分析疗法概述

1. 历史溯源

精神分析疗法是20世纪初由奥地利精神病学家西格蒙德·弗洛伊德创立的一门学科,是现代西方心理学主要流派之一。1885年弗洛伊德师从巴黎著名的精神及人脑科学家沙可,并开始关注早期或童年创伤经历和情绪病的研究。1895年,以弗洛伊德与布洛伊尔联合出版的《关于歇斯底里的研究》一书为标志,精神分析疗法正式创立。弗洛伊德受19世纪中叶物理学家赫尔姆霍兹提出的能量守恒定律理论启发,认为人也是能量系统,同样遵循能量守恒定律,并将这种观点应用于人类的精神世界,进而提出研究人格结构中能量的转化与改变,并逐步创立了精神分析特有的理论框架和相关技术方法,这使人们对自身的了解有了全新的认识。

随着时代的发展,特别是科学技术水平的提高,精神分析也在逐步扬弃。弗洛伊德的后继者们形成了新的理论体系,后人根据精神分析理论学派的发展将其分为几个阶段:

(1)以弗洛伊德为代表人物的经典精神分析;

(2)弗洛伊德的女儿安娜·弗洛伊德在其父亲理论的基础上完善了自我防御机制而建立的自我心理学;

(3)以克莱因为代表的在观察儿童心理发展基础上建立的客体关系学派;

(4)科胡特在革新弗洛伊德自恋的基础上提出的自体心理学。

精神分析从产生至今,已经经历了大范围扩展,在严格意义的精神分析以外的各种心理疗法,大多数源于经典和当代精神分析概念,并仍持续受到它们的影响。正如诗人奥登在他1940年创作的《纪念西格蒙德·弗洛伊德》中写道:"他经常出错,时而荒谬,对我们来说他已不再是一个肉身,而是主宰一代思潮,因他的影响,人类的生活从此截然不同。"

2. 代表人物

(1) 西格蒙德·弗洛伊德(Sigmund Freud,1856—1939)

奥地利精神病医师、心理学家、精神分析学派创始人,也被誉为精神分析之父。1856年出生于奥地利摩拉维亚弗赖堡市的一个犹太家庭,父亲雅各布是一位犹太商人,母亲是父亲的第二位妻子,他是同母所生8个兄弟姐妹中之长兄,他还有两个异母的哥哥。

弗洛伊德自幼聪颖好学,17岁考入维也纳大学医学院,25岁获得博士学位后开始在维也纳中心医院工作。1885年开创了潜意识研究的新领域,将了解人潜在的心灵结构比作考古,试图通过探寻潜意识处理病人在生活中遇到的难题,从而促进了动力心理学、人格心理学和变态心理学的发展,奠定了现代医学模式的新基础,为20世纪西方人文学科提供了重要理论支柱。1909年,弗洛伊德应美国著名心理学家霍尔的邀请,到美国进行演讲,并被克拉克大学授予名誉博士学位,这意味着弗洛伊德的精神分析学开始得到国际的承认。1938年,纳粹德国入侵奥地利,弗洛伊德被迫离开奥地利流亡英国,次年逝世于伦敦,享年83岁。

(2) 弗洛伊德的后继者

安娜·弗洛伊德(Anna Freud,1895—1982),奥地利心理学家,儿童精神分析学家,弗洛伊德的爱女。15岁以前已经开始阅读父亲的论文,自行研习精神分析。1909年开始旁听父亲主持的精神分析研讨会。1912年,安娜在维也纳的考泰季中学毕业后没有上大学。1922年开始参加维也纳精神分析学会,并取得正式会员资格,1923年开始了精神分析的临床实践,1928年发表《儿童分析技术导论》,第一次系统地阐述了她的儿童心理学研究成果,开创了儿童精神分析疗法,并通过游戏疗法的方式对儿童开展精神分析。

在继承和发展弗洛伊德后期的自我心理学思想的基础上,扩展了弗洛伊德关于自我防御机制的研究,1939—1945年,她在维也纳创办了一所私立小学,将原来用于病人的精神分析理念扩展用在教育上以研究儿童,并将儿童精神分析思想应用于教育、法律、儿科学等领域。曾任《儿童精神分析研究》主编和国际精神分析协会名誉会长。与此同时,她还在英国伦敦创办汉普斯特战争疗养院。她认为,精神分析师的工作是通过自我了解本我和超我,将潜意识意识化的过程,将心理咨询的重点放在恢复自我的统一性上。1982年10月9日,逝世于英国伦敦,享年87岁。

哈里·斯塔克·沙利文(Harry Stack Sullivan,1892—1949),祖籍爱尔兰,出生于美国纽约州的诺威奇,美国精神病医生和精神分析理论家、新精神分析学派代表人物之一。他是父母唯一幸存的孩子,从小被母亲宠爱,幼年的沙利文一直生活在母亲家闭塞的农场里,十分孤独,既没有同龄玩伴,也没与父母建立亲密的关系。他曾就读于斯米尔纳联合中学,之后在1909年进入康奈尔大学学习两年,因性格孤僻,进入学校后不知道如何融入集体,但学习成绩非常优异。1917年在芝加哥医学院获医学博士。1922年进入首都华盛顿的圣伊丽莎白医院担任当时美国著名精神医学家怀特的助理,在怀特的影响下开始研究精神病学。1940年,他为美国精神病学会的征兵委员会工作,合作制定了美国军队应征入伍者的心理学筛查指南。他生前只出版了一本著作——《现代精神病学概念》(1947),他的人际关系说对当时美国的新精神分析理论影响很大。1949年1月14日,他在参加世界精神卫生联合会的执行委员会会议返程途中突发脑出血,卒于巴黎,享年57岁。

梅兰妮·克莱因(Melanie Klein,1882—1960)出生于奥地利维也纳一个犹太知识分子家庭,是与弗洛伊德同时代的女精神分析师,被誉为"精神分析之母"。克莱因的父亲原是一名犹太法典的学者,后获得内科医生资质,母亲重视教育并善于持家,克莱因是家里最小的孩子,有两个姐姐一个哥哥。1896年,克莱因考入维也纳预备高中,准备学医。1899年,克莱因考上大学,但因订婚放弃了从医的计划。1904年和亚瑟结婚,1910年因读到西格蒙德·弗洛伊德的作品《论梦》从而对精神分析学产生兴趣。当时她的婚姻已经出现问题,开始接受桑多尔·费伦齐的分析,并在费伦齐的鼓励下开始分析儿童。1920年,在卡尔·亚伯拉罕的邀请下加入柏林精神分析协会。在这个时候,亚瑟因工作调动与克莱因分居,他们于1926年离婚。同年,克莱因加入英国精神分析协会,并定居伦敦继续开展自己的事业。1960年因癌症逝世,享年78岁。

海因兹·科胡特(Heinz Kohut,1913—1981),维也纳人。1914年,科胡特的父亲应征入伍,直到1919年退役回家。虽然他偶尔和母亲去看望父亲,但毕竟跟父亲长时间分开,科胡特觉得自己没有充分地享受到父爱,而这段时期父爱的缺失对科胡特形成自体心理学理论有深刻的影响。

科胡特是弗洛伊德的同乡,维也纳医学院毕业,曾在芝加哥大学担任教授,讲授精神医学,1964—1965年任美国精神分析协会的会长,1965—1973年任国际精神分析协会的副会长。科胡特把精神分析的研究重点从本能驱力或自我转移到自体上,把自体看作一个人心理世界的核心。科胡特的作品《自体的分析》是精神分析的自体心理学创立的开始。科胡特非常强调共情,在他参加最后一次精神分析大会进入会场时碰到两个与他打招呼的同事,他没理,等两个半小时讨论结束后,科胡特让太太给同事打电话解释说,自己进入会场时看到他们打招呼了,但为了参加大会保存精力他没有回应,深表歉意。

1981年科胡特逝世,享年68岁,但他留给我们的关于自身的理论思考和他的名言"没有敌意的坚决,不含诱惑的深情",都是人类宝贵的财富。

3. 影响与贡献

精神分析不仅是我们文化之内的一个专业的学科,而且是一种思维方式、一种理解人类经验的方式,已成为构成我们文化的要素,渗透于我们体验自身和心灵的方式之中。作为一名精神科医生,弗洛伊德创立了一个涉及人类心理结构和功能的学说领域,而且他的观点不仅在精神病学领域,而且在艺术创造、教育及政治活动等方面均有深远的影响,它的意义可与达尔文的进化论相提并论。弗洛伊德的后继者们也在弗洛伊德的基础上不断完善、发展、创新,并形成多种作为支脉的新学派,以蔚为壮观的局面展现着弗洛伊德主义的强大生命力,以安娜·弗洛伊德为代表的自我心理学派更强调自我的作用,重视自我的防御功能。以克莱因为代表的客体关系学派认为环境对人格形成有重要影响,特别强调家庭内部关系对个体发展的作用。如今占主导地位的是客体关系理论和自体心理学。现代心理动力学理论的影响已不仅仅在心理治疗界,包括家庭治疗、婚姻治疗、认知行为治疗及完形治疗,而且渗透进了社会工作等诸多领域。治疗师也从一个高高在上的权威、指导者,变为一个与当事人一样,需要面对内心未修通的冲突和复杂人际关系,需要和当事人一起成长的人。

3.1.2 精神分析疗法的基本理论

1. 经典精神分析

(1) 心理拓扑模型

弗洛伊德把人的心理活动分为意识、前意识和潜意识三个部分。

意识指人的头脑对于客观物质世界的反映,也是感觉、知觉、记忆、思维等各种心理过程的总和。

前意识:指没有浮现出意识表面的心理现象,它是人们能够回忆起来的经验。前意识是调节意识和潜意识的中介机制,是意识和潜意识之间的过渡领域,它起着"检查"作用,潜意识进入意识必须经过前意识领域。

潜意识:也称为无意识,是弗洛伊德早期理论的核心。潜意识代表的是深藏于内心的、不可接近的部分,代表着人类更深层、更隐秘、更原始、更根本的心理能量,是精神活动的主要方面。

人的意识、前意识和潜意识之间保持一种动态的平衡。前意识与意识之中的内容相互转换非常容易,而潜意识中的内容要进入意识则非常困难。前意识作为"检查官"禁止那些创伤性经验、不良情感及为社会道德所不容的内容进入意识,但潜意识中的欲望、动机、各种本能有强烈的想"侵入"意识中的冲动或力求在意识的行为中得以表现。这时就会唤起意识中的焦虑、羞耻和罪恶感,为了抵抗这些不被社会道德、法律所允许的冲动,意识就将经历、回忆、各种欲望和冲动压抑到潜意识中进行抵抗。

弗洛伊德认为无意识的动机都是向上运动的,向外推的,而意识却施以相反的力量,向下、向内紧压。这就是所谓压抑。

(2) 心理结构理论

按弗洛伊德的理论,人格是一个整体,由三部分构成,分别是本我、自我、超我。

本我(id)是人格结构中最原始的部分,从出生之日起即已存在。构成本我的成分是人类的基本需求,如饥、渴、性三者均属之。本我遵循快乐原则,像婴儿饿了就会立即要喂奶,而不考虑母亲是否有困难。

自我(ego)代表理智与常识,是个体出生后,在现实环境中由本我中分化发展而产生的。自我遵循现实原则,充当仲裁者协调本我和超我之间的冲突。

超我(superego)是由个体出生后受到规范、要求而逐渐形成的。代表社会的理想、价值观,遵循道德原则。超我中含有两个部分,一是理想,代表自己的行为要朝着符合自己理想的方向;二是良心,即要求自己的行为要符合规范、避免犯错。

如果本我、自我、超我能够彼此和谐、稳定,就会形成一个人格良好的人,如果三者之中出现矛盾、冲突,就会影响人的发展,严重情况下会导致心理异常。

(3) 心理防御机制

投射(projection)是指把自己不能接受的性格、特征、态度、意念和欲望转移到别人身上,批评别人这种性格、态度和意念等以摆脱自己的内心紧张,此种投射机制可以使个体内心保持安宁,但会影响个体对事件的观察和判断能力,对个体缺乏建设性的功能。如"有一种冷叫你妈觉得你冷"和"五十步笑百步"都是投射的表现。

退行(regression)行是指当遇到挫折和应激时,心理活动退回到早期水平,以原始、幼稚的方式应付当前的情景,是一种回避的行为。如有的学生考试或竞赛失败后,便卧床不起,不思茶饭。这便是退行到婴幼儿时期,是一种消极的应对方式。

升华(sublimation)是指将一些不为社会所认可的动机或行为转变为符合社会需要的动机或行为,是一种很有建设性的心理防御机制。如有打人冲动的人,借练拳击或摔跤等方式来满足,是一种积极的应对方式,是维护心理健康的必需品。

理想化(idealization)是指对某些人或某些事与物做了过高的评价,将事物完美化的过程。如"情人眼里出西施"。

幽默(humor)是指用一种诙谐幽默方式化解矛盾和冲突,既表明了态度,又不会令他人陷入窘境。如矮个子学生被人嘲讽个子矮时,风趣地说一句"矮有矮福",便可一笑了之,是一种积极的应对方式。

否认(denial)是指拒绝承认那些使人感到焦虑痛苦的事件,从而缓解打击,获得心理上的安慰和平衡,以达到保护自我的目的。例如,鸵鸟在遇到危险时将头埋到土里和我国的俗语"掩耳盗铃"都是否认的表现,是一种消极的应对方式。

(4) 人格发展理论

弗洛伊德以身体不同部位获得性冲动的满足为标准,将人格发展划分为5个阶段,其人格发展理论又称性心理发展阶段论。

口唇期(oral stage):0～18个月,这一时期婴幼儿以吸吮、咀嚼和吞咽等口腔活动来满足本能和性的需要,这一阶段如果满足不当,容易出现依赖和攻击性性格。

肛门期(anal stage):18个月～3岁,这一阶段儿童性欲的满足主要来自肛门或控制排便的过程。在这一阶段如果满足不当,容易出现"肛门排放型性格"和"肛门滞留型性格"。

性器期(phallia stage):3～6岁,这一阶段儿童性欲的满足主要来自对生殖器的兴趣,性需求集中于性器官本身。他们不仅通过玩弄性器官获得满足,而且通过想象获得满足。此期男孩会经历"恋母情结"(oedipus complx,俄狄浦斯情结),而女孩则经历"恋父情结"(electra complex,厄勒克特拉情结)。

潜伏期(latency stage):6～12岁,在这一阶段儿童的兴趣转向外部世界,参加学校和团体的活动,与同伴娱乐、运动,发展同性的友谊。这一时期的满足来自外界,好奇心、知识、娱乐和运动等,这是儿童接受教育的时期。

生殖期(genital stage):13岁~成年,这一阶段也叫两性期,性需求从两性关系中获得满足,含有导向地选择配偶,并以组建家庭、繁衍后代为目的,成为较现实的和社会化的成人。

2. 自我心理学

弗洛伊德的理论体系中早已蕴含了自我心理学的思想,经其女儿安娜·弗洛伊德的过渡,使自我成为精神分析的合法领域,最终由哈特曼确立了自我心理学体系。

弗洛伊德主张的是本我控制自我,将心理视为围绕着驱力的冲动和防御而建立起来的结构。而安娜·弗洛伊德主张的则是自我约束本我,将自我当成"观察的适当领域"。1936年,安娜·弗洛伊德出版了著名的《自我与防御机制》一书,扩展和深化了防御机制的概念与功能,为自我心理学的发展奠定了基础。

哈特曼(Heinz Hartmann,1894—1970)生于德国一个显赫的知识分子家庭,早年学医获医学博士学位,并选修了许多哲学和社会科学的课程。在获得博士学位后,他在维也纳随安娜·弗洛伊德学习精神分析。第二次世界大战爆发后,他移居美国,研究自我心理学,主办《儿童精神分析研究》杂志。他曾任纽约精神分析学会会长和国际精神分析协会主席,被认为是第二次世界大战后精神分析自我心理学方面最著名的理论家、自我心理学之父。他的《自我心理学与适应问题》(1939)可以与弗洛伊德的《自我与本我》(1923)相媲美,被誉为自我心理学发展的第二块里程碑。他还出版了《自我心理学文集》(1964)。哈特曼等人的自我心理学代表着弗洛伊德精神分析之后的正统发展。

哈特曼在安娜·弗洛伊德的基础上,把精神分析的研究转向"没有冲突的自我领域",为自我划定一个独特的研究范围,自我不再是传统意义上"我意识到"或"我感觉到"的心理状态,而是一种借助知觉记忆和思维的力量来适应环境的机能,自我根据环境的要求调整本能需要,使有机体与环境取得平衡。

他认为人类就像所有有机体一样,从根本上就是要去适应环境而生存的,生理上如此,心理上也是如此,包括适应、成长、自主性。哈特曼从自我的适应性和主动性出发使精神分析从研究本能冲突的病态心理学向研究自我适应的正常心理学转变。

3. 客体关系

"精神分析之母——克莱因"

客体关系理论中最重要的概念是客体和客体关系。"客体"一词最初被弗洛伊德用来讨论本能驱力和早期的母子关系,即客体是满足本能的对象。这个客体可以是人,也可以是物。弗洛伊德认为驱力先于客体。而客体关系理论认为驱力表示关系,这改变了弗洛伊德认为驱力是无客体的看法。克莱因认为自我和超我从婴儿出生就存在,她用两个核心概念偏执—分裂样心态和抑郁性心态来描述生命第一年的心理发展和心理结构,揭示俄狄浦斯冲突以及超我在前语言期的出现和发展,其理论由传统的力比多驱力模式转向关系结构模式。

"足够好的妈妈——温尼科特"

唐纳德·温尼科特(Donald Winnicott,1896—1971)是英国精神分析客体关系学派的重要代表人物,是一位天性善良的小儿科医师兼精神分析师:他既懂得小孩、母亲,又能了解饱受困扰的病人。他曾在帕丁顿·格林儿童医院工作了40年,对近6万对母婴进行了咨询,获得了大量的临床经验。温尼科特有句名言:"从来没有婴儿这回事(There is no such thing as a baby.)",他的客体关系理论关注的主要是生命早期的母婴关系中"足够好的母亲"和"促进性环境对于儿童人格发展中的重要作用"。

"一个真实的母亲对婴儿所做的最好的事情就是足够敏感。"足够好的妈妈是温尼科特在《父母—婴儿关系的理论》中发明的词。满足婴儿的温饱是对好母亲最基本的要求。但最重要的是母亲对婴儿的抱持,特别是当婴儿对母亲发脾气时,最需要母亲的抱持。"足够好的妈妈"在最开始的时候几乎完全适应婴儿的需要,但随着时间的推移,逐渐适应孩子的独立,并在不被需要时退离。温尼科特认为人的攻击性与破坏性是天性,但足够好的妈妈能包容幼儿的攻击性,进而帮助幼儿了解现实,感受自己与他人的区别并进行自我整合。

4. 自体心理学

科胡特对自体的强调是在客体关系理论的基础上对传统精神分析模式的扬弃,用自体模式取代了驱力模式并通过客体关系建构自体,是精神分析的内部发展中又一新的理论模式。以"自恋"作为人格的核心部分,构建了自体心理学理论体系。自恋是一种借助以往胜任的经验而产生的真正的自我价值感,是一种认为自己值得珍惜、保护的真实感觉,自恋是人类的一般本质,每个人本质上都是自恋的。一般人的自恋是正常的,只有自恋过分才是不正常的。我们整个社会是允许适度自恋的,只有个体过度自恋并超出了社会对于自恋允可的范围那才是不健康的。

当一个人过度自恋时,便会形成自恋型人格障碍。自恋型人格障碍是一种需要他人赞扬且缺乏共情的自大(幻想或行为)的普遍心理行为模式,其起自成年早期,存在于各种背景下,表现为下列症状:

(1)具有自我重要性的夸大感(例如,夸大成就和才能,在没有相应成就时却盼望被认为是优胜者)。

(2)幻想无限成功、权力、才华、美丽或理想爱情的先占观念。

(3)认为自己是"特殊"的和独特的,只能被其他特殊的或地位高的人(或机构)所理解或与之交往。

(4)要求过度赞美。

(5)有一种权利感(即不合理地期望特殊的优待或他人自动顺从他的期望)。

(6)在人际关系上剥削他人(即为了达到自己的目的而利用别人)。

(7)缺乏共情不愿识别或认同他人的感受和需求。

(8)常妒忌他人,或认为他人妒忌自己。

(9)表现为高傲、傲慢的行为或态度。

5. 精神分析社会文化学派

霍妮(Karen Danielsen Horney,1885—1952)是精神分析社会文化学派的开创者,她的研究以神经症的病理学特征为主。霍妮认为可以从社会文化中寻找神经症的原因,产生神经症的决定性因素是由社会文化矛盾造成的人际关系问题。缺乏安全感会引起基本焦虑,神经症的出现能够解除焦虑,神经症出现决定了顺从型、攻击型或退缩型三种人格,并使自我陷入真实自体、理想自体和现实自体之间的冲突之中。为了解决内心冲突,又发展出自谦、夸张和放弃三种策略,由于强迫性地使用其中一种又陷入新的焦虑和冲突之中,进而导致恶性循环。

6. 后现代精神分析

后现代精神分析的代表人物是雅克·拉康(Jacques Lacan,1901—1981)。拉康作为法国著名的精神分析学家和后现代精神分析的创立者,他以结构主义哲学尤其是结构主义语言学为哲学基础和方法论工具,对弗洛伊德的精神分析进行了语言学的解读和重建。将语言的重要性提高到了前所未有的地步,认为精神分析治疗是种话语治疗,治疗的目标就是揭示病人话语中露出的潜意识欲望,对于解释和移情的作用提出新的看法,将精神分析机械而固定的治疗时间变更为弹性时间等。

3.1.3 精神分析疗法的主要技术

1. 自由联想(free association)

自由联想是指让来访者在安全放松的情境下,道出心中所想到的一切,无论是痛苦还是快乐的经验,或是存在内心中荒诞不经的观点或思想,只要想到的,就毫不顾忌地说出来。经典的自由联想,是让来访者躺在躺椅上,咨询师坐在来访者视线以外,边听边做笔记,让来访者毫无顾忌地联想,不予评价。

2. 梦的解析(dream interpretation)

弗洛伊德认为,"梦是通往潜意识的王道",它不是偶然形成的联想,而是象征性的表达,有着象征背后隐含的意义。因此,梦需要加以分析,它可能蕴含对治疗有重要意义的情绪的来源,包含导致某种心理的原因。

3. 移情分析(transference)

移情是指来访者把对自己父母或对过去生活中某个重要人物的情感、态度和属性转移到了咨询师身上,并相应地对咨询师做出反应的过程。发生移情时,咨询师成了来访者某种情绪体验的替代对象。

4. 阻抗分析(resistance)

阻抗是指在心理咨询与心理治疗的过程中,来访者潜意识层面所进行的有意或无意的抵抗,干扰治疗进程的现象。阻抗可以被看作防御的一个"子集",用来防御感知到的风险。这些风险都是与治疗会谈和过程密切相关的,而不是发生在治疗室之外的。

5. 解释(interpretation)

解释是一种影响性技术,咨询师运用心理学理论来描述来访者的思想、情感和行为的原因、实质等,或对某些抽象复杂的心理现象、过程等进行言语性干预的过程。对来访者的问题、困扰做出合理化的说明,从而使来访者能够从一个新的角度来看待自己的问题。

3.1.4 精神分析疗法在朋辈心理辅导中的应用

朋辈心理辅导中的释梦。弗洛伊德认为在潜意识层面,人存在一些被压抑的与性有关的冲动和欲望,这些冲动不被当事人所接受,只能通过梦境来表达。同时也把梦分两个层面,一为显性梦,即来访者醒来能够记住,可以被描述出来的梦境;二为潜性梦,即潜意识层面不被了解的部分。在朋辈心理辅导中我们要通过来访者的显性梦来探究背后的潜性梦的意义。

在朋辈心理咨询过程中的阻抗。主要表现为朋辈心理咨询中心的来访者对问题的回避,隐藏自己的真实想法、口是心非、答非所问。阻抗源于对探索潜意识未知的恐惧和对心理咨询的不信任,在朋辈心理咨询中要以来访者为中心,无条件地接纳来访者,以真诚的态度获得来访者的信任,倾听事情始末,找到解决问题的"症结",对症下药引导来访者面对问题。

朋辈心理辅导中的移情。随着咨询关系的深入,来访者对治疗师的感受和要求变得不合理,与现实状况脱节,这时是来访者早期情感关系的转移,咨询师成为来访者某种情绪体验的替代对象。出现移情是心理咨询中的正常现象,咨询师可以和来访者进行讨论,如"你似乎很不喜欢我们刚才讨论的部分,可以说说原因吗?"并向来访者解释移情出现的原因。来访者对异性咨询师产生正移情,咨询师以明确、坚决的态度向来访者解释并试着让来访者明白移情对心理治疗的意义,及早地将其引导到正确的咨询关系上来。如果咨询师觉得自己难以处理移情现象,应当及时转介。

朋辈心理辅导中的解释。这是一种影响性技术,通过咨询师的合理化说明使来访者能够从一个新的角度来看待自己的问题。通过解释可加深来访者对自身的行为、思想和情感的了解,从而产生领悟,提高认识,促进其变化。如"是你的非理性观念影响你的情绪""睡眠是正常的生理现象,是兴奋向抑制的转化过程,你这个过程没转化好,所以会失眠"。在朋辈心理辅导中要擅用解释,同时要注意解释的内容要契合来访者的理解水平。

3.2 大学生常见心理问题之环境适应

3.2.1 问题表现

1. 独来独往陷抑郁,终难适应寻帮助

案例1 恩熙,女,19岁,南方人,就读北方某高校,父母务农,家里贫困,有三个弟弟妹妹,也在读书。她的入学成绩是班级的中等,来到学校后不适应北方干燥的天气,饭菜里没有辣椒,口味比较清淡,和自己生活的环境有很大的差别。班级同学大部分都说普通话,自己的普通话不标准,地方口音较重,有时自己一张嘴说话就会引来同学的窃笑和异样的眼光,感觉很不适应。面对陌生的校园和不可口的饭菜,恩熙经常在寝室吃泡面和饼干,开学一个月瘦了5斤。恩熙不善表达,学校里也没有知心的朋友,感觉很孤单寂寞。和高中的好朋友联系发现他们的大学生活过得都挺快乐,于是自己也不愿意表现出不适应大学生活的情况,聊天中也只是敷衍几句便草草收场。

一直以来恩熙都不善表达,也没有什么兴趣爱好,平时心情不好也都是在心里憋着,玩玩手机或者过几天就忘了,和父母打电话也是常报喜不报忧,因为父母在家务农,不想给父母增添负担。临近期末,她不愿意上课,但自己学习的效率又很低,因此感觉非常焦虑。最近一周她不愿与同学接触,经常独来独往,经常吃什么吐什么,晚上失眠、早醒,感觉很无助、委屈,经常一个人躲在被子里偷偷地哭。于是她前来心理咨询中心求助,希望尽快摆脱心理困惑,开心愉快地学习和生活。

2. 谦虚好学人缘好,却因琐事难入眠

案例2 卢卡斯,男,大一学生,18岁,独生子女。他的入学成绩处于中等水平,由辅导员老师陪同前来求助。辅导员反馈卢卡斯是一个很有礼貌的孩子,平时见到老师主动问好,跟班级大多数同学相处融洽,学习比较认真,但生活自理能力稍差,查寝时个人物品收纳被老师批评过。

主诉上大学后第一次过住宿生活,不适应,不喜欢学校的生活环境,洗衣服、收拾东西等都得自己做,以前都是由妈妈来做。虽然学校也配备了洗衣机,但都是大家共用,感觉不卫生,但自己洗又太累,而且寝室的柜子特别小,自己的东西完全装不下,每周查寝还要求摆放整齐,他觉得非常不习惯,很想念父母,每次给爸爸妈妈打电话,就忍不住想哭,又觉得男儿有泪不轻弹,心情越发低落。

两周前查寝,因为自己值日,忘记倒垃圾,导致寝室被扣分,同宿舍的同学都责备他,他觉得自己不是故意的,感到很委屈。现在,他感觉自己跟宿舍同学关系有些疏远。最近一周上课时注意力分散,晚上熄灯以后需要很长时间才能入睡,早上很早就醒来,而且经常做梦,睡眠质量很差。他在学校感觉生活得不习惯,很累、有压力,很想回家,在班级心理委员的建议下前来咨询。

3. 勉为其难赴新校,心有不甘意难平

案例3 婉婷,女,大一学生,家中还有一个弟弟,入学成绩处于上等水平,主动来到心理咨询中心求助。婉婷背双肩包,低头进入咨询室,说话声音较小。主诉从小性格内向,自从高三以来尤其是冲刺高考阶段,成绩不稳定,时好时坏,高考前夕模拟成绩不理想,对自己成绩下滑的状态感到很焦虑,担心高考成绩也像模拟考试那样不理想。

高考之后,成绩果然如她所担心的那样十分不理想,远远没有考出她平日里的真实成绩,只能填报到一所三本院校,她对此心有不甘。为满足母亲心愿,婉婷随便选择一个专业就来到学校报到了,希望大学生活能让她压抑的心情有所缓解。但她入学之后发现学校的学习氛围和所学专业都是自己不感兴趣的,非常不喜欢自己的专业。虽然辅导员老师说可以转专业,但是她觉得即使转入自己喜欢的专业,但在这样的学校里学习也是没有出路、没有未来,越想越觉得自己无能、没用,不该考出这样的分数,特别恨自己。

从开学到现在她一直感觉非常焦虑,最近一周食欲下降、烦躁、胸闷、头痛、乏力、精神紧张、无法安心学习、睡眠不好,上课时要么看手机消磨时光,要么逃课回寝室发呆。和母亲提过几次想退学重读,母亲不同意,弟弟也在上学,家中的经济条件不允许婉婷复读一年。主诉目前处于精神崩溃的边缘,害怕面对父母,不想给父母增添负担,内心很纠结,想请求心理咨询中心老师给予帮助。

4. 积极主动求上进,难耐受挫显失落

案例4 张卓,男,17岁,大一新生,家中独生子,主动前来咨询。主诉拿到大学通知书的时候,全家都非常高兴,到了大学之后对学校的氛围也非常喜欢,本来自己是一个很好强的人,无论在哪方面都要去争个第一,也想在大学里面好好施展拳脚。军训过后他就加入了外语社团和团委,希望在社团工作中能好好表现,锻炼自己。

开学这一个月以来,他发现不论是自己的学习成绩还是自己在社团的表现都达不到自己的预期水平。大学的课程比高中时多,而且难度较大,每天回到寝室复习和预习结束都要后半夜,但是现在发现,自己起得最早睡得最晚,但测试成绩还没有在寝室里天天打游戏的同学好。他特别想找到高中时候被老师关注、表扬,遥遥领先的感觉,可是现在好像怎么努力都没有效果。

社团里面的活动也非常多,曾经引以为豪的英语口语在社团里也就平平无奇,而且比来比去,发现自己在学校里毫无存在感,觉得自己一无是处,干什么都没有劲头。失落、自卑、焦虑、抑郁、烦恼困扰着自己,常常觉得头疼、胸闷、心悸,有时候好像整晚睡不着觉,整天感觉疲惫不堪,还常对自己生气,感觉压力很大。于是他在辅导员老师的建议下到心理咨询中心求助。

5. 网络成瘾难自控,偶可避世多成灾

案例5 佳蓝,男,青海人,开学大二,曾是留守儿童。他的高考成绩在班级的中上游,大一下半学期开始,该生因玩网络游戏出现旷课现象,辅导员老师对其进行了谈话,但效果并不理想。寝室同学反映好了没几天就又开始起早贪黑地打游戏,而且玩游戏时大喊大叫,影响其他同学休息。刚上大学时他和寝室同学李晓经常出入图书馆,大家认为佳蓝是一个好学上进的学生,但自从他玩上网络游戏后,就渐渐与寝室同学脱离,不去食堂吃饭,不去图书馆上自习,上课也无精打采,经常睡觉。在其偶尔和家长打电话中得知,佳蓝父母要求特别高,多次和他强调现在的就业压力,嘱咐他要考研、不要谈恋爱。有几次听到佳蓝和爸爸在电话里面起了冲突,后来他就开始迷恋网络游戏,上课的时候也是手机不离手。

辅导员描述,开学的几次谈话中佳蓝曾经表述也想好好学习,但是没有动力,进入大学后感到非常迷茫。咨询中发现,佳蓝从小一直和爷爷奶奶生活,高中时才搬到父母所在城市,高中三年过得十分压抑。父母要求较高,为了高考几乎禁止他的一切娱乐活动,当时告诉他"上了大学可以随便玩,爸爸妈妈都不会再管你"。刚开学时他感觉大学校园的氛围特别轻松,没有了高考的压力,终于可以好好休息一下了。上学期期末考试他有3科挂科,于是父母经常打电话催促他学习。虽然他想安心学习,但发现自己对游戏有强烈的渴求和冲动感,看着身边的同学每天去上课自己却毫无行动力,感觉十分迷茫,渐渐地不愿与同学交流,情绪低落。于是在朋辈心理辅导员的建议下他来到心理咨询中心咨询。

3.2.2 心理小测验

方晓义、沃建中、蔺秀云通过大样本调查编制而成的《中国大学生适应量表》(CCSAS),以本土文化背景为依据,编制过程科学严谨,并经过多次修改和评定。该量表一共有60道题,具有良好的信效度,各个维度之间内部一致性系数处于 $0.67 \sim 0.93$。《中国大学生适应量表》内容如表3.1所示,请同学们填写。

亲爱的同学:

你好!下面列出了一些关于你个人情况的句子。请你仔细阅读每一个句子,并根据自己最近一段时间内的实际情况,在题后的5个选项中选出你同意或者不同意的程度。并在相应的数字上画"√"。("不同意"选1,"不太同意"选2,"不确定"选3,"比较同意"选4,"同意"选5。)答案无对错之分,请您认真作答。

表 3.1　中国大学生适应量表

序号	项目	不同意	不太同意	不确定	比较同意	同意
1	每天的生活中总是有我感兴趣的事情	1	2	3	4	5
2	如果让我再选择一次,我还是会像现在这样生活	1	2	3	4	5
3	我总是感到心情愉快	1	2	3	4	5
4	我平时常看与专业有关的书	1	2	3	4	5
5	我很少去了解社会对人才的需求	1	2	3	4	5
6	遇到灰心的事情,我常常一筹莫展	1	2	3	4	5
7	我对现在的大学生活很满意	1	2	3	4	5
8	我清楚地知道毕业后该继续深造还是工作	1	2	3	4	5
9	我对现在的学习有很高的热情	1	2	3	4	5
10	我认为自己的优点多于缺点	1	2	3	4	5
11	很多人都找我和他们一起玩	1	2	3	4	5
12	我从不通过阅读各种有关择业的书籍来了解不同职业的特点和要求	1	2	3	4	5
13	当我不想一个人做事时,总能找到人陪我	1	2	3	4	5
14	我知道自己适合做什么工作	1	2	3	4	5
15	我从不感到孤独	1	2	3	4	5
16	我总是去发现自己的优点并以此来鼓励自己	1	2	3	4	5
17	我的业余生活很丰富,不需要做任何改变	1	2	3	4	5
18	我不知道怎么夸奖别人	1	2	3	4	5
19	我不会为实现自己的职业目标而制定计划	1	2	3	4	5
20	和别人发生冲突时,我不知道该怎么办	1	2	3	4	5
21	我很少感到紧张或焦虑	1	2	3	4	5
22	我会根据自己的实际情况培养一些业余爱好	1	2	3	4	5
23	我总拿自己的短处与别人的长处比较	1	2	3	4	5
24	我经常对学习进行反思	1	2	3	4	5
25	当我受到打击时,我会想到自己好的一面	1	2	3	4	5
26	虽然我的业余生活很贫乏,但我不知道怎样改变这种状况	1	2	3	4	5

表 3.1(续 1)

序号	项目	不同意	不太同意	不确定	比较同意	同意
27	我总是精力充沛,精神饱满	1	2	3	4	5
28	我不知道如何分配学习时间	1	2	3	4	5
29	我觉得自己的能力比别人强	1	2	3	4	5
30	我非常厌烦现在的学习	1	2	3	4	5
31	与同龄人相比,我感到很知足	1	2	3	4	5
32	我不习惯学校规定的作息时间	1	2	3	4	5
33	我不为自己的外貌而烦恼	1	2	3	4	5
34	在不同的学习阶段我总是制定不同的学习目标	1	2	3	4	5
35	当我有困难时,有很多人愿意帮助我	1	2	3	4	5
36	我有明确的职业目标	1	2	3	4	5
37	我知道如何关心别人	1	2	3	4	5
38	我的业余生活单调乏味	1	2	3	4	5
39	我常常通过转移自己的注意力来调整情绪状态	1	2	3	4	5
40	我很少对前一阶段的学习进行总结	1	2	3	4	5
41	我会综合各种因素来确定自己的择业目标	1	2	3	4	5
42	我不知道用什么办法让自己接纳自己	1	2	3	4	5
43	很多人都愿意和我交往	1	2	3	4	5
44	我非常喜欢自己的专业	1	2	3	4	5
45	我不知道做什么事情能使自己高兴起来	1	2	3	4	5
46	我喜欢学校的娱乐、休闲或锻炼场所	1	2	3	4	5
47	我总是总结考试失败的经验教训	1	2	3	4	5
48	我认为大学生活中有很多不尽人意的地方	1	2	3	4	5
49	我总是想办法来提高记忆力、注意力等学习能力	1	2	3	4	5
50	我善于用言语和别人进行沟通	1	2	3	4	5
51	我经常有意识地参加社会实践活动,来为将来的工作做准备	1	2	3	4	5
52	我非常适应大学里的生活	1	2	3	4	5
53	不高兴时,我只会抱怨	1	2	3	4	5

表3.1(续2)

序号	项目	不同意	不太同意	不确定	比较同意	同意
54	我觉得现在的宿舍很舒适	1	2	3	4	5
55	遇到陌生人时,我不知道如何与他们交谈	1	2	3	4	5
56	当我想聊天时,总能找到人和我一起聊	1	2	3	4	5
57	我觉得自己对未来从事什么工作越来越迷惘了	1	2	3	4	5
58	心情不好时我会出去散散心	1	2	3	4	5
59	我觉得自己越来越适应大学的学习了	1	2	3	4	5
60	我会努力参加各种活动来丰富我的业余生活	1	2	3	4	5

计分模式:不同意=1 不太同意=2,不确定=3,比较同意=4,同意=5,19道反向计分题:5、6、12、18、19、20、23、26、28、30、32、38、40、42、45、48、53、55、57,即为:1=5,2=4,4=2,5=1,之后加总分,各分量表、总分、平均分均以常模51分(按照满分标准分为100分计算)为界,自评分越高说明大学生适应能力越强,低于51分则有待提高。最终适应量表七个分量表题项如下:

1. 人际关系适应(10)

11、13、18、20、35、37、43、50、55、56

2. 学习适应(11)

4、9、24、28、30、34、40、44、47、49、59

3. 校园适应(8)

17、22、26、32、38、46、54、60

4. 择业适应(9)

5、8、12、14、19、36、41、51、57

5. 情绪适应(9)

1、3、15、21、27、39、45、53、58

6. 自我适应(8)

6、10、16、23、25、29、33、42

7. 满意度(5)

2、7、31、48、52

3.2.3 心理学解析

1. 关于恩熙同学案例的心理学解析

适应起初是生物学的一个概念,指有机体为满足自己的需要与环境发生调和的过程,表示能增加有机体生存机会的身体和行为上的改变,心理学上通常表示个体对环境变化做出的调和反应。进入大学后,恩熙和绝大部分同学一样住在学校的宿舍中,过着集体生活和独立生活,既要与其他人一同分享生活居住空间,又要在缺乏父母照顾与帮助的情况下独立地处理生活中的大小事情。

从经典精神分析角度来看,恩熙自我发展不够完善,异地求学,出现分离困难,离开之前熟悉的环境,出现焦虑的现象。而且在其感觉很孤单寂寞时,采取隔离回避等防御机制,不去食堂吃饭,经常在寝室吃泡面和饼干,导致体重降低,不能及时有效地向同学或老师寻求帮助,其现实适应能力存在一定缺陷,最后发展为学习效率低、不愿上课,但其自我觉察能力比较完善,最后自己主动到心理咨询中心求助,希望尽快摆脱心理困惑,开启愉快的学习和生活。

2. 关于卢卡斯同学案例的心理学解析

发生认识论创始人皮亚杰认为,适应是通过两种形式实现的:一个是同化,即把环境因素纳入机体已有的图示或结构之中,以加强和丰富主体的动作;另一个是顺应,即改变主体动作以适应客观变化。个体通过同化和顺应两种形式来达到与环境的平衡。这种不断从平衡到不平衡再到平衡的过程,就是适应的过程,也是心理发展的本质。

卢卡斯的案例属于新生适应不良,具体表现为生活适应困难。主要原因有以下几方面:

首先,卢卡斯的生活和学习环境都发生了很大的变化,而且新学期刚开学两周,他还未把大学的生活方式与已有的生活习惯相融合,即同化过程没有完成。

其次,卢卡斯的生活自理能力较差,有较强的依赖心理。卢卡斯是独生子女,在家很少做家务,可以说衣来伸手,饭来张口。进入大学后,没有家人的陪伴和照顾,很多事情需要自己独立处理,尤其是生活方面,一时无法适应新生活的要求,因而其感觉在新学校"很累""有压力"。从被动接受妈妈的照顾到自己照顾自己的生活起居,这就需要改变原来的生活习惯,采取新的方式以适应环境,即顺应的过程没有完成。客体关系心理学家马勒曾提出分离个体化理论,即婴儿从出生开始到3岁经过自闭期、共生期、分离个体化期、建立客体永久性四个阶段,逐步完成与母亲的分离过程,形成恒定的客体。客体恒定的定义为即使与母亲分离,内心仍有母亲稳定的形象。从卢卡斯的表现上看,其并没有完成分离个体化建立客体永久性的过程,因此会在离开家后有较强的不适。

最后,由生活事件引发的人际关系不适。因个人失误导致寝室卫生扣分,缺乏有效沟通,被室友误解,这又强化了卢卡斯的不适感,使他更加强烈地想要回家,想通过回避的方式逃离校园生活。

3. 关于婉婷同学案例的心理学解析

情绪 ABC 理论的创始人艾利斯认为：人们的情绪是由人的思维、人的信念所引起的，而不合理的信念往往使人们陷入情绪障碍之中。不合理信念的几个特征是：绝对化的要求、过分概括化、糟糕至极。通常用 A 表示诱发性事件，B 表示个体针对此诱发性事件产生的一些信念，即对这件事的一些看法、解释。C 表示自己产生的情绪和行为的结果。通常人们会认为诱发事件 A 直接导致了人的情绪和行为 C，发生的事件引发个体的情绪体验。但艾利斯认为，影响人们情绪体验的恰恰不是诱发事件本身，而是个体对诱发事件所持的信念。

婉婷的案例是因不喜欢学校和专业所导致的新生适应不良。首先，婉婷的案例中存在两种不合理信念：(1)绝对化思维，即认为在三本学校学习一个自己不喜欢的专业是没有出路、没有未来的；(2)糟糕至极的想法即认为高考成绩没发挥出正常水平整个人生就完了，自己很没用，也没有价值。其次，婉婷本身的性格缺陷，从案例中我们发现婉婷性格内向，平时喜欢独处，因不愿上课只能用手机消磨时光，回到寝室也是一个人发呆。内向型性格的特点是当与外界现实发生矛盾时，不是积极地调整与外界的关系，而是退缩、回避矛盾，退回到个人的主观世界，不去面对问题。因与母亲沟通不畅又不想给母亲增添负担，于是把自己的情绪和冲突压抑到潜意识中。但情绪就像弹簧，如果过度压抑就会表面上风平浪静，而内心却处于"崩溃的边缘"。因此，婉婷在回避、压抑和自我否认的防御模式下产生了适应不良。

4. 关于张卓同学案例的心理学解析

这是一例因自我定位导致的适应不良案例。学习的理论分为刺激-反应(S-R)理论和认知学习理论。刺激-反应理论认为学习是刺激 S 和反应 R 之间通过强化建立联结的过程，其认为学习的实质是形成习惯。认知学习理论认为，学习不是通过练习与强化形成反应习惯，而是主动地在头脑内部构造认知结构，通过顿悟与理解进行的过程。

在张卓的案例中，我们可以看出他进行了很多练习，即刺激与反应之间建立了很多联结；但从认知学习理论的角度，张卓还需要对知识进行理解，构建知识体系，需要时间对知识进行消化和领悟。另外张卓同学虽表面积极上进，但当其不能被老师关注、表扬时，就感觉自己毫无存在感，觉得自己一无是处，干什么都没有劲头，这也是其无冲突自我在发展学习兴趣方面受到阻碍，使其并没有发展出对学习的兴趣，而是为了取得家长、老师的表扬与关注，一旦缺乏这种关注，便毫无学习动力，可推测与其小时候父母不恰当的学习奖励有关。

5. 关于佳蓝同学案例的心理学解析

赫尔认为，学习的基本理论是驱力理论，即当个体的需要得不到满足时，便会在内部产生内驱力刺激并引起反应，促进需要得到满足。学习理论认为，学习是在教师的指导下，大学生根据自己的学习基础和特点，自觉确定学习目标，制定学习计划，选择适合自身发展要求的学习内容、学习方式、学习场所，以及学习所需的学习材料等，以实现自觉主动学习的学习理论和学习模式。

佳蓝同学进入大学后，难以建立正确的学习模式，却发展为网络成瘾。佳蓝高中生活是被父母要求禁止一切娱乐活动的，这是本我受到强烈压抑，需要到大学延迟释放满足的表现。这也与其是留守儿童，得到父母关爱较少有关。佳蓝高中才搬到父母所在城市，父母对其只是严格管教，缺少亲情温暖。因此佳蓝在上大学后与父亲沟通过程中，也常在电话里面起冲突，这些导致其本我较少得到满足，而其超我也难以通过认同父母来形成，使其较易进入网络以逃避现实。另外一些负性生活事件，如期末考试挂科、与室友间的冲突等，导致其缺乏社会支持系统，进而强化了佳蓝负性情绪及迷茫的感受，使其产生了适应不良。

3.2.4 心理学小知识

1.飞轮效应指为了使静止的飞轮转动起来，一开始你必须使很大的力气，一圈一圈反复地推，但每一圈的努力都不白费，飞轮会转动得越来越快，到最后无须再费更大力气，飞轮就会不停地快速转动。这个效应启示我们，人在做某一件事或者进入某一个陌生领域时，一开始可能很艰难，但只要坚持下去，"飞轮"便会凭着惯性，越转越快，一直不停地转下去。相信"飞轮效应"不是追求一劳永逸，而是克服自己内心各种畏难情绪，先行动起来。

2.延迟满足是发展心理学研究中的一个经典实验。实验者发给4岁被试儿童每人一颗软糖，同时告诉孩子们：如果马上吃，只能吃一颗；如果等20分钟后再吃，就给吃两颗。有的孩子急不可待，把糖马上吃掉了；而另一些孩子则耐住性子，通过自言自语或唱歌等方式转移注意力以克制自己的欲望，20分钟后获得两颗糖。

研究人员进行了跟踪调查，发现那些能够延迟满足的孩子在中学时表现出更强的适应性、自信心和独立自主精神，在事业上更容易获得成功。实验证明：延迟满足是个体在没有外界监督的情况下，调节自己的行为，抑制冲动，抵制诱惑，坚持不懈地保证目标实现的一种综合能力。也是一个人适应环境走向成功的重要心理品质。

3.2.5 积极适应环境的策略与方法

1.走出自我封闭，迎来海阔天空

恩熙在经过心理学的调整后逐渐适应了校园生活，在随后的访谈中了解到，恩熙利用休息时间积极主动地熟悉校园，了解校园的教学、生活设施，发现了很多意想不到的惊喜，校园里"麻雀虽小，五脏俱全"，从学校发的读本中了解学校相关的规章制度，先后加入了校心理协会和四川老乡会，在社团中掌握了一些调节心情的方法，性格也慢慢开朗起来，在和师兄师姐交流中发现，他们在刚上大学时也经历过或长或短的不适应时期，经过时间的推移和积极的自我调适，恩熙慢慢地熟悉了环境，适应了改变，发现了学校中的美好。渐渐地，恩熙交到了几个知心的朋友，在与同学的相处中发现自己的孤独、恐惧感慢慢地减轻了。

其实,恩熙的情况对于刚迈进大学校门的新生是很普遍的现象,要积极适应大学的生活、学习,想适应就需要不断熟悉校园环境,增强对校园的了解,寻找符合自己口味的饮食和与自己相近地域的同学,增强自己对大学校园的归属感。例如,可以遵循"21天法则",即当一件事情或者行为坚持了21天,就会养成习惯。有研究显示,大学生学校适应与学习倦怠呈显著正相关,学校适应对学习倦怠具有显著正向预测作用。也有研究发现,积极人格与大学生学校适应呈显著正相关,尤其是韧性、勇于挑战这些积极人格品质对大学生学校适应影响效应较大。因此,不断完善自己,积极地适应外界环境能够提升学习效率,完善人格。

大二开学后,恩熙主动担负起迎接新生的任务,想通过自己的行动让初来乍到的大一新生能够慢慢地适应学习生活。恩熙总结了自己运用积极心理学自我调节的方法为其他同学提供参考。第一,早晨醒来时,想想今天要做哪些事情,确定哪件事情最重要,把这件事情写下来,制定一个完成计划,确保晚上能完成它;第二,早晨照镜子时给自己一个"迪香式"微笑,让自己拥有一个好心情;第三,坚持每天户外散步10分钟,不管是下雨还是刮寒风,都用心欣赏周边的景物(以自然景观为主)。第四,在校园里找到一个社团并加入,通过社团活动丰富自己的生活并分享自己的感受。第五,睡前思考一下今天的小成绩,并记录下来,对于已完成的任务给自己一个积极的自我暗示,"我真的很不错!"

2. 循序渐进可稳扎稳打,方法得当能闲庭信步

积极心理学中一个很重要的体验就是福乐。福乐是指个体所面临的挑战和能力取得平衡的时候,即经过努力后正好能够胜任相应的挑战,福乐就会产生。上大学后第一个挑战就是要面对独立生活,即通过自己的努力克服困难,完成独立在大学里生活的任务。

刚刚迈入大学校园的卢卡斯心理发展尚未成熟,仍有一些依赖心理,生活方式的变化和处理问题的方式对于卢卡斯来说都是一种挑战。当然这在大四学长的眼中已经不是什么问题,反而成为自己茶余饭后的谈资。在卢卡斯的案例中,除了进入校园的不适应外,还有一种原因就是与原生家庭的"分离",这也是我们成为独立个体的重要标志。在后期的随访中我们了解到,卢卡斯被室友推选为寝室长,还带领寝室获得了"风采杯"寝室设计大赛的二等奖。

所以如何适应生活方式的改变,积极心理学提供了一些建议:

(1)建立规律的作息,尤其是在刚刚进入新环境的时候;

(2)想象成功,每天利用5分钟时间想象期待的生活的状态,并从能够尝试的开始行动;

(3)写日记,每天将有深刻影响的事情记录下来,在记录中,谈谈你对这段经历的最深刻的想法和感受,写什么都行,但不管你选择什么主题,都必须是对你有着深刻影响的;

(4)为你的情绪命名,当体会到不舒服时,尝试为你的情绪起名字,例如,我现在感

到焦虑、我现在感到很恐惧等。这会适当减轻你的不安,也会让你更易接纳自己和寻找解决问题的方向。

3. 多看优长自信足,扬长避短智慧生

在婉婷的案例中出现最多的就是,"我为什么考了这么不好的分数?我在这样的学校怎么有未来?"而不是"我的优势是什么?我在这个学校里怎么发挥自己的最大价值?"积极心理学之父马丁·塞利格曼博士和他的同事发现,当我们不断发现、挖掘、运用自身的优势时,我们会体验到更多的幸福感和更少的沮丧感。所以,把一天、一个礼拜、一个月或者一年中我们想要完成的事情记录下来,分阶段设置具有挑战性的、具体的、可评估的、有价值驱动的、有内在动力的目标,并按步骤完成,完成这些目标后我们会感到充实,并感受到从内而外的力量和对自己的认可。

建立自己的社会支持系统,想想你生活中最快乐的时光,大多数令我们印象深刻和感到愉快的时光都是和亲朋好友或其他人一起度过的,所以与他人交流、给亲人打电话、和朋友吃晚餐、在图书馆里和排在你后面的人聊天等,创造更多的与他人接触的机会,通过建立联系来寻找快乐。最后,允许自己娱乐消遣,允许自己休整,留给属于自己的专属空间,让自己充分地休息才能更好地发挥优势。

4. 抵御压力有妙招,尽快复原保活力

尼采曾经说过:"所有打不倒我的东西,最终都会让我更加坚强。"复原力(resilience)是个体应对压力或负性事件时维持生理功能及心理健康水平相对稳定,并从逆境、创伤、威胁或压力中恢复的一种积极良好的适应能力,是一种连续、动态、多元化的能力,能随着时间推移及认知提升而发展。简单讲就是让我们变成打不死的小强。在张卓的案例中我们发现,他花费大量时间去学习、工作却严重缺乏休息,他应该给自己一些复原的时间。

所以,如何有效地从疲劳的状态中复原,可以看看以下一些方法:

(1)压力球

当你感到有压力时,可以手握压力球并有节奏地用左手去捏压力球,调整呼吸,从1数到10,通常在一分钟之内,焦虑情绪会有所缓解,当然,如果你身边没有压力球,也可以尝试捏毛绒玩具。

(2)泡澡

泡澡既可以舒缓肌肉的疲劳,还可以让我们得到全面的修复,等待问题解决的灵感。同时,在泡澡过程中可体验被关爱、被拥抱的感觉。

(3)感恩练习

每天花2~3分钟,利用吃饭或者散步时间想一想,今天有哪三件事情,我非常感恩。但我们每天都要找到新的、从来没有想过、从来没有感谢过的人、事、物。一般这样的练习坚持21天,我们的大脑结构和功能就开始有所变化了,你的杏仁核里会越来越多地储存正面的参考值,慢慢就可以变得乐观起来。

5. 一个好汉三个帮,一种困难三个方

佳蓝在心理咨询师的建议下开展一系列的自我调适,虽然学习上仍有些吃力,但已经顺利通过补考。父母也给予佳蓝更多的关爱、理解和支持。虽然有压力时仍会上网玩游戏,但佳蓝知道那只是他消遣娱乐的方式,而非生活的全部。

大量研究表明,把积极事件分享给朋友或家人,可以提升幸福感。而遇到消极事件及时向身边朋友求助时也会获得相应的支持。所以面对消极事件时,我们应当如何积极应对?

(1)多进行体育锻炼,找一些同伴坚持锻炼能够缓解负性情绪。同时当我们能够坚持日复一日地做同一件事情时会提高我们的自信心。

(2)学会疏压的技巧。当我们出现适应不良的情况时,往往就会习惯性地回避。有专家发现,最有效的疏压呼吸方式,是用1∶4∶2的方式进行吸气、屏气、吐气(例如2秒吸气、8秒屏气、4秒吐气)。这样持续做上5分钟,有助于缓解压力,放松心情,提升解决问题的能力。

(3)合理安排其他生活重心。增加人际互动的机会,积极和父母沟通,表达自己的困扰,获得父母的理解和支持。当生活重心从网络扩展到了其他层面,就会有尝试改变的兴趣,当然这需要一些时间,我们千万不能太着急。

3.2.6 自助练习

1. 环境适应之力量赋予法

首先,想象出一个具备你想要获得能力(沟通)的人(同学、老师、亲属均可),想象他就站在你的身边。现在请你对他提出请求并保证:"我想请你与我分享你的(沟通)能力。"我向你保证,你与我分享你的能力后,你的能力不会减少只会增加。我需要你的帮助,可以吗?

其次,当获得同意后,引导来访者想象被借力人从口袋里掏出一把代表这份能力(沟通)的金属粉。这时,咨询师要问来访者:"最能代表这份能力的金属粉,是什么颜色(金色)?"无论是什么颜色,咨询师完全接受,并以金色的金属粉命名。

再次,想象被借力人向来访者扬洒金色的金属粉并说:"想象这些代表沟通能力的金色的金属粉洒在你的身上,尤其是头顶和双肩。这些金色的金属粉越落越多,然后,你开始感觉那些金色的金属粉慢慢融化,融入你身体的每一个细胞。感受一下这份你需要的能力(沟通)与自己融合的感觉,双手握拳,做3~5次深呼吸加强这种能力(沟通)与自己融合的感觉,当体验足够的时候双手张开,打破状态(询问一个与该练习无关的问题,如今天星期几?)。"

最后,想象这份能力(沟通)已经充满身体的每一个细胞,以后这份力量就是你的,随时有需要的时候就可以运用,再次想象令来访者不舒服的场景,双手握拳重新体验感受并询问是否有不同的处理方式。

2. 环境适应之多角度思考法

请想一个你曾经或目前正遇到的让你感觉困惑的情景,回答如下问题:

(1)请详细描述你遇到的问题,什么时间?遇到了什么样的事情?让你有哪些感受?

(2)请想象一下,如果我的好朋友遇到了和我相似的困境,我会给他什么样的建议?

(3)请想象一下,如果我的好朋友看到我的这种困境,会给我什么样的建议?

(4)请想象一下,五年后,当我回忆今天的场景时,我会有什么不同的看法吗?

(5)请再次思考你提出的问题,看看是否有新的思路和解决方式?

3. 环境适应之思维全景图

请描述你遇到的困惑并尝试填写表3.2问题量表中的问题:

表3.2 问题量表

序号	问题	回答
1	发生了什么事?	
2	对于此事你有哪些想法和感受?(具体)	
3	哪些证据能支持你的想法和感受?	
4	哪些证据与你的想法和感受相矛盾?	
5	综合考量所有证据,有什么更准确和更公平的方式去思考和感受这些事情的发生?	
6	如何才能以一种更健康的方式来应对这种情况?	

3.2.7 推荐读物

1. 彭凯平,闫伟. 活出心花怒放的人生[M]. 北京:中信出版集团,2020.
2. 吉姆洛尔,托尼施瓦茨. 精力管理[M]. 高向文,译. 北京:中国青年出版社,2015.

3.3 朋辈交往团体:自我探索(一)

3.3.1 团体设计理念

1. 团体理论

勒温心理场理论:心理场是一种心理场动力模型,它把心理空间与生活空间作为影响人行为的两大重要因素,与大学生了解自我具有内在的契合性。心理场动力模型涉及两个基本要素,一是个人的心理空间,另一个是个人的生活空间。勒温认为,人的行为是在其生活空间和心理空间两方面因素的共同影响下推动人类行为发生的。简单来说,人的各种不同形式、不同层次的多样化行为的发生,最终取决于个体的生活空间,其中,个体的需要与环境共同作用于人的行为发生过程。因此,通过团体辅导可影响学生行为的发生和改变。

自我意识理论:自我意识是指对自己身心活动的觉察,包括对自己的生理状况,如身高、体重等的认识,对自己的心理特征,如兴趣、能力、性格等的认识,还有自己与周围环境,与他人相处关系,自己在团体环境中的位置与影响等。自我意识由自我认知、自我体验和自我调节构成,具有意识性、社会性、能动性、同一性等特点。埃里克森的八阶段理论认为,处于大学时期的年轻人,主要的任务是建立自我同一性,防止自我同一性混乱。因此,通过团体辅导在互动中形成对自我的正确认知、客观的自我评价、积极的自我提升和更关注自我成长。

2. 主题构思

本团体辅导主要运用心理场和自我意识理论相结合的理论构架,提高团体成员对自我的了解,从而达到团体辅导预期目的。借助热身活动,让团体成员彼此熟悉,放松心情,降低自我防御,促进互动、体验,借助主题活动,促进团体成员的思考,通过讨论使团体互动更深入,实现客观的自我评价和对自我更深入了解的团体目标。

3. 团体目标

(1)通过协作与互助,促进成员间的分享与沟通,减少成员间的陌生感,建立初步的信任,提升成员对陌生环境的适应能力。

(2)通过"自我探索"等主题活动培养成员发掘自我内在力量,激发内在潜能,促进其思考,掌握了解自我的方法;

(3)通过分享在团体活动中的收获与成长,强化对自我的了解,结束时处理分离焦虑,展望未来。

3.3.2 团体流程

团体流程见表3.3。

表3.3 团体流程表

次序	目标	活动内容	所需时间
1	导入,明确团体目标、意义、形式和要求	指导者自我介绍	约5分钟
2	暖身,增强团体动力,打破成员界限,提高注意力	热身活动:齐眉棍 备选热身活动:穿报竞走	约10分钟

表 3.3(续)

次序	目标	活动内容	所需时间
3	相识,增强团体动力,增进团体凝聚力,促进成员的自我探索	主题活动:自我探索 备选主题活动: (1)优点大轰炸 (2)小小动物园	约20分钟
4	分享,建立互动关系,提升团体气氛,分小组促进小组成员之间的交流	报数分组在小组内分享后派代表到大组内分享	约20分钟
5	总结,促进团体成员思考,领悟,发现自己内在优势,促进行动	总结	5分钟

3.3.3 团体实施

团体实施方案见表3.4。

表 3.4 团体实施方案

目的	活动内容
通过热身活动促进成员间的彼此熟悉,活跃氛围 时间:约10分钟 材料准备:一定的空间	1. 热身活动:齐眉棍 　　指导语:按1~10报数,相同的数字成一组。分组后,每人说出一个地名,代表自己,但避免重复,如想增加难度,可要求不说自己的家乡;游戏开始后,假设你来自北京,而另一个人来自上海,你就要说:"开呀开呀开火车,北京的火车就要开。"大家一起问:"往哪开?"你说:"往上海开。"代表上海的人就要马上反应接着说:"上海的火车就要开。"然后大家一起问:"往哪开?"再由这个人选择另外的游戏对象,说:"往某某地方开。"如果对方稍有迟疑,没有反应过来就输了,需要接受惩罚。 　　惩罚措施:屁股写字。 　　注意事项:该项活动需要严格控制时间,稍有停顿即为输方,需要接受惩罚。 　　分享:开火车大家有什么体验和感受? 请每组先组内分享,之后每组派代表在班级分享。

表 3.4(续 1)

目的	活动内容
通过回答自我探索的问题促进成员更了解自己,挖掘自身的潜力,调动优势资源 时间:约20分钟 材料准备:每人一张白纸一支笔	2. 主题活动:自我探索 指导语:请您填写下面的内容。 (1)性别: (2)年龄: (3)最欣赏自己的方面(2~3项): (4)你生命中最重要的人(2~3人): (5)你童年最开心的一次经历: (6)在你学习或工作中最有满足感的一次经历: (7)如果危机降临到你身上,你的生命可能只剩10个小时,你最想做什么? (8)假设现在是50年后,你从空中眺望此处,你的感受是什么?你最想对谁说什么? (9)200年后,你希望别人怎样评价你? 　　如果"现在(活在当下)"是你拥有的一个礼物,你最想送给自己的一句话是什么? 　　注意事项:填写真情实感即可,无是非对错的评判,同时尊重其他人的分享,遵守保密原则。指导者要在分享中捕捉成员的积极品质如坚持、乐观及有意义的生活事件加以强化; 分享:请每组先组内分享,之后每组派代表在班级分享; 总结:本次团体活动共进行了两个游戏,一个热身游戏,一个主题游戏。活动过程中同学们能够积极参与,通过合作的方式完成游戏目标。在主题活动中大家能够主动探索关于自我的特点,达到了本次自我了解团体辅导的目的。希望在接下来的学习生活中,大家能够在集体中发挥互助合作的精神,不断了解自我,完善自我,实现自己的理想。
通过热身活动,促进成员间的互动与交流,提升成员间的合作能力,促进团体氛围的形成 时间:约10分钟 材料准备:计时器、报纸、剪刀若干	3. 备选热身活动:穿报竞走 　　指导语:报纸中间撕个洞,洞的大小能容纳两个人头即可;两人一组,面对面牵双手,头伸入报纸的洞中,向前跑到折返点折回,中途报纸不得弄破,破了必须回到起点重新再来;速度最快一组获胜。 注意事项:活动过程中要注意成员安全,活动地点尽量在空旷处,如在室内要避免碰到尖锐物体,并将桌椅摆放整齐避免磕碰。请全体成员着运动装、穿运动鞋,或方便活动的服装,切勿穿高跟鞋、拖鞋。 　　分享:穿报竞走大家有什么体验和感受? 　　请每组先组内分享,之后每组派代表在班级分享。

表 3.4(续 2)

目的	活动内容
通过主题活动促进团体成员多角度了解自我,成员发掘自我内在力量,激发内在潜能,促进思考,掌握认识自我的方法 时间:20 分钟 材料准备:一定的空间	4. 备选主题活动:优点大轰炸 　　指导语:请一位成员坐在团体中央,向大家介绍自己的姓名、所学专业和个性方面的长处和短处,然后其他人轮流根据对他的了解及观察说出他的优点(如性格、相貌、为人处世……),也要说出一条建设性的意见,以利于团体成员改进提高。 　　注意事项:态度要真诚,不能毫无根据地吹捧或应付,要实事求是地进行评价。 　　分享:被人称赞时的感受如何? 有哪些优点是自己以前知道的? 哪些优点是自己以前不知道的? 称赞别人的感受是什么样的? 大家的称赞符合你自己的实际吗?
促进团体成员的自我了解,通过交流促进团体成员间的彼此了解,并意识到每个人的独特性 时间:20 分钟 材料准备:每人一支笔,一张白纸	5. 备选主题活动:小小动物园 　　指导语:为每名成员发一张白纸,在 5～8 分钟内,每人在白纸上画一幅代表自己的动物,画完由领导者统一收取,并随机抽取一幅画,请成员猜一猜画中的动物可能代表团体中的谁,并说出理由;然后由这幅画的作者分享选这个动物的原因以及这个动物的特点等。 　　注意事项:鼓励成员画画并告诉大家这不是画技的比拼,只需画出反映对自我的认识的内容即可。 　　总结:本次团体活动共进行了两个游戏,一个热身游戏,一个主题游戏,活动过程中成员们能够积极参与,通过合作的方式完成游戏目标。在主题活动中大家能够主动探索关于自我的特点,达到了本次自我了解团体辅导的目的。希望在接下来的学习生活中,大家能够在集体中发挥互助合作的精神,不断完善自我,发挥自己的优势,实现自己的理想。

第4章 行为疗法

行为治疗,是在行为主义学习理论基础上发展出来的一个心理治疗流派。行为治疗与精神分析理论体系不同,行为治疗不是由一位学者创立和发展起来的,而是由许多具有共同基本信念的学者,依据行为主义学习理论分别开发出来的若干心理治疗方法的总称。行为治疗一词最早于1954年由美国著名心理学家斯金纳等人提出,到目前已经有60多年的历史了。在这60多年的发展中,行为治疗已经成为当代心理治疗体系中影响最大的流派之一,也被称为西方心理第一势力。

本章主要介绍了行为疗法的代表人物、基本理论、常见的行为治疗技术、大学中的人际交往问题和朋辈心理团体辅导等内容,能够很好地让朋辈心理咨询员将理论和实践相结合,从而提高自己朋辈辅导的能力。

4.1 理论知识介绍

4.1.1 行为疗法概述

1. 行为疗法的发展历程

行为疗法的发展历程可以分为两个时期,以20世纪50年代为界限,此前为行为治疗的理论准备期,以后为行为治疗的形成发展期。在理论准备期,研究工作基本属于基础心理学的理论研究,虽然有一些重要的临床应用,但研究者的目的并不是在心理治疗上,而是对理论的相关论证上。这一时期行为治疗出现了三个主要的理论方向。一个是经典性条件反射理论,以巴甫洛夫、华生和赫尔为代表人物;第二个是操作系条件反射理论,以斯金纳为代表人物;第三个是社会学习理论,以班杜拉为代表人物。与此同时,班杜拉将观察和模仿学习同经典条件反射理论、操作条件反射理论相结合,并将认知作为行为治疗的合理组成部分,从而推动了行为治疗的发展。

2. 行为疗法的特点

行为治疗作为一种建立在行为主义学习理论基础之上的心理治疗体系,具有明显区别于其他心理治疗体系的一些基本特点:

(1)行为治疗着眼于问题行为的解决

行为治疗要解决的是个体特定的问题行为,而不是个体的一般特质或特征,它强调具体问题具体分析,而不重视行为分类,也不谈论人格、自我、动机等不能直接观察的变量。当然,重视行为并不意味着忽视思想和感受。事实上,在处理某些问题行为时,人们的感受与思维也是很重要的。例如,忧郁的人在每天的生活中经常会觉得悲伤(感受),相信无论他们怎么做都是错的(思维),几乎不参加任何活动(行为),也很少与人交往(言语)。

(2)行为治疗有明确的学习理论基础

行为治疗在解决问题的过程中有明确的理论指导。曾任美国行为促进协会主席的卡茨丁认为:"行为矫正的独特点就是按照心理学的理论框架来发展各种技术,并鼓励从实验范例中进行推论。试图把治疗技术放在实验心理学尤其是学习理论的基础上,而不是放在具体几件事本身的研究上,这一做法可以说是这一领域新颖的并具有历史性的重要特点。"

(3)行为治疗强调当前环境和学习的作用

行为治疗认为,人类行为是由其所处环境中的各种事件所控制的,行为治疗的目的就是识别这些事件并加以改变。成功的行为治疗能够改变行为和环境中的控制变量之间的相互关系,从而产生期望中的行为改变。行为治疗要求治疗师在控制环境条件下,慎重地按治疗策略和方法来操作,然后客观地记录、观察和评估当事人行为改变的情况。如果操作治疗策略改变了个体的行为,则说明治疗方法与行为改变之间存在某种因果关系;如果看不出两者间的变化关系,则治疗师应该修改治疗策略,再行试验,直至成功,而不是从过去的事件或潜意识动因中寻找解释。

(4)行为治疗强调对行为改变的测量和评估

在研究方法上,行为治疗特别反对主观猜测和内省,而是强调以行为的客观表现及可测量的数据作为有效的矫正根据。所以,行为治疗的治疗程序遵守严格、特定的系列过程,一般分为三个阶段:治疗前问题行为发展水平的基线阶段,引入治疗方法的处理阶段,治疗后的效果追踪阶段。每个阶段都必须经过一段时间的试验,在每次试验中,必须对行为变化做出详细而客观的记录。治疗人员根据观察记录的数据进行科学的分析,从而获得临床诊断的确切资料。强调对行为改变进行科学而系统的测量,可以说是行为治疗区别于其他心理治疗体系的关键特征。

(5)行为治疗重视治疗师与其他人员的配合

行为治疗作为一门学问和专业,环境事件的设置、学习经验的安排和矫正方法的选择,都必须由受过专门训练的行为治疗人员来完成,非专业人员不能随意发展行为治疗方法。但是,由专业人员发展起来并精确描述的行为治疗方法,经常由与当事人密切接触的教师、家长、同学、朋友或当事人自身来实施,以帮助他们改变其行为。不过,实施行为治疗的人员也必须接受一定的训练,以保证他们能够正确地使用行为治疗方法。可以说,行为治疗强调有关各方共同对治疗过程和质量承担责任。

3. 行为治疗的基本假设与治疗过程
(1) 行为治疗的基本假设

行为治疗认为,如同适应性行为一样,非适应性行为也是后天习得的,即个体是通过学习获得了不适应的行为。但要注意并非所有行为变化都是学习引起的。另外,个体可以通过学习消除那些习得的不良或不适应的行为,也可以通过学习获得所缺少的适应性行为。

(2) 行为治疗的基本过程

布莱克姆等人曾提出提高适应性行为的6个治疗步骤。这6个步骤分别是:

①以操作性术语确定和阐明需要改变的行为;
②获取希望出现的目标行为的基线水平;
③设置有助于目标行为发生的情境;
④确认潜在的强化刺激和事件;
⑤强化希望出现的目标行为或强化一系列接近目标行为的行为;
⑥持续记录行为的变化并据此评价治疗的效果。

(3) 行为分析及观察评估

首先,行为分析也称为行为功能的分析,是一个搜集和分析有关病人信息的过程。准确的行为分析有助于治疗者制定治疗措施,选择评估手段并实施治疗,这是治疗成功的关键因素之一。其次,对来访者问题的行为的改进及过程进行评估,有助于治疗者对所采取的治疗措施实施结果的了解,亦有助于来访者了解治疗的进展,增强改进的信心。另外,行为观察是评估的重要手段之一,这种观察可以由来访者本人进行,也可以由来访者的父母、配偶或朋友等进行。

4.1.2 行为主义的基本理论

1. 经典条件反射理论
(1) 代表人物

伊万·彼德罗维奇·巴甫洛夫是俄国伟大的生理学家、心理学家、医师、高级神经活动学说的创始人、高级神经活动生理学的奠基人、条件反射理论的建构者,也是传统心理学领域之外而对心理学发展影响最大的人物之一。1904年,巴甫洛夫因在消化系统生理学方面取得的开拓性成就,获得了诺贝尔生理学或医学奖,也是俄国第一个获得诺贝尔奖的科学家。

约翰·华生是美国著名心理学家,行为主义心理学的创始人。1915年当选为美国心理学会主席。其主要研究领域包括行为主义心理学理论和实践、情绪条件作用和动物心理学。他认为心理学研究的对象不是意识而是行为,主张研究行为与客观之间的关系,心理学的研究方法必须抛弃内省法,而代之以自然科学常用的实验法和观察法。他还把行为主义研究方法应用到了动物研究、儿童教养和广告方面。他在使心理学客观化方面发挥了巨大的作用,对美国心理学产生了重大影响。

（2）核心概念及基本理论

巴甫洛夫在实验室中研究狗的消化过程时，无意中发现了经典条件反射作用。他注意到，狗不仅仅在食物出现的时候分泌唾液，而且在与食物有关的任何刺激物单独出现时也会分泌唾液。为了证实这一点，巴甫洛夫进一步进行实验，在给狗食物的同时，又给狗一个声音刺激，当食物和声音结合几次以后，狗一听到这个声音就会有唾液流出。他发现狗对食物的反应，能通过无条件刺激物与中性刺激物（声音）的结合，使狗对中性刺激物也产生等同于无条件刺激物的反应，也就是说，形成了条件反射。此时，中性刺激被称为条件刺激。进一步研究发现，几乎任何的先天性反应（如眨眼等）都可与任何刺激（如声音等）建立起一种条件反射。但如若条件刺激多次出现，却没有无条件刺激的强化，那么这个条件反射也可以被消退。

华生也很早就利用经典条件反射的理论进行试验，他曾经使用一个本来喜欢动物的11个月大的男孩小艾伯特对白鼠产生的恐惧反应进行实验。其做法是，每当小艾伯特伸手要去摸小白鼠的时候，实验者就猛击一根在他背后悬挂的铁棒，发出巨大的声响。小艾伯特被突如其来的巨大声响吓得大哭并表现恐惧。经过几次上述的操作之后，当小艾伯特见到小白鼠的时候就会产生恐惧的情绪并大哭起来，这一情况甚至会泛化到其他的动物和物品上，他开始对小狗、白色皮毛大衣、棉花、华生头上的白发以及圣诞老人面具等毛茸茸的东西都感到恐惧。华生的实验说明了恐惧情绪是可以通过条件反射后天习得的。

2. 操作性条件反射理论

（1）代表人物

爱德华·李·桑代克是美国心理学家，动物心理学的开创者，心理学联结主义的建立者和教育心理学体系的创始人。他提出了一系列学习的定律，包括练习律和效果律等。1912年当选为美国心理学会主席，1917年当选为国家科学院院士。

伯尔赫斯·弗雷德里克·斯金纳是美国心理学家，新行为主义学习理论的创始人，也是新行为主义的主要代表。斯金纳引入了操作条件性刺激。著有《沃尔登第二》《超越自由与尊严》《言语行为》等。

（2）核心概念及基本理论

正当巴甫洛夫在进行其早期的经典条件反射的研究工作时，桑代克正以另一种不同的途径进行实验。桑代克把猫关在迷箱之中，它们可借助于拉绳圈、推动杠杆、转动揿钮而逃出来。关在迷箱之中的猫一开始进行了多种尝试以逃出迷箱，挤栅门，抓咬放在迷箱里的东西，把爪子伸出来等，最后偶然发现了打开迷箱的机关（如通过拉绳圈打开了迷箱的门）。在这之后，猫的错误行为渐渐减少，并将成功的反应保存了下来。动物就这样通过"尝试与错误以及偶然的成功"，学会了如何逃出迷箱。桑代克通过这些资料开始进行研究，后来提出了著名的效果律，即一种行为过程的发生次数受该行为的后果的影响而改变。效果律所反映的是人或动物保持或消除先前反应与效果之间的关系。一种行为过后出现了好的结果，这种行为就趋向于保持下来；如果出现了不好的结果,则趋向于消除。这也就是斯金纳等人称之为强化的一种关系。

斯金纳本人也做过许多实验研究,研制出一种被称为"斯金纳箱"的实验仪器。他的一个实验是这样进行的:在斯金纳箱上有个小圆窗,当小窗上出现某种特殊的光时,鸽子去啄它就可使一粒食物送到食盘中。鸽子先是围箱乱转,胡乱地啄这啄那,最后碰巧啄到了有光的小窗,自动的装置便使食盘中出现了食物。这种对于适宜反应的奖励就是强化。这之后鸽子就更倾向于啄小窗而不去啄别的东西了。但当窗子是暗的时候,食物是不会出现的。经过多次尝试,鸽子进一步学会了只在这个窗子有光时进行反应。如果以后这种行为不再被强化,它最终也就会停止啄小窗的行为。

猫学会拉绳圈而逃出迷箱,鸽子学会啄小窗以得到食物,都是操作性条件反射。操作性条件反射又叫工具性条件反射,这种反射与经典的条件反射不同,在操作性条件反射形成的过程中,人或动物必须寻找出一个适宜的反射(如鸽子啄小窗)。在操作性条件反射中,这个习得的反射可以带来某种结果(如啄有光的小窗以得到食物),而在经典的条件反射中却没有这样的效果出现(如唾液的分泌不会导致食物的出现)。这种条件反射之所以被称为"操作性的",正是强调了其操作行为会导致某种结果的产生。

3. 社会学习理论

(1) 代表人物

阿尔伯特·班杜拉是美国当代著名心理学家,新行为主义的主要代表人物之一,社会学习理论的创始人,现任斯坦福大学心理学系教授。他所提出的社会学习理论是在与传统行为主义的继承与批判的历史关系中逐步形成的,并在认知心理学和人本主义心理学几乎平分心理学天下的当代独树一帜,影响波及实验心理学、社会心理学、临床心理治疗,以及教育、管理、大众传播等社会生活领域。他认为,源于直接经验的一切学习现象实际上都可以依赖观察学习而发生,其中替代性强化是影响学习的一个重要因素。有人称他为社会学习理论的奠基者,社会学习理论的集大成者和社会学习理论的巨匠。

(2) 核心概念及基本理论

行为治疗中的许多学习理论认为个体在获得某些行为的过程中,并未直接得到过强化。持这种观点的人认为,学习的产生是通过模仿过程而获得的,即一个人通过观察另一个人(模型)的行为反应而学习了某种特殊的反应方式。有研究者认为人类的大多数行为都是通过观察学会的,这种观点已被心理学的研究所证实了。

在模仿学习的有关理论中,班杜拉的理论最为突出。班杜拉认为模仿学习可以在既没有模型也没有奖励的情况下发生,个体仅仅通过观察其他人的行为反应就可以达到模仿学习的目的。但班杜拉并未置强化于不顾,他指出,虽然个体可通过简单的观察学会某些行为,但为使个体运用这些行为,就必须运用强化手段。班杜拉曾对社会模仿学习进行分析,并将其分为下述 4 个过程:

① 注意的过程

人们要向某个模型学习,就必须集中注意力,准确地感知对方的行为。注意的过程一方面与要模仿的对象有关,如其行为的有效性、特点及行为的价值等;另一方面与观察者本人的特点有关,如其感知的能力、唤醒水平、感知习惯和过去所受过的强化的情况等。

②保持的过程

人们为了有效地进行模仿学习,必须熟记所要模仿的行为。这包括了对象和信息的双重存储,通常要利用言语进行编码。保持的目的是能够重新提取出来并付诸行动。

③运动的再现过程

在某些阶段,对所要模仿行为的言语信息的呈现需要有一个把它们翻译为有效的行为的过程。影响这一过程的因素有观察者的生理能力、反应是否包括了必要的反应成分,以及在采用新的行为时,是否具有正确的调适能力。

④动机和操作性行为的重要区别

学习的和操作性行为的重要区别是在从事他们所学的行为时,是否具有明显的动机。观察者在下列情况下更愿意采用他们通过模仿习得的行为:

a. 可以得到内部的奖励;

b. 内心认为是值得的;

c. 已经见到过这种行为给模型带来过好处。

4.1.3 常用行为疗法

1. 放松疗法

放松训练对于应付紧张、焦虑、不安的情绪非常有用,可以帮助来访者振作精神、消除疲劳、缓解情绪。放松疗法有助于全身肌肉放松,形成自我抑制状态,促进血液循环,平稳呼吸,增强个体应付紧张事件的能力。而且在学习方法上,放松训练比气功等更为简便易行,不需要花费很多的时间进行学习。

放松训练基本分为两个步骤:

第一步:选择一间安静整洁、光线柔和、没有噪声的房间,在治疗过程中,咨询师说话声音要低沉、轻柔、温和,让来访者舒适地靠坐在沙发或椅子上,闭上眼睛。

第二步:体验"紧张""放松"的感觉,然后逐步进行主要肌肉紧张和放松的练习,如双手—双臂—双脚—下肢—头部—躯干。每一部分肌肉群的训练过程为:集中注意—肌肉紧张—保持紧张—解除紧张—肌肉松弛。

下面详细介绍常用的肌肉放松技术:

让来访者靠在椅子上,尽量坐得舒服,轻轻地闭上眼睛,然后按照如下的指导语进行:

"现在,我教你怎么样使自己放松。为了做到这一点,我先让你体验紧张,然后再放松。因为只有知道了紧张的感觉,才能体验出什么是放松的感觉。"

"请你用力弯曲前臂,这时体验肌肉紧张的感觉。"(持续约10秒钟)

"好,请你放松,不要用力,尽量放松,体验感觉上的差别。"(停顿约5秒)

第4章 行为疗法

"刚才我们做的是紧张放松的基本练习。下面逐步进行主要肌肉群紧张和放松的练习。首先从双手开始,然后是双臂、双脚、下肢,最后是头部和躯干。"

"请你按照我的指令,这样做……"

(1)"深深吸进一口气,保持一会儿。(大约10秒)好,请慢慢把气呼出来,慢慢把气呼出来。(停一停)我们再来做一次,请你深深吸进一口气,保持一会儿。(大约10秒)好,请慢慢把气呼出来,慢慢把气呼出来。"(停一停)

(2)"伸出你的前臂,握紧拳头,用力握紧,注意你手上的感受。(大约10秒)好,然后请放松,彻底放松你的双手,体验放松后的感觉,你可能感到沉重、轻松,或者温暖,这些都是放松的标志,请你注意这些感觉。(停一停)我们再做一次。"

(3)"现在开始放松你的双臂,先用力弯曲绷紧双臂肌肉,保持一会儿,感受双臂肌肉的紧张。(大约10秒)好,放松,彻底放松你的双臂,体会放松后的感受。(停一停)我们再做一次。"

(4)"现在,开始练习如何放松双脚。好,紧张你的双脚,用脚趾抓紧地面,用力抓紧,用力,保持一会儿。(大约10秒)好,放松,彻底放松你的双脚。(停一停)我们再做一次。"

(5)"现在,放松你小腿部位的肌肉。请你将脚尖用力上翘,脚跟向下向后紧压地面,绷紧小腿上的肌肉,保持一会儿,保持一会儿。(大约10秒)好,放松,彻底放松你的双脚。(停一停)我们再做一次。"

(6)"放松你大腿的肌肉。请用脚跟向前向下压紧地面,绷紧大腿肌肉,保持一会儿。(大约10秒)好,放松,彻底放松。(停一停)我们再做一次。"

(7)"现在我们放松头部肌肉。请皱紧额头的肌肉,皱紧,皱紧,保持一会儿。(大约10秒)好,放松,彻底放松。(停一停)现在,转动你的眼球,从上至左、至下、至右,加快速度。好,现在朝反方向旋转你的眼球,加快速度,好,停下来,放松,彻底放松。(停一停)现在,咬紧你的牙齿,用力咬紧,保持一会儿。(大约10秒)好,放松,彻底放松。(停一停)现在,用舌头顶住上颚,用劲上顶,保持一会儿。(大约10秒)好,放松,彻底放松。(大约15秒)现在,收紧你的下巴,用力(大约10秒)好,放松,彻底放松。(停一停)我们再做一次。"

(8)"现在,请放松躯干上的肌肉群。好,请你往后扩展你的双肩,用力向后扩展,用力扩展。(大约10秒)好,放松,彻底放松。(停一停)我们再做一次。"

(9)"现在,向上提起你的双肩,尽量使双肩接近你的耳垂。用力上提双肩。(大约10秒)好,放松,彻底放松。(停一停)我们再做一次。"

(10)"现在,向内收紧你的双肩,用力收,保持一会儿。(大约10秒)好,放松,彻底放松。(停一停)我们再做一次。"

(11)"请抬起你的双腿,向上抬起双腿,弯曲你的腰,用力弯曲腰部,保持一会儿。(大约10秒)好,放松,彻底放松。(停一停)我们再做一次。"

(12)"现在,紧张臀部肌肉,会阴用力上提,保持一会儿。(大约10秒)好,放松,彻

83

底放松。(停一停)我们再做一次。"

休息 2~3 分钟,从头到尾再做一遍放松。

结束语:"这就是整个放松过程,感受你身上的每组肌肉群,都处于放松的状态。你的脚趾、脚、小腿、大腿、臀部、腰部、胸部、双手、双肩、脖子、下巴、眼睛,最后,你的额头,全部处于放松状态。"(大约10秒)

"请注意体会你放松时温暖、沉重、愉快的感觉,请将这种感觉尽可能地保持1~2分钟。然后,我从1数到5,当我数到5时,请你睁开眼睛,你会感到平静、安详、精神焕发。"

"好,当我数到5时,请你睁开眼睛,你感到平静、安详、精神焕发。'1'感到平静,'2'感到平静安详,'3'感到精神焕发,'4'感到特别的精神焕发,'5'请睁开眼睛。"

放松训练结束。

2. 系统脱敏疗法

系统脱敏疗法,就是在来访者处于全身放松的状态下,让来访者想象自己正处于所恐惧的刺激情境之中,并让来访者从最不恐惧的情境到最为恐惧的情境,以分步骤的方式渐进而缓慢地一一通过,从而减轻和降低来访者对原来所恐惧情境的敏感性。由于来访者是逐渐想象自己处于从低到高的各种焦虑水平的情境,因此这一方法也称为缓慢暴露法。

一般而言,系统脱敏疗法分为三个步骤:肌肉放松训练,焦虑等级排序,实施系统脱敏。也就是说,首先要使来访者获得肌肉的深度放松能力,并做好放松的准备;其次是来访者对引起焦虑的刺激情境,从低到高逐一进行排序;最后是来访者根据焦虑等级排序的情况,从最小的焦虑情境开始,逐步体验焦虑情境。当来访者完成了各项情境体验后,他对刺激情境的焦虑就会减轻甚至消失。

(1)肌肉放松训练

系统脱敏疗法以肌肉放松为前提,因此需要来访者掌握肌肉深度放松的能力。首先选择一处环境幽雅、光线柔和、气温适宜、隔音效果较好的训练场所,并且播放放松、舒缓的音乐。值得注意的是,来访者在实施训练之前需要摘除身上易妨碍放松的衣帽、眼镜、领带、手表腰带、鞋袜等(视情况而定),然后以放松的姿势坐在舒适的椅子上头向后靠,双手放在椅子扶手上或者自然下垂于大腿上,两腿自然分开,整个身体保持舒服、自然的姿势。然后就可以开始肌肉放松训练了。

肌肉放松训练是放松和紧张交替进行。一般而言,在紧张和放松的反复交替训练后,来访者无须经过上述的每一步骤,就能随心所欲地充分放松自己的身体,达到运用自如的境界。

(2)建立焦虑等级量表

焦虑等级量表的建立是系统脱敏疗法的又一重点工作,也是系统脱敏疗法的难点所在。焦虑等级量表是系统脱敏进行的依据,它直接影响到脱敏的成败。一般来说,焦虑等级量表是将引发来访者某一方面症状(比如害怕蜘蛛、考试焦虑、陌生人社交回避、怕坐电梯等)的一连串刺激,按照其引发焦虑的强弱程度,排列成等级或层次的一种表现方式。在排列强弱刺激等方面,一般将引发最小焦虑的刺激排在等级量表的最上端,然后依据个体所感到的焦虑程度由弱到强依次往下排列,将最强的刺激排在最下端(表4.1)。

表 4.1　焦虑等级量表

分级	评分	症状举例
极度恐惧	100	蜘蛛在身上爬
高度恐惧	75	看见蜘蛛
中度恐惧	50	看见蛛网
轻度恐惧	25	听见蜘蛛的声音
心情平静	0	平时状态

(3)系统脱敏的具体实施

在系统脱敏时,开始可以让来访者靠坐在沙发或者躺椅上,让他花几分钟的时间使自己完全放松。作为配合,治疗者应指出来访者正在逐步放松、放松程度正在不断加深。

如果来访者感到自己进入了相当放松和舒服的状态,就要求他举一下右手的食指示意。此时,治疗者可以要求来访者想象焦虑等级量表中的第一个引起最小恐惧和焦虑的情境,想象要尽可能清晰、具体、生动,如同身临其境,包括所见、所听、所闻和其他感官的反应,并且要求来访者尽可能地保持放松状态。

如果来访者在想象的过程中体验到了焦虑,那么就举起左手食指示意。这里需要注意的是,用手指示意而非言语示意,是为了不破坏来访者放松的状态。此时,让来访者回到前面的放松状态,并想象进入控制性情境(即不会引发恐惧的情境),直到举起右手食指示意再次进入放松状态,才可继续进行焦虑等级量表上的其他情境。

如果来访者表示没有焦虑产生(7~10秒),治疗者就示意来访者放松并停止想象这一情境并再次放松,10~15秒后再次要求来访者想象那个情境。每一个情境要求重复2~4次,如果来访者每一次对这一情境都不会引发焦虑了,就可以要求来访者想象等级量表中的下一个情境。如果来访者连续两次不能通过某一情境,则应立即让来访者停止想象,等来访者再度完全放松时,再叫来访者想象前一个情境;如果这时没有焦虑产生,再重新进入下一个情境。就这样,放松—想象情境—停止想象—放松……使来访者逐渐经历从最小焦虑到最大焦虑的各个等级。

总之,在脱敏训练过程的每一步骤中,放松抑制了情境所引发的焦虑。在来访者完成了等级量表中最后的情境时,他就基本上能够对实际的恐惧情境不再感到恐惧了。其后,只要将这种想象中的成功泛化到生活中,来访者遇到真实情境时也不会感到过分的恐惧和焦虑了。

3. 代币制法

代币制法又称标记奖酬法，是以象征钱币、奖状、奖品等标记物为奖励手段来强化良好行为的一种行为治疗方法。

（1）代币系统的含义

如果一个刺激本身不具有强化作用，而是通过与某个强化刺激相联系才获得强化力量，那么这个刺激就称为条件性强化物。凡是能够累积并用来交换其他强化物的条件性强化物，称为代币。凡是使用代币作为强化物来进行的行为矫正计划，就称为代币系统。

之所以被称为代币系统，是因为它是基于货币系统而来的。金钱是代币最普遍的形式。当一个人因为完成了特定的任务而得到金钱时，他可以用钱来换取食物、玩具等物品或度假、娱乐等活动，同样的规律也适用于代币系统。个体因为良好的行为表现而获得代币，他可以用代币来换取那些已经被确认为具有强化作用的物品或活动。这些具有强化作用的物品或活动被称为后援强化物。当个体在代币和后援强化物之间建立联系后，代币也就变得有价值且令人喜欢了。因此，代币系统实质上是一种符号性的强化系统，是对代币的系统化和制度化应用，也被称为代币经济或代币制度。

（2）代币系统的使用

使用代币系统的关键是明确目标行为与代币的关系以及代币与后援强化物的关系。只有以此为基础，我们才能拟定出代币交换系统，并有效地实施代币强化。

①明确目标行为

界定目标行为要把焦点放在一个或一个以上我们希望增加的良好行为上，明确自己希望当事人做什么。据此，我们应选择那些在实际生活中对当事人自身或周围生活环境有价值的行为作为目标行为，并加以明确界定。

②确定代币

在决定了所需增加的目标行为之后，就要选择适当的代币作为最终获得强化物的媒介。一般而言，代币应该吸引人、重量轻、便于携带、方便发放、耐用、容易摆弄、不容易伪造。在代币系统中，凡是可以累积起来交换后援强化物的东西，如塑料片、扑克牌、五角星、小红花、粘贴纸、积分卡、分数，以及其他有明确单位的东西，都可以作为代币。例如，幼儿园老师对孩子的良好行为表现会给小红花，当小红花积攒到一定数量时就以孩子爱吃的糖果作为奖励。这里的小红花就是条件强化物，它可以累积并可与后援强化物（糖果）发生联系，故可称为代币。

③确定后援强化物

在代币系统中，代币之所以能够发挥强化作用，是因为它背后有无条件强化物或其他已被条件化的强化物的支持。因此，代币系统的有效性在很大程度上取决于后援强化物的性质和数量，因为当事人在获得了一定数量的代币之后，必定会拿它们来交换作为强化的物品。这些存在于代币背后、支持代币发挥作用的强化物，就是所谓的后援强化物，它使得本来没有强化价值的代币具有了强化作用。

④拟定代币交换系统

现在我们已经明确了目标行为,选择了后援强化物,并确定了联结这两者的代币形式。接下来要讨论的关键问题就是,如何将上述内容组合成一个代币交换系统。一般而言,代币交换系统应包括以下内容:

a. 明确行为的价值,即指出何种行为可以获得一个代币,何种行为可以获得数个代币。

b. 明确代币的实施计划,即指出代币是及时给予还是延缓给予,是连续强化还是间歇强化。

c. 确定代币的价值,即指出多少代币可以换得相应的后援强化物,不同的后援强化物需要的代币个数是多少。

d. 确定后援强化物的交换时间和地点,并监督其执行。

⑤决定是否使用反应代价

在代币系统中,反应代价不是必然的组成部分。如果使用代币系统的目的仅在于增加良性行为而不涉及消除不良行为的话,那么就不需要使用反应代价;如果存在不良行为与良性行为对抗的情况,则需要使用反应代价。不过,即使需要使用反应代价,也只能在实施代币强化后一段时间才能开始使用。对于当事人而言,只有当代币已经牢固地获得了强化价值后,失去代币(反应价值)才能成为一种有效的惩罚。

4. 模仿疗法

模仿疗法是基于社会学习理论,个体通过观察榜样及其学习示范的行为,进而使得个体增加或获得良好的行为,减少或消除不良行为的一种行为治疗方法。

在日常生活中,我们通过观察学习语言、态度、偏好和无数的技能(如儿童的穿衣、漱口、用筷子吃饭等),我们的许多习惯(如口语表达和肢体语言等)也是我们所认同的榜样(如父母、教师、偶像)身上学习而来的。可以说,观察学习和模仿学习影响着我们的生活、学习和工作的方方面面。

模仿疗法,就是榜样通过提供特定的行为或行为改变的模式,进行行为或行为改变的示范。对当事人(也称学习者、观察者)而言,就是要通过对榜样的观察进行学习,获得榜样所示范的行为方式并进行操作和模仿,以获得良好的行为后果。因此,模仿疗法也称为榜样疗法、示范疗法或观察疗法、模拟疗法等。

由于来访者观察学习的榜样可以是活生生具体的人物,是电影、电视、幻灯、照片,也可以是人们口头中或书面上的人物,甚至是动画片中的人物。来访者在模仿学习的过程中,可以是单纯地观察示范行为,也可以是边观察行为边模仿实践,因此模范学习可以划分为真实性示范模仿、符号性示范模仿、参与性示范模仿和想象性示范模仿四种形式。

(1)真实性示范模仿

在观察学习的过程中,当榜样真实存在于来访者的现实环境中并做出实际的示范行为和现身说法时,所发生的模仿行为被称为真实性示范模仿。也就是说,在真实性示范模仿中,榜样是由真实的人物担任的,并为来访者提供真实的现场示范。

(2)符号性示范模仿

符号性示范模仿是以电影、电视、手机、幻灯、照片、录音、录像、动画片、文字说明作为传播媒介,取代真实的榜样来呈现示范行为的观察学习形式。运用上述传播媒介呈现示范行为,可以预先进行仔细的考虑和严谨的设计,如突出示范行为的组成、顺序、特征、关键部位等,可以避免真实性示范中不可控的问题。

(3)参与性示范模仿

一般的观察学习只是让学习者观察榜样的言行,来访者本身并不进行实际的效仿。班杜拉等人认为,如果能让来访者一边观察榜样的所作所为,一边在治疗者的指导下逐步参与活动,则治疗效果更佳。这种让学习者一方面观察榜样的言行,一方面实际演练有关动作的方法,称为参与性示范模仿疗法。

(4)想象性示范模仿

真实示范模仿和符号性示范疗法都与外显的示范行为相联系,与其相对应的是想象性示范模仿。想象性示范模仿是向来访者描述特定的情境和条件,并说明应有的适当的行为反应,然后要求想象某一榜样人物正在进行这种操作。

5.厌恶疗法

厌恶疗法是将某些不愉快的刺激,通过直接作用或间接想象,与来访者需改变的行为症状联系起来,使其最终因感到厌恶而放弃这种行为。即利用条件反射的原理,把令人厌恶的刺激与来访者的不良行为相结合,形成一个新的条件反射,用来对抗原有的不良行为,进而最终消除这种不良行为。常用的厌恶刺激有物理刺激(如电击、橡皮圈等)、化学刺激(如催吐剂等)和想象中的厌恶刺激(即口述某些厌恶情境,然后与想象中的刺激联系在一起)。

在进行心理咨询时,厌恶性刺激应该达到足够的强度,通过刺激疼痛能使来访者产生痛苦或厌恶反应,直到不良行为消失为止。如戒除吸烟的行为可使用橡皮圈的方法,在来访者的手腕上套一橡皮圈,每当吸烟的欲念出现时,便自行反复拉弹橡皮圈打击手腕,产生疼痛感,直到吸烟的欲念消失。操作时要求:拉弹必须稍用力,以使腕部有疼痛感;拉弹时必须集中注意力计算拉弹次数,直到想吸烟的想法从头脑中消失。也可以通过化学刺激的方法戒除吸烟的行为,让有吸烟癖好的来访者先用催吐药或注射催吐剂,然后再让其吸烟,这样他在吸烟时就会立刻呕吐,多次结合,就会形成对烟的条件反射,每当烟瘾发作时,就会出现呕吐的强烈印象,从而对烟产生厌恶感,达到戒除的目的。

4.1.4 行为疗法在朋辈心理辅导中的应用

1.系统脱敏疗法在朋辈心理辅导中的应用

案例 小张,大二女生,学习成绩良好。她来寻求帮助的原因是考试焦虑。小张说她高中期间平时表现很好,每到考试的时候便会紧张、焦虑,甚至呼吸困难,本来会的题在考场上也都不会了,大脑一片空白,感觉自己都要晕倒了。现在快期末考试了,感觉自己快要崩溃了。自己不想再被这个问题困扰,所以向朋辈心理辅导员求助。

对于这种情况,可以使用系统脱敏疗法进行帮助。

(1)第一步,使用肌肉放松技术进行放松练习

首先,朋辈心理辅导员请小张以她感到舒服的姿势坐在椅子上,并让她摘下眼镜、手表等可能会妨碍放松的物品,手机静音或关机,以免在放松时受到干扰,闭上眼睛,尽量保持轻松的心态。然后请其跟随朋辈心理辅导员的指令进行深呼吸,指导语是:用鼻子吸气,吸至腹部,感觉小腹微微隆起为好,屏住呼吸停顿3秒,然后用嘴缓慢呼出,同时头脑中默念"放松"。反复几次深呼吸后,进入肌肉放松阶段。

下面,进入肌肉放松环节,请参考"4.1.3 常用行为疗法"部分的放松疗法。

(2)第二步,建立焦虑等级量表

这一步要做的是,将引起小张恐惧和焦虑的相关刺激,按照其主观恐惧程度或焦虑程度排成一个序列,可以按照从轻到重的顺序排列,也可以按照从重到轻的顺序排列。注意要以其主观焦虑程度来排列。

表4.2是小张排列的焦虑等级量表,并按照0～100分表示主观焦虑程度:

表4.2 小张排列的焦虑等级量表

分级	评分	症状举例
极度恐惧	100	看到考试卷,题目不会做,十分紧张
高度恐惧	75	考试前一夜,失眠
中度恐惧	50	考试前两天,变得紧张,难以集中思想
轻度恐惧	25	考试前一周,感到它即将来临
心情平静	0	没有考试

(3)第三步,实施系统脱敏

列出恐惧等级表之后,朋辈心理辅导员请小张躺在一张睡椅上放松肌肉,然后按照等级中最小恐惧的情境——听到"考试前一周,感到它即将来临"这个消息,开始系统脱敏的实施。朋辈心理辅导员与小张约好,如果在想象情境时感到焦虑,那么就举起右手食指作为信号。用手指而不用语言作为信号,是为了不破坏来访学生的放松状态。

朋辈心理辅导员说出"考试前一周,感到它即将来临"这句话的时候,明显看到小张额头上的汗,过了几秒,小张举起了手指。朋辈心理辅导员请其放松,然后再次进行这一等级的脱敏。到第三次的时候,7～10秒钟之后,小张没有了明显的恐惧体验。朋辈心理辅导员为了检验此次效果,再次进入这一等级,发觉小张确实没有了恐惧体验,于是让小张停止想象这一情境,进入下一等级。朋辈心理辅导员就是依照这样的顺序对小张考试焦虑的心理进行矫正,经过几次辅导后,小张已经没有明显的焦虑表现了。

在此有一点需要说明:如果来访学生对同一个情境经过两次想象仍不感到焦虑,就可以让他想象等级中的下一个情境;如果来访学生表示有焦虑,那么治疗者应立即让他

停止想象,等待其再度完全放松时,再让他想象前一个情境,这时如果没有焦虑产生,再重新进入下一个情境。

以上是系统脱敏疗法实施的一个例子,此种方法还可以应用到其他引发焦虑或恐惧的事情或情境中,如害怕猫、狗、蜘蛛等的系统脱敏,害怕陌生人的系统脱敏,害怕游泳的系统脱敏等。

2.代币制法在朋辈心理辅导中的应用

案例 小孙,大三男生,学习成绩一般,家庭经济状况一般,一直在准备要考研。还有8个月就要考试了,他最近心神不宁,学习效率低下,考研辅导课上也无法集中精神,总是溜号走神,连续几天没有按照计划复习,而是跟同学打游戏和看电影,现在他很后悔,特来寻求帮助。

对于这种情况,可以使用代币制法进行帮助。

(1)目标行为的确定

针对小孙的情况确立了以下三个矫正目标:第一,上课时能认真听讲,不溜号走神;第二,按时完成考研复习计划;第三,保质保量完成老师布置的作业。

(2)代币的确定

用事先准备好的扑克,其右下角盖上心理咨询中心的印章。

(3)强化物的选择

在与小孙的交流中了解到了小孙的爱好,并得出了一些适合他的强化物,并制定了报酬表,如表4.3所示:

表4.3 小孙报酬表

强化物	代币数
看一场电影	20币
玩一小时游戏	30币
打一场篮球	40币

(4)代币交换系统的拟定

制定让小孙逐步达成矫正目标的子目标,根据其完成情况发给代币。表4.4为小孙的行为价值表:

表4.4 小孙行为价值表

行为	获得代币数
完成当天的习题	1个币
上课不迟到	1个币
上课认真听讲	2个币
完成老师的作业	2个币

（5）实施阶段

每周记录小孙获得的代币情况，并要求小孙按照获得的代币奖励自己，以此激发其学习内在动机。

经过1个月的辅导，小孙已经步入复习考研的正轨，不再需要代币也能静下心来进行复习了。

3. 模仿疗法在朋辈心理辅导中的应用

案例 小王，大一男生，学习成绩较好，家庭情况一般。他来寻求帮助，是因为他无法和异性交流，每当女同学和他说话时，他都会脸红、心跳，进而语无伦次，无法说话。这种情况往往引起其他同学的哄笑，从而使小王同学更加的紧张。久而久之，他现在一看到女生都有种莫名的紧张焦虑感，很痛苦，希望能够得到帮助。

对于这种情况，可以使用模仿疗法进行帮助。

可以让小王查找一些男女对话的录像或视频进行观看，让其注意男女说话时是怎样交谈的，两人的动作、表情、谈话的内容、距离的远近等。在看完录像或视频后，朋辈心理辅导员要和来访者进行重点讨论——和异性接触中要注意什么、怎样做等。然后朋辈心理辅导员可以和来访者进行模仿，模仿视频中男女对话的片段。

在经过几次模仿并征求来访者同意后，邀请一名女性朋辈心理辅导员参与进来，邀请其与来访者进行谈话，可以从视频或电影中的片段模仿开始，然后逐步地扩大谈话内容，如来访者生活的事情、家乡的事情、兴趣爱好等。需要注意的是，对于来访者的良好表象要及时进行正强化，强化来访者的适当反应倾向。经过几次的模仿练习，小王已经初步掌握了和异性交流的能力。

4. 厌恶疗法在朋辈心理辅导中的应用

案例 小赵，大三男生，学习成绩优异，身体瘦弱，穿着整洁，但表情焦虑。他来寻求帮助是因为自己的强迫症。据其自述，他是因为假期在一个超市实习，做收银员，有一天他接待了一位极其邋遢的顾客，接过他的纸币之后，小赵感觉自己的手像是被感染了一样，便无法再正常工作了，于是就跑到卫生间不停地洗手。从此就一发不可收拾，无论接触什么都要去洗手，有时候一天要洗几十遍手，已经无法正常地生活和学习了。

对于这种情况，可以使用厌恶疗法进行帮助。厌恶疗法可以分为若干种方法，如点击厌恶疗法、药物厌恶疗法、想象厌恶疗法、橡胶圈厌恶疗法等，结合以上案例，我们来介绍朋辈心理辅导中较为常用的橡胶圈厌恶疗法。

橡胶圈厌恶疗法，顾名思义，就是在一个人要实施某种不良行为的时候，用橡胶圈对自己的身体进行惩罚，在不良行为与橡胶圈带来的惩罚间建立条件反射，从而达到消除不良行为的目的。

朋辈心理辅导员向小赵介绍了橡胶圈厌恶疗法的原理和方法，并在小赵的手腕上套上了一个橡胶圈，并叮嘱小赵，当他想在不合适的时间洗手时，就要用力拽起套在手腕上的橡胶圈并松开，橡胶圈弹到手腕会引起较强的疼痛，如此多次后便可建立起条件反射。最终结果表明，小赵的强迫洗手行为明显缓解了。

4.2 大学生常见心理问题之人际交往

4.2.1 问题表现

在大学生人际交往中,总是伴随着种种心理因素的影响。在这些因素中,有些对人际交往有着积极的促进作用,如对自我和他人的正确认识、开朗乐观的性格、宽容大度的胸怀等;而有些对人际交往具有阻碍作用,如羞怯、猜疑、不信任他人等。只有了解阻碍人际交往的心理因素产生的原因,并自觉消除这些心理障碍,才能更加有效地进行人际交往。

1. 自卑心理

案例 黄某,女,大学一年级,从小生活在偏僻的农村,父母均为农民,经济较为困难。黄某身材矮小,额头处有一小块胎记,较为明显,常年戴着帽子,以遮挡自己额头的胎记。黄某性格内向,不喜欢说话,在寝室时也不愿意将帽子摘下,大学期间没有朋友。他感觉自己大学的生活和学习很不愉快,甚至产生了退学的想法,他是被辅导员劝说才来进行咨询的。

很明显,黄某是典型的自卑心理。自卑在贫困大学生群体中较为常见。自卑是一种因过低的自我评价而产生的消极情绪体验。大学生的自卑心理具有如下特点:一是泛化性,即全盘否定自己。例如,一个大学生在学习上不如别人,往往会认为自己言语也不幽默,衣着也不适宜,举止也太笨拙;二是敏感性,即对他人态度、评价等特别敏感;三是掩饰性,即对自己主观上认为的缺点总是设法掩饰,生怕别人知道。

自卑心理的调试方法:

(1)正确认识自我,提高自我评价。要善于发现自己的长处,肯定自己的成绩,改善自我形象,积极参加社交。

(2)进行积极的自我暗示、自我鼓励。面对新局面,尤其处于不利的地位时,要暗中鼓励自己"一定行",竭尽全力争取成功。

(3)积极与人交往。自卑的人往往容易把自己孤立起来,并形成恶性循环,越怯于交往,就越自卑。所以应积极与人交往,并通过成功的交往开阔自己的胸怀,克服自卑心理。

2. 恐惧心理

案例 陈某,女,大二女生,生性胆小。大学期间不敢跟人说话,尤其是与男生说话,甚至连看都不敢看一眼。原因是,她在中学时的一次班级活动中,被同学们要求表演一个节目,她在台上的时候突然忘记了词,被同学们起哄并嘲笑,从此便不敢在人多的地方说话,后发展至不敢和别人尤其是男生说话,大学之后此种情况越发严重了。

有些大学生与人交往时(尤其是在大庭广众之下),会不由自主地感到紧张、害怕,以至于手足无措、语无伦次,严重的甚至害怕见人,常称为社交恐惧症。其中较常见的是怕脸红,称为赤颜恐怖。这种人只要出现在公共场所就会担心自己因害羞而脸红,继而忐忑不安,极为不适。而有些大学生主要表现为对异性的恐惧,称为异性恐惧症。

恐惧心理的自我调适:

(1)正确自我评价,消除自卑,发掘自身的优势,首先要对自己有一个全面的认识。不高估自己,也不轻视自己。其次不要过分苛责自己,一定要事事优秀、面面得体并没有必要,关键要学会如何扬长避短。

(2)满灌疗法。即主动有意识地纠正自己的心理障碍,反复接触引起恐惧的刺激,逐步适应,进而消除恐惧。

(3)转移刺激。即暂时转移引起社交恐惧症的外界刺激。由于外界刺激在一段时间内消失,其条件反映在头脑中的痕迹就会逐渐淡漠,有时还可消除。

(4)锻炼自己的性格。害怕社交的人多半会比较内向,多参加体育文艺等集体活动,尝试主动与同伴或陌生人交往,在交往过程中,逐渐去掉羞涩、恐惧感,使自己开朗、乐观、豁达。

(5)扩大知识面,增强自信。经常读些课外书籍、报纸、杂志,开阔自己的视野,丰富自己的阅历,慢慢使自己在社交场合可以毫无困难地表达意见。

3. 自私心理

案例 朱某,女,大一学生,独生子女,家庭较为富裕,从小跟爷爷奶奶生活在一起。家长对她极为溺爱,对其所提要求全部无条件满足。步入大学后,她无法和寝室同学搞好关系。同寝室同学说,朱某从不打扫寝室卫生,也不打热水,同学们有时候分享家乡的特产和零食,朱某也从不分享。买来好吃的也是自己躲在床上偷偷地吃。而且对寝室同学经常指手画脚,要求她们帮自己干这干那。目前已经没有同学愿意搭理朱某了。

自私心理是由不正当的价值观念而引起的一种不良心理品质。大学生人际交往中的自私心理主要表现为:很少关心别人,唯我独尊,自尊心过强,且具有明显嫉妒心。自私不仅损害了社会的利益和他人的利益,而且最终也使自私者本人遭受报应和惩罚。因此,为了社会、集体和他人的利益,为了更好地协调人与人之间的关系,大学生必须坚决克服这种消极的心理品质。大学生要学会与他人平等地相处,虚心接受别人正确的意见和建议,把别人作为一面镜子来反射自己,从别人的评价中认识自己,同时抛开偏见接纳别人,才能逐步摆脱自私心理的束缚。

自私心理调适方法:

(1)学会接受批评。以自我为中心的致命弱点是不愿意改变自己的态度或接受别人的观点,但接受批评并不是让自己完全服从于他人,而是要求我们能够接受别人的正确观点,通过接受别人的批评,弥补不足,改变自己唯我独尊的形象。

(2)与人平等相处。以自我为中心的人视自己为上帝,无论在观念上还是行动上都要求别人服从自己。平等相处就是要求以自我为中心的人以一个普通社会成员的身份与别人平等交往。

(3)提高自我认识。正确认识自我、客观地评价自己的能力是成功交往的基础,要全面地认识自我,既要看到自己的优点和长处,又要看到自己的缺点和不足。每个人生活在世上都有他人所不及的地方,同时又有不如他人的地方,与人比较不能总拿自己的长处去比别人的不足,把别人看得一无是处。

(4)加强自我修养。充分认识到自我中心意识的不现实性、不合理性和危害性,学会控制自我的欲望与言行。把自我利益的满足置身于合情合理、不损害他人利益的基础之上。做到把关心分点给他人,把公心留点给自己。

4.妒忌心理

案例 小张与小刘是大三的学生,在同一个宿舍生活。由于两个人是老乡,于是便成了形影不离的好朋友。小张性格活泼开朗,小刘性格内向,沉默寡言。小张和小刘分别参加了学校的挑战杯比赛,小张获得了不错的成绩,但是小刘却没有获得任何成绩。小刘得知这一情况后非常生气,而后妒火中烧,趁小张不在宿舍之机将其参赛作品撕成碎片,扔在小张的床上。小刘觉得自己生病了,前来咨询。

妒忌是对与自己有联系的且强过自己的人的一种不服、不悦、仇视,甚至带有某种破坏性的危险情感,是通过把自己与他人进行对比,而产生的一种消极心态。当看到与自己有某种联系的人取得了比自己优越的地位或成绩,便产生一种嫉恨心理;当对方面临或陷入灾难时,就隔岸观火、幸灾乐祸,甚至借助造谣、中伤、刁难、穿小鞋等手段贬低他人,安慰自己。

妒忌心理调适方法:

(1)要纠正自己认知的偏差。嫉妒者在别人成功时,总以为别人的成功是对自己的威胁,是对自己利益的侵占。实际上,别人的成功完全在于其自己的努力,别人有权获得这份荣誉。嫉妒者不应把别人的成功等同于自己的失败,而应学习别人的长处来克服自己的短处,而不是以己之短比人之长。

(2)学会欣赏别人的成功和优点。嫉妒者总是认为别人的成功和优点是对自己的威胁,是对自己利益的侵占。为了纠正这种认识上的偏差,要学会悦纳他人,学会赞美别人的成功和优点,在真诚的祝愿中学会"我好,你也好"的交往态度。

5.多疑心理

案例 周某,大一新生,来咨询室说了一件让自己很困惑的事情。前不久,周某将一本新买的书放在了寝室的床上,可是等中午回寝室的时候,书竟然不见了,四处寻找,却没有找到,这个时候刚好看到同寝室的A同学收拾好东西后匆匆地离开了,周某觉得肯定是A做贼心虚。于是,周某暗中观察了A好几天,总觉得肯定是A偷了自己的书,A同学也觉察到周某对他的怀疑。但是,过了几天,周某在自己的床和柜子之间发现了那本书,他知道自己误会了A。因为这个事,A已经对周某产生了不满,常常用讨厌的眼神看周某。周某不知道如何是好,前来咨询。

多疑也是大学生人际交往中较为常见的一个问题。多疑是一种完全由主观猜测产生的不信任心理,是一种负向的心理反应。通过分析可知,多疑心理产生的原因可能是:一是错误的认知方式和不合理的归因;二是自信和他信的缺乏;三是缺乏自我安全感;四是不恰当的心理防御。

多疑心理调适方法:

(1)保持理智的头脑。俗话说:"耳听为虚,眼见为实。"因此,冷静地观察和客观地分析问题是消除多疑心理的途径之一。

(2)及时进行沟通交流。多疑往往是由于彼此间缺乏交流,人为地设置心理屏障所造成的,也可能是误会或别人搬弄是非造成的。适当的沟通有助于相互了解、密切关系,即使两个人的关系比较紧张,也可以通过沟通消除对方的误解,对方也会增加对你的信任。

(3)宽以待人。多疑心重的人,大多是不大宽容的人,对别人的要求会有些苛刻。希望别人以自己理想的方式来行事。每个人都有自身的缺陷和局限性,"寸有所长,尺有所短"。宽以待人就是在心理上能尊重别人的处事原则,经常换位思考,多站在对方的角度考虑问题。

6. 孤独心理

案例 贺某,男,大一学生,家里经济条件较差,位于偏远山区。他的普通话不好,口音较重。口音问题使他在大一期间没有交到朋友,同学们也不愿意同其一起吃饭,甚至上课也都离他远远的。这一情况造成贺某深感孤独,无法适应大学的生活。

孤独是由于缺乏人际交往而产生的寂寞与失落感,是宁可独处也不与别人交往所产生的一种心理。孤独是一种主观心理感受,而不一定与外在行为表现相一致。根据社会心理学家分析,孤独产生的原因大致包括:缺乏社交技巧,不能在与人接触时体察别人并适度表现自己,过度自我爱好的立即满足,忽略别人的权益与需求,对人缺乏同情心和同理心,无法获得别人的感情回应,自责过重,与人交往时患得患失,因恐惧失败心理的影响而导致对社会生活的退缩与逃避,个性悲观,对人无信心,与人交往不能坦诚相对,不能表露自己的特点,因而无从获得对方的欣赏与尊重。孤独的人一般缺乏人际关系,或者说不能建立亲密的人际关系。

孤独心理调适方法:

(1)改变认知,正确看待人际交往。认识到社交孤独对个人成长及身心健康的危害,充分认识到自己是集体的一员,不能脱离集体而成长,要把个人融入集体中。

(2)要学会沟通,掌握社交技巧。要学习社交的方法,尽量扩大自己的社会接触面,有意识地、主动地去参加必要的社会活动。如果你能够不断地鼓励自己主动与他人建立社交关系,你会渐渐觉得大部分的人都是友善的。当你真正感到与同学及他人心理相融,为他人所理解和接受,就容易走出狭小的自我小天地,走出封闭的孤独误区。

4.2.2 心理小测验

人际关系自我诊断问卷

1. 在人际关系中,我的信条是( )。

   A. 大多数人是友善的,可与之为友的

   B. 人群中有一半是狡诈的,一半是良善的,我将选择良善者而交

   C. 大多数人是狡诈虚伪的,不可与之交友的

2. 最近我新交了几个朋友,这是( )。

   A. 因为我需要他们

   B. 因为他们喜欢我

   C. 因为我发现他们很有意思,令人感兴趣

3. 外出旅游时,我总是( )。

   A. 很容易交上新朋友

   B. 喜欢一个人独处

   C. 想交朋友,但又感到很困难

4. 我已经约好要去看望一位朋友,但因为太累而失约了,在这种情况下,我感到( )。

   A. 这是无所谓的,对方肯定会谅解我

   B. 有些不安,但又总是在自我安慰

   C. 很想了解对方是否对自己有不满意的情绪

5. 我结交朋友的时间通常是( )。

   A. 数年之久

   B. 不一定,合得来的朋友能长久相处

   C. 时间不长,经常更换

6. 一位朋友告诉我一件极有趣的个人私事,我会( )。

   A. 尽量为其保密,不对任何人讲

   B. 根本没有考虑过要继续扩大宣传此事

   C. 当朋友刚一离去随即与他人议论此事

7. 当我遇到困难时,我( )。

   A. 通常是靠朋友解决的

   B. 要找自己可信赖的朋友商量办法

   C. 不到万不得已时,绝不求人

8. 当朋友遇到困难时,我觉得( )。

   A. 他们大都喜欢来找我帮忙

B. 只有那些与我关系密切的朋友才来找我商量

C. 一般都不愿意来麻烦我

9. 我交朋友的一般途径是（　　）

A. 经过熟人的介绍

B. 在各种社交场所

C. 必须经过相当长的时间,并且还相当困难

10. 我认为选择朋友的最重要的品质是（　　）。

A. 具有能吸引我的才华

B. 可以信赖

C. 对方对我感兴趣

11. 我给人们的印象是（　　）。

A. 经常会引人发笑

B. 经常启发人们去思考

C. 和我相处时别人会感到舒服

12. 在晚会上,如果有人提议让我表演时,我会（　　）

A. 婉言谢绝

B. 欣然接受

C. 直截了当拒绝

13. 对于朋友的优点缺点,我一般会（　　）。

A. 诚心诚意地当面赞扬他的优点

B. 诚实地对他提出批评意见

C. 既不奉承,也不批评

14. 我所交的朋友（　　）。

A. 只能是那些与我的利益密切相关的人

B. 通常能和任何人相处

C. 有时愿与同自己相投的人和睦相处

15. 如果朋友和我开玩笑(恶作剧),我总是（　　）。

A. 和大家一起笑

B. 很生气并有所表示

C. 有时高兴,有时生气,依自己当时的情绪和情况而定

16. 当别人依赖我的时候,我是这样想的（　　）。

A. 我不在乎,但我自己却喜欢独立于朋友之中

B. 这很好,我喜欢别人依赖于我

C. 要小心点！我愿意对一些事物的稳妥可靠持冷静、清醒的态度

计分方法:参照表4.5,对照你每一题的选项,计算出你的总分。

表 4.5　心理小测验评分标准

题号	A	B	C
1	3	2	1
2	1	2	3
3	3	2	1
4	1	3	2
5	3	2	1
6	2	3	1
7	1	2	3
8	3	2	1
9	2	3	1
10	3	2	1
11	2	1	3
12	2	3	1
13	3	1	2
14	1	3	2
15	3	1	2
16	2	3	1

根据你所选定的答案,找出相应的分数,将16个题的得分数累加起来。这个总分数值大致可以评定你的人际关系是否融洽。

如果你的总分在38~48分之间,说明你的人际关系是很融洽的,在广泛的交往中你是很受大家欢迎的。

如果你的总分在28~37分之间,说明你的人际关系并不稳定,有相当数量的人不喜欢你,如果你想得到别人的欢迎,还得付出很大的努力。

如果你的得分在16~27分之间,说明你的人际关系是不融洽的,你的交往圈子确实太小了,很有必要扩大你的交往范围。

4.2.3　心理学解析

1. 人际交往的相关理论

人际交往的形成过程是动态的、变化的过程,交往双方经历了从无关到有关、从无关紧要到关系密切等一系列不同程度的相互关联状态。心理学家勒温格、阿特曼等人,对人际交往的过程提出了不同的理论。

(1) 勒温格的人际关系理论

勒温格认为,人际关系的发展有三个阶段:第一是单向注意阶段,即没有走进彼此的私我领域,双方之间没有任何互动;第二阶段是表面接触阶段,双方有初步的、浅层的互动,但是之间还没有相互卷入,即没有走进彼此的自我领域;第三阶段是相互卷入阶段,双方向对方开放自我,共同分享信息和情感,这是友谊发展的阶段。

(2) 阿特曼的社会渗透理论

阿特曼等人认为,人际交往主要有两个维度:一是交往的广度,即交往或交换的范围;二是交往的深度,即交往的亲密水平。阿特曼认为关系发展的过程,是由较窄范围内的表层交往向较广范围的密切交往发展。人们会根据交换的成本和回报来决定是否增加对关系的投入。

阿特曼等人认为,良好的人际关系的发展,一般会经过以下四个阶段:定向阶段、情感探索阶段、情感交流阶段、稳定交往阶段。

① 定向阶段

在人际交往的过程中,人们对交往的对象具有很高的选择性。进入一个交往场合时,人们会选择性地注意某些人而忽略另外一些人。对于注意到的人,人们会进行初步的沟通,谈谈无关紧要的话题,这些活动就是定向阶段的任务。

② 情感探索阶段

如果在定向阶段双方产生了继续交往的兴趣,那么就可能进行下一步的自我表露。这时双方有一定程度的情感卷入,但是还不会涉及私密性的领域。双方的交往还会受到角色规范、社会礼仪等方面的制约。

③ 情感交流阶段

如果在情感探索阶段双方建立了基本的信任感,就可能发展到情感交流的阶段,会产生比较深的情感卷入,谈论一些相对私人性的问题。这时,双方的关系已经超越了正式规范的限制,比较自由和放松,如果有不同意见也能够坦率相告,没有多少拘束。

④ 稳定交往阶段

情感交流如果能够在一段时间内顺利进行,人们就有可能进入更加密切的阶段,成为亲密朋友。一般来说,能够达到这种境界的人际关系相当少。

(3) 人际关系的退化原因

有相关学者对人际关系退化提出了一些理论,再综合各方面的研究成果,人际关系退化的原因可总结为以下十点:

① 空间上的分离;

② 新朋友代替了老朋友;

③ 逐渐不喜欢对方行为上或人格上的某些特点;

④ 交换回报水平的变化,即一方没有按照另一方所期望的水平给予回报;

⑤ 妒忌或批评;

⑥对与第三方的关系不能容忍;
⑦泄密,即将两人之间的秘密透露给其他的人;
⑧对方需要时不主动帮忙;
⑨没表现出信任、积极肯定、情感支持等行为;
⑩"喜好标准"发生了改变。

2. 人际交往中常见的心理学效应

在现代社会,一个人的成功需要良好的人际关系来支持,心理学把人际关系紧张看作社会适应不良的一个重要指标,人际交往障碍给人们的工作、学习和生活带来不少的烦恼。人际交往中常见的心理学效应主要有以下几个方面:

(1) 首因效应

首因效应也称为第一印象效应,是指最先映入认知者视野中的信息在形成印象时占有优势。第一印象一旦建立,就会对其后的信息理解、信息组织有较强的定向作用。在初次交往中,交往的双方会根据对方的年龄、体态、姿势、谈吐、面部表情、衣着打扮等,形成第一印象。在双方今后的交往中,第一印象常常会先入为主,从而忽视、否定出现的新信息,这对他们交往的正常开展产生较大的影响。

(2) 近因效应

近因效应是指最近的信息对人的认识具有强烈的影响,即最后留下的印象比较深刻。在双方交往的过程中,最近一段时间的接触,可能对对方形成了一个较为稳定的印象,但是随着双方交往的深入,最近发生的事情也会给双方带来一定的影响,让已经形成的印象发生改变。近因效应和首因效应是一个问题的两个方面。一般来说,在对陌生人的认知过程中,首因效应比较明显,然而在对熟人的认知中,近因效应所起的作用更为明显。

(3) 光环效应

光环效应也称为晕轮效应,是指个体对某人的品质一旦形成某种倾向性的印象(好或坏、喜欢或不喜欢),就会用它作为标准来评价对方的其他品质。个体对其他人最初形成的倾向性印象就像光环一样套在上面,让这个人的其他品质也因光环的影响而反射出类似的色彩。例如,如果对某人的印象不好,就会觉得此人一无是处;反之,如果对某人印象好时,就会觉得他一好百好,以点概面、以偏概全。这种从已知推未知、由片面看全面的认知方式,往往会歪曲一个人的形象,导致人际交往发生障碍。

(4) 刻板印象

刻板印象是指人们会根据自己的经验形成对某类人较为固定的看法,并把自己对该类群体的习惯性认知波及交往对象的身上,例如,人们通常认为北方人热情豪爽、南方人精明仔细、男生坚强刚毅、女生温柔内向等,虽然在陌生的情境中,刻板印象会具有积极的认知作用。但是,某些时候它也会让人对交往的对象产生偏见、成见,从而影响人际交往的顺利进行。

(5) 自我投射

自我投射是指以己度人,把自己的感受和希望强加于人,认为他人也如自己所想所希望的一样。当然,由于不同个体在习惯、性格、爱好等方面存在着很大的差异,个体之间的感受和希望也千差万别,因此自我投射的结果往往造成对他人的情感、意向做出错误评价,歪曲了他人意图,这显然会对人际交往产生一定的障碍。

4.2.4 心理学小知识

人际交往的十大黄金法则

1. 尊重他人。
2. 倾听并恰当地给予反馈。
3. 不吝啬自己肯定和赞扬的话语,学会真诚地赞美别人。
4. 学会宽容和谅解。
5. 适当地替他人着想,切忌自我中心、损人利己。
6. 遵守所在群体的基本规则。
7. 关心帮助他人,富有同情心和正义感。
8. 保持独立自主与谦虚的品质。
9. 保持微笑。
10. 保持积极乐观的心态。

4.2.5 提升人际技能的策略与方法

人际交往是一门艺术,其中包含许多技巧,要建立良好的人际交往关系,就要了解和掌握一些基本的技巧。

1. 交往中要善于倾听

在人际交往中,善于倾听别人的话语,既反映出一个人的礼仪修养,也是一种高超的交际艺术。倾听别人的话是表示尊重他,相信他所说的话是有价值的,是值得注意的。认真地倾听可以让他人感到被尊重、被欣赏,也可以解除他人的压力,帮助他人整理思绪,还可以真实地了解他人,增加沟通的效力,在无形中加深彼此的感情,增进彼此的关系。

2. 交往中要学会赞美别人

赞美是世间最美丽的语言,是人际交往最佳的润滑剂。世间最经济的礼物就是赞美。适度给人赞美,可以影响别人的一生。赞美可以让羞涩的学生成为受人尊敬的老师,可以让一个不会跳舞的孩子成为舞坛的皇后,也可以让同学之间互相鼓励,一起进步。赞美的力量,鼓励的火花,能让人的生命有奇迹般的改变,能让人际关系充满和谐。

3. 交往中要尊重别人

尊重，是人际交往的前提条件。每个人都有自尊心，都有自己的思想和主见，我们要允许他人表达思想，表现自己。当别人和自己的意见不同时，不要把自己的意见强加给对方；当你和与自己性格不同的人交往时，也应尊重对方的人格。

4. 交往中要学会换位思考

换位思考，顾名思义就是换个立场来思考问题。现实生活中，大部分人总是希望得到别人的尊重、支持和理解，而自己呢，却很少想到或者真正做到全面去理解别人。恋人之间、朋友之间、同学之间、人与人之间都需要换位思考。当观点不一致时，应想办法心平气和地向对方讲明你的想法，增进相互理解，使彼此间的感情融洽。切记不可粗鲁、顶撞，那样会伤害朋友的自尊心。凡事多从他人利益的角度着想，自己有错时应主动承认，对同学的缺点也要给予宽容。

5. 交往中要关心他人

适时关心他人，也是增进感情的好方法。如果你的朋友情感上受到伤害，那么就在心理上安慰他；如果是生病住院了，不仅需要你无微不至的照顾，还需要你说几句祝福的话，给病人打气，让他有战胜病魔的信心；如果他在学业上或工作上遇到了挫折，你可以伸出援助之手，帮助他渡过难关，或者在精神上为他加油，帮助他重拾信心，战胜困难。

4.2.6 自助练习

如何处理好寝室同学之间的关系

根据某高校新生入学教育的相关调查，学生在大学里接触最多的就是身边的同学，而身边同学中，同寝室同学的接触是最多的。因此，如何处理好同寝室同学之间的关系，是提升大学生活和学习幸福指数的一个重要的指标。

(1) 要正视这一问题，多总结自己身上存在的问题及其对寝室人际关系造成的影响。

(2) 争取多沟通、多交流。不要害怕产生误解而避免交流和沟通，应主动与大家沟通，多参与大家的讨论与活动。

(3) 心胸宽广，对别人多加理解和包容。多欣赏别人的优点，对他人的缺点应多加理解和包容。

(4) 真诚地对待他人，人们无意识地遵守"人际关系互惠"原则，坦露真诚的态度，会得到相应的回报。

(5) 发自内心地赞美他人。赞美的话语会给被赞扬者带来快乐，也会传染给周围的人。

如何制定寝室的作息制度

一个寝室的同学来自四面八方,生活习惯各异,由此引发的矛盾也是不少,制定一个统一的作息时间才能减少矛盾。

(1)寝室全体成员应尽量统一起居时间,减小作息差距。

(2)如果同寝室的人喜欢彻夜长谈,影响别人的休息,而通过沟通难以解决。那么可以相应地调整自己的计划,如可以推迟上床时间,或听听英语等。

(3)给别人提意见,要注意方式方法,不要过于生硬,以免让对方难以接受。

(4)如果有人违反了作息制度,可以安排他打扫寝室卫生作为惩罚。

如何拒绝别人

拒绝是一门学问,有些时候,我们本想拒绝,但碍于一时的情面就点了头,给自己留下长久的不快。不敢和不善于拒绝别人的人,实际往往得戴着"假面具"生活,活得很累,而又丢失了自我,事后常常后悔不迭,但又因为难于摆脱这种"无力拒绝症",而自责、自卑。其实,学会拒绝的艺术并不困难,下面这些方法是常用的:

(1)谢绝法:对不起,谢谢,这样做可能不合适。

(2)婉拒法:哦,是这样,可是我还没有想好,考虑一下再说吧。

(3)不卑不亢法:哦,我明白了,可是你最好找对这件事更感兴趣的人吧,好吗?

(4)幽默法:啊!对不起,今天我还有事,只好当逃兵了。

(5)无言法:运用摆手、摇头、耸肩、皱眉、转身等身体语言和否定的表情来表示自己拒绝的态度。

(6)缓冲法:哦,我再和朋友商量一下,你也再想想,过几天再决定好吗?

(7)回避法:今天咱们先不谈这个,还是说说你关心的另一件事吧……

(8)严词拒绝法:这可不行,我已经想好了,你不用再费口舌了!

(9)补偿法:真对不起,这件事我实在爱莫能助了,不过,我可帮你做另一件事情!

(10)借力法:你问问他,他可以作证,我从来干不了这种事!

4.2.7 推荐读物

1. 马丁·塞利格曼. 持续的幸福[M]. 赵显鲲,译. 杭州:浙江人民出版社,2012.

2. 泰勒·本一沙哈尔. 幸福的方法:哈佛大学最受欢迎的幸福课[M]. 汪冰,刘俊杰,译. 北京:中信出版社,2013.

3. 罗洛·梅. 人的自我寻求[M]. 郭本禹,方红,译. 北京:中国人民大学出版社,2013.

4.3 朋辈交往团体：自我探索（二）

4.3.1 团体设计理念

1. 团体理论

通过有趣的团体活动,增进学生们之间的关系,促进彼此之间的交流;使学生更好地了解自己,发现自己的优点和缺点,促进其自我成长;探索学生价值观,让学生懂得什么是自己的最爱,教学生学会选择、学会放弃、学会珍惜。让学生感受到生活中友谊的可贵与美好,让学生审视自己在交往方面的能力,赢得更多的朋友。

2. 主题构思

本次活动主题为了解真实的自我,学会取舍。活动中融入温馨的音乐,让学生在温暖的环境中,感受自己深层次的需求;通过讨论分享自己的真实想法,从而在团体游戏中收获成长,感悟人生。

3. 团体目标

本次活动通过在自己的生命中最重要的五样东西中进行取舍,从而认识自我、探讨自我、成长自我,最后感悟自我。在这一过程中学生们学会了取舍,更进一步地促进了自己的成长和精神的升华,从而达到良好的内部能力及潜能的开发。

4.3.2 团体流程

团体流程见表4.6。

表4.6 团体流程表

次序	目标	活动内容	所需时间
1	暖身,引导小组内成员积极地融入团体,主动地放松戒备心,调动起情绪,为后边的正式活动做好准备	热身活动:大吹风 备选热身活动:友情健身操	约10分钟
2	完成大团体互动主题活动,增进学生对自己的了解,促进学生健康成长	主题活动:生命之重 备选主题活动:我的友谊之花	10~20分钟
3	促进小组成员之间的交流,增强团队的凝聚力,促进同学之间的友谊	组内分享	20~30分钟
4	促进成员领悟,增进学生对自己的了解,实现对自我认识的升华	总结	约5分钟

4.3.3 团体实施

团体实施方案见表4.7。

表4.7 团体实施方案

目的	活动内容
暖身,引导小组内成员积极地融入团体,主动地放松戒备心,调动起情绪,为后边的正式活动做好准备 时间:10分钟 材料准备:合适场地	1. 热身活动:大吹风 　　**指导语**:现在,所有人围成一圈,每个人站定或坐定一个位子,当我说"大风吹"的时候,你们说"吹什么",我会随机说出你们身上有的某一个物品或特征,比如我说"戴帽子的人",然后拥有这些特征的人换位置,而没有这些特征的人原地不动。在换位置的过程中,我会加入一个位置。所以最后没有位置的同学需要表演一个节目,表演完成之后,由这位同学担任下一轮的主持人。 　　**注意事项**:主持人在寻找学生特征的时候尽量要找具有明显特征的,同时具有该特征的人员尽量多一些,不要重复统一特征。让大家都能够参与进来,同时提醒学生在换座位的过程中注意安全。
探索学生价值观,让学生懂得什么是自己的最爱,教学生学会选择,学会放弃,学会珍惜 时间:20分钟 材料准备:每人准备一张白纸、笔。	2. 主题活动:生命之重 　　**指导语**:本活动分为三个部分,请大家跟着我的要求认真做好以下活动。本活动共分为三个部分,下面进行第一部分:写出我的最重要的五样东西。请各位同学在白纸上端中间部分郑重地写下你的名字,比如:"×××的最重要五样东西"。这个名字代表着你的家人、你的身体、你的记忆、你的爱好和你的希望等,它代表着你的一切。在纸上写下你生命中最重要的五样东西。这五样东西可以是人也可以是物品,如父母、朋友、同学、房子、椅子等;还可以是精神等方面的,如爱好、学习、健康、快乐、友情、金钱、名誉等。总之,一定是你内心最珍贵的五样东西。写好之后,认真地审视一下这五样东西,仔仔细细地看上一分钟——他(她、它)们是你一生中最重要的五样东西。 　　下面进行第二部分:舍弃。第一步:这部分是严峻和凄冷的,请大家做好准备。我们知道,人生是曲折的,有很多意外潜伏在那里,好像凶恶的强盗,要你留下"买路钱"一样。你的人生出了些意外,你要付出代价和牺牲,你可以悲伤和愤慨,但最重要的是你还要继续向前。现在,你生命中最宝贵的五样东西保不住了,你要舍去一样,你必须这样做才能继续你的人生,这是上天的安排,是我们每个人都不可避免地要遇到的,这就是人生。请你拿起笔,在你的人生五样中去掉一个!你要用黑墨水将这样东西缓缓地但是毫不留情地涂掉,直到它在洁白

表 4.7(续1)

目的	活动内容
	的纸上成为一个墨斑或黑洞,再也无法辨识。第二步:好了,经历了失去的痛楚,你的纸上剩下了四样宝贵的东西,还有一个黑洞。请从失去的痛苦中脱离出来,你还要前行。生活又发生了重大变故,来得更凶猛急迫,残酷的命运又在向你发起挑战,你别无选择。你保不住你的四样东西了,你必须在剩下的四样东西中再划掉一样,请用笔把它涂黑,将它义无反顾地从你的视野中除掉。第三步:你现在仅剩下三样最宝贵的东西了。没错,生命进程中你又遇到了险恶挑战,你又要放弃一样宝贵的东西了。不管怎么样,请坚持下去,你有权不再放弃任何东西,但命运和生活更有权让你放弃你的最爱。第四步:现在,你的人生中最重要和珍贵的东西就剩下两样了,你内心在哭泣吗?但请你千万要挺住并坚持下去,希望你咬牙坚持把游戏进行到底,还要从仅剩的两个挚爱中再涂掉一个!现在,你的纸上只剩下一样东西了,这就是你最宝贵的东西,你涂掉的四样同样是你宝贵的东西,只是被涂掉的顺序就是你心目中划分的主次。好好记住这个顺序吧,这就是你的人生优先的排序,如果在生活中遇到无所适从的时候,它会告诉你,什么是你的最爱,什么是你最为重要的东西,什么是你恋恋不舍的东西。 请原谅,让你在大舍弃、大悲伤、大痛苦中完成了这个游戏。现在请你闭住双眼,再回顾一下刚刚过去的不堪回首的人生磨难和一次次撕心裂肺的抉择。 第三部分:分享。你究竟剩下哪一样东西才是正确的呢?心灵游戏都是没有答案的。你按照你的思维逻辑和价值观,做出了你的取舍,没有对错,只有真实与虚伪、清晰与混乱、和谐与纷杂的区别。你可以分享自己最后留下的是哪样,也可以分享自己写下的五样是什么,还可以分享自己舍弃的是什么,也可分享整个游戏的感受。
暖身,让学生互动起来,相互适应 时间:10 分钟 材料准备:分成 2 个小组	注意事项:引导学生取舍的过程要留下足够的时间,让学生做好思考。提醒学生分享自己的取舍按照自愿的原则,不可以强迫学生分享自己的取舍。如果条件允许,可以在活动的时候准备一些舒缓的音乐作为背景,烘托一下气氛。 3. 备选热身活动:友情健身操 请同学们围成一个圈,跟着我一起喊节拍"1、12、123、1234"。喊节拍的同时,分别对自己左侧的同学和右侧的同学做出微笑、握手、拥抱、帮对方捶肩等动作。此外,我的节拍可能会加快速度,你们的动作也要加快速度。大家要在我所喊的节拍结束的同时,顺利完成所有动

表4.7(续2)

目的	活动内容
	作。下面,大家做好准备,开始。"1、12、123、1234……" 　　注意事项:喊节拍的过程要先慢后快,掌握好节奏。要调动起大家的积极性,让大家都能够参与进来。
让学生通过游戏,让学生感受到生活中友谊的可贵与美好;让学生审视自己在交往方面的能力,了解自己的交往状况;使学生学会主动交往,赢得更多的朋友。 时间:20分钟 材料准备:1.每人准备一张友谊之花卡片和水彩笔;2.将全班同学分成2个小组,每个小组推选出一个组长;3.提前教大家唱《马兰花开》的歌谣。	4.备选主题活动:我的友谊之花 　　指导语:本活动共分为三部分。第一部分:互动部分。请2个小组的同学各自一字排开,两组平行保持2米左右的距离。站好之后请同学们一起唱马兰花的歌谣,老师择机喊"马兰花,请你把花儿开,开3朵(数字是随机的)"。各组成员迅速手拉手结成3人圈,当老师喊停时,记下各小组未完成组队的人数,这个人数乘以10,该组组长将做这个数目的俯卧撑。然后同学们继续唱《马兰开花》的歌谣,老师择机喊"马兰花,请你把花儿开,开5朵(数字是随机的)"。各组成员迅速手拉手结成5人圈,当老师喊停时,记下各组未完成组队的人数,将人数乘以20,惩罚该组组长做这个数目的俯卧撑。然后同学们继续唱《马兰花开》的歌谣,老师择机喊"马兰花,请你把花儿开,开6朵(数字是随机的)"。各组成员迅速手拉手结成6人圈,当老师喊停时,记下各组未完成组队的人数,将人数乘以30,惩罚该组组长做这个数目的俯卧撑; 以上活动完成后,请各组的组员们将组长围在中间,每个人都拥抱组长一次,并说出自己对他的感谢! 　　第二部分:涂色部分。请同学们将友谊之花卡片和水彩笔拿出来,每个人对应自己所具有的特质,分别在10个花瓣上涂上好看的颜色,如图4.1所示。友谊之花共有10个花瓣,每个花瓣代表你的一个特质。花瓣1是主动开放的花瓣;花瓣2是礼貌的花瓣;花瓣3是不挖苦人的花瓣;花瓣4是勇于认错的花瓣;花瓣5是留意自己的言行的花瓣;花瓣6是严守秘密的花瓣;花瓣7是尊重别人的花瓣;花瓣8是坦诚的花瓣;花瓣9是善于合作的花瓣;花瓣10是不要以自我为中心的花瓣。如果你觉得没有相应的特质,请不要给相应的花瓣上色。上完色之后,请同学们坐好。 　　第三部分:活动分享。请同学们分享一下在游戏中的心情和感受。谈谈花瓣中为什么有没有画上颜色的花瓣。 　　注意事项:引导学生对别人的友谊,特别是对组长的付出表示感谢。

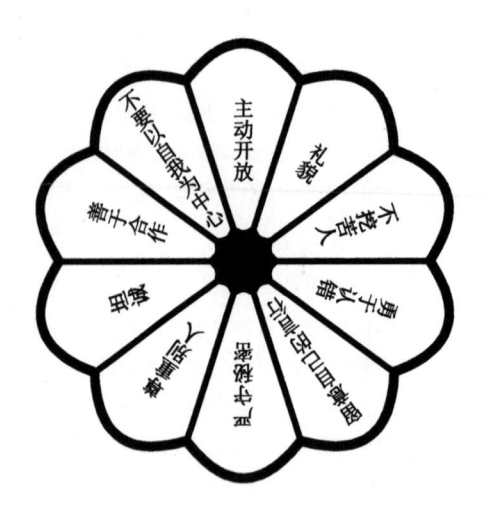

图 4.1　友谊之花卡片

第 5 章 认知行为疗法

5.1 理论知识介绍

5.1.1 认知行为疗法概述

1. 认知行为疗法发展历史

20 世纪 70 年代,行为主义疗法快速发展至成熟,很多新技术在临床中充分应用并取得了令人满意的效果,获得了人们的普遍认可。行为疗法代表人物之一、加拿大心理学家班杜拉就在将认知因素加入行为疗法的进程中起到了重要作用。就这样,认知因素慢慢开始渗透到行为疗法之中,并由梅钦鲍姆(Meichenbaum,1975)首先进行了整合尝试。认知疗法与行为治疗的整合,便是我们今天所称的"认知行为疗法"(cognitive - behavior therapy,CBT)。在阿尔伯特·艾利斯(Albert Ellis)和阿伦·贝克(Aaron Beck)的贡献下,认知行为疗法得到了迅速的发展。

艾利斯原是一位精神分析师,后转而对影响情绪和行为的认知产生了浓厚的兴趣。他创立了理性情绪行为疗法,提出了著名的 ABC 理论,以其丰富高效的临床实践而被公认为认知行为治疗的创建者之一。贝克最初也从事精神分析工作,针对抑郁症患者开始梦的分析。后期的贝克渐渐从精神分析转向了认知疗法,最终创立了以自动化思维、图式为核心的认知行为疗法。

20 世纪中期,西方心理学界、医学界与东方思维渐渐发生了交融与碰撞,慢慢引入了"身心一体"的哲学概念。其中佛教的深刻内涵令西方学者们看到了佛教与心理学的相通之处,而佛教的禅修思想在传入西方之初就引起了西方学者的广泛兴趣。在这样的背景下,乔·卡巴金(Jon Kabat - Zinn)博士创立了正念减压疗法,引领了认知行为疗法的第三浪潮。

2. 认知行为疗法典型特点

(1)认知主义内核

认知行为疗法认为,认知过程是情绪与行为的中介,不适应的行为和不良的情绪都可以从认知中找到原因。

(2) 系统间相互作用

认知行为疗法一般认为个体内有三个系统：认知、情绪与情感、行为，这三个系统也常被称为认知三角形。认知行为疗法认为上述三个系统间有重要的相互作用，而且它们同时与我们的外部环境有着重要的相互作用。

(3) 积极友好的合作关系

从根本意义上讲，认知行为疗法的咨询师和来访者之间是一个完全的合作关系，也可以称为治疗联盟。在这样一个合作的关系中，咨询师与来访者都是积极的参与者，都拥有属于自己独有的专业资源。

(4) 目标导向、聚集问题

来访者求助的问题可能多种多样，但无论是什么样的问题，在运用认知行为疗法时都需要制定具体的目标，这个目标就是治疗的中心。目标的制定可以帮助来访者厘清问题解决的具体方向。

(5) 结构化

认知行为疗法是一种具备特定结构的疗法，这种结构要求规范、严谨又周密。无论处于咨询过程中的哪一个阶段，在每次会谈中都有遵循的结构，以最大化提升咨询效率、增强咨询效果。

(6) 立足当下

认知行为疗法与其他治疗方法的一个明显区别就是"立足当下"。重点关注来访者当下的问题是认知行为治疗的重要特征之一。

(7) 较短的治疗时间

相比较于其他疗法，认知行为疗法属于短程治疗。通常的短程疗法意味着咨询次数往往在6~20次之间，这对于很多来访者都比较有吸引力。

(8) 实证性

认知行为疗法的技术及理念依托于大量的研究基础之上，这些研究是心理学家们多年总结的规律。同时在咨询与治疗过程中，咨询师也往往鼓励来访者采用实证法解决自身问题。

(9) 教育作用

认知行为疗法咨询过程中的应用技术与认知模型都是可以复现的。这就使得该疗法本身可以被来访者掌握，并在未来的生活当中重复使用以解决类似的问题。尤其是当来访者通过咨询与治疗改善了不良的底层逻辑后，会在未来的生活当中大受裨益。

5.1.2 贝克认知疗法

1. 代表人物——阿伦·贝克

阿伦·贝克被公认为认知行为疗法的创立者之一，尤其是在抑郁症领域早早地打出了名声。1967年他就出版了讲授抑郁症的教科书，1979年和学生们合著的《抑郁症的认知疗法》更被称为讨论抑郁症的里程碑式著作。贝克的研究成果获得了精神医学界和心理学界的一致认可,他从1983年起就担任费城宾州大学的"大学教授"(宾州大学共有十四位"大学教授"),曾获美国精神病理学协会保罗·霍克奖、美国自杀学协会路易·都柏林奖、美国精神医学协会精神医学研究基金会奖、美国心理学协会心理学应用杰出科学奖。1982年,由于杰出的贡献,其获得了布朗大学的荣誉医学博士学位,五年后当选皇家精神医学学院院士。

2. 疗法基本原理

贝克认知疗法认为,认知是情绪、情感和行为的中介。认知歪曲是引起情绪障碍和痛苦的核心,识别并改变这些认知歪曲,就会改善来访者的不良情绪。

贝克提出了情绪障碍认知模型。该模型包含两个层次——浅层的负性自动化思维和深层的信念或图式。

在该理论中,人们的早期经验形成的信念,决定着人们的思考方式、对事物的评价,支配着人们的行为准则。当人们触发某些严峻的生活事件便会将这些信念激活,进而产生大量的负性自动化思维,即在信念支配下产生的思维开始出现在了意识层面。这些负性自动化思维则进一步使我们的情绪及行为发生相应的不良反应。这些负性的认知、情绪和行为之间会产生恶性循环,同时它们也会反向影响到我们的信念。这就是贝克为我们描述的认知模型,如图5.1所示。

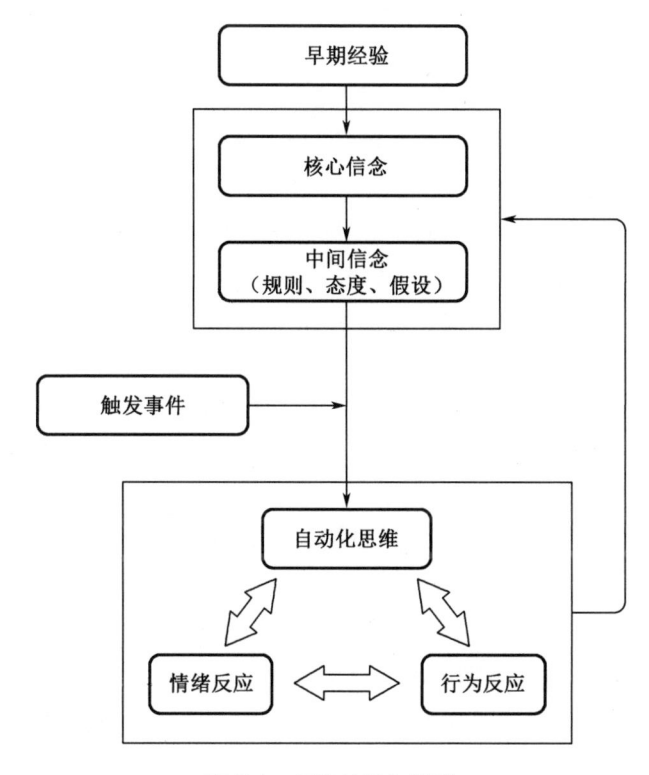

图5.1 贝克的认知模型

3. 疗法基本技术

贝克认为，修改功能失调思维是改变功能不良的情绪与行为最简单直接的方式。咨询师会与来访者一同交流如何确认这些歪曲的认知。贝克提出了几种具体的认知疗法技术。

(1) 识别自动化思维

负性的自动化思维已经成为情绪障碍来访者思维习惯的一部分，而且多数来访者无法意识到自己的不良情绪是由这些负性自动化思维引起的。因此咨询师的首要任务是帮助来访者发掘辨别自己的自动化思维过程。

下面是通过提问技术来帮助来访者识别自动化思维的示例。

咨：这次期末成绩出来后有什么感觉？

访：当时感觉特别难受。

咨：你能告诉我你为什么难受吗？

访：我不知道，我那一整天什么都没做。

咨：你感到难受是因为你想到了什么呢？

访：我的天啊，我感觉我不行。

咨：你不行？

访：对，我感觉我学习不行啊，明明我比大家都努力，可还是考得特别差，我特别笨，怎么学都学不会，越学越难受。

在这个例子中，咨询师引出了这条潜在的自动化思维，"学习不行，特别笨，怎么都学不会"。正是这条自动化思维引发了他的"难受"这个不良情绪。

(2) 识别认知性错误

认知性错误指来访者常常在概念、逻辑上犯的思维错误。认知性错误相较于自动化思维难以觉察。咨询师可帮助来访者记录整理自动化思维，包括情境和问题，帮助来访者归纳总结出一般规律，逐渐深入挖掘问题的本质。

(3) 真实性验证

来访者之所以会陷入情绪痛苦，是因为自动化思维很少会有深思熟虑的过程，极易把歪曲了的认知误认为现实。所以咨询过程可以将自动化思维与错误观念视为一种假设，鼓励来访者在严格设计的情境中对这一假设进行验证。帮助来访者认识到其负性自动化思维或观念的错误、不实际之处，使其可以自觉加以改变。这一部分是认知疗法的核心。

有一个小方法就是开展行为实验，举例如下：

访：我长得特别丑，没有人愿意和我交朋友的。

咨：你是什么时候有这种感觉的？

访：我从小到大都是这样啊，又黑又矮。

咨：所以没有人愿意和你交朋友？

访：是啊。

咨:能详细说一下吗?
访:就是我和他们说话,他们都不愿意搭理我,都不想和我聊天。
咨:他们是谁?
访:同学、社团、陌生人,都这样。
……
咨:好的,那我们先假设陌生人都不愿意接受你的聊天邀请。我们做个小实验,你尝试主动和社团里的陌生同学去沟通一下,然后把沟通的情况做个记录,我们看一看同学对你真实的态度如何,好不好?
访:好的,我试试。

(4)去中心化

我们每个人都在自己的世界中成长。在这个由我们自己的大脑构建的世界中,我们是永恒唯一的主角,所以我们往往会把很多事情都和自己牵扯上关系。很多来访者都感觉自己是别人注意的中心,一言一行都受他人品评。中心化往往会引发不必要的痛苦、紧张、焦虑、愧疚等不良情绪。

去中心化可以通过行为实验的小技术去解决,让来访者做一些小小的改变,然后通过记录周围人的反应次数等解决问题。如下述例子。

咨:他们是谁?
访:就是身边的那些人啊,老师,同学们。
咨:你感觉大家都关注着你?
访:是的,我害怕我有一点做不好就会被嘲笑。
咨:所以你每天都特别的累是吗?
访:是的,我感觉自己有时喘不上来气,一刻也不敢放松。
咨:你的一举一动都被关注着是吗?
访:我觉得是的。
咨:我们不妨做个小实验,你做一些小改变,我们记录一下看看大家对你这个小改变的反应好吗?
访:嗯。

也可以通过来访者与周围人访谈的方式,帮助来访者了解其他人对其的真实看法,来解决来访者中心化问题。

(5)不良情绪水平的监控

多数来访者都会认为他们的抑郁或焦虑情绪会一直不变的,但实际上人的情绪会随着时间、环境,以及事件的开始、高峰、消退而随时发生变化。来访者能够认识到这样的规律,对他们控制自己的情绪会有帮助。所以鼓励来访者对自己的情绪进行自我监控,就可以使他们认识到自己情绪波动的特点,从而增强解决问题的信心。

情绪监控可采用更具体的情绪评分技术。如来访者对解决他的焦虑情绪有诉求,可对当前焦虑情绪打分,0分代表没有焦虑情绪,10分代表最严重的焦虑情绪。也可以将这样的情绪评分技术应用在家庭作业中,记录一周以来情绪波动较大时的情境、情绪、想法以及情绪评分等内容。

5.1.3 理性情绪行为疗法

1. 代表人物——阿尔伯特·艾利斯

自心理治疗出现后,各流派多如牛毛,但被公认的流派却屈指可数,真正意义上的大师更是凤毛麟角,其中就包括阿尔伯特·艾利斯,理性情绪行为疗法(rational emotive behavior therapy,REBT)创始人。

1913年9月27日,阿尔伯特·艾利斯出生于美国匹兹堡一个犹太人家庭,是三个孩子中的长子。他曾患有严重的社交恐惧症,他害怕看见新的同学、怕和领导谈话,尤其是女同学。为了克服这一问题,在大四返校之前,他给自己布置了一道神奇的家庭作业:每天都要去家附近的布朗克斯植物园,找陌生的女性聊天一分钟。一个月下来,他接近了130多名女性,其中30多名立即起身走开,余下的100名女性成了他的练习对象,最终他成功地摆脱了社交恐惧症。他认识到,他以前常常想象的那些可怕的事情并没有发生,相反的是他和大多数人都聊得特别愉快。

艾利斯一生奋斗,工作60余年,治愈了15 000余名饱受各种情绪困扰的人。还创立了阿尔伯特·艾利斯理性情绪行为疗法学院,以帮助更多的人。艾利斯一生出版70多部书籍,其中几部畅销书销售量达百万。

2. 核心概念与基本原理

理性情绪行为疗法由阿尔伯特·艾利斯于20世纪50年代提出。

该理论认为:人的不良情绪与行为不是由某一应激事件A(activating event)直接引起的,而个体对应激事件的不正确信念B(belief)引起了特定情绪与行为后果C(consequence)。

大学新生小王本来设计好了一个完美的大学生活,回想自己高中时在学校是多么的风光,因此想象自己在大学一定也能够轻轻松松名列前茅。谁知道一学期下来,小王的成绩在年级垫底,还挂了一门重要的课程。小王顿时感觉到了绝望:"我的大学生活完了。"

小王对自己挂科这件事A的看法和信念B是"已经挂科了,不管怎么努力也没机会保研了,挂科也找不到好工作,我的大学生活完了"。这样的B带来的C一定会非常痛苦,也会让小王从此一蹶不振。但其实仔细想一想,挂了一科虽然不算个好的开始,可是大学生活还那么长,不能保研不代表就学不到本领,不代表找不到好工作,更不可能说明大学生活完了。如果小王将他这个想法B换成"看来我有些放松对自己的要求,接下来我要努力学习赶上来,学好本领一样考研",这样引发的C一定会不一样。

3. 不合理信念的特征

信念是一个人对事物基本的看法,决定着我们如何对某一事物进行评价,指导着我们的行动。艾利斯提出了不合理信念的11种特征,后来经过心理学家韦斯勒(Wessler)

归纳总结成了三个特征,以帮助我们更快更好地识别不合理信念。

(1)不合理信念特征之一——绝对化要求

绝对化的要求这一特征在不合理信念中最常见到。对事物的绝对化要求是人以自己的意愿为出发点,认定某一事物必定发生或必定不会发生的信念。这种不合理信念的特征常常与"必须""应该""一定"等词汇联系在一起。

(2)不合理信念特征之二——过分概括化

艾利斯曾这样描述过分概括化:用一本书的封面来判定一本书的好坏,这是完全不合逻辑的一件事。过分概括化的一个方面是对自己的不合理评价,即一旦面对一点点失败就认为自己一无是处。

(3)不合理信念特征之三——糟糕至极

现实世界中,确实有很多非常不好的事情可能发生,甚至很多事情还远远超出了人们的预料。虽然我们都不期望这些糟糕的事情发生,但如果真的无法避免,那事情发生之后仍然需要去面对。面对糟糕的事情,我们首先要做的就是接受现实。

4.疗法的基本技术

现在我们已经知道了理性情绪行为疗法的基本原理,想要帮助来访者解决情况困扰,就要帮助他们认识并改正自己的不合理信念。接下来我们介绍几种简便实用的改变认知的方法。

(1)与不合理信念辩论的技术

在理性情绪行为疗法中,咨询师们最常用的技术之一就是与不合理信念辩论。我们可以用提问的方式,从现实、逻辑、实用三个角度向不合理信念发起辩论。从现实的角度辩论:"你觉得考试挂科就再也找不到好工作,你的大学也完了。那有没有挂过科的同学找到了理想的工作呢?有没有挂过科的同学考上过研究生呢?"从逻辑的角度辩论:"你很喜欢那个女生,你全心全意对她好,所以她就必须也要全心全意地对你好吗?她可以选择喜欢你,是不是也可以选择不喜欢你呢?"从实用的角度辩论:"你觉得身边的每一个人都应该喜欢你,这种想法给你带来什么影响呢?"

(2)合理的情绪想象技术

一般情况下,我们在相应的场景中结合相应的认知会产生相应的情绪与行为。在咨询的过程中,我们可以利用想象在来访者的脑中凭空创造情境,结合认知同样可以对情绪与行为产生影响。我们可以看一下下面这个咨询的过程。

咨:所以你特别怕见到导师是吗?

访:是的,我一见到她就特别紧张,总感觉有一种压迫感,可又不知道为什么。

咨:我们可以做一个小小的练习,来还原一下那个场景。请闭上眼睛,想象一下你正在导师办公室里,和你的导师面对面而坐。可以想象出来吗?

访:好的,我试一下。

访:(几分钟后)还是紧张,但比当面又好一点。

咨:好,接下来继续进行这个想象,并尝试着在想象的情境当中放松自己。

访：好的。

访：（几分钟后）好像比刚才好点了。

咨：太好了，你是怎么做到的呢？

访：我就想，我是个学生，有不会不懂的地方好像也正常，但我一定会努力的，所以导师应该也不会太怪我吧。

咨：你做得非常好。

（3）积极的自我对话技术

此技术的重要核心就是积极思考与自我暗示。技术的目的是帮助来访者养成积极正向思考的习惯，学会去看到事物积极的一面。理性乐观的自我暗示技术在几千年前就已经存在了。我国古代像"穷则独善其身，达则兼济天下"这样正面乐观的描述数不胜数，千年来帮助无数人奔向自己的人生目标。

理性情绪行为疗法关于积极自我对话的方法和其他积极暗示不太一样，不是毫无根据的乐观。这种积极的自我对话建立在对不合理信念反驳的基础之上，然后帮助你获得有效解决问题的新观念，以此为基础重新建立新的积极的自我对话方式。

5.1.4　正念减压疗法

1. 代表人物——乔·卡巴金

纽约曼哈顿上城区，不但是美国的金融中心，也诞生了著名的正念之父——乔·卡巴金博士，麻省理工学院分子生物学博士、马萨诸塞大学医学院名誉教授、马萨诸塞大学"正念减压门诊"创始人、将佛教正念禅修思想融入西方主流心理学界与医学界的第一人。

1944年6月5日，乔·卡巴金出生在上城区一个犹太家庭里。1979年，在麻省理工学院医学院工作的卡巴金在森林深处禅修营修行，突然的一个念头改变了他，也改变了这个世界——将这种禅修方法推广给他的病人们。

乔·卡巴金博士于1979年在美国马萨诸塞大学医学中心的"减压门诊"创立了名为"减压与放松疗程"的疗法，后改名为"正念减压疗法"。1995年，减压门诊扩大为"正念中心"，每年都会召开年度学术研讨会。

迄今为止，世界上数以千万计的人们已经认同并接受了"正念减压疗法"的训练。

2. 正念减压疗法的基本原理

1979年，卡巴金博士创立了正念减压疗法，也称正念减压疗程（mindfulness—based stress reduction，MBSR）。

正念并不是现代心理学的产物，而是佛教中古老的一种修行方式。千年之前，虔诚的佛教徒们就开始用坐禅、冥想、参悟等方式修行。佛教认为，我们认为的意识清醒更多是朦胧的。佛家禅修就可以将我们从这种朦胧的状态中唤醒，让我们通过系统的自我观察审视我们精神的最深处、最本质，以发展我们和谐与睿智的人生。正念作为佛教禅修的核心，其根本就是用心专注于此时此刻，不加任何判断地集中注意力。

正念减压疗法正是以此为理论基础,通过严格的、标准的团体训练课程,简单有效的途径,帮助人们打通身体与意识、潜意识的通道,指导人们正视问题的本质,摆正与问题、自我、世界等的关系,缓解压力、减轻情绪困扰甚至对抗病痛。

3. 正念减压疗法的基本技术

正念练习是一个很简单,却又不太简单的事情。正念确实需要刻苦训练,因为我们内心深处潜意识的力量太过强大,没有坚定的信念就无法战胜它。这里给大家介绍几种简单实用的正念技术,帮助我们走进正念。

(1)正念式呼吸

正念式呼吸是正念的入门技术,可以分坐、卧、立、行四种姿态。今天我们介绍的是坐姿正念式呼吸。

①沉默。找一个舒适的位置坐下,挺直脊背,找到一种挺拔、舒适的姿势。

②觉察身体的状态。用两分钟时间,将注意力集中在身体和地板或者任何物体与你接触的那个感觉。

③关注呼吸的感觉。把注意力放到腹部,觉察腹部每次呼吸的变化。关注身体因为呼吸而带来的变化,不要用任何方式尝试去控制呼吸。

④对待思维的游离。当我们做如上练习时,需要用全部的注意力去关注我们要关注的事物,不加任何评判地关注。但无论如何,我们的思维都可能因为各种原因而离开我们的关注点。但不必紧张,因为这是极其正常的事情,你只需要将你的思维再次拉回到呼吸之上即可。

请保持上面的练习10分钟,如果你愿意,也可以是更长的时间。

(2)全身扫描

全身扫描是一种躺姿的冥想练习,会在我们和身体之间建立起亲密而友好的关系。我们尝试让觉察随着呼吸游走于身体之中,想象和体会身体带给我们新的认识。

①躺下。找到一个舒适安静的地方躺下,闭上眼睛。

②呼吸。先从觉察你的呼吸开始,慢慢进入觉察状态。然后将这种觉察转移到身体与地板或床垫的接触上,并且让这个接触随着每一次呼吸而变得更加的深沉。

③清醒。觉察的关键是要告诉自己,这是一个清醒的觉察时刻,与睡眠无关。

④腹部。用几分钟时间,觉察腹部随着呼吸而起落的变化。

⑤左腿。保持着对腹部的觉察,同时把注意力慢慢转移到左腿、左脚,然后是每一个脚趾。用好奇的状态,温柔地注意这种感觉,无论你感觉到什么,只需要去感觉即可。

⑥脚趾贯通。尝试在每一次吸气的时候,想象气息进入肺部,然后一下向下流向左腿,一直到每一个脚趾。然后随着呼出的动作,气息又从脚趾向上到左腿、腹部、肺部直到从鼻孔流出。

⑦足跟贯通。慢慢把注意力从脚趾转向脚掌,直到足跟部。确保注意力跟随着呼吸一起游走。

⑧其他部位。慢慢把注意力放到脚踝、脚背、骨头、关节,随着气息的呼出,使觉察

慢慢游走到小腿、膝盖。

⑨走遍全身。用以上的方式,让我们的觉察随着气息慢慢游走到我们的全身,右腿、腹背、手臂、手掌、肩颈、头部等。

⑩关于紧张。当你觉察到身体某个部位紧张时,可用"深度呼吸"的方法,将注意力集中到那个部位,去体会那个部位的感觉变化,随着呼吸的进行使其慢慢放松下来。

⑪思维的游离。如果在觉察的过程中你的思维会游离,也请不要担心,这是十分正常的。如果你发现了思维的游走,只需要单纯地、不加评判地将注意力移回来即可。

⑫全身的觉察。当我们用这种方法扫描完全身后,可用几分钟时间对我们身体的整体进行一次觉察,体会气息在全身游走的感觉。

⑬关于睡着。如果你发现自己在这种躺姿状态下极易睡着的话,你可以尝试睁开眼睛进行这样的练习,或者采用坐姿进行此练习。

(3) 三分钟呼吸空间技术

当你尝试过以上技术后,你会发现一点,这些正念技术仿佛对时间、空间条件有一定的要求。现在这个三分钟的呼吸空间技术就能够帮助你在正常的生活当中快速地练习正念。这门技术只有三个步骤,每个步骤持续一分钟,事实上是如果条件允许,可能在一呼一吸间你就能够完成一次练习。

①觉察。选择一个挺拔庄严的状态,可坐可立,如果可以的话闭上双眼。觉察身体的内部,自问一个问题:此时此刻我的体验如何?

②集中。集体注意力到呼吸之上,仅仅是呼吸,感受腹部的运动与呼吸的关联。整个人存在于呼吸之间。

③扩展。将觉察从呼吸扩展到全身,甚至是面部的每一块肌肉。对每一个紧张的部位使用"深度呼吸"来放松。

5.1.5 认知行为疗法在朋辈心理辅导中的应用

1. 贝克认知疗法在朋辈心理辅导中的应用

小张高考没有发挥好,被调剂到了一个不太理想的专业,这个专业是全校招生分数最低的专业。小张特别焦虑,他想读研究生,并且辅导员告诉他这个专业一样有不低的保研比例和考研人数,但小张还是特别担心,显然高考的失利让他已经完全失去了自信。小张找到了朋辈心理辅导员进行咨询:"我该怎么办?我觉得我读研已经完全没有希望了。""是什么想法让你感觉读研没有希望的呢?"朋辈心理辅导员开始运用提问技术了解关于他是否有相关的自动化思维。小张聊了很多,但其中一句话引起了朋辈心理辅导员的注意:"我觉得我不行,我中考、高考每一次都考得非常不好,一考试我就考不好,我感觉我大学里面也会是这样。"听了小张的描述,朋辈心理辅导员了解了,原来小张有这样一个自动化思维:"一考试我就会考砸。"在后面的沟通中,朋辈心理辅导员又运用苏格拉底式问话了解到,原来小张一直有一个负性的核心信念:"如果有一件事没做好,我就什么都做不好。"朋辈心理辅导员和小张沟通了关于他负性核心信念的情况,帮助小张认识到了,是他的负性核心信念使他产生了负性自动化思维,进而产生了不良情绪。

在朋辈心理辅导员的帮助下,小张通过每周做家庭作业的形式,慢慢练习与负性自动化思维及负性核心信念做对抗。半个学期过去了,小张对自己的未来充满了信心。

2. 理性情绪行为疗法在朋辈心理辅导中的应用

小楠考研报考了一个非常有名的高校,她的初试成绩非常理想,但十分可惜的是复试没有通过。想想自己辛苦考研复习了一年就是为了能上理想的学校,可是初试成绩这么好,复试也如此努力却仍然没有被名校录取,小楠特别愤恨。她找到了朋辈心理辅导员寻求帮助。朋辈心理辅导员了解了她的情况后,向她介绍了理性情绪行为疗法。朋辈心理辅导员和她讲了理性情绪行为疗法的核心之处:"引起糟糕情绪的不是事件,而是我们对事件的解释。"他问小楠:"这次失利后你的主要想法是什么?"小楠答道:"我太差劲了,我已经如此努力了,复习到如此程度,却仍然没有被录取,我太差了。"

通过小楠的描述,朋辈心理辅导员帮助小楠了解到,"考研失利"是事件 A,"愤恨"是情绪 C,而小楠认为的不合理信念 B 是"我太差了"。通过与不合理信念辩论的技术,朋辈心理辅导员帮助小楠认识到,自己信念的不合理之处在于绝对化要求,即"只要我努力,我就必须成功"。当认识到了信念的不合理之处,朋辈心理辅导员开始帮助小楠建立合理信念。在双方的努力下,小楠最终认识到了,"我尽了最大的努力,但仍然有可能失败"这个合理的信念。小楠最终能够较好地接受了复试失利的事实,并尽快调整好情绪,争取到了调剂的机会。

3. 正念疗法在朋辈心理辅导中的应用

李明今年大三了,身为班级班长的他,同时兼任学院学生会主席、校志愿者协会会员。身兼数职的他还打算要考研,这让他最近烦躁不已,不知如何应对。李明找到了朋辈心理辅导员寻求帮助,朋辈心理辅导员向李明推荐了一个正念减压小组,每周在学校的团体咨询室有固定的集体活动。抱着试试看的心态,李明加入了小组中学习正念减压疗法。第一次做正念冥想练习的李明有些不适应,无法全身心投入进去,总是被脑海里的一些奇怪想法打断。虽然第一次练习不太成功,但李明感觉到了一些变化,他体会到了久违的轻松。李明对正念开始感兴趣,并认真学习正念技术。随着熟练度的增加,李明开始慢慢尝试独自进行正念练习,从正念呼吸到正念行走,直至他最喜欢的正念慢跑。在静静的夜晚,将注意力集中于气息,感受气息随着呼吸的节奏游遍全身。李明慢慢养成了做正念练习的习惯,有时还把正念技术运用到吃饭、学习中。半年过去了,他感觉自己的专注力明显提升、心态渐渐平和,工作学习效率也有了明显提高。

5.2 大学生常见心理问题之情感解惑

5.2.1 问题表现

象牙塔里的爱情一直为千万年轻人所憧憬。的确,这时的年轻人已经褪去了大部分稚嫩,校园多元的学习生活环境也让他们迅速成长成熟,大量的信息交融帮助他们树立三观,同时生理的发展成熟、社会文化的浸染,一切都仿佛在告诉他们:"你们已经做好了恋爱的准备。"

但这个时期的年轻人心理发展尚未完全成熟,三观尚未完全成形,此时的他们在自我认知、学业成长、人际交往、生涯规划等诸多方面都尚有较大发展空间。这些问题与恋爱相结合,就会产生很多奇妙的化学反应。下面让我们先看看大学生恋爱的几个小故事,来了解一下大学生恋爱都有哪些比较典型的问题。

1. 恋爱动机

一天,咨询室进来一位少年,消瘦的身形带着略显稚嫩的眼神,小声地叫着老师好。这个少年叫小陈,刚刚步入大学,对于爱情有着美好的期待。眼看着寝室同学军训结束后一个个都找到了女朋友,这可急坏了小陈。无论是外形、性格、经济条件、学习成绩,小陈都自认不比寝室同学差,这感情上的事情自然也不想服输。

小陈确实很优秀,没过一个月就追到手一个漂亮的女朋友。刚刚找到女友的小陈觉得非常开心,对女朋友也非常好。两个小情侣每天都腻歪在一起,一起泡图书馆,一起去食堂后面的小道溜达,幸福得不得了。

可是好景不长,刚过一个多月,小陈和女友就开始经常吵架。小陈自述没有那么多时间、精力去陪女友,这让女友很不开心。刚开始小陈也觉得挺对不住女友的,后来和女友吵架次数多了,小陈觉得非常烦。每天都要聊好久的电话、视频,这些曾经的甜蜜渐渐成了小陈的负担,小陈觉得很痛苦。女友最近吵着要分手,小陈也不知道该如何是好了。

2. 学业与爱情之间的平衡

小丽是个天真活泼可爱的小女生,喜欢无忧无虑的生活。大二年级学文的她在工科校园很容易地谈上了一场恋爱,找到了一个理工科男友,开启了自己的甜蜜生活。

为了能和男友有更多时间待在一起,小丽偶尔会逃课去找他。有的时候他们会在自习室坐着,小丽靠在男友的肩膀上,共戴一副耳机看着综艺。风花雪月的日子的确浪漫,但到了期末,问题就慢慢显现了出来。整个一学期小丽几乎没有认真学习过,白天经常逃课,晚上打游戏或者出去吃饭、看电影、逛街。期末成绩出来了,小丽有三门必修课不及格。

转眼一年时间过去了,小丽不仅没把上一学期的挂科补过,反而在下学期挂了更多的科目。辅导员多次找到小丽,慢慢使得小丽对自己的学业紧张了起来。怎么办,谈恋爱好像就没法学习好,想要学习就没时间谈恋爱,鱼和熊掌真的不可兼得吗?

3. 异地恋

小杜今年大三了,一个平时活泼好动的姑娘,最近一年来却一直愁眉不展。原来,小杜有一个男朋友,是她高中时的同学。刚上高二的那一年,两人就走在了一起。那时候两人感情非常好,常常被同学们羡慕。但高考中小杜的男友发挥失常,重本无望,而小杜则发挥超常,能有机会上一个非常好的名牌大学。就这样,他们成了异地恋人。

第二年,小杜慢慢发现两人的关系有了微妙的变化。男友和自己联系的频率比以前明显减少,联系时也更多是沉默。难受的时候他无法陪在身边,高兴的时候也难以与其共同分享喜悦,这个人的存在又有什么意义呢?小杜也不知道这样的日子什么时候是个头儿。

4. 失恋承受能力差

这是小虹的初恋,来到大学后的第一个月,她就认识了这个年轻的男孩,并很快走到了一起。这场恋爱始于一次浪漫的邂逅,那是在朋友聚会的一场游戏中,两人完美的配合战胜了全场对手,赢得最终胜利,仿佛他们天生就拥有非同寻常的默契。

可惜再完美的开始也不代表一定会有完美的结局。大三那年的秋天,男友提出了分手。随着叶子一同飘落的,还有小虹对爱情的信念。她尝试从男友口中得到答案,却仅仅得到了"不合适"三个字,便再无下文了。三年时间,小虹自认为对男友百依百顺、照顾有加,陪男友刷夜打游戏,给男友买衣服、夜宵……小虹觉得自己尽了一个女朋友应尽的全部义务,她觉得自己已经做到极致了。她是这样爱着男友,却被男友抛弃。

小虹无法接受这样的事实,她想尽自己的全力去挽回。她痛苦地挣扎,每日以酒消愁、用泪洗面。最后的最后,她也曾计划过以死相逼,但这会有用吗?

5. 毕业之后说分手

小森与小姗从大一开始恋爱一直到大四,属于那种校园里比较长久的情侣了,以至于班级里所有人都相信他们会直到白头。

小姗考取了名牌学校的研究生,而小森却没有考上。朋友们嬉笑着问小森:"这回是不是得先工作养小姗,然后等小姗毕业赚钱后再养你啊。"小森轻描淡写地答道:"谁也不用养谁,我们分了。"

大家惊讶之余没有再追问,毕竟虽然表面上看起来波澜不惊,但其实谁都知道小森现在心里一定非常不好受。毕业离校的最后一顿散伙饭上,大伙才知道真相。原来他和小姗的分手也是两人无奈决定的。小姗家条件相对较好,而且她的成绩也是相当不错。考取了名校研究生后,家里特别希望她研究生毕业后能回到家乡工作,在这方面父母还能帮上很多忙。而小森家里条件相对一般,他又比较要强,一直有一个北上广的梦,想去拼一拼、闯一闯。

就这样,一对各自怀揣着梦想的年轻人,在残酷的现实面前做出了最后的妥协。

5.2.2 心理小测验

上面的爱情小故事可能会让你有些伤感,但你是不是也想知道自己的爱情能否顺利吧?心理学家们给我们提供了一些参考。接下来给大家介绍两个爱情的小测试,能够帮助大家更好地了解自己的爱情。

1. 爱情心理小测验——爱情态度量表

美国心理学家亨德利克(Hendrick,1993)夫妇依据社会学家约翰·李(John Lee,1988)的爱情类型理论编制了爱情态度量表(love attitude scale,LAS),见表5.1。本量表可帮助你了解自己对于爱情所持的态度,结果无所谓好坏对错。在作答时根据真实感受与经验填写。题目中的"他/她",是指目前正与你交往的男/女朋友(请以你目前的恋人为回答依据;若目前没有恋人,请以上任恋人为依据作答;若没有谈过恋爱,可想象一位假想恋人后再作答)。请针对每一题所叙述的情形,选出你认为最能反映实际状况的数字。

表5.1 爱情态度量表

序号	题目	完全不符合	不符合	没意见	符合	完全符合
1	我和他/她是一见钟情	1	2	3	4	5
2	我对他/她隐瞒我过去的事情,我觉得对他/她不会有什么伤害	1	2	3	4	5
3	我认为男女朋友间必须经过朋友般的关系,才可能发展出真正的爱情	1	2	3	4	5
4	在选择他/她之前,我会尝试先规划好自己的人生	1	2	3	4	5
5	假如我和他/她分手,我会非常沮丧,甚至可能会想不开	1	2	3	4	5
6	我会宁愿自己受罪,也不想让他/她难过	1	2	3	4	5
7	我与他/她之间非常来电	1	2	3	4	5
8	我从不轻易向他/她许下承诺	1	2	3	4	5
9	我不知道我和他/她之间的感情是何时从友情转变为爱情的	1	2	3	4	5
10	在许下承诺之前,我会考虑我和他/她的未来会如何	1	2	3	4	5
11	当他/她对我漠不关心的时候,我会感觉非常难受	1	2	3	4	5

表 5.1(续 1)

序号	题目	完全不符合	不符合	没意见	符合	完全符合
12	当他/她遇到困难的时候,我会竭尽全力去帮助他/她渡过难关	1	2	3	4	5
13	我觉得我和他/她简直是天生的一对	1	2	3	4	5
14	如果我和他/她分手,我可以很轻松地忘掉我们的过去	1	2	3	4	5
15	最好的爱情,一定是由深厚的友情发展出来的	1	2	3	4	5
16	在选择他/她时,他/她对我家人的影响是我需要考虑的重要因素	1	2	3	4	5
17	当我怀疑他/她与别人在一起的时候,我会感觉非常不舒服	1	2	3	4	5
18	为了完成他/她的愿望,我会选择牺牲自己来成全他/她	1	2	3	4	5
19	我和他/她的亲密关系让我非常满意	1	2	3	4	5
20	我会小心不让他/她知道我有别的情人	1	2	3	4	5
21	有一天我和他/她分手了,我们也可以继续互相关心	1	2	3	4	5
22	在选择他/她时,我很注意门当户对	1	2	3	4	5
23	一想到我在谈恋爱,我就常常兴奋地失眠	1	2	3	4	5
24	当他/她快乐时,我会跟着一起快乐	1	2	3	4	5
25	当我和他/她相处时,我常常心跳加速	1	2	3	4	5
26	如果他/她太过依赖我,我会尝试与他/她保持一定距离	1	2	3	4	5
27	在我和他/她确定恋爱关系前,我们已经有很多共同的朋友了	1	2	3	4	5
28	在我选择他/她时,能否成为一名称职的父母是很重要的条件	1	2	3	4	5
29	在谈恋爱时,我常常无法专心致志地做事	1	2	3	4	5
30	我愿意与他/她分享我的全部	1	2	3	4	5
31	他/她的长相身材完全符合我的择偶标准	1	2	3	4	5
32	我喜欢和不同的情人玩爱情游戏	1	2	3	4	5

表5.1（续2）

序号	题目	完全不符合	不符合	没意见	符合	完全符合
33	我们的爱情来自长久的友谊，而不是神秘与浪漫的激情	1	2	3	4	5
34	在选择他/她之前，能否有健康的后代是我要考虑的重要标准之一	1	2	3	4	5
35	当他/她不理我的时候，我会做一些傻事吸引他/她的注意力	1	2	3	4	5
36	我愿意为他/她忍受任何难受的事情	1	2	3	4	5
37	我和他/她之间完全互相了解	1	2	3	4	5
38	知道他/她和别人交往，我也不会非常难过	1	2	3	4	5
39	我对我们从朋友到恋人的过程非常满意	1	2	3	4	5
40	在接受他/她之前，我会认真考虑他/她对我未来人生规划的影响	1	2	3	4	5
41	如果他/她忽略我一阵子，我会做出一些傻事来吸引他/她的注意力	1	2	3	4	5
42	我和他/她的爱情关系是最令人满意的，因为由良好友情发展来的	1	2	3	4	5

看到这里，相信你已经把上面42道题目都做完了。我们将表5.2中同一框内的题目得分相加，就可以得到我们在六种不同爱情类型上的得分。每种类型最低分为7分，最高分为35分，得分越高，就说明你的爱情有相应类型倾向。

表5.2 爱情态度量表分析说明

爱情类型	题目	说明
激情型	1、7、13、19、25、31、37	最注重的是对方的外表和身体的接触；只要是好看的，就容易跟对方坠入情网
游戏型	2、8、14、20、26、32、38	视爱情为游戏，爱情关系短暂，经常更换对象，承诺在这种类型的人身上几乎看不到
友谊型	3、9、15、21、27、33、39	感情发展细水长流，平静而祥和，通常刚开始时都只是好朋友的关系，后来才慢慢从相知友谊发展成爱情
实用型	4、10、16、22、28、34、40	这种类型的人选择对象以理性条件的考虑为主，诸如教育背景、经济能力、社会地位、共同兴趣等

表 5.2(续)

爱情类型	题目	说明
占有型	5、11、17、23、29、35、41	这种人占有欲和嫉妒心强烈,关系也有如风暴,起伏不定,对方一点爱意的表示就会让他狂喜,一点点降温或关系出现小问题就让他痛苦不已
利他型	6、12、18、24、30、36、42	与占有型相反,这种类型的人为爱人完全付出自己,关心对方而不求回报。这种人极有耐心、不要求对方,甚至不嫉妒

2. 爱情心理小测验——爱情三元量表

心理学家斯腾伯格(Sternberg,1986)提出了爱的三角形理论,并根据此理论设计了爱情三元量表,见表5.3。该量表能够帮助我们认识爱情中激情、亲密和决定承诺三个因素各自的比重,即我们爱情的组成形式。本量表无所谓好坏对错,在作答时根据真实感受与经验填写。题目中的"他/她",是指目前正与你交往的男/女朋友(请以你目前的恋人为回答依据;若目前没有恋人,请以上任恋人为依据作答;若没有谈过恋爱,可想象一位假想恋人后再作答)。请针对每一题所叙述的情形,选出你认为最能反映实际状况的数字。

表 5.3 爱情三元量表

序号	题目	完全不符合	不符合	没意见	符合	完全符合
1	仅仅是见到他/她就会让我特别兴奋	1	2	3	4	5
2	我常常在白天想着他/她	1	2	3	4	5
3	我和他/她的关系非常浪漫	1	2	3	4	5
4	他/她是个非常有个人魅力的人	1	2	3	4	5
5	我认为和他/她的恋情非常美好	1	2	3	4	5
6	不可能有别人能够像他/她一样让我快乐	1	2	3	4	5
7	与别人相比,我特别喜欢和他/她在一起	1	2	3	4	5
8	他/她和我之间的关系比什么都重要	1	2	3	4	5
9	我特别享受和他/她之间的肌肤接触	1	2	3	4	5
10	我们之间的感觉有些"奇妙"	1	2	3	4	5
11	我非常喜欢他/她	1	2	3	4	5
12	我不能接受人生中没有他/她	1	2	3	4	5
13	我和他/她之间充满了激情	1	2	3	4	5
14	我一看浪漫电影或小说就会想起他/她	1	2	3	4	5

表5.3(续1)

序号	题目	完全不符合	不符合	没意见	符合	完全符合
15	我对他/她充满了幻想	1	2	3	4	5
16	我时刻考虑着他/她的利益	1	2	3	4	5
17	我和他/她之间的关系很温馨	1	2	3	4	5
18	有时我非常信赖他/她的帮助	1	2	3	4	5
19	他/她在需要帮忙的时候也可以依赖我	1	2	3	4	5
20	我非常乐意与他/她分享我的全部	1	2	3	4	5
21	他/她会给我巨大的精神支持	1	2	3	4	5
22	我也会给他/她足够的精神支持	1	2	3	4	5
23	我和他/她之间沟通非常顺畅	1	2	3	4	5
24	人生中他/她的出现让我倍加珍惜	1	2	3	4	5
25	我和他/她的内心没有距离	1	2	3	4	5
26	和他/她在一起我非常轻松自在	1	2	3	4	5
27	我觉得我非常了解他/她	1	2	3	4	5
28	我感觉他/她也非常了解我	1	2	3	4	5
29	我觉得我完全可以信赖他/她	1	2	3	4	5
30	我们之间常常会互诉衷肠	1	2	3	4	5
31	我清楚我是非常关心他/她的	1	2	3	4	5
32	我向他/她承诺要珍惜我们之间的感情	1	2	3	4	5
33	我对他/她许下过承诺，绝不会让别人插足我们的感情	1	2	3	4	5
34	我对我们之间稳定的感情很有信心	1	2	3	4	5
35	任何事情都不能改变我对他/她的承诺	1	2	3	4	5
36	我对他/她的爱会至死不渝	1	2	3	4	5
37	我会永远对他/她负责任	1	2	3	4	5
38	我对他/她的承诺是真心实意的	1	2	3	4	5
39	我无法想象我们会分开	1	2	3	4	5
40	我坚信会对他/她付出全部的爱	1	2	3	4	5
41	我们之间的感情一定会天长地久	1	2	3	4	5
42	和他/她在一起是我最英明的决定	1	2	3	4	5
43	我觉得要对他/她负责	1	2	3	4	5
44	我打算将我和他/她的感情继续下去	1	2	3	4	5

表5.3（续2）

序号	题目	完全不符合	不符合	没意见	符合	完全符合
45	无论有什么困难，我都会坚守对这份感情的承诺	1	2	3	4	5

我们将表5.4中同一框内的题目得分相加，就可以得到我们的爱情在不同因素上的得分。每个因素最低分为15分，最高分为75分，得分越高，就说明你的爱情在该因素上的倾向性越强。

表5.4 爱情三元量表分析说明

爱情因素	题目	说明
激情	1~15	爱情中最令人兴奋的部分，恋爱双方间有着强烈的吸引力，以及想更多了解、接触对方的欲望，同时也包含浪漫的感觉、外表的吸引、性的冲动等
亲密	16~30	因沟通、交流、互动而使恋爱双方产生更加深刻的认识，同时产生更加亲近、信赖、安全的情感
决定/承诺	31~45	因爱某个人而长期相守的意愿与决心，包括为对方负责的态度，一起面对未来，甘愿为爱情做出牺牲、奉献，共同经营这份爱

5.2.3 心理学解析

爱情总是让人着迷，但爱情也容易让人受伤。前面我们讲的五个校园爱情小故事，几乎每天都会在校园里发生。这也让很多年轻人非常感兴趣，到底是什么原因使得看起来完美的爱情最后经不住风吹雨打。接下来我们就每个小故事做一下简单的解析。

1. 端正恋爱动机，爱情才能长久

第一个故事里，小陈的问题在于不良的恋爱动机。在心理学领域，动机是指激发和维持有机体行动并使其导向于某一目标的驱动力。而恋爱动机则是指驱使某一个体追求并维持恋爱关系的动机。

良好的恋爱动机是以爱情及后续的婚姻为目标。而大学生因为心理不成熟、社会经验少、家庭教育不足等原因，往往存在不正确的恋爱动机。不良的恋爱动机可能也会使双方暂时走到一起。但走到一起后，不同的动机会导向不同的目标，自然有不同的收获。当你无法再获取你所需要的东西，或者获取到的东西已经不能再满足你的需要，那么这场恋爱也就自然会走到尽头了。

小陈就是因为和寝室同学攀比和寂寞等原因，才追求了现在的女朋友。女朋友追求到手后，小陈的恋爱动机得到了暂时的满足，而此时女友的一些需求反而成了小陈的负担。和一个不是真正"爱"你的男友在一起，难怪女友吵着要分手了。

2. 平衡学业爱情，收获美好人生

小丽是一个享受浪漫爱情的小女孩，可是却因为恋爱影响了学业。相信有很多同学也因为这个问题而苦恼。鱼和熊掌一定不可兼得吗？那倒不一定。

学业与爱情其实并不矛盾，他们都是我们生活当中的一部分。和伴侣共同促进、制定目标、一起学习奋斗，也会让这场恋爱更积极更有意义。而每天都腻在一起却不学习，这样缺乏光彩的爱情又如何带来两人美好的未来呢？

同时需要明确的是，爱情其实是一辈子的事情，并不专属于校园。离开校园一样可以有美好的爱情。而学业则是一个人青年时期为未来的人生发展打下基础的重要内容，一旦错过则不会再有。很多纠结学业与爱情哪个更重要的同学，相信你们心中也已经有了自己的答案吧。

3. 异地恋很艰难，有秘诀过难关

异地恋也是很多校园情侣心中的痛。从高中发展到大学，或者从大学到工作单位，经常会出现原本亲密无间的恩爱情侣天各一方的情况。这样无奈的结局，当然也不能全怪这些年轻的情侣。如此长时间分隔两地，失去了每日执子之手的陪伴，还想保持二人的感情不降温，无论对谁都是一件非常有难度的事情。故事中的小杜和男友其实感情基础非常好，但因为后期沟通的减少，慢慢失去了共同的话题。缺乏沟通的一对恋人，就这样慢慢走到了分离的时刻，不得不说是非常的可惜。

好消息是，异地恋确实很艰难，但并不代表无法做到。只不过需要双方都拿出一个更真诚的态度、更坚定的信心、更多的努力来共同解决异地恋带来的问题。其中最核心的关键就是沟通。虽然两人身隔千里，但是完全可以通过沟通拉近心理上的距离。在异地恋的沟通中，需要我们做到以下几点。首先是及时性，关于情感上的困惑、生活中的开心时刻、学习上的困难，及时的沟通可以让双方仿佛随时随地都在一起；其次是真诚，真诚地表达自己的情感，有利于双方在不能见面的时候更好地理解彼此；再次是信任，充满信任的沟通会给双方以信心；最后是积极创造见面的机会，比如在校园的异地情侣可以利用寒暑假、小长假见面沟通。相信在双方的共同努力下，总会挺过异地这段艰难的时光。

4. 恋爱不是全部，人生应更丰富

恋爱是甜蜜的，是被所有人所向往的美好。人人都期待有一个完美伴侣，享受一份天长地久的完美爱情。二人和和美美、不争不吵，执子之手、与子偕老，一直走到天荒地老、海枯石烂，这些也是恋人们共同的梦想。但可惜的是，这样的恋情是非常理想化的，在现实生活当中实在太难得。就像故事中的小虹，坚持了三年的恋情最终也没能继续下去。我们不能说小虹不努力，她已经尽了自己的全部努力去维护这段感情。但现在的问题是，为什么这么努力还是不能够挽回爱情呢？

那是因为爱情本来就不是一个人的事情，而是需要双方互相认可的前提下共同努力的结果。良好的恋爱关系很重要的一个条件就是平等与尊重，这个条件也是所有良好人际关系的基础。况且恋爱关系的发展维系不仅仅在于恋爱双方自身的努力，同时

还受比如家庭、社会、文化、偶发事件等外部因素的影响。

同时,爱情也并不是人生的全部。失恋的人悲伤痛苦是很正常的,但是那些失恋后甚至要以命相求的年轻人,可能就把爱情看得太过重要了。人的一生中有亲情,有父母、兄弟姐妹组成的家和家族;人的一生中有友情,有同学、朋友共同成长;人的一生中还有事业、社会的需要与自身的价值所在;人的一生中还有兴趣和爱好,能够丰富我们人生的意义。而爱情,则是我们生命中这些重要事情中的一件。人生就像大厦,当这座大厦由多根支柱共同支撑时,如果其中某一根支柱产生了裂痕也是没有关系的,还有其他支柱保证大厦的安全;但如果这座大厦仅有一根柱子,万一它有什么问题,那这座大厦就难保全了。

所以同学们,请把握好学业、友情、亲情、爱情等多者之间的关系,这样丰富的人生才能更加丰满充实。

5. 爱情与现实,也可完美结合

最后一个故事中,小森和小蛔在学校谈了四年恋爱,而且感情一直很好,这说明他们的恋爱关系还是不错的。但大四毕业的时候,小蛔上了名牌大学,且家里希望她能够回到家乡。而小森则因为考研失利,想去北上广拼搏,最终二人不得不选择分手。毕业之后就分手,这是每个毕业季都会上演的校园爱情凄美结局。浪漫的爱情终究敌不过残酷的现实吗?其实未必。

社会发展有其自身的规律,而人们的期待与想象则往往与现实有着一定的差距,象牙塔里面的年轻人更加如此。事实上,所谓现实残酷的说法实则是现实背了锅。与其说现实残酷,莫不如说人们的追求太缥缈。经济上,当代大学生在校园之中谈恋爱,一般都有各自家中提供的支持。随着小康社会的全面建成,学生们可支配资金也越来越充裕,除了满足基本的温饱之外,也可以让爱情谈得更加有滋有味。空间上,校园恋爱大多都在相同的校区,相互接触没有较大的交通压力。时间上,学生的课程、作息以及长短假期较丰富且一致性较高,恋人们可以经常在一起读书学习、休闲娱乐、旅游购物。而学生情侣一旦毕业步入社会,会涉及在哪个城市生活、做什么样的工作、作息时间如何调配、照顾子女老人等一系列问题,购房置业甚至子女教育等问题也接踵而来。生活从此由单一的一条主线进入多线程节奏中。

所以其实这不是爱情与现实的问题,而是校园爱情脱离了社会现实的问题,这才是毕业分手的情侣们痛苦的根源。能够看到问题的本质,那解决问题的办法也就非常简单了。只要两人同心协力,努力地面对现实的挑战,积极地承担应肩负的责任,勇敢地做出适当的牺牲,美好的爱情自然可以从象牙塔走回现实生活中。

5.2.4 心理学小知识

千百年来,爱情一直是文学艺术的核心之一。爱情这东西如此缥缈,以至于关于爱情的理论也数不胜数。今天在这里给大家介绍众多爱情理论中较为出名的两个,它们也是我们前面小测试中的理论依据,让我们一起来看看吧。

1. 关于爱情的心理学原理之———爱情风格理论

1973年,加拿大社会学家约翰·艾伦·李(John Alan Lee)出版了《爱情的风格》一书,引起了心理学家的关注。他搜集数百篇有关爱情的文章,收集了数千段关于爱情的描述,总结、分类、整理,并提出了爱情故事卡片分类方法。后在1988年,从卡片分类中提取出关键成分,将之称为爱情风格,也称为爱情的意识形态。

李将激情型、游戏型和友谊型三种爱情风格比喻为颜色中的三原色。通过三种原始类型的不同组合,得到了另外三种合成的类型:实用型、占有型和利他型。

这六种类型的爱情特点如下:

激情型(eros):又称为浪漫爱,是指强烈的身体上的吸引,尤其是对外貌的偏爱。这种爱情类型的人看见喜欢的外貌对象特别容易一见钟情。在爱情刚开始,恋爱的动机会非常强大。但随着时间的失衡,容貌不再年轻,身体也不再健壮,这种类型的情侣之间就会慢慢失去吸引力。

游戏型(ludus):在这种爱情类型中,爱情只是一种和不同伴侣玩的游戏。胜负、欺骗等因素都是这种类型爱情的主要特征。因为视爱情为一场游戏,他们往往缺乏忠贞的概念,仅会特别关心能否成为这场游戏的胜利者。为了取得游戏胜利,他们有时会使用非常规手段去追求刺激。"不在乎天长地久,只在乎曾经拥有"是这种爱情最有代表性的表达。

友谊型(storge):这种类型的爱情常常是慢热的,把爱情视为友谊。他们的感情需要慢慢培养,最好从深厚的友谊中发展而来。这种爱情的伴侣之间往往能够感觉到信念、平和与温馨,而少感觉到激情、狂热与兴奋。他们不需要理想的外形条件,也不会有意识地去挑战伴侣,而是会从同伴关系中慢慢培养感情,以星星之火最终达到燎原之势。

实用型(pragama):这种爱情风格是游戏型与友谊型的组合,兼具了游戏型的胜负观与友谊型的平稳缓和。这种风格会把爱情当作一张可以期待的清单,如优秀的家庭、温和的父母、可以预期的未来,甚至是良好的基因或者不错的经济条件。只要能够保证这些条件,这种风格的爱情就会相对稳固,而一旦条件发生变化,这种爱情就未必值得。

占有型(mania):这种爱情风格是激情型与游戏型的组合,兼具了激情型的热烈与游戏型的胜负观。这种爱情风格的人会对伴侣产生强烈的依赖感与占有欲,当感觉到拥有爱情时会非常兴奋,但当对爱情没有信心的时候又会非常紧张焦虑。这种风格会使人一直处于两极分化的状态,喜怒哀乐总会随着双方关系的变化而剧烈变化,不断在狂喜与痛苦之间交替徘徊。

利他型(agape):这种爱情风格是激情型与友谊型的组合,兼具了激情型的深情与友谊型的坚定。这种爱情风格的人往往以对方为中心,将伴侣的幸福放到自己之上,具有极大的牺牲精神。他们会为了对方的满足而不断付出,却不求任何回报。这种爱情类型的人是非常少见的。而且这种纯粹的利他会在较长的时间跨度中随着对公平的需求而慢慢减少,也会随着一些特殊事件而慢慢增加。

李把爱情风格划分成这六种类型,我们可以将其假想为某一物体的六个维度,并且每个维度都是连续的状态。在此基础上,李认为六种爱情风格是相互独立的。这些风格也非常容易与其他因素相关联,比如与人格、自尊、人际关系以及社会结构等。

多年来,李的爱情风格理论广为大家所接受,因为它对爱情的表达非常通俗易懂。爱情风格以及我们介绍过的爱情态度量表,可以帮助我们更好地理解我们自己及伴侣的类型,帮助我们对一些爱情行为做出更积极有利的归因。虽然它不是最好的,也不是唯一一种解释爱情的方法,但对于指导我们爱情实践还是很有意义的。

2. 关于爱情的心理学原理之二——爱情二重理论

爱情二重理论来自著名心理学家罗伯特·J. 斯腾伯格(Robert J. Sternberg)。之所以称为二重理论,是因为其包括了爱的两个基本层面,即爱的结构与爱的发展。其中描述爱的结构的,就是著名的爱情三角形亚理论,而爱的发展则以爱情故事亚理论来诠释。

爱情三角形理论假设爱情是一个像三角形的结构,三角形的三个顶点分别是爱情的三个因素:亲密(intimacy)、激情(passion)和决定/承诺(decision/commitment)。这三个因素各描述了爱情的一个方面。

亲密是指在爱情关系中亲近的感觉,往往这个因素可以在爱情中促进温暖的关系。该因素可以促进伴侣之间更幸福,指引我们更加关注爱人的状态,与爱人分享喜悦等。亲密程度高的伴侣往往交流更多,感情更稳定,互相支持更多,也更容易互相肯定。

激情是指身体上的吸引,往往是爱情中较为冲动的驱动力。激情驱使我们在爱情中体验更为刺激的感觉,大多包括性方面的需求。激情程度高的伴侣往往相处得更加热烈,给人带来强烈奔放的爱情体验。

决定/承诺是一个人对另一个人爱的决定或维持爱情的承诺。这种决定和承诺属于同一因素的两个方面,不一定同时存在。一个人有可能对另一个人做出爱的决定,但暂时不承诺长久的爱;当然也有可能在没有承认爱的同时维持一个爱的实质关系。

爱情的这三个因素既相互独立,又相互影响。亲密程度高容易导致更高程度的激情与承诺。同时三个因素相互组合,也可以构成八种不同类型的爱情,它们分别是无爱、喜欢、迷恋、空洞之爱、浪漫之爱、伙伴之爱、愚昧之爱和完美之爱。

无爱是三种因素同时缺乏。喜欢则是单纯的亲密,而没有激情与承诺;迷恋则是单纯的激情,没有亲密和承诺;空洞之爱则是在没有亲密与激情的前提下仅仅有承诺;拥有激情和亲密,却缺乏承诺的是浪漫之爱;有亲密与承诺却缺少激情的是伙伴之爱;有激情与承诺却没有亲密关系的是愚昧之爱。仅有当三种因素都拥有的时候才是完美的爱情。爱情三角形详见图5.2。

斯腾伯格用这三个因素组成的三角形来代表爱情,每个因素的大小代表该因素所在顶点到三角形中心的距离,而三个顶点组成的三角形的面积则代表爱情数量的多少。每个人的爱情三角形的特殊形状,都会代表这个人独特的爱情平衡程度。

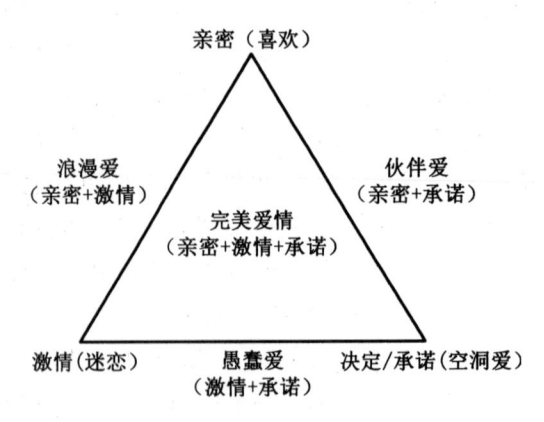

```
                亲密（喜欢）

         浪漫爱              伙伴爱
       （亲密+激情）         （亲密+承诺）
              完美爱情
           （亲密+激情+承诺）

   激情（迷恋）    愚蠢爱      决定/承诺（空洞爱）
              （激情+承诺）
```

图 5.2　斯腾伯格的爱情三角形

斯腾伯格认为每个人独特的爱情三角形来自故事。我们每个人在人生的道路上都会接触到各种各样的故事，比如通过亲身经历、观看他人、文学作品等多种形式来获得这些故事。通过这些故事，再结合自身的生活经验，我们会形成自己对于爱情独特的理解。

这个世界上爱情故事的种类千千万万、各不相同。斯腾伯格将爱情故事整理为成瘾、艺术、商业关系、收藏、牺牲等共计 26 个类型，每个类型的故事都有独有的特征。

5.2.5　建设浪漫关系的策略与方法

我们已经看了五个关于爱情的小故事，也了解了一些爱情心理学原理，那在我们的日常生活当中，有没有什么更具体的方法技巧去改善我们的爱情关系呢。在这里，就给大家介绍几种建设浪漫关系的基本策略与实用方法，希望能够帮助到你们。

1. 端正恋爱态度

想要收获完美的爱情，我们首先要做到的就是端正对待爱情的态度。其实不仅仅是恋爱，对待生活、工作、学习、亲情、友情等任何事物都需要一个端正的态度。正确的态度会让我们在恋爱过程中慢慢成长，直到收获美满；而功利的、短浅的、偏激的爱情态度则会让我们走向痛苦。

聪明的同学则能够发现，外表的美丽固然是种优势，但内涵才能够体现人真正的价值。双方以互相欣赏为核心，全身心地为了彼此的未来，互相取长补短、共同进步，这才是恋爱应该有的态度，更是人生该有的态度。

2. 加强自我成长

爱情是人生的一部分。完美的爱情，是从恋爱到步入婚姻组建家庭的过程，是恋爱关系从幼稚到成熟的过程。而恋爱关系的成熟过程，同样也是其中个体的成熟过程。随着恋爱关系的发展，其中的个体也需要不断成长与之匹配。良好恋爱关系中的个体都是平等的，当恋爱关系中的一个个体跟不上另外一个个体成长时，这个关系也会遇到危机。而解除危机最好的办法,就是个体自我的成长。

某班长和学委是对情侣,学习成绩都很好,眼看就能够双双保送研究生。但班长在一次期末考试中因家中出现了意外,有一门课考试失利,失去了保研资格。眼看一对恩爱情侣一个读研一个工作,马上就要毕业分手的节奏。但这位班长并不服输,在极短的时间内调整自己的状态疯狂复习。而女友则对他全力支持,帮助他一起做好考研的后勤工作。最终班长以优异的成绩考上了女友保送的名牌大学。一对情侣再次走到了一起,而经过这次考研奋斗的过程,两人的感情更加深厚了。

3. 保持积极乐观幽默

爱情生活是社会生活的一部分。既然是生活,就会有喜有忧。很多伴侣在每日的争执中慢慢磨没了感情,婚姻生活如一潭死水。伴侣之间该如何处理生活当中的困难与不愉快,对于爱情生活有着重要的影响。美国婚姻专家发现,长期幸福的婚姻关系中,双方都会尽量让对方开心。

一对小夫妻夜间骑车回家,结果半路车坏了无处修理。妻子埋怨道:"真是倒霉透了。"这时丈夫则开心地拉起妻子的手,说道:"亲爱的,你看今晚月色这么好,好久没和你一起在月光下漫步了。"

同样的情境不同的气氛,可以悲观也可以浪漫,完全取决于我们用什么样的心态去面对。事实上,不仅仅是感情生活需要积极乐观幽默,人生不也是如此嘛。

4. 学会感恩与欣赏

童话故事中的结局往往是"王子和公主从此过上了幸福的生活"。可是没有童话告诉你,这个世界上绝大多数人都不是王子和公主。大家都有柴米油盐、家长里短,过的都是普通的日子,都有数不尽的喜怒哀乐。为什么恋爱的时候感觉特别好?因为那时双方都有时间和空间去修整自己。情侣见面都是精心修饰打扮过,把自己最好的那一面拿出来给对方,而将自己的缺点隐藏。一旦走到了共同生活这一步,双方的缺点都将无处可藏,而且随着期望值的变化,有些缺点还会被无限放大。

所有人都希望自己的伴侣是完美的,但恰恰没有人是完美的。接受这个不完美,尝试着去放大伴侣的优点而不是缺点,才是在爱情关系中最聪明的做法。

有这样一个经典的小故事,女生问男友:"我有缺点吗?"答:"有啊,像天上的星星那么多。"女生又问:"那我有优点吗?"答:"有啊,像天上的太阳那么少。"女生最后问:"那你还喜欢我吗?"答:"喜欢啊,因为太阳一出来,星星就不见了。"

5. 学会爱的表达

爱的表达绝不是甜言蜜语那么简单,它不仅包括语言上的表达,还包括身体语言或者行动上的表达。两个人之间,如何能够知道对方爱你,如何能够让对方知道你爱着他,除了自己心里知道以外,更重要的就是主动让对方知道。

言语上去直接表达爱,在父辈们的爱情中较为少见。很多传统的想法是老夫老妻了,天天说爱太肉麻。但随着社会的发展进步,越来越多的年轻人习惯于用言语去直接表达爱,这就是爱情上的一大进步。除了言语外,身体语言也非常重要。最简单的表达方式就是肢体上的接触。人与人之间的接触对于促进感情的发展有着重要的作用,就算没有实质的接触,哪怕靠近也会让人有温暖的感觉。最后就是行动上的表达,一顿早餐、一次无言的帮助,让对方在无声无息间体会到你的关心与爱护。

常常表达爱意,可以有效增加伴侣之间的感情。如果你有恋爱的对象,那现在就勇敢地用语言、肢体和行动告诉对方你爱他吧。

6. 给彼此留些时间与空间

"两情若是久长时,又岂在朝朝暮暮。"关于爱情中两个人的时空距离,可能不同的恋人间有不同的模式。但哪怕是在热恋中的个体,也仍然是独立的个体。爱情仅仅是生活的一部分,作为一个独立的个体,生活中还有其他方面需要我们去发展。两个人再相爱,人与人之间也是完全不同的。就像水墨画中的留白,爱情中彼此的这些私密时间与空间,也会起到意想不到的作用。

有一对夫妻活得像对连体婴,哪怕工作时间每天最少也要打三四个电话,吃饭唱歌聚会都在一起,简直是婚姻的楷模。可是有一天,丈夫突然很烦恼,原来他发现好友们爬山、打球都不爱带他。因为男人们的运动,带上他就会带上她,大家总是感觉怪怪的。慢慢地,妻子学会了放手,而丈夫也独立了很多。妻子会找闺密去逛街购物,丈夫也学会了和朋友们聊个痛快。当夫妻两人再回到一起时,他们的生活边界仿佛被拓展到了以前无法触及的空间。

5.2.6 自助练习

爱情是需要双方共同努力来促进成长的,在这里给大家推荐几个简单的情感小练习。建议情侣们挑选一个恰当的时间、合适的环境,共同认真地练习一下,感受一下你们的感情有没有什么样的变化。

1. 练习一——合二为一

双方对向站立,张开双臂,轻轻地环抱住对方。抱好后闭上双眼,把注意力全部集中在对方的呼吸、体温、触感上面,感受对方的节奏。你也可以尝试调整自己的呼吸直到与对方完全同步。就这样静静地保持拥抱五分钟,或者可以更长时间,直到你们觉得可以了。睁开双眼,感受与对方的亲密程度有何变化,并相互交流感想。

2. 练习二——灵魂凝视

找到一个能够感觉到对方呼吸的距离,面对面坐下,当然也可以采取站姿练习。放松面部的肌肉,凝视对方的眼睛,尽量不要眨眼。尝试看清对方眼中倒映出的你的样子,也可以在脑海中回忆双方共同经历过的开心、幸福、焦虑、痛苦。持续 2 分钟或者更长的时间,直到双方觉得可以停止,然后互相交流感想。如果练习中间双方笑场,可以深呼吸调整节奏后重新开始。

3. 练习三——我想你猜

一方尝试在心中想象双方生活中一同经历或见证过的事物,另一方开始提问:"是绿色的?""坚硬的?""在厨房?"而被提问者只能用是或者否来回答问题,提问者在提问几次后可以根据自己的总结猜测对方心中所想。本游戏是看谁能够用更少的提问完成目标。练习数次后双方可以交换练习,结束后共同分享心得体会。该练习可以较好地增加双方默契程度。

4. 练习四——无限靠近

双方面对面站立,距离约一米,按照"灵魂凝视"的方法注视对方,每隔 5～10 秒钟,其中一方移动脚步向对方靠近,双方交错进行。最先触碰对方的算输。该游戏进行到双方大约距离 30 厘米时会特别有意思,此时如果发生笑场建议重新开始,双方适应后可顺利进行。尝试几次后,看看如此游戏的情侣们都会以什么样的姿势收尾呢?

5.2.7 推荐读物

1. 罗伯特·J·斯腾伯格. 爱情心理学[M]. 李朝旭,译. 北京:世界图书出版公司. 2010.
2. 罗兰·米勒. 亲密关系[M]. 王伟平,译. 北京:人民邮电出版社. 2015.
3. 纳撒尼尔·布兰登. 罗曼蒂克心理学[M]. 孙尚奇,译. 上海:文汇出版社. 2003.
4. 艾里希·弗洛姆. 爱的艺术[M]. 刘福堂,译. 北京:人民文学出版社. 2018.

5.3 朋辈交往团体:人际互动(一)

5.3.1 团体设计理念

从本章开始,我们的团体成员间已经完成了相互间的接纳、认同与信任,根据科瑞的"团体发展四阶段理论",进入了团体发展的工作阶段。

团体在工作阶段特征较为明显。首先是团体凝聚力明显增强。这凝聚力包括了成员间的互相吸引程度、归属等内容,只有经过充分考验锻炼的团体才能够进入这一阶段。同时足够的凝聚力能够为团体提供发展动力,为成功实现团体目标打下基础。成员对团体充满信心。成员能够感受到团体对自己的接纳,这种信心使得成员对团体抱有期待。相对前几个阶段,成员也能够更加自如地表露自己,同时成员的自我表露更接近内在的、真实的自我,有时也会有较为挑战性的问题使得交流与探索更深刻、更有意义。更加此时此地。团体成员在此阶段不再有顾虑,可以互相表达实际感受。这是最理想的面对自己表达真实的情况,这也是真实的人生。成员更能够接受承诺与改变。成员从矛盾、困惑中走出,卸下防卫与掩饰,并组成团体这样一个整体。此时的成员们初入团体的希望与期待会完全展现出来,改变的可能性也达到了最大化,能够完成认知重建。在这种温暖、接纳的环境中,成员有机会吐露心声,对以往的失败与困扰进行重新认识,积极改变行为与解决问题。团体是一个安全的场所,成员可以在这样接纳、关怀的氛围中挑战自己、练习与实践,并将所学所用应用到实际生活当中。

本次团体的主题是人际互动。热身活动选择的是大树与松鼠。这个活动可以让学生迅速进入兴奋状态中,并且在欢乐的气氛中使陌生成员间互相接触,打破沉默,消除陌生感,提升兴奋程度。主题活动选择的是同舟共济。通过颇具难度的任务挑战,加强团体成员间的沟通交流,使他们在团结创新的氛围当中体验挑战的刺激与成功的快乐。

本团体备选活动紧扣本章节第二部分情感主题,选择了轻柔体操,热身活动量相对较少,适宜营造和谐温馨的交流气氛。通过互相模仿,进一步增强成员间情感联结,为后续沟通打下良好基础。备选主题活动选择爱情招募令与爱情锦囊,以小组形式交流情感困扰,互相支持鼓励,帮助成员完成自我分析、自我成长,最终树立正确爱情观。

5.3.2 团体流程

团体流程见表5.5。

表5.5 团体流程表

序号	目标	活动内容	所需时间	所需材料
1	暖身运动,调动情绪	热身活动:大树与松鼠 备选热身活动:同心圆	约10分钟	—
2	完成人际互动及情感主题活动	主题活动:同舟共济 备选主题活动:爱情招募令/爱情锦囊	10~20分钟	报纸、A4纸、笔若干
3	促进小组成员之间的交流,分享个人成长	小组内分享	20~30分钟	—
4	促进大团体中成员之间的交流,增强团体凝聚力	大组内分享	约5分钟	—
5	促进成员领悟	总结	约5分钟	—

5.3.3 团体实施

团体实施方案见表5.6。

第5章 认知行为疗法

表5.6 团体实施方案

目的	活动内容
暖身,帮助成员激活身体,调整心理状态,活跃现场气氛。打乱人员位置,拉近组内成员间心理距离,为主题活动打好基础 时间:5分钟 材料准备:较为宽敞的空间	1. 热身活动:大树与松鼠 　　指导语:我们先做一个热身的小活动,叫作大树与松鼠。首先请大家跟身边的三人组成小组,其中两人扮演大树,面对面站好,伸出双臂互相拉手,形成一个圆圈的形状当作树洞,一人扮演松鼠,在树洞内站好。重点是每棵大树的树洞当中只能有一只松鼠。接下来请大家注意我的口令。我的口令有三个,"松鼠""大树"和"地震"。当我喊"松鼠"时,大树不动,扮演松鼠的人必须离开原来的大树,重新选择其他大树。会有临时人员扮演松鼠并站到树洞中,如果有松鼠没有找到树洞,请为大家表演一个节目。当我喊"大树"时,松鼠不动,扮演大树的人必须离开原来的同伴重新组成一棵新的大树,并把松鼠圈住。临时人员扮演大树参与其中,没有组成新大树的人请为大家表演节目。当我喊"地震"的时候,扮演大树和松鼠的人全部分散重新组合,可以不受之前角色的限制随意挑选扮演的角色。临时人员插入其中任意位置,落单的人表演节目。大家听明白了吗?好,那大树与松鼠小游戏开始啦……好,请注意口令,"松鼠"……请这位同学为大家表演一个节目……好的,现在请注意口令,"地震"……(口令随机重复数次后)好了同学们,大树与松鼠的游戏就到这里了。下面我们每组的大树1号都站到一起,每组的大树2号站到一起,每组的小松鼠站到一起,这样我们就分成了3个小组。 　　注意事项:在三人成组时,如果有未成组的成员,可以邀请他们担任临时人员,在后来的游戏环节插入进去。如果三人一组正好编满,则主持人或其他工作人员可以充当临时人员在后面的游戏环节插入进去。可根据现场实际情况,调整大树、松鼠数量以配合分组,也可采用其他分组方法完成分组工作。
在解决问题的过程中,提升学生沟通与解决问题的能力,加强合作意识与协作能力,培养团体凝聚力 时间:50分钟 材料准备:每个小组准备一张报纸,小礼品若干	2. 主题活动:同舟共济 　　指导语:同学们,我们接下来要做的游戏叫作同舟共济。现在我们是在一片汪洋大海上,突然出现了海难,目前我们所有人都已经落水了。好消息是我们还有救生艇,就是我们各组手里的报纸,坏消息是每个小组只有一个救生艇。接下来当我喊口令"开始"时,每组同学在规定时间内制定自救方案并实施自救。要求在规定的时间内,每组成员必须全部登上救生艇,就是站在报纸上,同时最少保持5秒钟。除此之外还有一些要求:报纸必须是整张不得损坏,站在报纸上的人身体任何部位不得与报纸外地面有直接或间接接触。大家有没有什么问题?……好,那现在是×时×分,我们的同舟共济马上开始。……我们现在所有组别都有5分钟时

137

表 5.6(续 1)

目的	活动内容
	间商讨方案,开始……5 分钟时间到,开始 10 秒钟倒计时,我们请第一组开始……好,我们全部组别都已经完成了救援。恭喜你们,你们用团结和智慧拯救了自己……相信经过这次游戏,大家一定有很多感悟,接下来给大家一些时间,请各小组成员内部分享活动心得,现在开始。……好,小组分享时间到,现在我们请每组派出一位代表,来分享一下心得体会。先从 ×组开始吧,有请。…… 注意事项:进行游戏时请注意安全。本游戏首轮结束后,主持人可以要求将报纸的面积减半继续活动。注意引导成员认识到团队团结合作、大胆创新的重要意义,引导成员正面积极认识问题。做好各组成绩记录。
暖身,促进大团体成员之间的联结,体验身心放松,调节团体气氛 时间:10 分钟 材料准备:一定的空间	3. 备选热身活动:同心圆 指导语:请大家围成一个圆圈,面朝圆心,肩膀贴着肩膀。大家双脚前后站稳,双手向前,做好随时向前推的动作。然后我们选一位勇敢者站在圈中,闭上眼睛,双手交叉在胸前。大家一起问"准备好了吗?"圈中人必须大声回答"准备好啦!"请一定大声地提问与回答,因为每个人的岗位都非常重要。问答完毕,中间人闭上眼睛,身体挺直向后跌倒,身后的人托住他,轻轻地向左或者向右移动,直至一圈。然后换下一位体验,直到每个人都成为一次圈中勇敢者。最后我们再一同交流感受。 注意事项:注意动作的开放性与安全性。主持人可适当引导和鼓励大家,提醒大家注意安全,引导大家将气氛提升起来。
帮助成员认识自己的爱情观,端正恋爱动机,互相交流观点,加强成员间理解与支持 时间:50 分钟 材料准备:每人一张纸和一支笔,一定的空间	4. 备选主题活动:爱情招募令 指导语:我们现在进行的活动是爱情招募令。现在请每位成员将自己具备的个人条件写在 A4 纸的上半面,然后将理想恋人的条件写在 A4 纸的下半面,写完后请在组内分享。我们分享的内容有三点,第一点分享自己及理想恋人的条件,第二点分享对爱情的理解与期待,第三点分享自己的恋爱计划及努力方向。如果你已经有恋人,可以选择分享自己现在的恋人情况,如果尚无恋人,则请分享想象的恋人情况。现在是 ×时×分,我们有 10 分钟时间思考并写下自己及理想恋人的条件,现在开始……好,时间到,现在给 30 分钟时间请各小组内分享。分享的过程中有一个小要求,请大家在分享的时候可以充分依赖同组成员,也请倾听的成员充分尊重分享者,不评价不分析。 注意事项:充分调动成员积极性,使大家能够充分分享。引导大家在分享过程中倾听、共情、尊重和接纳。

表5.6(续2)

目的	活动内容
促进团体成员之间的联结,帮助成员学习掌握处理爱情难题的方法,尝试信任他人,互相帮助解决情感困扰 时间:50分钟 材料准备:每人纸条若干和一支笔,一定的空间	5. 备选主题活动:爱情锦囊 　　指导语:现在我们进行爱情锦囊这个小活动。请将目前在感情生活中最令你困惑的问题写在纸上。我会给大家几分钟时间,如果你写好了,就请放下笔坐好,当我们所有人都写好后,我们就开始分享了……好,同学们都已经写好了,现在请第一个同学分享自己的苦恼,然后由同组的其他同学在纸条上写下自己的解决办法,交由分享的同学打乱后朗读出来。其间大家可以针对给出的解决办法分析讨论。现在我们开始请第二位同学分享自己的困惑……好的,大家可以写下自己的解决办法。……写好后请交由分享者朗读,然后大家讨论。……好了,现在我们都分享了自己的困惑并解决完毕。下面我们开始请大家分享自己此次活动的收获和心得。 　　注意事项:主持人要提醒成员自己决定分享适合的内容,成员提醒同学什么是恰当的回应方式。

第 6 章　人本主义疗法

6.1　理论知识介绍

人本治疗法是一种应用范围很广、比较人性化的治疗模式,该模式对人性有比较积极乐观的看法,强调将案主作为治疗的中心,以开发案主的潜能、促成其自我成长为出发点和宗旨,运用共情、无条件的关怀等技巧为案主提供一个宽容、信任的范围,使其提高和转变自我认识,树立恰当的自我概念,解决困扰,达成自我实现的目的。

6.1.1　人本主义疗法概述

1.形成背景

人本主义心理学(humanistic psychology)是超越科学实证主义范式而趋向于构建一种"以人为本"的心理学思潮。人本主义心理学兴起于 20 世纪 50—60 年代的美国,是第二次世界大战后美国在当代西方心理学中的一种革新运动。在 20 世纪 60—70 年代得到了迅速发展,特别是 60 年代初期美国人本主义心理学会成立后,这一运动有了较为迅猛的发展。1971 年在荷兰举行的国际会议,影响扩及欧洲和亚洲。人本主义心理学的起源有很多方面,但主要来自两个领域:一个是在欧洲影响广泛的存在主义哲学,一个是美国心理学家卡尔·罗杰斯和亚伯拉罕·马斯洛的研究。罗杰斯、马斯洛等治疗师认为精神分析学派过于强调病态的行为和过于以决定论作为人的价值基础,缺乏了对行为的意义以及对、正面的成长和发展的探索,因此决意创立一个全新的心理学取向,借以强调正向的心理发展和个人成长的价值。

人本主义心理学一方面以克尔凯郭尔等的存在哲学的理论为源头,另一方面以西方现代哲学中胡赛尔现象学为方法论基础。强调人的尊严、价值、创造力和自我实现,把人的本性中自我价值实现归结为潜能的发挥,主张心理学从人的角度出发来研究人的心理。人本主义心理学家认为心理学应着重研究人的价值和人格发展,他们既反对行为主义把人等同于动物,只研究人的行为,不研究人的内在本性;他们又反对弗洛伊德的精神分析法把意识经验还原为基本驱力或防御机制;他们还反对将意识看作是行为的副现象,只研究神经症和精神来访者,不考察正常人心理,因而被称为心理学的第三种运动。人本主义注重人的独特性,主张人是自由的、有理性的生物,具有个人发展的潜能,本质上与动物完全不同。总之,人本主义心理学强调人的社会性特点,对人的心理本质做出了新的描绘,为心理治疗领域孕育了一条全新的人本主义路线和方法。人本主义理论不能用实验来加以证明,它主要是理论上的推测,运用的是思辨的方式,与自然科学研究有所不同。

关于人的价值问题,人本主义心理学家大都同意柏拉图和卢梭的理想主义观点,认为人的本性是善良的,恶是在环境影响下的派生现象,因而人是可以通过教育改变的,理想社会是可能的。在心理学的基本理论和方法论方面,他们继承了19世纪末W.狄尔泰和M.韦特海默的传统,主张正确对待心理学研究对象的特殊性,反对用原子物理学和动物心理学的原理和方法研究人类心理,主张以整体论取代还原论。同时人本主义心理学又加入了存在主义的哲学思想,崇尚自由、强调个人决定的价值和人生的意义。存在主义哲学的问世已有几百年,尽管它晦涩难懂,但它提出的许多问题,例如人存在的意义、自由意志的作用和人的唯一性等,为后来的人本主义心理学奠定了理论基础。

人本主义疗法(humanistic therapy),通过为来访者创造无条件支持与鼓励的氛围,使来访者能够深化自我认识、发现自我潜能并且回归本我。来访者通过改善"自知"或自我意识的方式来充分发挥积极向上的、自我肯定的、无限成长的和自我实现的潜力,以改变自我存在的不良行为,矫正自身的心理问题。人本治疗法是一种应用范围广阔的、比较人性化的治疗模式,该模式对人性有较为积极乐观的看法,强调将案主作为治疗的中心,以开发案主的潜能、促成其自我成长为出发点和宗旨,运用共情、无条件的关怀等技巧,为案主提供一个宽容、信任的环境,使其提高和转变自我认识,树立正确的自我概念,从而解决困扰,达成自我实现。人本主义疗法认为咨询不应仅仅着眼于解决眼前的问题,而是在于支持来访者更好地成长,以便他们更好地解决未来可能发生的问题。该疗法的实质就是帮助来访者去掉那些用于应付生活的面具,从而恢复真实的自我(叶浩生 2006)。

2. 历史发展

人本疗法的特点及发展趋势

在五十多年的发展历史中,人本治疗法经历过不少的改变。罗杰斯和他的跟随者一直在做这方面的研究和临床试验,不断修正治疗的理论和方式,务求使它更适合时代的需求。大致上来说,人本治疗法的发展可分为以下四个阶段。

第一阶段(1940—1950年)

罗杰斯1942年出版的书《咨询与心理治疗》(Counseling And Therapy)奠定了人本治疗法的基本概念。当时它常被称为非指引式咨询(non-directive therapy),因为罗杰斯强调咨询师要避免表露个人的看法和意愿,要尽量减低咨询师对来访者的影响,避免妨碍来访者的自然成长;所以,当时的心理治疗方法提倡咨询师接见来访者时,与来访者建立一个融洽、宽容和不带任何批判性(non-judgmental)的氛围,信任来访者可以以他内在的力量来支持自己的成长。当时的咨询方法所着重的技巧是澄清(clarification)技术,用来了解来访者的意念及表达对来访者的基本认同(primary empathy);疗法中主要是透过一些技巧(attending skills),例如解义(paraphrase)和情感反应(reflection of feelings)而达成(夏洛特,布勒等,1980)。另一方面,这种非指引式可以帮助心理咨询师避免采用一些指引性的技巧,例如问题、批评、解释(interpretation)、记录个案历史、心理测验和诊断(diagnosis)等方法。

第二阶段(1950—1957年)

罗杰斯在1951年时出版的著作《来访者中心治疗法》(Client - Centered Therapy)使人本治疗法更上一层楼。此时的他已不像早期那般重视技巧,而是渐渐趋向强调咨询师的本质。他指出来访者的情绪状况应是咨询师重视的主要环节,所以此时的治疗法被称为"来访者中心治疗法"。咨询师要敏锐地捕获来访者的感受,了解来访者的主观体验,尽量使自己与来访者的关系更为融洽。此阶段所采用的情感反映方式较前阶段更为深入,从而使来访者更加清晰自己的内心世界,使来访者解决"真我"和"理想我"之间的矛盾,减低其中的冲突,使两者有适当的调和与统合,从而达到一个重新组成的自我概念。

第三阶段(1957—1970年)

罗杰斯在1957年出版了《促进个性改变的必要条件》(The Necessary Sufficient Conditions of Therapeutic Personality Change)一书。这本书可以说是人本治疗法的第三个里程碑。他在这本著作里,提出治疗的重点不再纯粹是反映来访者的感受,而是需要询师提供一些可以协助来访者性格成长的中心条件(core conditions),例如和谐一致(congruence)、积极无条件接纳(unconditional positive regard)和认共情(empathy)等。咨询师要尽量投入整个咨询过程中,利用其个人的本质来引导来访者探讨问题,故此咨询师与来访者"当下"的关系和对彼此的感受极为重要。

第四个阶段(1970年至今)

第四阶段历时最久,其更着重于咨询师在咨询过程中更看中积极的参与和个人的投入。除了上述所提的技巧外,咨询师更可以运用一些影响性的技巧(influencing skills),如自我披露(self - disclosure)、反馈(feedback)、提问问题(questions)、立即性(immediacy)等。咨询师与来访者当下的动态是非常重要的时刻。总体来说,这个阶段不强调技巧,而着重于咨询师的特质、态度和信念,在这里给予了咨询师更大的自由去建立与来访者的关系,尽量使来访者感到自己被接纳。

6.1.2 人本主义心理学的先驱

1. 马斯洛的自我实现心理学

亚伯拉罕·马斯洛出生于纽约市布鲁克林区。美国社会心理学家、人格理论家和比较心理学家,人本主义心理学的主要发起者和理论家,心理学第三势力的领导人。1926年进入康奈尔大学,三年后转至威斯康星大学攻读心理学,在著名心理学家哈洛的指导下,1934年获得博士学位之后留校任教。1935年在哥伦比亚大学任桑代克学习心理研究工作助理。1937年任纽约布鲁克林学院副教授。第二次世界大战后转到布兰迪斯大学任心理学教授兼系主任,开始对健康人格及自我实现者的心理特征进行研究。曾任美国人格与社会心理学会主席和美国心理学会主席(1967),是《人本主义心理学》和《超个人心理学》两个杂志的首任编辑。

其主要著作有:《动机与人格》《存在心理学探索》《宗教、价值观和高峰体验》《科学心理学》《人性能达的境界》等。马斯洛的主要观点:对人类的基本需要进行了研究和分类,将之与动物的本能加以区别,提出人的需要是分层次发展的;他按照追求目标和满足对象的不同把人的各种需要从低到高安排在一个层次序列的系统中,最低级的需要是生理的需要,这是人所感到要优先满足的需要。(郭念锋,2005)

马斯洛的主要观点:

需求层次

马斯洛的理论主张个体成长发展的内在力量是动机。而动机是由多种不同性质的需求所组成,各种需求之间,有先后顺序与高低层次之分;每一层次的需求与满足,将决定个体人格发展的境界和程度。

(1)生理需求(Physiological Need)

包括生存所必需的基本生理需求,如对食物、水、睡眠和性的需求。

(2)安全需求(Safety Need)

包括一个可以确保人身安全的环境,它相对地可以免除生理和心理的焦虑。

(3)爱与归属的需求(Love And Belongingness Need)

包括被别人接纳、爱护、关注、鼓励、支持等,如结交朋友,追求爱情,参加团体等。

(4)尊重需求(Esteem Need)

包括尊重别人和自我尊重两个方面。

(5)自我实现的需求(Self-Actualization Need)

包括实现个人理想,发掘更多自身潜能等。

在心理学上,需要层次论是解释人格的重要理论,也是解释动机的重要理论。自我实现心理学是马斯洛人格理论的核心,他认为可以将其定义为"不断实现潜能、智能和天赋",定义为"完成天职或称之为天数、命运或禀性",定义为"更充分地认识、承认了人的内在天性",定义为"在个人内部不断趋向统一、整合或协同动作的过程"。也就是说,个体之所以存在、之所以生命意义,就是为了自我实现。马斯洛对自己的学生进行抽样调查,并对斯宾诺莎、贝多芬、歌德、爱因斯坦、林肯、杰弗逊、罗斯福等著名人物进行了个案研究,概括出了自我实现的人所共同具有的人格特征。例如人们对现实更有效的洞察力和更和谐顺意的关系,对自我、他人和自然的接受以及行为的自然流露。人们普遍以问题为中心,超然的独立性:离僻独居的需要,以及对自主性(对文化与环境的独立性)和意志(积极的行动者)的理解。

高峰体验

高峰体验是自我实现的短暂时刻,只有在生活中经常产生高峰体验,才能顺利地达到自我实现。马斯洛在阐述高峰体验时认为:"这种体验是瞬间产生的,可能是压倒一切的敬畏情绪,也可能是转瞬即逝的、极度强烈的幸福感,甚至可能是欣喜若狂、如痴如醉、欢乐至极的感觉。"许多人都声称自己在这种体验中仿佛窥见了终极的真理、人生的意义和世界的奥秘。人们好像是经过长期的艰苦努力和紧张奋斗而达到了自己的目的地。"这些美好的瞬间来自爱情,和异性的结合,来自审美感觉,来自创造冲动和创造激情,来自意义重大的领悟和发现,来自女性的自然分娩和对孩子的慈爱,来自与大自然的交融……"这种高峰体验可能发生于父母子女的天伦情感之中,也可能在事业获得成就或为正义而献身的时刻,也许在饱览自然、浪迹山水的那种"天人合一"的刹那(赵佳,2002)。

教育思想

马斯洛的思想以人性本善为前提。强调教育的功能,教育的目的——人的目的,人本主义的目的,追根究底就是人的自我实现,是人所能达到的最高度的发展,即帮助人达到他能够达到的最佳状态。在马斯洛看来,人具有一种与生俱来的潜能,发挥人的潜能,超越自我是人的最基本要求。环境具有促使潜能得以实现的作用。然而,并非所有的环境条件都有助于潜能的实现,只有在一种和睦的气氛下,在一种真诚、信任和理解的关系中,潜能才能像得到了充足阳光和水分的植物一样蓬勃生长。为了使儿童健康成长,应当充分信任他们和信赖成长的自然过程,即不过多干扰,不揠苗助长,不强迫其完成预期设计,不以专制的方式与孩子沟通,而是要以道家的方式让孩子自然成长。

2. 罗杰斯的人格自我心理学

罗杰斯出生于一个农民家庭,早年攻读过农业、生物、物理和神学,后来进入哥伦比亚师范学院学习心理学,接触了行为主义的理论并接受了精神分析的训练,毕业后在罗切斯特市防止虐待儿童中心作为心理治疗家工作了 12 年。他在心理治疗中总结自己的经验,于 1942 年出版了《咨询与心理治疗》一书,阐述自己的来访者中心的心理治疗观。1951 年出版了《来访者中心治疗》一书,为来访者中心治疗奠定了理论基础。罗杰斯在心理学方面的贡献是杰出的,曾于 1964—1967 年担任美国心理学会的主席,1956 年和 1972 年分别获得了美国心理学会授予的杰出科学贡献奖和杰出专业贡献奖。罗杰斯对教育心理学带来了重要的冲击,他的观点在教育心理学中被普遍赞誉为人本主义观点。同时,他所提出的体验性学习理论,与认知性学习是相对的。

主要著作有:《咨询和心理咨询:新近的概念和实践》《当事人中心咨询:实践、运用和理论》《在来访者中心框架中发展出来的咨询、人格和人际关系》《自由学习》《个人形成论:我的心理咨询观》《卡尔·罗杰斯论会心团体》《罗杰斯著作精粹》(钟有彬,1993)。

罗杰斯的主要观点:

罗杰斯在心理治疗实践和心理学理论研究中发展出人格的"自我理论",并倡导了

"来访者中心疗法"的心理治疗方法。人类有一种天生的"自我实现"的动机,即一个人发展、扩充和成熟的趋力,它是一个人最大限度地实现自身各种潜能的趋向。

人格的基本假设

每个人都具有一种固有的、先天的维护自我、提高自我、实现自我的动机,这是人最基本的、也是唯一的动机和目的,它指引人朝向满意的个人理想成长。马斯洛提出的所有需求层次都可归入这一动机中。罗杰斯认为每一个人都生活在一个以自我为中心而又时常变化的世界里。这种个人的经验和内心世界,罗杰斯把其称为"现象场"。罗杰斯认为自我是在与环境和他人的相互作用中形成的,是现象场的产物。

自我概念一旦形成,一个人可以在社会生活中逐渐产生许多"机体经验"。而个体经验的积累决定着个体是否接受外界刺激的影响以及接受什么样的影响。当经验与自我之间存在冲突时,个体会运用防御机制(歪曲、否认、选择性知觉)来对经验进行加工,使之在意识水平上达到与自我相一致的状态。如果防御成功,个体就不会出现适应障碍,若防御失败就会出现心理适应障碍。

案例 一个学生受到了老师的贬低,他内心很愤怒,他真实的想法是十分怨恨这位老师,但他从小接受的别人的价值标准是"对老师应当尊重,恨老师是不对的"。那么他有可能会扭曲自己的感受,把它改造成能被别人接受的想法。比如他可能这样想:老师贬低我是"恨铁不成钢",是为我好。这样他可能会获得别人对自己的关注,但却压抑了自我的真实感受。当一个人的自我概念与经验相冲突时,自我内部就发生了分裂,这个人就会感到紧张,不舒适。为了阻止这些使自己感到威胁的经验形成意识,他就要建立防御机制,以此来维持自身造成的假象。这时人就越来越不能适应环境,并出现烦恼、焦虑等各种异常行为。

自我概念

自我概念是人本治疗法一个非常重要的概念,因为罗杰斯认为人的行为是基于"自我概念"而定。它与"自我"不同,"自我"是指当事人真正、本身的自己,而"自我概念"是指当事人如何看自己。比如一个只有68斤的20岁女孩子,她的"自我"可谓是相当的瘦,但她的"自我概念"可以是一个大肥妹,她不满意自己身体仍是那么"重",常嚷着要减肥。自我概念包括当事人对自己身份的界定(我是谁?)对自己能力的认识(我可以做什么?),及对自己的理想或要求(我应该是怎样?)。引用罗杰斯的话,"自我概念"是"一套有组织,有连贯性对自己的观感"(柏莱安·索恩著,2007)。在内容方面,自我概念可包括以下九个方面:身体、社交、性、感情、喜好、理智、职业、价值观和对人生的哲学。我们每天的行为,与人的关系和对环境的适应,每时每刻都影响着我们的自我概念。

自我概念的形成

在我们成长的初期,自我概念是由很多自我经验(self-experiences),即对自己的体验所形成。透过周围的重要他人(significant others)如父母等对我们的态度和反应,我们不断地积累着很多自我经验。基于这些自我经验,我们便建立了一套对自己的看法。

比方说,一个经常挨饿的婴儿,他的自我概念很可能是"我是一个常肚饿的人""不喜欢肚子饿""我得不到家人适当的照顾,所以我不是一个好孩子"等。故此,自我概念其实是透过我们与环境,尤其是生命中重要的人物相交而形成的。

被认为有价值的条件(conditions of worth)

在日常生活中,罗杰斯留意到要得到家人的关怀并不是无条件的,当事人必须满足家人的要求、期望或家庭规条,这些东西便被认为是有价值的条件。例如:志强的父母很希望他能考进医学院,将来成为医生。若他真的能成为医生,他的父母必然会很喜悦,对他关怀、尊重并加以欣赏。所以对志强来说,能够成为医生便是他被父母认为有价值的条件。

罗杰斯相信"被认为有价值的条件"会直接影响我们的自重(self-regard)或对自我概念的接受程度。再引用志强的例子,由于他能满足父母的要求,成为一名医生,他感受到了家人对他的好感和重视,他亦学会珍惜、喜欢和重视自己。家人对他的高度接受亦会协助他高度接受自己,提升他的自重。若他不能满足父母的期望,如考不进医学院,他便可能得不到家人的赞赏和重视,因而他认为自己能力不够,难以接受自己,以致自重低落。

其次,这些条件往往使当事人忽略或牺牲自己内在的真正需要,久而久之,使之感到自我概念迷糊和紊乱。当事人为了博取他人的好感,让自己被认为是有价值的,于是便会不自觉地内化(internalize)他人对自己的要求而渐渐与自己的真正需要脱节,自己亦不能肯定自己的为人、自己的理想和能力。严重的情况甚至会引致身份危机(identity crisis)。例如,假设志强的真正兴趣不是从医而是从事艺术,但为了得到家人的称许和接受,他最终牺牲了自己的真正意愿而投身医学界。虽然表面上他是得到家人的重视,但他的内心可能会感到苦闷和乏味,因为他未能真正释放自己的理想和潜能;他对自己也会有很多怀疑和不满。

罗杰斯认为我们很难完全避免不内化这些"被认为有价值的条件。"很多时候我们会有错觉,以为这些条件是我们真正的需求进而极力去追寻。我们常听到的例子如"事业有成对男性是非常重要的""赚钱最重要,如果赚不到钱,便是失败者。"这些条件不单只包括对当事人的要求,还包括若当事人未能满足这些条件的话,他会如何评判自己。

3. 罗洛·梅的存在心理学

罗洛·梅出生于美国俄亥俄州的埃达。他经历了一个坎坷的童年,他的父母离异,他的姐姐患上了精神病。他的受教育经历使他进入了密歇根学院主修英语和奥柏林学院获得学士学位。他在希腊教了一段时间的书,1938年进入联合神学院并获得神学学士学位。1949年进入哥伦比亚大学师范学院获得临床心理学博士学位(车文博,1998)。

罗洛·梅开创了美国存在心理学,罗洛·梅通过1958年的《存在:精神病学与心理学的新方向》一书,向美国介绍欧洲的存在心理学和存在心理治疗思想,此书标志着美国存在心理学本土化的完成。1958—1959年,罗洛·梅组织了两次关于存在心理学的专题讨论会。第一次专题讨论会形成了美国心理治疗家学院;第二次专题讨论会是1959年在美国心理学会辛辛那提年会上举行的存在心理学特别专题讨论会,这是存在心理学第一次出现在美国心理学会官方议事日程上。这次会议的论文集由罗洛·梅主编,并以《存在心理学》为名出版,该书推动了美国存在心理学的进一步发展。1959年,他开始主编油印《存在探究》杂志,该杂志后改名为《存在心理学与精神病学评论》,成为存在心理学和精神病学会的官方杂志。正是由于这些工作,罗洛·梅被誉为"美国存在心理学之父"。

罗洛·梅积极参与人本主义心理学的活动,推动了人本主义心理学的发展。1963年,他参加了在费城召开的美国人本主义心理学会成立大会,标志着人本主义心理学的诞生。1964年,他参加了在康涅狄格州塞布鲁克召开的人本主义心理学大会,标志着人本主义心理学被美国心理学界所承认。他曾对行为主义者斯金纳的环境决定论和机械决定论提出过严厉的批评,也不赞成弗洛伊德精神分析的本能决定论和泛性论观点,将精神分析改造为存在分析。他还通过与其他人本主义心理学家(罗杰斯)争论,推动了人本主义心理学的健康发展。罗洛·梅在晚年还对人本主义心理学中分化出来的超个人心理学提出告诫,引导该学科之后数十年的发展方向。他还影响了许多学者,推动了美国存在心理学的发展和深化。布根塔尔、雅洛姆和施奈德等人正是在他的理论基础上,将美国存在心理学推向更深层次。20世纪中叶,他把欧洲的存在主义哲学和心理学思想介绍到美国,开创了美国的存在分析学和存在心理治疗,他著述颇丰,推动了美国人本主义心理学的发展,也拓展了心理治疗的方法和手段。曾两次获得克里斯托弗奖章、美国心理学会颁发的临床心理学科学和职业杰出贡献奖,获得美国心理学基金会颁发的心理学终身成就奖章。罗洛·梅是位于圣弗兰西斯科的塞布鲁克研究生院和研究中心(Saybrook Graduate School and Research Center)的创立者和资深成员。人生的最后几年他居住在蒂勃朗的圣弗朗西斯科海湾,并于1994年10月在当地去世。(唐淑云,吴永胜,2000)

罗洛·梅的主要观点:原始生命力

原始生命力是一种爱的驱动力量,是一个完整的动机系统,在不同的个体身上表现出不同的驱动力量。罗洛·梅认为原始生命力是人类经验中的基本原型功能,是一种能够推动生命肯定自身、确证自身、维护自身、发展自身的内在动力。罗洛·梅认为,心理治疗的首要目的并不在于症状的消除,而是使来访者重新发现并重新认识自己的存在。心理治疗师肩负着双重的任务,一方面要了解来访者的症状,另一方面要进一步认清来访者的世界,认识到他存在的境况。

罗洛·梅将心理治疗的基本原则:

(1)理解性原则,指治疗师理解来访者的世界,这是治疗的基础。

(2)体验性原则,指治疗师要促进来访者对自己存在的体验,这是治疗的关键。

(3)在场性原则,治疗师应排除先入之见,再进入到与来访者间的关系之中。

(4)行动原则,指促进来访者在选择的基础上投身于现实行动中。罗洛·梅认为,存在心理治疗技术应具有灵活性和通用性,随来访者及治疗阶段的变化而发生变化。

罗洛·梅将心理治疗的三个阶段:

(1)愿望阶段,发生在觉知层面。治疗师帮助来访者,使他们拥有产生愿望的能力,以获得情感上的活力和真诚。

(2)意志阶段,发生在自我意识层面,心理治疗师促进来访者在觉知基础上产生自我意识,例如,在觉知层面体验到湛蓝的天空,则意识到自己是生活在这样的世界的人。

(3)决心与责任感阶段,心理治疗师促使来访者从前两个层面中创造出行动模式和生存模式,从而承担责任,走向自我实现、整合和成熟。

罗洛·梅在从事心理治疗的实践中,形成了自己独特的思想,这就是存在心理治疗。它以帮助来访者认识和体验自己的存在为目标,以加强来访者的自我意识,帮助来访者自我发展和自我实现为己任,重视心理治疗师和来访者的互动,重视治疗方法的灵活性。它尤其强调提高人面对现实的勇气和责任感,将心理治疗与人生的意义等重大问题联系了起来。罗洛·梅是美国存在心理治疗的首创者,在他之后,布根塔尔和施奈德等人促进了进一步的发展,使得存在心理治疗成为人本主义心理治疗的重要组成部分。当前,存在心理治疗与来访者中心疗法、格式塔疗法一起,成为人本主义心理治疗领域最为重要的三种方法。(钟建军,郭志宏,2005)

6.1.3 以人为中心疗法的基本理论

1. 核心概念

(1)人性观

罗杰斯对人性抱着非常积极的看法。他认为人基本上是善良、理智、仁慈、现实、进取、可信赖和有目标的。他认为人是有责任感的,能够和谐地与别人合作并一步步迈向成熟。在适当情况下,人有能力指引和掌管自己的生命。(江光荣,2005)

(2)自我实现的倾向(self-actualizing tendency)

罗杰斯认为,人天生就有一种基本的动机性的驱动力,他称之为"实现倾向",人有追求满足更高层次的需要之倾向,例如满足衣、食等基本需要后,会寻求安全感、知名度以达至自我实现。此倾向乃是推动我们行为的基本动力,促使我们发挥内在潜能,提升自身的功能,使个人更趋成熟。他认为所有心理困扰都是由于此倾向被压制所致。例如:婴儿在正常环境中的生长过程,他将逐步学会走路,尽管会跌倒、失败和受挫,但最终将学会各种动作。(曾昱,2011)

个体的评估过程(organismic valuing process)

①假定人类和植物或动物一样,与生俱来就有一种不断发展、增长和延续其机体的趋势;

②最简单的例子就是婴儿在正常环境中的生长过程,他将逐步学会行走,尽管会跌倒、失败和受挫,但最终将学会各种动作。在心理方面也是如此,只要有生长发育的条件,有机体的这种自我实现趋势就会克服各种障碍和痛苦。

(3) 人是可以信任的

在罗杰斯心目中，人的每一种行为都是彼此相关和互相影响的；我们断不能单凭某一两种行为来分析他的整体性格。人是可以信任的。以人为中心疗法认为每个人都是有价值的，是可以信任的，是可以改变的。只要给来访者提供适当的心理环境和气氛（足够的尊重和信任），他们就能产生自我理解，改变对自己和他人的看法，产生自我导向的行为，并最终达到心理健康的水平。他主张人是一个"统合的整体"（integrated whole）。简单来说，当我们看到人的行为表现，要进一步理解其情绪、感受、观感和处境等因素。例如一位单身母亲常以打骂方式督责其子女，旁人可能认为她不爱惜子女；但若从其他角度看，却发现这位母亲的行为是她悉心照顾子女的需要，只是她的期望值很高，怕孩子会有行差踏错，担心自己未能适当地管教子女，所以才倾向对子女采取较严厉的措施，以免他们出现偏差行为。

①"人的本性，当它自由运行时，是建设性的和值得信任的。"

②只要给来访者提供适当的心理环境和气氛（足够的尊重和信任），他们就能产生自我理解，改变对自己和他人的看法，产生自我导向的行为，并最终达到心理健康的水平。

③人是理性的，是善良和值得信任的。

④人是不断向健康、独立自主、自我认识和自我实现的方向发展的。

⑤人各具潜质，每个人都有自己的价值，有本身的尊严，是独特的个体。

⑥人有能力产生自觉，有能力认识和掌握自己的命运。

⑦人的行为往往被自己的自我形象所影响。

(4) 人拥有机体的评价过程

个体在其成长过程中，不断与现实发生着互动，个体不断地对互动中的经验进行评价，这种评价不依赖于某种外部的标准，也不借助于人们在意识水平上的理性，而是根据自身机体上产生的满足感来评价，并由此产生对这种经验及相联系的事件的趋近或是回避的态度。罗杰斯相信若来访者的主要问题得到解决的话，其他的问题也会逐渐消失；但若来访者的基本问题未被解决，而只是某些表面问题被改善，到最后，其基本问题仍会经过转移的过程而在其他行为上表现出来。有机体的评价过程是不固定的、不可改变的，它随个体当下需要状态的不同而不同。

案例 一名少年被发现在超级市场盗窃，这一行为背后的原因看似是由于贪念所致，但实际却是受朋辈影响，想拥有名牌用品，以求得到朋辈的接纳和认同，故有此行为。咨询师要从人的整体情况着手，例如协助该少年增强自信心，教会其树立正确的价值观，拒绝朋辈的不良要求。

(5) 现象场/经验场

罗杰斯认为人的自我概念决定了接受和处理经验的方式和态度。首先，我们看一个理想的情况：若我们的"现实经验"与"自我概念"是互相符合的话，则这经验是正面的。例如：一位自觉钢琴造诣很深的女孩子会相信自己在公开赛中有良好的表现。若她在公开赛中得奖,她会很高兴地觉得这是理所当然的。而得奖这"现实经验"会加强她认为自己是很有弹琴天分的"自我概念"。我们称这种情况为"自我概念与经验达成一致"(state of congruence between self–concept and experience),这种情况是一个很完美的境界。(李红艳,2008)

第二种情况是当我们的"现实经验"与"自我概念"不相符或有冲突时,我们便会歪曲我们对事物的看法(perception),以求心理平衡。例如当一个成绩素来不好的同学写了一篇文章受到老师赞赏时,他可能会认为:"那位老师根本没有仔细地阅读过自己的文章",或者"那位老师的水准真是低"。他一定要作出一些这样的解释,才可以继续保持一个低落的"自我概念"。

人类个体对自己的体验或者经验,有一种天生、在的机制或者手段,罗杰斯称之为"机体评估过程"(organism valuing process),机体评估过程作为一种反馈系统,它使个体能调节自己的经验,朝向实现化倾向,达到维持、增长、完善和发挥生命潜力的目的。

如果个体依据"机体评估过程"对经验进行处理,并以此来引导自己的行为,这些行为就是正向的、亲社会的、有建设性。

在罗杰斯看来,"来访者中心疗法"所接触到的人群也具有这种人类的本性。他说:"我觉得我的工作中最有意义和最受鼓舞的部分之一,就是研究这类人,发现那种与我们所有人一样埋藏在心深处的、强有力的、积极向上的倾向。"

通过罗杰斯对人的基本看法,心理咨询和治疗的最高目标就应该是恢复人的本性,帮助人按其本性的要求去生活,使其更丰富;帮助人更好地自我实现,使其更自由、更充分地发挥潜能。

2. 咨询过程

(1) 咨询目标

①支持来访者的成长过程,使他能更好地解决目前以及将来可能面临的问题。

②帮助来访者去掉那些由于价值条件作用而使人用来应付生活的面具或角色,去掉那些把别人的自我当成自我的成分,使来访者恢复真正的自我。

③咨询过程中来访者的改变:

a. 自我变得较为开放;

b. 自我变得较为协调;

c. 更加信任自己;

d. 变得更适应;

e. 愿意使其生命过程成为一个变化的过程。

(2) 咨询过程

罗杰斯非常重视咨询过程,在整个咨询过程中,咨询师与来访者保持一种充满情感的关系,彼此都需要非常关注自己此时此地的内心情况。此关系容许来访者毫无畏惧地表达内在的情绪,使他能与咨询师有深切且真挚的情绪交流和心灵上的沟通。借助这段充满情感的关系,使他能重新醒悟(aware)、体验(experience)、面对和处理自己以往不敢正视的内心深处的课题,当他发掘到自己的意念时,便有机会成为一个忠于自己的真正感受、表里一致的人。在这个过程中,咨询师应着重情绪上的内容而非理智或思想上的内容(即事实的情况)。罗杰斯认为此时最重要的是协助来访者了解及宣泄他对事件的情绪,而不是探测事件的细节。(张小乔,1998)纯粹令来访者了解到事情的真相,但情绪的困扰亦会妨碍他有效地利用这些资料来处理问题。

案例 纵使一个成年儿子了解到他与年老父亲相处的问题,咨询师必须提供机会让他表达对父亲的怨愤和对自己的忧虑不安,而不是理性地分析他和父亲双方面的问题。

在人本治疗法的咨询过程中,此时此刻的关注代替了传统的诊断(diagnosis)。罗杰斯反对将人分门别类,诊断他们究竟是患了什么病症。他认为这是违背了一个基本的信念——每个人都是独特的,如果将人生硬地归类是有损人的尊严的。其次,罗杰斯认为只有来访者自己才能诊断自己的困难,只有他自己才能准确地了解他所观看事物的角度,就算咨询师认为自己已十分清晰地了解来访者的情况,但去尝试诊断来访者的问题,也是一个很大的冒险。故此,在咨询过程中,采纳人本治疗法的咨询师是应避免主观上为来访者作出诊断。(罗杰斯,1961)

以人为中心治疗过程的七个阶段

以人为中心的心理咨询过程注重于在咨询者与当事人互动的过程中,当事人内在的态度、情感及体验性的活动过程,注重于当事人内在的心路历程及其发展演变规律性的特点。美国心理学家佩特森把这个咨询过程分为七个阶段。

第一阶段:当事人对个人经验持僵化和疏远态度阶段,不愿主动寻求帮助和治疗。

第二阶段:当事人开始"有所动"阶段。在这一阶段中,当事人可以流畅地谈论一些自我之外的话题,但仍不能承担问题的责任。

第三阶段:当事人能够较为流畅地、自由地评价客观的自我。但他表达的仍然是客观的自我,总体上来说,还没有情感的投入。

第四阶段:当事人能更自由地表达个人情感,但在表达当前情感时还有所顾虑。如果当事人发现自己在前一阶段对自我的表达能够被咨询者接纳,他们的自我防卫就会变得放松,就能更自由地表达个人的情感。

第五阶段:当事人能自由表达当时的个人情感,接受自己的感受,但仍带有一些迟疑。

第六阶段:当事人能够完全接受过去那些被阻碍、被否认的情感,他的自我与情感变得协调一致。他们不再否认、惧怕、抵制那些自己真实的感受,他会感受到已经解除了自我概念中那些对经验的束缚。他能切实生动地体验到自己的真实情感,因此感到无比放松。

第七阶段:由于上一个阶段的变化是不可逆转的,因此在此阶段当事人对治疗条件的作用不再看得那么重要。他几乎可以不需要咨询师的帮助,就可以继续自由地表达自己。

治疗过程

来访者前来求助：

这对治疗来说是一项重要的前提，如果来访者不承认自己需要帮助，不是在很大的压力之下希望有某种改变，咨询或治疗是很难成功的。

向来访者说明咨询或治疗的情况：

咨询师要向对方说明，对于他所提的问题，这里并没有确定的答案，咨询或治疗只是提供一个场所或一种气氛，帮助来访者自己找到某种答案或自己解决问题。咨询师要使对方了解，咨询或治疗的时间是属于他自己的，可以自由支配，并商讨解决问题的方法。咨询师的基本作用就在于创造一种有利于来访者自我成长的气氛。

鼓励来访者情感的自由表现：

咨询师必须以友好地、诚恳地、接受对方的态度，促使对方对自己情感体验做出自由的表达。来访者开始的表达大多是消极的或含糊的情感，如敌意、焦虑、愧疚与疑虑等。咨询师要有掌握会谈技巧的经验，有效地促使对方更多表达自己真实的内心情感。

咨询师能够接受、认识、澄清对方的消极情感：

这是很困难也是很微妙的一步，咨询师接受了对方的信息必须有所反应，但不应是对表面的反应，而应深入其内心深处，注意发现对方影射或隐含的情感，如矛盾、敌意或不适应的情感。不论对方所讲的内容是如何荒诞无稽或滑稽可笑，咨询师都应能以接受对方的态度加以处理，努力创造出一种和谐包容的气氛，使对方认识到这些消极情感也是自身的一部分。咨询师有时需要对一些情感加以澄清，但不是解释，目的是使来访者自己对此有更清楚的认识。

帮助来访者澄清可能的决定及应采取的行动：

当来访者充分表达其消极的情感之后，模糊的、试探性的、积极的情感不断萌生出来，成长由此开始。

接受和认识来访者积极的情感：

对于来访者所表达出的积极的情感，如同对其消极的情感一样，咨询师应予以接受，但并不加以表扬或赞许，也不加入道德的评价。而只是使来访者在其生命中，能有这样一次机会去自己了解自己。使之既无须为其有消极的情感而采取防御措施，也无须为其积极情感而自傲。在这样的情况下，促使来访者自然达到领悟与自我了解的境地。

来访者开始接受真实的自我：

来访者因处于良好的、能被人理解与接受的气氛之中，有一种完全不同的心境，能够有机会重新考察自己，对自己的情况达到一种领悟，进而达到接受真我的境地。来访者的这种对自我的理解和接受，为其进一步在新的水平上达到心理的调和奠定了基础。（夏洛特，布勒，1990）

澄清可能的决定及应采取的行动：

（1）在领悟的过程之中，必然涉及新的决定及要采取的行动。咨询师要协助来访者澄清其可能作出的选择；

(2)对于来访者此时常常会有恐惧与缺乏勇气,以及不敢作出决定的表现应有足够的认识。

(3)咨询师不能勉强对方或给予某些劝告。

疗效的产生：

领悟导致了某种积极的、尝试性的行动,此时疗效就产生了。由于是来访者自己领悟到的,在对此有了新的认识,且付诸行动的,因此这种效果即使只是瞬间的,仍然很有意义。

疗效的扩大：

(1)当来访者已能有所领悟,并开始进行一些积极的尝试时,治疗工作就要转向帮助来访者发展其领悟,以求达到较深的层次,并注意扩展其领悟的范围；

(2)如果来访者对自己能达到一种更完全、更正确的自我了解,则可以拥有更大的勇气面对自己的经验、体验并考察自己的行动。

来访者的全面成长：

来访者不再惧怕选择,处于积极行动与成长的过程之中,并有较大的信心进行自我指导。此时,咨询师与来访者的关系达到顶点,来访者常常主动提出问题与咨询师共同讨论。

治疗结束后,来访者感到自己已经无须再寻求咨询师的协助,治疗关系就此终止,通常来访者会对占用了咨询师许多时间来表示自己的歉意。咨询师要采用与以前步骤中相似的方法,来澄清这种感情,接受和认识治疗关系即将结束的事实。(卡尔.罗杰斯,2006)

治疗关系建立的条件：

(1)咨访双方有心理上的接触；

(2)来访者表现出不一致；

(3)咨询师在治疗关系中是一致且统一完整的人；

(4)咨询师对来访者无条件的积极尊重,真正地关怀；

(5)咨询师对来访者有同理的了解经验,尽力告知；

(6)咨询师同理的了解与无条件的积极关注是沟通给来访者只是最低程度应达到的标准。

6.1.4 以人为中心疗法的主要技术

罗杰斯认为,真诚、无条件的尊重、共情是建立治疗关系最基本的条件,也是促进来访者人格改变的基本条件。以人为中心疗法最主要的特点是强调治疗关系。罗杰斯认为,良好的治疗关系是心理治疗的基本条件。(柏莱安.索恩,2007)

1. 治疗关系：

(1)咨询师与来访者两个人有心理上的接触；

(2)来访者大多都陷入一种无助、焦虑、攻击与混乱的心理状态,处于一种内在不一致的状态;

(3)咨询师处于一种一致的、内外整合的和谐的状态之中;

(4)咨询师无条件地接受和关注来访者;

(5)咨询师对来访者产生共情,努力与来访者交流;

(6)咨询师对来访者表达共情的交流和无条件关注是最基本的。

2. 共情

共情是指咨询师能对来访者的思想和感受有正确的了解,并能深刻体会后者的心理状况,能够敏锐地察觉到来访者的主观感受,有如置身其中,但却不会被其情绪笼罩着而迷失自己。透过运用共情,咨询师与来访者建立良好的关系,进而接触其内心世界,特别是那些来访者极力意图避开、较为隐晦、意识不到,或不敢承认的感受如愤怒、嫉妒等。但共情并不是纯粹只反映来访者的感受,而是要求咨询师全身投入来访者的主观世界,感到他身处之情况、感受和意念;同时,咨询师亦要谨记他只是一个"参与之观察者"(participant observer),要把持自己的个人独特处,能确认本身与来访者在各方面之分别,而不致因过分认同,失去客观性,陷入其困扰而不能协助来访者洞悉问题之所在。总括而言,共情是一种对他人采取主动,持续和尊敬的态度,以心领神会的心情,来接纳别人的经验和感受。(A H Maslow,1987)

案例:来访者:"我相信我只是怕面对陌生人,一旦我认识他们多一点,我便会好很多。"

咨询师:"你与熟悉的人一起感觉更加自然、更加放松,同时你也是很怕与陌生人接触,担心会留给他们不良的印象。在此情况下,我猜你一方面想摆脱这些陌生人,但另一方面又想自己去克服这些惊慌。"

后起的咨询专家如依根和艾飞等人更将共情分为基本的共情(primary empathy)和深度的共情(advanced accurate empathy)。前者透过反映来访者情绪来表达感同身受的领会,后者则反映来访者未能意会但是潜伏着的情绪和意念,比前者更能深入地拓宽来访者的自我了解。

从来访者的角度去知觉他们的世界,并把这种知觉向来访者交流表达出来。包括关注、设身处地理解语言和非语言交流、使用沉默的技术。共情是以人为中心疗法的关键点。共情对于治疗关系的建立,对于促进来访者的自我探讨都起着核心性的影响作用。按照罗杰斯的观点,共情是指体验别人内心世界的能力。罗杰斯为共情下的定义是"体会来访者的内心世界,有如自己的内心世界一般,可是却永远不能失掉'有如'这个特质,这就是共情"。

共情包含了以下几个方面的内容:

(1)咨询师首先要放下自己的主观参照标准,进行有效的聆听,设身处地从来访者的角度去感受他;

(2)共情的重点在于感受来访者的情绪感受,而不是单纯去了解来访者的认知;

(3)共情并不是完全认同来访者的认识和感受;
(4)共情还包括咨询师能够通过语言把自己对来访者的感受有效地传达给对方。

注意事项:
(1)体会来访者的感受;
(2)将自己的感受向来访者传达;
(3)站在来访者的位置尝试感受;
(4)协助来访者表达、探索与了解;
(5)共情不同于同情,不能居高临下。

促进共情的技术

共情意味着从来访者的角度去知觉、理解他们的世界,并把这种知觉和理解传达给来访者。包括:
(1)倾听与关注
(2)言语交流
(3)非言语交流
(4)沉默

3. 真诚

真诚是指咨询师在治疗关系中始终是一个表里一致、真诚、统合的人。(卡尔·罗杰斯,2004)咨询师要自然地流露情感,自由地表达和交流,而不总是掂量自己应该说什么,不能出现冲动性或压制自己的情况,要始终不为某种角色或技术所羁绊;咨询师要有自知之明,了解自己的优势和劣势,可以公开面对来访者的消极反应并且确定自己不会因此受到打击,借此进一步探索自己的弱点。

一致性:实事求是,而非需要。所思所想和所信的东西与实际表现之间只有很小的差异。

自我的交流:适当的自我开放,而非伪装。
(1)真实、诚实、可靠,心口一致,言行一致;
(2)开明、开放、统合;
(3)可以表露自己的失败与过错;
(4)自由与自然表达真正的自己;
(5)不流于表面化及过长的自我表达。

真诚交流的技术

根据伊根的观点,真诚的交流包括:
(1)角色非固定

咨询师不固定自己的角色,意味着他在咨询中的表现如同他在现实中的表现一样坦诚,并不把自己隐藏在职业咨询师的角色里,而是继续保持目前的情感和体验的和谐,并与来访者交流自己的情感。

（2）自发性

一个自发的人能很自由地表达和交流，而不是总在掂量该说什么，不该说什么。自发的咨询师表现得很自由，不会出现冲动和压抑，并且不为某种角色或技术所羁绊，他的言行表达和行为都以自信心为基础。

（3）无防御性

真诚的人是没有防御反应的。一个没有防御反应的咨询师很了解自己的优势和不足，并且很了解如何去感受他们。因此，他们可以公开面对自己的消极反应并进一步去探索自己的弱点，而非对它们做出防御。

（4）一致性

对真诚的人来说，他的所思、所感及所信与他的实际表现之间只有很小的差别。

（5）自我坦露

真诚的人在合适的时候能够坦露自我。因此，真诚的咨询师会通过他的公开的言语和非言语线索表达其情感。

4. 无条件的积极关注

咨询师对来访者要有深切和真挚的关心。无条件的关怀是协助来访者成长的关键要素。无论来访者的问题或行为是怎样的，咨询师都要尊重来访者，要深信自己拥有足够的能力和资源去帮助来访者成长。咨询师充分接受来访者的人性——包括他的优点、弱点和各种情绪。在此情况下，来访者无需畏惧咨询师对他的印象，而是将自己的行为/感受/意见毫无隐藏地表露出来。来访者是有权自由地拥有和表达各类情绪/思想的，因为无论自己的表现怎么样，都会被咨询师无条件接受。来访者作为一个人的基本价值和尊严始终符被推崇，这种尊重、开心和接受是无条件的，不带占有性的。咨询师不会因来访者不能达到自己的期望，或有不同看法，而减低对来访者的接受和尊重程度。

咨询师对来访者无条件的关怀并不等于必须同意来访者所有的行为。在来访者表露出对别人或自己有损害的行为时，咨询师可以很直接地表达出对这种行为的制止。但咨询师仍要对来访者及其情绪深切地接受，继续给予来访者真挚的关怀，务使来访者能够释放内在资源，来协助来访者断续成长。罗杰斯深明这种无条件关怀不容易达成，咨询师未必能够对每一位来访者都能表露出同样程度的接受和尊重。

案例： 来访者：（一位被控虐儿的妈妈，被转介到咨询师这里）："你说你想帮我，你们这些人都是那样虚伪。不要以为我来这里是因为我需要你帮我。我在此完全是因为那个警察要我来，说我不来便要拉我坐牢！"

咨询师："要你来见我令你很愤怒，尤其当你觉得我是假装着帮你时，我想如果我像你那样没有其他选择的时候，我也会有同样的感觉。"

无条件积极关注的技术

无条件积极关注是指咨询师对来访者表示真诚和深切的关心、尊重和接纳。

（1）对来访者的人性和发展潜力的尊重；

(2) 自己承诺要与他们一起努力；
(3) 把来访者作为一个独特的个体予以支持,并帮助他们发展这种独特性；
(4) 相信来访者有自我导向的能力；
(5) 相信来访者是能够做出改变的。

6.1.5 人本主义疗法在朋辈心理咨询中的应用

人本主义和其他学派最大的不同是强调人的正面本质和价值,而并非集中研究人的问题行为,人本主义强调人的成长和发展。根据人本主义心理学的理论观点,朋辈心理互助的原理是以尊重信任为基本前提,相信人是有能力、有价值、有责任感,应该得到相应的尊重和信任。以建设性的朋辈关系为互动选择。朋辈心理互助是一种积极的人际互动的过程,同龄伙伴有共同的爱好、价值观和文化背景,彼此之间容易理解和沟通；以"他助—互助—自助"为运行机制,因而朋辈心理互助的过程,是一种民主性的助人、自助的过程。

大学生朋辈心理辅导是高校心理健康教育部门通过培训与督导一批志愿者从事心理援助的学生,在心理督导基本原则的指导下,对周围需要心理帮助的同学给予心理开导、安慰和支持,提供一种具有心理辅导功能的服务。朋辈互助有利于满足大学生多层次心理援助的需要,有利于提高学生心理自助和互助的意识与能力。

朋辈辅导的形式分为个体辅导、团体辅导。下面从个体辅导和团体辅导的角度分别阐述人本主义疗法在朋辈心理辅导的应用。

1. 人本疗法的团体治疗和个人治疗的异同

(1) 相同点

治疗师的态度相同：个体治疗师和团体治疗师在对待当事人的态度上具有一致性,对人的信任、尊重、无条件的接纳以及真诚一致,在团体中同样是很重要的,而且同样采用非指导性的方法。这些态度对于团体的发展是至关重要的。

基本氛围相同：不管是在个体治疗中还是在团体中,治疗师都要尽量创造出一个让人们在心理上觉得安全的气氛,降低人们在日常生活中经常具有的焦虑感和自我防卫,这样人们才敢于自由地表达自己的感受和想法,进而才能够得以实施和治疗。

某些态度表达技巧相似：技巧是一种表达态度的媒介,源于态度,并把这些态度传递给当事人,让当事人能够感受到。治疗师在团体中也会通过技巧和灵魂的感觉传达对其情感的理解,如感觉的澄清、情感反应、内容复述等在个体治疗中采用的技巧在团体中同样适用。

(2) 不同点

团体与个体治疗有着很大的不同。因为团体中的成员互动会更加复杂,互动不仅仅局限于治疗师和团体成员,还有大量的成员的互动,因此如何把治疗师对待成员的态度渗透到整个团体当中,这是治疗时需要做的主要工作之一。

朋辈心理辅导在团体活动中,能够使得"成员专注于人际交往的能力,并提供一个直接的去发展新的、更令人满意的人际交往方式的机会"。许多成员的人际模式其实是通过生活中的向他人学习的。但这种人际模式随着个体的成长和环境的变化日益变得僵化和无效,让个体觉得压抑和痛苦,所以他需要学会和其他人建立亲近关系,进而对自己的模式有新的发现,同时学习新的人际模式,团体恰恰能提供这样的一种环境。当事人长生心理问题的一个主要原因是觉得自己与他人不同而产生的,这常常会导致当事人内心对自己的憎恨,也会产生深深的孤独感,当别人也具有和自己相同或相似的体验时,这种孤独感会大大减少,这种对自己的不接纳也会降低。

在个体辅导中,治疗师遵循着一个原则:帮助当事人建立他自己的价值体系,而把治疗师个人价值体系的影响减到最小限度。在治疗中,治疗者"维持着最基本的价值观,那就是个体有权决定属于他自己的生活方式",这对当事人价值观的重新建立提供了必要条件。当朋辈心理辅导员和学生建立起一种相互信任、接纳和真诚的态度时,当事人在朋辈环境中的治疗效果则更为显著。当事人获得被其他人,尤其是和他一样的人的理解和接受,并真诚地相互分享彼此的一些感受,这使一些真正的同伴之间产生了质的不同。

6.2 大学生常见心理问题之亲子沟通

6.2.1 问题表现

1. 独立与依赖的冲突

大学生处在人生的第二次"断乳期——心理断乳",离开原生家庭,进入到学校,他们在生理和心理层面都会发生很大的变化。一旦处理欠妥,就会引起不可忽视的社会危机。大学生正处于青春期,有时会搞不清楚自己到底是大人还是小孩。从进入大学生活,离开家庭和原来学校的那一天起,学生的群体就在不断地变化着,这样的状况会让大学生感到茫然和不适应,其中有一部分原因是他们还没有搞不清楚自己是应该独立还是应该依赖,时代的变化造就了当代大学生和当代青年。他们从互联网上获取了前所未有的知识,在独生子女生活环境中又养成了其独特的性格,他们享受着父母们年轻时从未体验过的现代物质生活,同样也面对着父母们年轻时从未经历过的竞争压力,这就是当今时代的大学生的特色,也正是因为这些而造就了当时代的大学生。在没有上大学前,父母对学生的照顾让学生没有支配权,大学阶段学生的身体和精神都开始长大,然后其要求独立的愿望就越来越强烈,期望自己可以早日摆脱童年的那些创伤或者早年的被约束。

目前,我国大学生群体的年龄大多处于18~23岁。与未成年人相比,大学生在生理和心理方面呈现出该阶段具有的特殊属性。大学生的系统和器官均已发育成熟;他们具有独立思考能力和较强的批判性思维,不轻信、不盲从;意志力、自控能力也有较大提升,能更好地控制自己的行为和情绪;自我意识等方面也有显著提高,对自己有清晰的认知和评价。在大学阶段,他们开始真正地认识自己、接受自己、完善自己,然而在这个过程中并不顺利,这个时代的大学生由于多数生活在独生子女环境里,没有与同年龄兄弟姐妹一起生活的经历,所以他们很容易形成孤独心理和排他心理,他们更喜欢一个人的独立空间。但是内心又渴望与人交往,特别是进入大学的初期会产生交往冲动的兴奋和兴奋后的失落。大学生远离了家乡,会产生对父母的强烈依恋感,这种依恋感也导致了他们对新的学习环境不能很好地投入和适应,心理较脆弱,对自己的认同就会出现迷茫。大学生独立意识和逆反心理是当代大学生心理特征的表现,因为他们长期在父母照管下生活和学习,所以他们在体会父母照顾关心的同时,也感受到长期被父母管教的压力,父母的过分关爱也成了他们迫切期望走出去,可以有自己独立的生活空间和决策。所以上大学后他们都有较强的独立意识,同时还有着不同程度的逆反心理。主要表现为依赖心理较重,缺乏担当责任意识;人际交往能力差,缺乏社会适应能力;以自我为中心,缺乏团队精神;心理素质差,缺乏抗压、挫折能力等。大学生处于心理成熟的多变过渡期,有些学生在环境骤然改变下无法做到角色蜕变,依赖性强,自理能力低下。他们有时觉得自己在认识上比父母多了,有时甚至觉得自己比老师还要强,因此对父母和老师有自己的意见和看法,也会有逆反心理,听不进去,甚至其父母说得越多,他们就越反感。这种与独立意识相伴随的逆反心理是青年人的正常心理现象,在独生子女群中尤为明显,如果不能很好地调整就会逐渐形成偏执心态,进而影响其学习和生活,影响其发展。

2. 发展自己想要的生活

谈及当代大学生,人们经常听到的问题是,这些年轻人到底在想什么？他们想要的是什么？他们整天都在干吗？他们所说的话有几分是严肃认真的？生活中的重大事情对他们计划和价值感的影响达到了什么程度？其实有许多大学生们也会有这样的困惑:我想把生活过得有意义,但是完全不知道自己该干些什么。大学太迷茫,我究竟该做什么？也许大学生会问其自己的信念、价值观、人生观究竟是什么？有的人一辈子都没有想过这样的问题,所以比较难有好的发展。个人的人生观、价值观和自己的职业生涯规划有着密切的关系。当代的大学生存在着这样迷茫的现象,类似"彷徨""困惑"的状态,怎么样过好大学的生活,读书是否"有用",毕业后"何去何从"……对自己阶段学习目标的迷茫、对自我前途的迷茫乃至对社会未来的迷茫。这太多的"迷茫"恰恰是目前多数大学生的生存现状之写照,对未来的焦虑也许是大学生要面对的课题。

3. 亲子沟通的冲突

亲子冲突是亲子关系的重要组成部分,也是大学生成长与父母互动过程中不可避免的产物。亲子冲突现象最早在孩童的早期就已经出现,表现为孩童对父母意愿的抗议和不服从,父母会认为这个现象是因为他们不听话。提到亲子冲突一词,人们往往想到幼儿期、童年期,青春期,总感觉大学阶段的亲子冲突会有所减少,其实截然相反。很多大学生对父母的控制表现出、不理解,甚至抑郁、自杀、家暴。有大学生表示因为没考上研究生被父母骂,有的因为父母过于严格的控制而严重焦虑,甚至无法正常生活和学习,这些现象在一定程度上反映出当下大学生与父母不能和谐相处的困境。已有研究发现,亲子冲突与青少年的犯罪、吸毒、性行为、学习成绩差、自杀等行为之间存在着明显的关系。

在亲子沟通中,冲突主要体现在孩子的学业问题上大学生除了完成学业考试,还要面临就业选择、婚恋对象选择等问题,所以亲子间的沟通用权威的方法来表述的话就会造成问题。很多学生表示跨入大学之前,自己与学校和家庭较为密切,和父母面对面交流的机会较多,而大学生多数只能在寒暑假期间回家,除了面对面聊天,在校期间多采用电话、视频和语音等方式与父母交流,疫情防控期间回到家中和父母沟通就会发现许多问题。在中小学阶段,子女各方面能力发展不尽完善,思想不够成熟,因此父母作为生活阅历丰富的成人,具有一定的权威性,可以利用权威去解决问题。但是到了大学阶段,大学生已具备独立解决问题的能力,与同龄群体相比,他们接受着高等教育的熏陶,学习着前沿的知识和技能,年老渐衰的父母在很多事情上开始信赖和依赖自己的子女,这种优势身份使大学生在亲子沟通上占有一定的主动性。他们不再依赖父母而是喜欢用自己的思维方式来判断和解决问题,父母与子女的关系也变得混乱,面对这种失控的局面,家庭作为一个趋衡系统往往采取一定的方式来恢复系统平衡。家庭所展现的问题解决能力和沟通技巧,伴随冲突产生的理性或非理性信念,家庭成员对冲突的归因,以及应对冲突展现的家庭凝聚力等各方面都会影响冲突的强度、广度和持续时间。

4. 念亲恩,感育恩

感恩(gratitude)源自拉丁字根 gratia,意为"优雅、高尚、感谢"。(平安俊,彭凯平,2018)中国自古就有"滴水之恩,当涌泉相报""投桃报李""施恩勿念,受恩勿忘"等箴言。感恩是人们对别人善意的行为所带来的帮助而衍生出对日常生活心怀感激并做出稳定感激反应的倾向,同时促使个体更加积极、乐观地评价自己的生活,更易快乐,有较高水平的正性情感和较低水平的负性情感,感恩的个体主观幸福感也更强。所以更应该提升大学生的感恩教育。

现在有许多家长对自己的孩子缺少感恩意识的指导和教育,甚至有部分家长把孩子视为掌中宝、心头肉,无论家庭再怎么困难,都舍不得自己的孩子受苦受累,把最好的统统留给孩子,这样只会让孩子产生得到的一切都是理所当然的错觉,离开家庭处处要别人迁就自己,满足自己的欲望,这样的家庭培养方式容易使步入大学生活的学生们变得以自我为中心,不思进取,没有社会责任感,做什么事情一味想着走捷径以谋求私利。所以之前那种"大包大揽"的中国式家庭教育中,彼此生活距离拉开后又将过多的忧心转化为对其生活上的过度关注和过多物质满足,如给予过多生活开支,也会造成学生进入高校后出现自控力差等问题。

6.2.2 心理小测验

父母教养方式量表（EMBU）

EMBU 父母教养方式量表（表 6.1）是 1980 年由瑞典 Umea 大学精神以学习 C. Perris 等人共同编制，用以评价父母教养态度和行为的问卷。EMBU 为人们提供了一种探讨父母教养方式与子女心理健康关系的有力而且客观的工具，同时也为探讨心理疾病的病因提供了一条途径，也可以用来探讨父母教养方式对人格形成的影响，从而使更多的子女在良好的教养环境中成长形成健全的人格。

心理测试

家庭教养方式量表（EMBU）

你与父母一起生活到_____岁。

父亲是否健在： 是 否（或在您_____岁时去世）

母亲是否健在： 是 否（或在您_____岁时去世）

父母是否离异： 是（在您_____岁时离异） 否

父亲的文化程度：大学（包括本科及以上、大专）、中专（包括高中）、初中、小学

父亲的职业：工人 农民 知识分子 干部

母亲的文化程度：大学（包括本科及以上、大专）、中专（包括高中）、初中、小学

母亲的职业：工人 农民 知识分子 干部

指导语：父母的教养方式对子女的成长和发展有着重要意义。回答这一问卷，就是请你努力回想父母在你小的时候给你留下的这些印象。

问卷由很多题目组成，每个题目的答案均有四个等级。请你分别在最适合你父亲和母亲的等级上画"√"，每题只准选一个答案。您父母对您的教养方式可能是相同的，也可能说不同的，请您实事求是地分别回答。

如果幼小时父母不全，可以只回答父亲或母亲一栏。如果是独生子女，没有兄弟姐妹，相关的题目可以不答。

表 6.1 家庭教养方式量表

题目	父亲	母亲
1. 我觉得父母干涉我所做的每一件事	1 2 3 4	1 2 3 4
2. 我能通过父母的言谈、表情感受他（她）很喜欢我	1 2 3 4	1 2 3 4
3. 与我的兄弟姐妹比，父母更宠爱我	1 2 3 4	1 2 3 4
4. 我能感到父母对我的喜爱	1 2 3 4	1 2 3 4
5. 即使是很小的过失，父母也会惩罚我	1 2 3 4	1 2 3 4
6. 父母总试图潜移默化地影响我，使我成为出类拔萃的人	1 2 3 4	1 2 3 4
7. 我觉得父母允许我在某些方面有独到之处	1 2 3 4	1 2 3 4

表 6.1(续 1)

题目	父亲	母亲
8. 父母能让我得到其他兄弟姐妹得不到的东西	1 2 3 4	1 2 3 4
9. 父母对我的惩罚是公平的、恰当的	1 2 3 4	1 2 3 4
10. 我觉得父母对我很严厉	1 2 3 4	1 2 3 4
11. 父母总是左右我该穿什么衣服或该打扮成什么样子	1 2 3 4	1 2 3 4
12. 父母不允许我做一些其他孩子可以做的事情,因为他们害怕我会出事	1 2 3 4	1 2 3 4
13. 在我小时候,父母曾当着别人的面打我或训斥我	1 2 3 4	1 2 3 4
14. 父母总是很关注我晚上干什么	1 2 3 4	1 2 3 4
15. 遇到不顺心的事时,我能感到父母在尽量鼓励我,使我得到一些安慰	1 2 3 4	1 2 3 4
16. 父母总是过分担心我的健康	1 2 3 4	1 2 3 4
17. 父母对我的惩罚往往超过我应承受的程度	1 2 3 4	1 2 3 4
18. 如果我在家里不听吩咐,父母就会发火	1 2 3 4	1 2 3 4
19. 如果我做错了什么事,父母总是呈现一种伤心样子使我有一种犯罪感或负疚感	1 2 3 4	1 2 3 4
20. 我觉得父母难以接近	1 2 3 4	1 2 3 4
21. 父母曾在别人面前唠叨一些我说过的话或做过的事,这使我感到很难堪	1 2 3 4	1 2 3 4
22. 我觉得父母更喜欢我,而不是我的兄弟姐妹	1 2 3 4	1 2 3 4
23. 在满足我需要的东西,父母是很小气的	1 2 3 4	1 2 3 4
24. 父母常常很在乎我取得分数	1 2 3 4	1 2 3 4
25. 如果面临一项困难的事情,我能感到来自父母的支持	1 2 3 4	1 2 3 4
26. 我在家里往往被当做"替罪羊"或"害群之马"	1 2 3 4	1 2 3 4
27. 父母总是挑剔我所喜欢的朋友	1 2 3 4	1 2 3 4
28. 父母总以为他们不快是由我引起的	1 2 3 4	1 2 3 4
29. 父母总试图鼓励我,使我成为佼佼者	1 2 3 4	1 2 3 4
30. 父母总向我表示他们是爱我的	1 2 3 4	1 2 3 4
31. 父母对我很信任且允许我独自完成某些事情	1 2 3 4	1 2 3 4
32. 我觉得父母很尊重我的观点.	1 2 3 4	1 2 3 4
33. 我觉得父母很愿意跟我在一起	1 2 3 4	1 2 3 4
34. 我觉得父母对我很小气,很吝啬	1 2 3 4	1 2 3 4

表 6.1(续 2)

题目	父亲	母亲
35.父母总是向我说类似"如果你这样做我会很伤心"的话	1 2 3 4	1 2 3 4
36.父母要求我回到家里必须得向他们说明我正在做的事情	1 2 3 4	1 2 3 4
37.我觉得父母在尽量使我的青春更有意义和丰富多彩(如给我买很多的书,安排我去夏令营或参加俱乐部)	1 2 3 4	1 2 3 4
38.父母经常向我表述类似"这就是我们为你整日操劳而得到的报答吗"这类的话	1 2 3 4	1 2 3 4
39.父母常以不能娇惯我为借口不满足我的要求	1 2 3 4	1 2 3 4
40.如果不按父母所期望的去做,就会使我在良心上感到不安	1 2 3 4	1 2 3 4
41.我觉得父母对我的学习成绩、体育活动或类似的事情有较高的要求	1 2 3 4	1 2 3 4
42.当我感到伤心的时候可以从父母那儿得到安慰	1 2 3 4	1 2 3 4
43.父母曾无缘无故地惩罚我	1 2 3 4	1 2 3 4
44.父母允许我做一些我的朋友们做过的事情	1 2 3 4	1 2 3 4
45.父母经常对我说他们不喜欢我在家里的表现	1 2 3 4	1 2 3 4
46.每当我吃饭时,父母就劝我或强迫我再多吃一些	1 2 3 4	1 2 3 4
47.父母经常当着别人的面批评我既懒惰,又无用	1 2 3 4	1 2 3 4
48.父母常常关注我交往什么样的朋友	1 2 3 4	1 2 3 4
49.如果发生什么事情,我常常是兄弟姐妹中唯一受责备的	1 2 3 4	1 2 3 4
50.父母能让我顺其自然地发展	1 2 3 4	1 2 3 4
51.父母经常对我粗俗无礼	1 2 3 4	1 2 3 4
52.有时甚至为一点儿鸡毛蒜皮的小事,父母也会严厉地惩罚我	1 2 3 4	1 2 3 4
53.父母曾无缘无故地打过我	1 2 3 4	1 2 3 4
54.父母通常会参与我的业余爱好活动	1 2 3 4	1 2 3 4
55.我经常挨父母打	1 2 3 4	1 2 3 4
56.父母常常允许我到我喜欢去的地方,而他们又不会过分担心	1 2 3 4	1 2 3 4
57.父母对我该做什么、不该做什么都有严格的限制而且绝不让步	1 2 3 4	1 2 3 4
58.父母常以一种使我很难堪的方式对待我	1 2 3 4	1 2 3 4
59.我觉得父母对我可能出事的担心是夸大的、过分的	1 2 3 4	1 2 3 4
60.我觉得与父母之间存在一种温暖、体贴和亲热感觉	1 2 3 4	1 2 3 4
61.父母能容忍我与他们有不同的见解	1 2 3 4	1 2 3 4
62.父母常常在我不知道原因的情况下对我大发脾气	1 2 3 4	1 2 3 4

表6.1(续3)

题目	父亲				母亲			
63.当我所做的事取得成功时,我感受到父母很为我自豪	1	2	3	4	1	2	3	4
64.与我的兄弟姐妹相比,父母常常偏爱我	1	2	3	4	1	2	3	4
65.有时即使错误在我,父母也把责任归咎于兄弟姐妹	1	2	3	4	1	2	3	4
66.父母经常拥抱我	1	2	3	4	1	2	3	4

评分标准见表6.2。

表6.2 评分标准

父亲	题目
情感温暖、理解	2,4,6,7,9,15,20,25,29,30,31,32,33,37,42,54,60,61,66
惩罚、严厉	5,13,17,18,43,49,51,52,53,55,58,62
过分干涉	1,10,11,14,27,36,48,50,56,57
偏爱	3,8,22,64,65
拒绝、否认	21,23,28,34,35,45
过度保护	12,16,39,40,59
情感温暖、理解	2,4,6,7,9,15,25,29,30,31,32,33,37,42,44,54,60,61,63
过分干涉及保护	1,11,12,14,16,19,24,27,35,36,41,48,50,56,57,59
拒绝、否认	23,26,28,34,38,39,45,47,
惩罚、严厉	13,17,43,51,52,53,55,58,62
偏爱	3,8,32,64,65

6.2.3 心理学解析

在家庭教养方式家庭教育中,亲子沟通扮演着举足轻重的角色,"亲子沟通"指子女与父母通过观点、信息、态度或情感的交流,来增强情感联系或解决问题等目的的过程。有效地沟通常常被认为是良好家庭功能的核心特征。孤独感是个体感到缺乏令人满意的人际关系,自己对交往的渴望与实际的交往水平产生差距时的一种心理感受。家庭关系是每位家庭成员相互间的经济、情感、文化的联系,特别体现在亲子关系中。

每一个人都是一个主体,而很多家长却不是这么认为。他们觉得孩子就应该听父母的话,因为父母都是大人,什么事情都经历过,他们说的做的,都是对的,不容反驳,即使面对的是已经成年的大学生们。往往这个时刻会在孩子和父母之间竖起一面墙,产生隔阂。因为大学生更需要民主、平等地沟通,父母如果高高在上,那么学生与父母的沟通则不会通畅,因为孩子不会向其袒露心扉。家长如果想进入孩子心里,就需要建立一座信任的桥梁,位置相同才可能建立起相互信任的桥,尊重、理解、包容就是打开孩子心灵的钥匙。研究表明,高质量的亲子沟通有利于人的心理健康发展。和睦、融洽的亲子关系与人的人格发展、情绪水平、人际交往、社会行为等多方面都有着密切关系。国内的相关研究也指出:亲子沟通的质量直接影响学生的同伴关系、心理健康和学习成绩。

6.2.4 心理学小知识

依恋理论最初由英国精神分析师约翰·鲍尔比提出,他试图理解婴儿与父母相分离后所体验到的强烈苦恼。鲍尔比观察到,被分离的婴儿会以极端的方式(如哭喊、紧抓不放、疯狂地寻找)力图抵抗与父母的分离或靠近不见了的父母。在当时,精神分析著述者们认为婴儿的这些表达是婴儿尚不成熟的防御机制的表现,它们被调动起来,以抑制情感痛苦。但鲍尔比指出,在许多哺乳动物中这种表达是很常见的,他认为这些行为可能具有生物进化意义上的功能。

鲍尔比依据行为理论做出假定:这些依恋行为,如哭喊和搜寻,是与原有依恋对象(即提供支持、保护和照顾的人)相分离后产生的适应性反应。之所以出现这种反应,是因为人类和其他哺乳动物幼儿一样,他们都不能自己获取食物和保护自己,他们都依赖于"年长而聪明"的成年个体提供照顾和保护。鲍尔比认为,在进化的历程中,能够与一个依恋对象维持亲近关系(通过看起来可爱或借助依恋行为来维持)的婴儿更有可能生存到生殖年龄。在鲍尔比看来,自然选择渐渐地"设计"出一套他称之为"依恋行为系统"的动机控制系统,用以调整与所依恋对象的亲近关系。

依恋是婴儿寻求并企图与另一个人亲密的身体和情感联系的倾向,是儿童在与父母相互作用的过程中,在情感上逐渐形成的一种联结、纽带或持久的关系。比如,我们生活中经常见到这样的现象,新生儿对不同的人并无明显的不同反应,但随着婴儿的成长他们会更喜欢与自己的母亲(依恋对象)接触,甚至在陌生人接近的时候表现出一些反抗或者哭泣的行为。其实这种现象的出现,正是由于我们所说的依恋关系的存在,所以有些婴儿才会在亲人离去后长时间哭闹、情绪不安,出现分离焦虑,这就是依恋关系受到障碍的表现。依恋形成于婴幼儿时期,持续人的整个一生,是人类长期生物进化的结果。早期的依恋形式会通过内部工作模型影响到成年后的依恋模式,影响亲密关系的形成。

依恋类型理论划分为以下三种类型

A型:即焦虑—回避型依恋(回避型依恋)

这类儿童在母亲离去时并无紧张或忧虑,母亲回来,他们亦不予理会或短暂接近一下又走开,表现出忽视及躲避行为,这类儿童接受陌生人的安慰与母亲的安慰没有明显差别;

B 型:即安全型依恋(安全型依恋)

这类儿童与母亲在一起时能舒心地玩玩具,并不总是依附母亲,当母亲离去时,明显地表现出苦恼。当母亲回来,会立即寻求与母亲的接触,很快平静下来并继续玩游戏;

C 型:即焦虑—抗拒型(对抗型依恋)

此类儿童对母亲的离去表示强烈反抗,母亲回来,寻求与母亲的接触,但同时又显示出反抗,甚至发怒,不能再去玩游戏。

婴儿期形成的安全依恋模式虽然不能保证将来所有的结果都是好的,但持续性的研究结果却给出了明确的答案。安全依恋模式对促进他人的良好关系,同时我们也发现,现在很多书中提到的美好生活的所有方面都是与良好的人际关系相关联的。比如,我们应该如何去欣赏他人;生活满意度的社会性预测指标尤其敏感和准确;内心的性格力量远比大脑的功能更能令人满意;教师和导师帮助我们取得成就;与他人的良好人际关系有助于健康和长寿。婴儿期的安全依恋模式具有毕生的影响力,而不仅仅只作用于婴儿期。儿童、青少年和成人都带有早先的依恋模式来成长,也就是说可以把他们描述成安全型或其他类型的。

下面是有关成人安全依恋模式的研究结果的总汇,主要有:

(1)在共同解决问题的任务中,给予伙伴更大的支持;

(2)面对压力时体验到较少的失落感;

(3)但需要时更倾向于去寻找他人的帮助;

(4)在冲突中更容易寻求这种的方法;

(5)不太容易陷入抑郁状态;

(6)有良好的自尊。

6.2.5 促进亲子沟通的策略与方法

1.尊重

帮助孩子面对他们的感受,孩子需要他们的感受被接纳和注重。安静、专心地倾听。当孩子向父母表达自己的需求时,父母要给孩子足够的尊重,放下手头正在忙着的事情,或者告诉孩子稍后自己有时间,再听他讲。父母应该蹲下来与孩子对视,让孩子意识到父母在认真听他的话。当父母与孩子进行沟通时,孩子也会停下来,认真听父母的话。此外讲话的语气,也要用商量建议的语气,不要命令孩子,让孩子产生逆反心理。让孩子感到与父母的平等,亲子之间需要相互尊重。家长首先要把孩子当作是一个平等交流的个体。凡事尊重孩子的想法和意见、接纳孩子的感受,放弃"高高在上"的说教式、命令式、威胁式、忠告式语气和姿态去跟孩子进行沟通。

用简单的赐予回应他们的感受,"哦……嗯……原来是这样……"

说出他们的感受:"这件事让你很灰心!"

所有的感受都应该被接纳!

2. 共情

理解共情,换位思考:面对一个问题,家长要学会站在孩子的角度和立场,设身处地、耐心地去分析孩子的心理情绪状态、为孩子着想。懂得换位思考,才能在沟通中更好地理解孩子的想法和感受。

3. 积极鼓励

积极鼓励,经常表扬:不管在学习上还是在日常生活中,任何年龄段的孩子都喜欢被夸奖和被鼓励。家长应在日常生活中尽量多地去肯定和夸奖孩子的做法或想法,在不断地夸奖和鼓励下,孩子的成就感不断得到满足,也会变得越来越自信,越来越愿意沟通和表达。

4. 语气温和

心理学家研究发现,父母与孩子说话时,讲话语气越温和,孩子越容易接受父母。如果孩子犯了错误,也不要立马发脾气,要让他先停下来看着自己,再用平稳的语气,告诉他所犯的错误,让他能够听得进去。

5. 准确表达,让孩子听得懂

作为成年人,在讲话的时候会运用一些语言技巧,让话变得更加有深度。但是跟孩子讲话的时候,一定要注意,孩子小小的脑袋听不懂太过高深的话,父母要用陈述的语句,一句话只表达一个意思,让孩子能够听得懂,才能够回应父母,进行的沟通才更加有效。

6.2.6 自助练习

感恩日记:每天回忆值得感恩的事情

感恩是指个体用感激认知、情感和行为了解或回应因他人或物的恩惠或帮助而使自己获得积极经验或结果的心理倾向。当真实记录下这些"心完全被恩惠所触动"的事情时,就是记录、重温、延续甚至升华"小确幸"的过程。现有研究表明,通过写感恩日记可提升学生的主观幸福感。

格式:他/她是(   ),我看到他/她(   ),让我(   ),他/她很爱我,我要感谢他/她,我要对他/她说(某某,谢谢你!)。

例如 她是(同桌),我看到她(帮我捡起了掉在地上的本子),让我(免去到处找本子的麻烦),她很爱我,我要感谢她,我要对她说(同桌,谢谢你!)。

包含元素:

1. 观察对象

这个对象可以是任何人和物,也包括自己。在记录过程中,可以在一段时间内有意识地观察同一个人;也可以每次随机进行选择,记录给自己带来帮助的人或物;

2. 观察他/她做了什么事情

通过对某件具体事情的观察,来认识对方所给予的帮助;

3. 这件事给我带来什么帮助

这些帮助既包括生活上实际的方便,也包括精神上的鼓舞和帮助;

4.我应该如何回馈

从念恩和知恩开始,真诚地说一句"谢谢"。

每周记录次数:至少2次/周,每次的生命成长课堂会预留出5分钟的时间让学生写日记和分享,每周课外时间至少记录一次。

生活中看似很平凡的一件事,如果不是这样用心的记录过,那也就被遗忘了,根本意识不到他人的付出。可当真正地这样认真记录时,会发现心可以慢慢地升起感恩。还有一点值得说明的是,这个感恩的对象之中也包括自己。在我们成长的过程当中,有太多的人事物需要被感恩,可大多时候我们会忘记自己,而拼命地去活在别人所认同的世界里,慢慢地自己也就成了迎合别人的工具。所以,感恩自己也是回归生命的过程,更是生命成长教育中的立足点。

6.2.7 推荐读物

1. 卡伦·达菲,伊斯特伍德·阿特沃特. 心理学改变生活[M]. 邹丹,张莹,译. 北京:世界图书出版公司,2011.
2. 张艳玲. 论以人为本:从物到人[M]. 北京:中国社会科学出版社,2010.

6.3 朋辈交往团体:人际互动(二)

6.3.1 团体设计理念

内观疗法(nau kan therapy)1953年由日本学者吉本伊信提出。在改善具有佛教色彩的"自我反省"的基础上,确立了内观疗法。"内观"有"观内""了解自己""凝视内心的自我"之意。借用佛学"观察自我内心"的方法,设置特定的程序进行"集中内省",以达自我精神修养或者治疗精神障碍的目的。内观疗法可以称作"观察自己法""洞察自我法"。

内观疗法的心理机制:内观者在内观、自省中发现自己经得到过许多爱和温暖,得到过许多生命的乐趣、幸福被淡漠、被忽视的一切重新在记忆中闪亮,有的甚至光辉灿烂,使内观者进行爱的重新体验。同时,回顾自己给对方造成的麻烦还会唤起内在的羞愧感、罪恶感,情感的交织加剧了内观者的情感体验,有助于内观者脱离自我中心,更好地倾听来自灵魂深处的声音,重构与周围世界的联系,加强内心的力量。内观疗法是一种能让人进行深刻自我认识的心理疗法,个人通过对自己人生各年龄阶段中的基本人际关系的回忆、回答及内观三个项目的提问(对方为我做了什么?我为对方做了什么?我曾给对方添过什么麻烦?),从而对自己的历史进行验证,从所得到的结果可以彻底洞察自己的人际关系,改变自我中心意识。亲子关系是人生中形成的第一种人际关系,也是家庭中最基本、最重要的一种关系,它对青少年的认知、情感和行为的发展都具有决定性的影响。引导人们反思人生经历中的基本人际关系,意识到同别人交往中存在的问题,以解决由于性格等非理性因素所造成的人际关系障碍及其带来的心理困扰,获得心灵的解放。内观的对象是精神健康的人,如学生、护士、医生、教师、职员、家庭主妇等,尤其对独生子女的自我中心问题,效果显著。

6.3.2 团体流程

团体流程见表6.3。

表6.3 团体流程表

次序	目标	活动内容	所需时间
1	暖身,鼓励学生向他人说出正面的感想	热身活动:提供赞美 备选热身活动:无家可归	约10分钟
2	通过内观过程,可以重新了解自己、减轻烦恼、提高自信、振作人生	主题活动:内观练习(活动一、二) 备选主题活动:内观练习(三)	30~40分钟
3	促使本人与他人产生共鸣,在情感上取得协调,增强自己的社会责任感,从而改变心理活动中的不良状态	大组内分享	10~20分钟
4	促进成员领悟	总结	约10分钟

6.3.3 团体实施

团体实施方案见表6.4。

表6.4 团体实施方案

目的	活动内容
暖身,本活动是通过找对方的优点,真诚的赞美对方,使其实获得自信并感受集体的温暖。在整个活动的过程中,每个人都可以经历赞美别人和被别人赞美的体验,鼓励学生向他人说出正面的感想,学会赞美他人	1.热身活动:提供赞美 (1)操作程序 ①将参加者分成若干个小组,每四人/组,先让每个学生进行自我介绍; ②要求每组学生写下4~5条有关你对另一个组员的特征评价; ③这些特征评价都必须是正面的、积极的(例如穿着整洁、好听的声音等); ④几分钟后,观察者向大家说出他对其组员的描述评价(比如:可练习面带微笑地接受,首先考虑它的可靠性,然后学会自我感受良好地接受赞美)。

表 6.4(续 1)

目的	活动内容
时间:10 分钟 材料:无 形式:4 人/组 类型:破冰,沟通技巧,团队建设 场地:教室	(2)小组分享讨论 ①你对这次游戏是否觉得不太自在?如果是的话,为什么?(可能的原因:给予或接受他人的赞美,对你来说可能是一个新的尝试); ②怎样能使我们向他人提供正面的评价?(建议:先发展一个亲密的关系,选择恰当的时机,提供有力的证据); ③怎样能使我们更轻松地接受他人的正面评价?(比如:可练习面带微笑地接受,首先考虑它的可靠性,然后学会自我感受良好地接受赞美)。
通过内观,促使自己和他人产生共鸣,在情感上取得协调,增强自己的社会责任感,从而改变心理活动中的不良状态。通过内观过程,可以重新了解自己、减轻烦恼、提高自信、振作人生 团体活动:内观练习 形式:个人体验 类型:自我洞察 时间:40 分钟 材料:纸笔 场地:教室	2. 主题活动:内观练习(活动一) 　　注意事项:进入内观练习前,需要引导学生观察自我内心、凝视内心、自我启发、自我洞察。按照内观治疗的程序,回顾对方给自己的关照,使内观者重温被爱的感情体验,唤起内观者的自信、责任感,以及感恩回报的义务感。回顾自己给对方添的麻烦会唤起羞愧感、非病理性罪疚感(在日本这种罪疚感体验和认识是针对自己侵害了人们之间已经确立的关系准则和秩序)。当内观者找到了这种情感,加剧了内观者的情感活动,从而为破坏原来的认知框架创造了基础。通过内观,内观者爱他人的社会性意向,重建自我形象的意向,改进人际协调的意向均会提高,这对革新自我有重大意义。把遗忘的、混乱的、杂乱无章的经历,按照题目回忆整理,达到自我洞察和对人理解,建立新的关系和新的生活。 　　分散内观每周进行 1~2 次,每次 30 分钟,按生命的时间轴对生命中重要的亲人、朋友进行内观,也可以对每天接触的人进行内观,以最近发生的事为主。内观对于场地的要求并不十分苛刻,在自己家中也可以进行操作,如果不能进行集中内观,还可以用日记方式进行,非常方便。只要能对自己的内心有所体察,并为之改变,那么内观的效果就会出现。内观是通过自我反思达到治疗的效果,操作比较简单,即使对于没有心理疾病的个体,也可以通过这个方法改善自己在人际关系中遇到的问题。 　　操作程序: (1)保持放松的姿势,可以闭眼睛也可以开着眼睛,设定孤独地、自己静静地面对自己的情境。 (2)要反省自己对于别人采取的行为,首先从自己的父母开始。 (3)认真完成每一道题目,然后进入内观,渐渐回忆,出现较丰富的情感体验,然后进入洞察转换,内省产生感谢体验和报答心理。

表6.4(续2)

目的	活动内容
	姓名： 性别： 年龄： 班级： 完成时间：　　年　月　日 请您完成下面的话： ①孩子的时候,我…… ②我经常从别人那里…… ③我的生活…… ④我的爸爸…… ⑥我烦恼的事…… ⑦我心中真实的自我…… ⑧人世间…… ⑧我的母亲…… ⑨如果能够重新开始…… ⑩我现在的心情…… ⑪我不能忘记的事情是…… ⑫今后我…… ⑬今后对自己…… ⑭内观(总结、体会、内观感想)……
暖身,体会团队的归属感及踏实感。"家"对我们如此重要,我们不但需要家,我们更需要一个充满温暖、包容、温馨的家。让成员有机会去改变自己的行为,积极融入团体,让成员体验有家的感觉,体验团体的支持,从而更加愿意与团体在一起 时间:10分钟 材料:无 类型:破冰,沟通技巧,团队建设 场地:教室	3. 备选热身活动:无家可归 (1)活动前奏:所有成员围成一圈,并转身成为一个人在另一个人背后,相隔一定的距离,领导者说开始时,每个人给前面一个人做按摩,捶背,1分钟之后换方向,进行同样的动作。 (2)正式活动:所有人任意走动,当领导者报数的时候就要按要求的人数组织在一起,进行3~5次,要求每一次都有人落单最好,但也要注意有些人因挫败而丧失信心。指导成员不是为了玩游戏而玩游戏,要认真体会游戏过程。当看到成员都在集中注意力等待数字时,可叫1,很多人会反应不过来,当发现时大吃一惊,最后请大家分享1个人是什么感受 (3)小组分享讨论： ①在这个游戏中,你有没有积极参与？是否处于主动地位？当听到数字时你是主动去找其他人组队,还是等着别人来找你？ ②你为什么被抛弃了？是什么感受？当第一次被抛弃之后,第二次你想到了什么策略了吗？

表6.4(续3)

目的	活动内容
	③作为组织的一员,你是否意识到家的重要性?这个游戏带给你什么样的启发?
目的:通过内观,促使本人和他人产生共鸣,在情感上取得协调,增强自己的社会责任感,从而改变心理活动中的不良状态。通过内观过程,可以重新了解自己、减轻烦恼、提高自信、振作人生 团体活动:内观练习 形式:个人体验 类型:自我洞察 时间:40分钟 材料:纸笔 场地:教室	4. 主题活动:内观练习(活动二) 　　操作程序:保持放松的姿势,可以闭眼睛也可以开着眼睛,设定孤独地、自己静静地面对自己的情境。要反省自己对于别人采取的行为,首先从自己的父母开始。 　　认真完成每一道题目,然后进入内观,渐渐回忆,出现较丰富的情感体验,然后进入洞察转换,通过内省产生感谢体验和报答心理。 家庭成员: 父母年龄: 父母学历: (1)请您将自己生活中从小到大感到最亲近的人,按您心目中的亲近程度依次排列(如母亲、父亲、奶奶、姐姐、哥哥、××老师、××朋友等): (2)请您将自己生活中从小到大感到最反感或者最难适应、较难适应的人依次排列(如××亲人、××老师、××同学、××人等): (3)请您列举出现在或者过去最感愤怒或者经常使自己情绪变坏的事件(如父母的训斥、责骂导致的家庭关系紧张;常感到受到不公平待遇;人际关系不如意;对生活和学业没有兴趣和信心;不能抵抗诱惑等):
目的:通过内观,促使本人和他人产生共鸣,在情感上取得协调,增强自己的社会责任感,从而改变心理活动中的不良状态。通过内观过程,可以重新了解自己、减轻烦恼、提高自信、振作人生 团体活动:内观练习 形式:个人体验 类型:自我洞察 时间:40分钟 材料:纸笔 场地:教室	5. 备选主题活动:内观练习 (1)主要苦恼; (2)苦恼原因; (3)通过训练想达到什么目标; (4)能否认真坚持完成每项内容; (5)从小到大,父母都为我做过什么; (6)从小到大,我都为父母做过什么; (7)从小到大,我给父母添过哪些麻烦; (8)我今后将如何回报父母?如何对待自己的发展; (9)自我生涯设计; (10)内观总结。

第7章 表达性艺术疗法

7.1 理论知识介绍

7.1.1 表达性艺术疗法概述

1. 什么是表达性艺术疗法

表达性艺术治疗(expressive art therapy)通常又可称为创造性治疗(creative therapy),主要是以具备表达性的艺术(作品)作为媒介进行的心理治疗。Corey(2009)定义:表达性艺术治疗是人们可以透过语言与非语言的方式,去探索个人的问题。因此表达性艺术疗法可以通过游戏、活动、绘画、音乐、舞蹈、戏剧等艺术媒介,以一种非纯口语的沟通技巧来介入,释放被言语所压抑的情感经验,处理当事人情绪上的困扰,帮助当事人对自己有更深刻的、对不同刺激的正确反映,重新接纳和整合外界刺激,达到心理治疗的目的。

美国心理学家 Ley 说:"用左脑的钥匙打不开右脑的锁",经历创伤的人,右脑中往往印刻着许多痛苦的情景和情绪,而表达性艺术疗法则可以作用于右脑,起到语言性的治疗方法无法起到的作用。

表达性艺术治疗在一种支持性的环境中运用各种艺术形式——绘画、音乐、舞动、角色扮演以及即兴创作等来促进心灵的成长和治愈。在此过程中不需创作出美丽的画作,不是为了表演而舞蹈,更不用精益求精地去创作或演奏一首歌曲,只需要通过源于情绪深处的艺术形式来发现自我。

2. 表达性艺术疗法的历史发展

随着社会的不断发展进步,心理治疗技术也日益丰富,表达性艺术疗法是一种古老又年轻的心理疗法,古代就有人们通过绘画、音乐、舞动等艺术活动来治疗身心疾病,而表达性艺术治疗作为一种心理疗法得到各界的认可是从 1969 年美国艺术治疗协会(American Art Therapy Association,AATA)成立开始的。

最初的艺术疗法源于 19 世纪 30 年代美国一群艺术家对精神病来访者的研究,20世纪 50 年代美国教育和心理学家纳姆博格(Margaret Naumburg)建立了运用艺术的表达作为治疗的模式。1961年，美国创办《美国艺术治疗杂志》，并于1969年成立了美国艺术治疗协会。20世纪80年代艺术治疗在我国开始引起关注，并出现了不少研究艺术治疗的专著和学术论文。日本京都大学名誉教授山中康裕先生首次将"表达性疗法"取代"艺术疗法"。他认为"艺术疗法"容易让人产生误解，一定要创造出美的作品，其实"表达"才是治疗的关键。近年来，表达性艺术疗法不再局限于绘画、雕塑等视觉艺术，已成为心理治疗领域发展最快、最受来访者喜爱且治疗效果显著的主流治疗方法之一。

3. 表达性艺术的治疗特性

表达性艺术治疗的理论基础有弗洛伊德的精神分析、荣格的分析心理学、后现代的叙事疗法、格式塔疗法、家庭系统疗法等。精神分析鼻祖弗洛伊德对艺术治疗的发展产生了重要的影响，荣格也鼓励来访者将梦中意象以绘画形式记录下来。两位精神分析心理学家强调潜意识和象征的作用，使精神分析成为艺术治疗的主导模式。

运用表达性艺术的方法，为来访者创造了一个安全、自由的氛围，这样能够很好地将个人情绪表现在作品中，有利于减少来访者的防御，以此了解来访者的感情；具有非语言的沟通特质，个体可以采取画、听、唱、跳等一切可能的方式进行自我表达，突破语言的限制，直接呈现与解读来访者的内心世界。表达性艺术治疗对于无法或者不善于进行言语交流的人具有独特的优势；各种艺术活动可以将个体所表达的思想和情绪关联到过去及现在的事件，甚至投射到未来，来访者可以将发生在不同时间、地点的不同事件，甚至相互矛盾的情感在同一个作品中进行表达；除此之外该疗法还具有一个重要特征就是实施起来便捷有效，趣味性强，操作简单易行。

各类艺术形式也具有其各自特有的治疗特性。音乐特有的生理、心理效应，使来访者在音乐治疗师的共同参与下，通过各种专门设计的音乐行为、音乐经历及音乐体验，达到消除心理症状，恢复和增进身心健康的作用；绘画、雕塑等创作美术作品和对美术作品及其创作过程进行思考，个体可以增加对自我与他人的认识，学会应对各种症状、压力和创伤经历，提升认知能力，享受美术创作所带来的积极态度和乐趣；舞动通过人体表情与动作的身心调治作用来平衡统一身、心、智及各项功能，舞动人性里的健康本能，进而提高自我觉知、促进潜力的发挥。

4. 表达性艺术疗法的应用

表达性艺术疗法应用广泛，适用于教育与心理治疗领域，是学校、医院、监狱、养老院等普遍使用的心理治疗方式，常见的有音乐疗法、美术疗法和舞动疗法。

音乐疗法在临床上的应用是多方面的，治疗疾病方面尤为突出，例如，神经系统类疾病、焦虑及抑郁症、各类疼痛等。根据大量的临床数据显示音乐疗法可以很大程度上缓解甚至治疗这些疾病。同时，音乐能刺激大脑，产生愉悦情绪。

美术疗法作为一种独特的心理治疗手段，在精神分裂症、抑郁症、儿童孤独症等其他临床疾病的治疗过程均有着独特的疗效。

舞动疗法的临床多应用于神经系统疾病如脑血管意外、颅脑外伤，运动器官疾病如四肢骨折或脱位，内脏器官疾病如高血压、冠心病，代谢障碍性疾病如糖尿病，肿瘤经药物或手术治疗后，戒毒后等。

7.1.2 音乐疗法

1. 什么是音乐疗法

音乐疗法,即音乐心理疗法,又称音乐治疗,美国天普大学教授布鲁西卡(Bruscia)在他的《定义音乐治疗》(1989)一书中对音乐治疗做了一个准确的定义:"音乐治疗是一个系统的干预过程。在这个过程中,治疗师利用音乐体验的各种形式,以及在治疗过程中发展起来的、作为治疗动力的治疗关系,帮助被治疗者达到健康的目的。"

音乐疗法有助于调适不良情绪,培养积极健康的情感。音乐能促使人情感的波动和心灵的蜕变,由此有效地激起人们类似的心理和生理的运动,从而产生不同的情绪、情感反应和机体效应,有助于消除人际关系障碍。音乐疗法还有助于培养协作精神,音乐活动的参与者在过程中往往能学会与他人合作,沟通及相处方面也会收获更多的方法和技巧。所以,在学校心理辅导中,利用音乐疗法是一种有效的方法。

2. 音乐疗法的历史发展

早在两千年前,祖国医学的经典著作《黄帝内经》就提出了"五音疗疾"的观点。古人的音乐疗法是根据宫、商、角、徵、羽五种民族调式音乐的特性与五脏五行的关系来选择曲目,由此进行治疗。如宫调式乐曲,风格悠扬沉静、淳厚庄重,有如"土"般宽厚结实,可入脾;商调式乐曲,风格高亢悲壮、铿锵雄伟,具有"金"之特性,可入肺;角调式乐曲构成了大地回春,万物萌生,生机盎然的旋律,曲调亲切爽朗,具有"木"之特性,可入肝;徵调式乐曲,旋律热烈欢快、活泼轻松,构成层次分明、情绪欢畅的感染气氛,具有"火"之特性,可入心;羽调式音乐,风格清纯,凄切哀怨,苍凉柔润,如天垂晶幕,行云流水,具有"水"之特性,可入肾。

在西方,其理论形成发端于奥地利,厉希滕达尔医生提出了"音乐医生"的观点,受到广泛关注及研究。音乐疗法诞生于20世纪的美国。在20世纪40年代,虽然一些人发现音乐治疗在治病方面有很大的潜力,但系统的结论性研究体系仍然缺失,于是塞尔·格斯顿(Thayer Gaston)花了近30年时间,投入大部分精力解决这个问题,不遗余力地支持音乐治疗的发展,被称为"音乐治疗之父"。1950年,全国音乐疗法协会(National Association For Music Therapy,NAMT)在美国正式成立,成为世界上首家从事音乐治疗的行业协会,这也标志着这门新兴学科的诞生。随后,英国、法国等40多个国家也先后成立了类似组织,音乐治疗作为一门新兴的治疗方法正不断受到各国治疗师的认同。1979年召开的首届全球音乐治疗学术会议,标志着音乐治疗的国际化。

中国的现代音乐治疗起步较晚。1979年,欧美音乐治疗学第一次被介绍到国内,进而拉开了我国音乐治疗学科建设的帷幕。在不到30年的时间内,我国的音乐治疗取得了出人意料的成绩。我国第一家音乐治疗所也于1997年底在中央音乐学院创办。

3. 代表人物

塞尔·格斯顿(Thayer Gaston),美国音乐教育家,心理学家。被人们誉为"音乐治疗之父"。1901年,塞尔·格斯顿出生于俄克拉荷马州。20岁时,格斯顿进入大学主修音乐,一年后转入医学预科。1940年获得教育心理学博士学位。格斯顿花了近30年时间,投入大部分精力探索系统的结论性研究体系,在国家音乐治疗协会成立之初,格斯顿当之无愧成为最重要的领导者。任堪萨斯大学音乐教育系主任期间,开启了第一个研究生音乐治疗项目,并在美国建立了第一所实习医生培训站。1968年,格斯顿主持出版了一本关于音乐治疗的综合性教科书,标志着音乐治疗成了独立于音乐教育的职业。

4. 音乐治疗过程

(1) 构建音乐疗法所需环境

采用音乐疗法对受创心理进行疗愈时,首先要建立一个相应的音乐环境并配置相关的设施。心理治疗多是在舒适、放松的环境中进行的,因此音乐治疗环境一定要舒适、温馨;除必备的音乐播放设备以及乐器外,还可以搭配布置一些构图简单的图画、颜色温馨的花朵以及朴素的家具,使来访者可以得到快速放松,并融入治疗当中。

(2) 收集来访者资料,掌握其基本情况

在对来访者进行治疗之前,需要对来访者的一些基本情况进行收集,同时要对来访者的资料进行分析,对病情有一个充分的了解,并进行评估。之后,根据来访者的状况制定出相应的治疗目标以及治疗方案。资料收集的方式主要是与来访者的家人以及朋友进行交谈,从而对来访者的整体情况以及心理状态进行评估。在制定治疗方案时,可以将其分为长目标与短目标两部分:长目标是指来访者的整体心理以及思想的转变,短目标则是指来访者每一次治疗所要达成的治疗效果。

(3) 利用音乐使来访者放松

来访者可以先放松平躺下来,之后播放一些舒缓的轻音乐。需要注意的是,节奏感过于强烈的音乐并不适用于心理治疗。当来访者充分得到放松后,需要对来访者进行语言导入调整情绪,使其正式进入治疗过程。

(4) 与来访者进行互动,讨论相关的音乐作品

这一步骤可以增进来访者与治疗师之间的交流互动。音乐治疗师可以借助一些与音乐相关的问题,对来访者进行提问。例如,"刚刚播放的音乐,让你想到些什么""你最喜欢哪种类型的音乐"等简单问题,将来访者引入到一些情景之中,使其想起一些美好的记忆,同时可以沉浸到积极的情感体验之中。

(5) 进行即兴的演奏或是演唱

在治疗的过程中,为使来访者的负面情绪能有效发泄出来,可以安排来访者进行一些即兴的演奏或是演唱。这时,治疗师可以扮演一个听众,去聆听来访者的演奏或是演唱,并及时利用相关的乐器进行回应。

音乐治疗师在进行治疗时所使用的语音、语调、语速也是非常重要的,因为它直接影响着对来访者的引导效果。因此在开展治疗前,治疗师要先使自我放松,治疗的过程中以来访者的节奏作为语言引导的依据。

5. 音乐疗法的临床应用

(1)音乐疗法具有降压作用,用于治疗高血压的治疗过程中。

(2)音乐疗法可以抑制各种压力反应,促进感情、情绪的镇静,常用于调节情绪障碍。

(3)老年痴呆、帕金森病的来访者在进行音乐治疗后,运动能力改善、社会交往增多、情绪的稳定性增加,可用于脑功能的改善。

(4)音乐治疗可以改善睡眠。

(5)音乐治疗对心律失常尤其是非器质性心律失常有效,可减少室性期前收缩和室上性期前收缩的次数,显著减轻来访者的心慌、胸闷等症状。

7.1.3 绘画疗法

1. 什么是绘画疗法

绘画治疗,又称艺术治疗、绘画疗愈。是表达性艺术治疗的主要方法之一。方法是让来访者透过绘画的创作过程,利用非语言工具,将混乱的心、不解的感受导入清晰、有趣的状态。可将潜意识内压抑的感情与冲突呈现出来,并且在绘画的过程中获得疏解与满足,从而达到诊断与治疗的效果。

图画天然就是表达自我和潜意识的有效工具。其功能首先是表达和沟通,其次才是有美学的意义。图画是一种投射技术,它能反映人们内在的潜意识层面的信息,人们对图画的防御心理比较低。图画所传递的信息量远比语言丰富,表现能力更强,在绘画过程中,人们进一步理清自己的思路,把无形的东西化为有形,把抽象的东西具体地表达出来。

虽然同样是运用绘画这种工具进行心理治疗,绘画在不同理论取向的治疗过程中发挥着不同的作用。

(1)精神分析取向

精神分析取向把来访者创作的艺术品看成是来访者心理问题的无意识表达,注重自发性并鼓励绘画者自由表达自我意象,通过绘画艺术治疗过程回溯过去发生的心理问题。

(2)格式塔理论取向

格式塔理论取向通过对绘画作品的言语化过程使来访者意识到他们心理上存在着言语与非言语表达之间的差异,行动与情感之间的差距,帮助来访者成长并将存在于个体内部的潜能发掘出来。

(3)人本主义取向

人本主义取向通过艺术作品的创作进行自我表现,创作行为和对作品的深思都会给来访者带来有关自己的领悟和洞悉,表现—发现—交流是治疗过程中的三个必要的过程。

（4）教育与发展取向

教育与发展取向运用艺术材料创造社会环境，继而引出、记录、讨论和纠正不良的行为模式，寻找可替代的行为模式并试图建立新的行为模式。

2. 绘画疗法的历史发展

绘画治疗的起源可以追溯到1921年。精神科医生普林茨霍恩（Hans Prinzhorn）将多年来从欧洲各精神病医院搜集到的大量精神来访者的油画、水彩和雕刻作品进行展出，引起了心理学界的关注。20世纪30—40年代弗洛伊德、荣格等心理学大师都曾用绘画的方式来记录梦境和研究分析，绘画治疗得到了更充分的发展。

巴克和哈默分别在20世纪40年代、60年代分别提出房—树—人绘画投射测验，最先是以人物画为投射工具，探讨画中表现的个人发展以及绘画投射的作用。20世纪70年代，罗伯特·伯恩斯和哈佛德·考夫曼发现在绘画中缺乏动感，因此指导孩子进行一种家庭动力绘画。1970年出版了《家庭动力绘画》，更大程度推广了房树人绘画投射测验的作用。

20世纪90年代，绘画治疗被尝试作为治疗精神病来访者的辅助手段在中国得以应用。21世纪绘画治疗发展逐步深入。应用逐渐扩展到对残障儿童的帮助、抑郁的治疗及学校的心理咨询中。

3. 代表人物

汉斯·普林茨霍恩（Hans Prinzhorn），1886—1933，德国精神科医生，1908年获博士学位，1919年他进了海德堡精神病医院，在这里，他收集了一些神经精神来访者的艺术作品，并从其中选出一些有相当水平的绘画进行展出。1922年出版了《精神来访者艺术作品选》（见图7.1）。展览和作品的出版，一时在欧洲大陆引发起一阵阵的震荡，同时也给心理学界带来了一个崭新的课题和研究方向。

4. 绘画疗法的治疗过程

（1）起始阶段

绘画治疗开始阶段的目标是要与来访者建立良好的治疗关系，给他们介绍绘画作品是用来沟通的工具，而跟画的好坏没有关系，使来访者适当降低焦虑。这个阶段可以运用一些热身活动，如涂鸦画等。指导语可以鼓励来访者通过绘画作品介绍自己，如请画出你自己；画出一件最近发生的令你不开心的事情，并画出一些你希望有所改变的事情。

（2）探索阶段

这一阶段的目标是逐渐加强来访者在探索问题时的自我表达。咨询师带领来访者开始探索情感、想法和行为。在这个阶段可用的指导语有："画一幅画来表示你为什么要来咨询"等。当来访者画完后，咨询师的第一个问题一般可以是："跟我讲讲你的画。"然后再问他们作品中反映出的但没有解释的问题如："跟我说说你画的这个形象""你画的这个人在想什么，做什么，他有什么感受？"或者"这幅画表达的是什么心情？"这一阶段也可以同过去的作品相比较。咨询师在这个阶段的作用是让来访者尽可能地探索。

图 7.1　精神来访者的画

（3）改变阶段

这个阶段要帮助来访者继续自我表达、树立改变的目标并建立可以达到的目标。最后，绘画可以用来评估治疗的进展并巩固改变。这个阶段有一些特殊的指导语，比如："画一画你希望的，也确实发生了的改变""画出你从咨询开始到结束的这个过程"。

此外，在团体绘画咨询中，还应当包括自愿向同伴展示自己的画，并让成员相互讨论每一幅展示的作品。以"作画""解释画""听取他人对画的理解"三个过程，促进当事人的"思考—生产—回顾—对照—反省"的一系列思维过程。

5. 绘画疗法的临床应用

（1）绘画疗法能缓解精神分裂症来访者的精神状况，促进其自我概念的提升和改善其社会功能，常用于精神分裂症的治疗。

（2）绘画能减轻来访者的抑郁状态，了解情感冲突的原因，增加其沟通和社交能力，在治疗抑郁症方面被广泛使用。

（3）绘画有利于癌症来访者放松焦虑的心情、表达真实的自我情感和找到新的人生意义。

（4）由于艺术疗法具有降低防御、缓解各种不良情绪的功能，使得艺术疗法在特殊儿童的干预及治疗中运用极其广泛。

7.1.4 舞动疗法

1. 什么是舞动疗法

舞动疗法，即舞蹈动作治疗，是表达性艺术疗法的一种，是现代舞与心理学的结合，整合身体、情绪、认知和社会性，提升人的心理健康水平。美国舞蹈治疗协会（American Dance Therapy Association，ADTA）将其定义为利用舞蹈或即兴动作的方式治疗个人在社会、情感、认知以及身体方面的障碍，从而增强个体意识、改善心智，并促进社会整合的一种心理治疗方式。

舞动疗法中的舞蹈不是狭义的舞蹈表演，而是广义的内心活动通过肢体运动的表达。从"身体艺术创造力"的观点切入，不需要拥有任何舞蹈基础，只要愿意打开心、伸出手，就能够在舞动中发掘身心的内在创造力，进而以此为基础促进个体的身心成长及疗愈。舞动疗法作为一种开放的、创造性的表达性艺术治疗方式，比起其他心理治疗方式，更加直接而深入。它可能是你认识自己、了解他人，看清世界的最快的方式。

主要方法包括：调和动作法、反映对照动作法、交流动作法、真挚和创造性动作疗法、动作质量的训练、群组动力应用。在应用这些舞动治疗方法时，治疗师按照自己的经验能力、受疗者或受疗组人数、身心状态、治疗原因与目的而调整和组合，进行逐步的治疗过程。

舞动心理治疗专业有各种分科，有以心理理论分秒、有以治疗方法分秒、有以治疗对象种类分秒、有以治疗目的分秒。因此舞动心理治疗法也有按分科的不同而名称各异，例如：生长性舞动治疗、心理动力舞动治疗、完形动作治疗、心理分析舞动治疗、人本舞动治疗、心理戏剧动作治疗、体验动作治疗、全息生命舞动治疗等。

正念舞动是当今比较广泛被使用的舞动疗法之一，是将正念与舞动这两种全球最领先的成长治疗方法进行的结合，为我们打开了一扇通往内在智慧的知识之门，去探索并理解我们的内在动机，行为举止，人际关系，以及我们本就完好的存在方式。正念舞动工作于我们的整个身体——肉体、情绪体、心智体甚至灵性体，结合了舞动治疗、创意舞动、正念冥想、佛教、禅宗等多种智慧的实修方法，透过身体舞动与人际舞动，层层打开多重身体的觉知与创造力，建立与自己的深度连接，以及与他人的真实连接，使我们在个人成长、家庭关系、人际关系、工作专业等各个层面成长受益。

舞动疗法的方法特殊，在于其身体与心智并重、语言与非语言兼用，以起动人性的健康潜能为主，不偏重处理病状问题。它通过调和、参与、引导和协作的动作方式来处理身心行为障碍，这种疗法擅长于调动人性的内在动力、整理应用，从根本改善心智行为，不仅局限于消除、减轻、压抑症状。

2. 舞动疗法的历史发展

从人类文明发端的远古时代，舞蹈便是生活的自然成分和表象，跟人们的整体健康息息相关，与饮食、睡眠一样重要。而舞动疗法则萌芽于 20 世纪初叶，直到 20 世纪中叶，现代舞蹈运动为舞动疗法先驱玛丽安·切斯（Marian Chace）和玛丽·怀特豪斯

(Mary Whitehouse)通过在练习中加入观察、解释和舞蹈元素的操作,开启了舞蹈治疗的先河。

1966年美国成立舞动治疗专业委员会逐渐丰富理论与研究,使舞动疗法的专业地位获得了承认。第二次舞蹈疗法浪潮出现在20世纪70—80年代,这引起了心理治疗师的极大兴趣。在此期间,很多心理治疗师开始尝试舞蹈心理治疗应用。

如今,随着舞动疗法在心理学上的逐步应用,美国舞蹈治疗协会已经成为目前世界规模最大的全球性舞蹈治疗专业机构,从最初成立的73名会员发展到现在来自几十个国家和地区的上千名会员的规模,逐渐确定了其作为全世界专业领域的权威地位。

作为心理治疗和表达性艺术治疗的一个分支,舞动疗法自兴起并发展至今,逐渐获得了专业人士的认可并建立起了其学科地位,具有将身心进行全面和深层整合的有效手段,在心理干预、治疗和康复上显示出了其独特的功效。

3. 舞动疗法的治疗过程

舞动治疗的过程中是非常有创造性的,是左右脑协同工作的成果。每个人可以通过对身体动作的体验—感受—领悟—成长,将自己分裂的碎片整合起来,成为一个更加完整的、身心合一的人。

(1)准备阶段

舞动疗法的准备阶段,可视为疗程的暖身阶段,治疗师需要对来访者们进行一次正式的"评估",以确定工作重点。要在这个阶段与来访者建立信任的关系,通过无条件的积极关注、同理心回应在治疗关系中打造一片安全的环境。

(2)孕育阶段

热身之后,来访者的自发性动作就会越发明显地展现出个人的内心世界和团体的共同主题。在这一阶段,动作开始具备隐喻意义,开始对来访者而言象征着某些情感和情绪。象征行为的开始暗示着来访者愿意跟治疗师交流私密复杂的内心,但这种交流仍旧处在无意识的层面,治疗师则需要"不加干扰",使来访者体验此时此刻。

(3)领悟阶段

在治疗的领悟期,含义开始明晰显现。来访者对动作、内化的动觉想象、习惯的行为方式进行解释,也包括对经验的再评估,从而在根本上改变对自我的认识。

(4)评估阶段

在这一阶段,来访者和治疗师要一起讨论整个治疗过程在来访者生活中的重要意义。评估是一个主动积极的状态,要调动所有自觉、理智的左脑活动,也要参考身体动作,要把在整个治疗中收获的东西同来访者在治疗室以外的生活联系在一起,达到现实中的目的。治疗师要与来访者一起为结束做准备,可以对这个治疗过程进行"反思",对相处的过程进行回顾,对先前的问题进行评价,对未来的任务进行展望。

4. 舞动疗法的临床应用

舞动疗法先驱将舞蹈与不同的心理治疗流派相结合,发展出不同的技法,适用范围非常广泛,几乎涵盖了所有的人群。

（1）帮助有身体和精神障碍的青少年和成人，如自闭症来访者，以及需护理的老年人。并辅助治疗以下领域：脑部疾病、关节炎、截肢、中风、癌症、孤独症等。

（2）舞动可以充分释放人潜在内心深处的焦虑、愤怒、抑郁、悲哀等不良情绪，从而告别孤僻、减轻压力、身体紧张、慢性疼痛和抑郁情绪，使心理创伤等心理障碍起到促化分解和消除的作用。

（3）舞动可以建立积极正向的身体记忆，引导人建立行为上的自发和自控能力，以及建立有益于健康生活的行为选择与方法。

（4）舞动可以平衡心智，改善物我关系，助人建立自知、自信、自主能力，增强社会认知、界限感和沟通能力，与他人和社会建立积极有效的关系，从而提高个人体态、自我意识、注意力和交际能力。

（5）舞动可以调节大脑皮质，调节神经功能，如调节中枢神经系统和自主神经的功能，使其紊乱的、失调的功能得以平衡，改善循环和呼吸系统的功能。

7.1.5 表达性艺术在朋辈心理辅导中的应用

1. 如何利用音乐安顿身心

音乐朋辈心理辅导是用音乐调节人的情绪、情感，促进改善人的认知与行为，从而达到心理治疗的效果。在朋辈心理辅导中，音乐的情绪性和非语言性可以发挥出巨大的作用，合理的使用音乐可以帮助来访者安顿身心。

（1）降低心理防卫，调动积极性。选择一些和谐、温暖的音乐，可以营造出安全、温馨的心理氛围；团体辅导初期选择一些能够带动气氛的音乐，可以充分调动成员的积极性、注意力和凝聚力，用乐器传递信息进行自我介绍，可以帮助团体成员在一个陌生的环境中"破冰"，彼此之间的距离感很快消失。在建立关系阶段为心理辅导的顺利开展打下坚实的基础。

（2）放松身心。音乐声波的频率和声压可以引起心理上的反应，良性的音乐能提高大脑皮层的兴奋性，可以改善人们的情绪，激发人们的感情，振奋人们的精神。同时有助于消除心理、社会因素所造成的紧张、焦虑、忧郁、恐怖等不良心理状态，缓解压力，提高应激能力。专业的音乐放松应该配备音乐放松椅，同时安静、舒适、暖色调的环境作为辅助可以让音乐放松发挥出更大的作用。

（3）体验表达情绪。音乐所具有的丰富情感性、社会性能很好地促进成员体验情绪、表达情绪。同时音乐的审美性能很好地提升成员的情操和人格。音乐作品的欣赏与讨论可以帮助成员认识自我、体验他人和自我的情感。音乐作品可以由成员自己选择，也可以由朋辈心理辅导员根据需要确定，如贝多芬《第六交响曲》、中国名曲《高山流水》等，让成员在聆听音乐后，畅所欲言，表达出自己的情绪体验。音乐想象可以使成员自发地产生联想，有时会伴有强烈的情绪反应，这对洞察其内心深处的愉快与痛苦经验以及潜意识的矛盾都有帮助。也有利于成员宣泄、释放痛苦情绪，重新认识自我、肯定自我。此时再配合语言上的理解和沟通，可以让来访者得到支持与安抚。

2. 如何使用音乐绘画

绘画者通过绘画的创作过程可以将潜意识内压抑的感情与冲突呈现出来,并且在绘画的过程中获得疏解与满足,而不同的音乐又会产生不同的情绪和生理反应。在朋辈心理辅导过程中,通过音乐与绘画的结合运用,可以达到放松心情,探索自己的内心世界的作用。听音乐绘画能让来访者或团体成员用绘画的形式大胆、自由地表现自己听歌曲的感觉,并用简单的话语表达内心的真实感受、情感态度与价值观。

(1) 作画阶段

可以播放轻快、安静、民谣等不同风格的音乐,让来访者或者团体成员随着自己的感觉作画。画作不要求一定完整美观,也可以是简单的线条、圆圈等。

(2) 展示阶段

在成员之间展示自己的画作,并加以解释,表达自己当时的内心感受。

(3) 领悟阶段

通过讨论和思考,探索自己的情感态度和思维想法,将压抑的感情与冲突呈现出来,释放痛苦,减轻压力,并获得理解和安抚。

在朋辈心理辅导过程中,音乐绘画可以为来访者创造一个安全的氛围,在朋辈心理辅导员的陪伴和支持下得到治愈。

3. 如何使用舞动疗法

舞动疗法作为一种表达性艺术心理治疗,在朋辈团体辅导中以成员的身心关系为核心,以动作为载体,从身体感受和象征意义两方面表达内心,实现情绪、认知和身体感受的整合。

(1) 肌肉放松训练

让身体各个部分不断地练习紧张—放松,从而体验到紧张和放松的不同感觉,并掌握放松的方法。伴随舒缓放松的音乐,首先,要求来访者或团体成员躺下或者保持舒服的坐姿,然后指导语:"握紧拳头—保持住—放松—体会放松的感觉""胳膊使劲弯曲—保持住—放松—体会放松的感觉""双肩向前使劲耸起—保持住—放松—体会放松的感觉"等,以此达到身体和精神的深度放松。

(2) 舞蹈讨论与同步

朋辈心理辅导员或者来访者选择舞蹈片段,观看之后对舞蹈动作以及背景音乐的涵义进行讨论。在来访者与音乐舞蹈产生共鸣后,逐渐改变动作和背景音乐,将其生理、心理和情绪状态向预期的方向引导。

(3) 再创造式舞动团体辅导

再创造式舞动团体辅导包括非音乐性活动和音乐性活动两类。

非音乐性活动,是以过程为取向的,动作是否好看无关紧要。在舞动过程中,领导者要重点观察成员所表现出的行为和相互间反应。

音乐性活动,是以结果为取向的,舞动的结果要达到一定的艺术性。成员要克服自身的生理和心理障碍,学习舞动技能,最终获得艺术上的成功。并把学习舞动技能过程中所获得的成功经验泛化到日常生活中去。此外，成员在舞动成功后获得的个人和他人评价，能够有效增强成员的自我效能感。

(4) 即兴表演式舞动团体辅导

首先，所有成员坐成一个圆圈，各种道具、乐器放在圆圈中间，可以简单试用；第二步，成员自由选择，这个过程可以显示他的人格特征和关系中的角色地位，例如支配欲强弱大的成员体积大、音量大的道具及乐器。接着，舞动通常有一名成员开始，虽然大家是随心所欲的表演，但整体效果却会使所有成员不自觉地调整，从而在整个活动中找到并确立自己的位置和角色。

7.2　大学生常见心理问题之自控能力

7.2.1　问题表现

1. 被拖延行为所困扰

做好决定今晚一定要早睡，结果晚上躺在床上微信、微博、短视频反复刷；做了决定这周一定要把手里的工作在周末之前完成，结果周日晚上进度仍然没有推进……这些场景是不是都似曾相识？你有没有被拖延行为所困扰？

拖延行为是在能够预料后果有害的情况下，仍然把计划要做的事情往后推迟的一种行为。拖延行为在大学生群体中是一种普遍存在的现象，大学生的拖延行为可表现在学习、生活和人际交往等多个方面，并对其日常学习生活带来很多不良的影响，严重的拖延行为甚至会对个体的身心健康带来不良影响，如出现强烈地自责、负罪感，进行不断的自我贬低和否定，导致焦虑症、抑郁症等心理疾病。在咨询工作中发现很多被拖延行为困扰的同学有如下表现：

(1) 难抵诱惑纷扰，任务一拖再拖。一些同学的拖延行为与来自外界的娱乐方面的诱惑有关。刚坐下翻开书准备学习，就想起自己喜欢的综艺节目更新了；本打算早点睡觉，可抖音刷起来就放不下，过后又后悔不已！

(2) 畏惧困难失败，任务能拖就拖。一些同学认为任务超出自己的能力，由于缺乏对成功的控制感，通常会采用拖延的方式推迟或逃避执行该项任务。这些拖延行为很大一部分是担心被别人评判或者被自己评判，害怕自己的不足被发现，害怕自己即使付出最大的努力还是做得不够好，害怕达不到要求，不想看到自己不满意的结果。而且因为拖延了，所以如果表现得不尽人意，可以对自己说："这不是我真正的实力，如果再给我一些时间，我会做得很好。"

(3) 抵触无趣乏味，任务拖了又拖。办好了健身卡准备每天 1 小时减肥塑形，可直到过期前才发现自己没去几次。作业总是要到上课前才写，知识点总是要到考试前才背。

2. 沉迷网络无法自拔

网络,作为新时代发展的产物,已渗入到生活的方方面面,我们不可避免地要与网络打交道。网络为我们带来海量资源、信息的同时,也带来了困扰。很多大学生过度依赖网络,无目的、无节制地花费大量时间和精力进行网上聊天、浏览、刷短视频、游戏,沉迷其中无法自拔,以至于学习、工作效率降低,损害身心健康。

王同学,男,大二本科生,该同学高中时成绩很优异,进入大学后发现自己对所学的专业和课程的设置不感兴趣,逐渐放松了对自己的要求,于是开始上网玩游戏,渐渐地玩游戏的时间比重越来越高,过度、失控地沉迷其中已经影响到了他正常的学习与生活,他开始旷课、挂科。辅导员曾多次找他谈话,人际关系也出现了问题,开始变得不愿与人交流。后转介到心理咨询中心进行心理咨询。

大学生正处于心理成长的"断乳期",心理发展具有不平衡、不稳定的特点,案例中的王同学在咨询的过程中渐渐地意识到自己存在的一些问题。

(1)缺乏自控能力,他无法控制自己想要玩网络游戏的冲动,沉迷在虚拟世界中的自由和成就感。

(2)缺少学习兴趣,所学的专业不是自己所理想的,对课程的内容不感兴趣,无法控制自己认真学习。

(3)缺少人生规划,不知道自己将来想要做什么,不知道自己将来应如何发展,感到迷茫。玩网络游戏能暂时让自己忘掉烦恼。

意识到自己的问题后,王同学在学校和家长的配合及自己的努力下,逐渐克服了网瘾,生活回到了正常的轨道上。

3. 难以抵挡诱惑

当今的社会,充斥着各种各样的诱惑。当社会上的一些不良风气侵入校园,一个价值不菲的包,一部新款的手机,一件漂亮的衣服……似乎都笼罩着诱惑的光环,让一些缺乏自控能力的大学生付出了他们无法承受的代价。

(1)透支消费,买买买。在网上搜索一下不难发现,涉世不深的大学生因为不理性的消费身陷"校园贷""学历贷"等新闻报道屡见不鲜。不法分子利用大学生防患意识较薄弱、辨别能力较低的特点,设下陷阱,步步引诱,屡屡得手,待到受害大学生意识到自己被骗的却已为时已晚。

(2)美食不可辜负,身材越减越肥。站上体重秤,看着镜子前发福的自己。立志这次一定要减到理想的体重。做足了功课,计算好了每天的摄入量,可总是会被突如其来的馋意打败,无法控制自己的食欲,让身材在暴饮暴食之后变得更加臃肿。

(3)躲得过游戏,躲不过短视频。抖音等短视频平台在大学生群体中很受欢迎,很多同学将其作为一种传递情感、分享生活的途径从中获得关注和乐趣。可有些同学也因此而深受困扰,他们深知看视频的时间过长会影响学习,却很难控制自己放下手机,即使迫使自己停下了,也感觉无法集中注意力在学习上,总是想再次拿出手机。一些同学内心会产生强烈的矛盾冲突,产生自责和焦虑,从而产生心理问题。

余秋雨先生曾在大学课堂的一次演讲上说道:"诱惑是无底的峡谷,坠下去粉身碎骨;诱惑是宝贵的罗盘,依着它顺利靠岸"。清醒的大脑和自控能力就是这道峡谷与彼岸的"分水岭"。面对诱惑能自控,这诱惑就是前进的动力,带着你实现理想。

4. 常立志可总是半途而废

也许你也在学习生活中遇到过这样的问题,制定好某个阶段的目标,却在执行到一半时倍感无力,甚至放弃。立志要减肥,前几天每天跑步3公里,几天过后就窝在沙发里吃上了零食;立志要背单词,前几天每天背100个单词,几天过后就躺在床上追起了剧。究其原因,一部分人可能是由于目标和方法制定得不合理而失败,可更多的则是因为意志力薄弱,缺乏一定的自控能力。

大家都知道英国科学家贝尔发明了第一部电话,正当这项发明的问世轰动整个科学界时,科学家莱斯却向美国最高法院提出诉讼,声称这项发明的专利应该是他的。法院对此事进行了严肃认真的调查,调查结果是,莱斯确实已在贝尔之前研制成功一种利用电流进行传声的装置。但是这个装置仅能单向传送。所以这种装置还不能被称为电话机。

贝尔表明他曾借助过莱斯的实验。但他发现了莱斯装置的不足。他将莱斯装置所用的间歇电流改变为连续的直流电,又将莱斯装置上的一颗螺丝往里拧了半圈,仅仅0.5毫米,话声就能互相传递了。贝尔感到他利用了莱斯的实验,同意将发明专利为他和莱斯共有。莱斯却说:"我在离成功0.5毫米的地方失败了,我将终生记取这个教训"。他坚决拒绝与贝尔共享专利。

贝尔的成功也许是多了一份坚持,多了一份努力。莱斯也正是少了这一份坚持和努力,半途而废,终与成功失之交臂。有时成功与失败就在一念之间,中间隔着的就是那一份坚持的距离。

5. 约束力差易冲动

从高中步入大学,生活和学习方式都发生了巨大的改变,少了父母和老师的"步步紧盯",面对突如其来的"自由",一些自控能力较差的同学则出现了问题。

(1) 学习积极性下降,肆意逃课。没有了高中时期的压力,学习变得漫无目的、毫无规划。看一场电影、参加一次活动、睡个懒觉似乎都能战胜去上课的想法成为逃课的理由。直到学习成绩下降、课堂分被扣光、考试挂了科才后悔自责。

(2) 人际关系紧张。来自四面八方的同学们生活在一起,难免会发生一些矛盾,很多同学可以妥当地解决,可有些同学就会一时冲动出口伤人甚至大打出手,导致本是一件小事却演变成了不可调和的矛盾,留下了心结。长此以往,人际关系变得紧张,甚至被孤立。

(3) 冲动消费,无奈"吃土"。大学生拥有了自己的"财物支配权",可有些学生由于难以抵抗自己的消费欲望,在一时冲动下买了超出计划的物品,导致经济紧张,长期过着"吃土"的生活,一些"校园贷"乘虚而入,彻底搅乱了这些学生的大学生活。

当代的大学生们思想开放、价值观多元化,家庭和高校对其约束作用也是有限的,发挥自身内部的约束力尤为重要。美好的大学生活不该在一时冲动之下被搞得一团糟。

7.2.2 心理小测验

你的自控力有多强？

指导语：卡耐基曾说："自控力是人生的方向舵，使你的人生之舟避开暗礁、漩涡。"你想快速了解你的自控力吗？下列各题中，每道题有 5 个备选答案，根据你的实际情况，选择一个最适合你的答案。

测试题目：

1. 我很喜欢长跑、远足、爬山等体育运动。不是因为我的身体条件适合这些项目，而是因为这些运动项目可以锻炼我的体质和毅力。

A. 很符合自己的情况，我喜欢通过这些极限运动来锻炼耐力和毅力。

B. 比较符合自己的情况，我也会选择一些适合自己的运动项目进行锻炼。

C. 介于符合与不符合之间，偶尔会进行一些运动锻炼。

D. 不太符合自己的情况，对这些运动不太喜欢，几乎不会选择。

E. 很不符合自己的情况，从不选择这些运动项目。

2. 我给自己制定的计划，不会因为主观原因而不能如期完成。

A. 很符合自己的情况，我从来不会半途而废，一定要完成才行。

B. 比较符合自己的情况，我大多数情况下都能如期完成。

C. 介于符合与不符合之间，我也说不好，要看具体情况。

D. 不太符合自己的情况，但一些简单的计划我也能坚持。

E. 很不符合自己的情况，我经常会半途而废。

3. 我做一件事的积极性主要取决于这件事的重要性，即该做不该做；而不在于对这件事的兴趣，即想做不想做。

A. 很符合自己的情况，重要的事情，不能由着自己的兴趣来。

B. 比较符合自己的情况，但偶尔也会任性一下，不喜欢的就不做。

C. 介于符合与不符合之间，有时看事情的重要性，有时看自己的兴趣。

D. 不太符合自己的情况，没兴趣的事情，做起来积极性也不高。

E. 很不符合自己的情况，如果不想做，即使应该去做，我也一定不会去做。

4. 通常来说，我每天按时起床，不睡懒觉。

A. 很符合自己的情况，我绝对有毅力。

B. 比较符合自己的情况，大多数情况下我能做到。

C. 介于符合与不符合之间，不会刻意要求自己。

D. 不太符合自己的情况，我睡懒觉的时候比较多一些。

E. 很不符合自己的情况，即使知道该起床，我也经常睡懒觉。

5. 在工作和娱乐发生冲突时,即使这种娱乐很有吸引力,我也会立即去工作。

A. 很符合自己的情况,我绝不会让娱乐影响工作。

B. 比较符合自己的情况,大多数情况下我能够拒绝娱乐的诱惑。

C. 介于符合与不符合之间,我有时也会因为娱乐而放弃工作。

D. 不太符合自己的情况,工作还是不如娱乐有吸引力。

E. 很不符合自己的情况,我经常放弃工作去娱乐。

6. 我在学习和工作中遇到困难,首先想到的不是问别人有什么好办法,而是能不能自己想办法去解决。

A. 很符合自己的情况,我从来都是自己想办法解决。

B. 比较符合自己的情况,能自己解决的,我尽量自己解决。

C. 介于符合与不符合之间,我有时会自己想办法,有时会向他人寻求帮助。

D. 不太符合自己的情况,我很少会自己想办法。

E. 很不符合自己的情况,我觉得求助别人省时省力。

7. 我做事时喜欢挑容易的先做,不好做的能拖就拖,实在拖不下去时,就抓紧时间匆匆做完,所以别人都不太放心让我做难度较大的工作。

A. 很不符合自己的情况,我从不拖拉,每次都会抓紧时间,按时完成,很得别人的信任。

B. 不太符合自己的情况,尽量抓紧时间完成工作,即使拖延,也不会拖很久。

C. 介于符合与不符合之间,难度太大的工作也会拖拉。

D. 比较符合自己的情况,只有自己很感兴趣的事会按时完成。

E. 很符合自己的情况,我经常拖拉。

8. 我在与同事、家人、朋友相处时,都很有克制力,从不会无缘无故地发脾气。

A. 很符合自己的情况,即使对方很无理取闹,我也能够忍耐。

B. 比较符合自己的情况,我实在忍不住时,才会发作。

C. 介于符合与不符合之间,我也要看当时的心情。

D. 不太符合自己的情况,我不会刻意忍耐,忍不住就发作。

E. 很不符合自己的情况,我有情绪就要马上发泄出来。

9. 有时我躺在床上,下决心第二天要做一件重要的事,但到第二天这种劲头又消失了。

A. 很不符合自己的情况,我只要决定了,第二天就一定会去做。

B. 不太符合自己的情况,我有时也能马上行动。

C. 介于符合与不符合之间,如果是自己喜欢的事,我就会尝试着去做。

D. 比较符合自己的情况,只有自己特别想完成的事,我才会去做。

E. 很符合自己的情况,我凡事通常都是想想而已,缺乏行动力。

10. 与别人争吵时,我有时虽然明知自己不对,但却忍不住说些过分的话,甚至骂对方几句。

A. 很不符合自己的情况,自己不对时,我会马上向对方道歉,而不是冲对方发火。

B. 不太符合自己的情况,如果知道自己不对,我就尽量忍耐,不与对方撕破脸。

C. 介于符合与不符合之间,我有时会说几句过分的话,但如果是自己不对,可以忍耐。

D. 比较符合自己的情况,也要看当时的情况,我实在忍不住时,就会发作。

E. 很符合自己的情况,经常会有这样的事情在我身上发生。

计分方法:A 记 5 分;B 记 4 分;C 记 3 分;D 记 2 分;E 记 1 分。各题得分相加,得出总分。

测试结果:

40 分以上:你是一个自控力很强的人,知道自己应该做什么,不应该做什么。只要是应该做的,你都会要求自己尽最大努力去完成;如果是不应该做的,即使是一件十分有吸引力的事情,你也会克制自己。强大的自控力,让你拥有出色的工作能力和良好的人际关系。

31~40 分:你是一个自控力比较强的人,但还需继续努力。你的自控力在一定程度上会给你带来很多机会,但仍要经常提醒自己,其实你还可以做得更好。

21~30 分:你的自控力一般,需要加强锻炼。有时也会出现拖拉懒散、随心所欲的情况,应努力提醒自己克服。

11~20 分:你的自控力较弱,应该进行系统的训练和提升。较差的自控力会让你失去很多成功的机会,而通过系统的训练和提升,你的自控力还有很大的提高空间。

10 分及以下:你的自控力十分薄弱,经常不能控制自己的情绪和行为,这显然对自己的工作和成长都是不利的。建议你尽快寻找有效方法,提高自控力。

摘自:王宝玲.自控力修习术[M].北京:文化发展出版社,2013.

7.2.3 心理学解析

1. 生理因素

斯坦福大学的神经生物学家罗伯特·萨博斯基(Robert M. Sapolsky)认为,现代人大脑里的前额皮质可以让人选择做"更难的事",影响着人的自控能力。前额皮质是人脑位于额头和眼睛后面的神经区,人类从远古时期进化到现在,前额皮质的作用范围在逐渐扩大,与大脑其他区域的联系也逐渐紧密,其功能也从控制一些简单的走路、跑步、抓取等动作增强到影响我们的感受、控制我们的意志等。

前额皮质分成了 3 个区域,左边区域负责帮助人类处理困难、枯燥、有一定压力的工作;右边区域负责帮助人类克制自己的冲动;中间区域会帮助人类记录自己的目标和欲望。前额皮质细胞活动得越剧烈,采取行动,克制冲动和抵御诱惑的能力就越强。

菲尼亚斯·盖奇的故事表明了前额皮质损伤对自控力的巨大影响。1848 年,25 岁的铁路领班工人菲尼亚斯·盖奇是个意志力顽强、受人尊敬的人。一天,盖奇和工友正在用炸药清理路段,可炸药提早爆炸了,冲击波将一条3英尺长、7英寸宽的钢筋插进了盖奇的头骨,穿过了他的前额皮质。不过,他奇迹般地生还了。两个月后,盖奇身体恢复了并重新开始了工作。但他的性格大变。他经常粗鲁地侮辱别人,总想去控制别人,极少顺从他人。如果你约束他,或是和他意见相左,他就会失去耐心,他的意志力变得薄弱,设计的康复计划也无法完成。他的身体机能虽然恢复了,可钢铁般的意志力却被那根刺穿头骨的钢筋击碎了。

虽然一般情况下前额皮质不会被损伤,可醉酒、失眠、分心等也都会影响到它的活动,从而降低自控能力。

2. 环境因素

受社会环境等一些负面因素的影响,拜金主义、享乐主义等社会不良现象和歪风邪气给大学生的三观选择上带来了困惑,这些负面的影响导致部分学生意志变得薄弱,崇尚高消费,注重物质享受,自我控制能力不断下降。

大学生周围的环境尤其是宿舍的环境,对大学生的自控能力影响很大。哈佛医学院的尼古拉斯·克里斯塔斯基(Nicholas Christakis)和加州大学圣地亚哥分校的詹姆斯·福勒(James Fowler)两位科学家进行了一项长达数10年的调查研究,他们发现肥胖是会传染的,其他的习惯也会传染。当一个人开始酗酒,其整个社交圈泡吧和宿醉的人都会增多。如果一个人戒烟了,那么他家人和朋友戒烟的概率也会增加。这种现象还出现在吸毒、失眠、抑郁症等很多意志力挑战中,科学家们发现了自控力可以"传染"的证据。

人生来就是有社会属性的,与周围的人有着各种各样的联系,我们的大脑也已经习惯了找到方法来确保我们能够产生联系,形成了共情和模仿的本能。有时无意识的模仿会使人丧失意志力。于是准备减肥的你会在室友吃东西时也吃起了零食;准备节约开支的你跟着朋友一起买了超出预算的物品;想利用中午时间背单词的你看到午休的室友也放下了手中的书。

3. 自我认同

美国著名精神病医师埃里克森(E. H. Erikson)的人格发展八段论是一个自我意识发生和发展的重要理论。他认为,人的自我意识发展持续一生,他把自我意识的形成和发展过程划分为8个阶段,这8个阶段的顺序是由遗传决定的,但是每一阶段能否顺利度过却是由环境决定的,每一个阶段都是不可忽视的。所以这个理论可称为"心理社会"阶段理论。这个理论可以告诉每个人你为什么会成为现在这个样子,不同年龄段的教育失误,都会给一个人的终生发展造成障碍。

该理论中,个体在第一阶段(婴儿期)处于依赖性较强的状态下,什么都由成人照顾。个体的第二阶段是从18个月到3、4岁(童年期),这是获得自主感而避免怀疑感与羞耻感的阶段。这一阶段,儿童开始有了独立自主的要求,如想要自己穿衣、吃饭、走路、拿玩具等,他们开始去探索周围的世界。这时候,如果父母及其他照顾人允许他们独立地去干一些力所能及的事情,并且表扬他们完成的工作,就能培养他们的意志力,使他们获得了一种自主感,能够自己控制自己。相反,如果成人过分爱护他们,处处包办代替,什么也不需要他们动手;或过分严厉,这也不准那也不许,稍有差错就粗暴地斥责,甚至采用体罚。使孩子一直遭到许多失败的体验,就会产生自我怀疑与羞耻感,不利于意志力和自控力的培养。

个体的第五阶段是从 12 岁到 18 岁的青春期,这一阶段的主要任务是解决自我同一性和角色混乱的冲突,建立一个新的同一感或自己在别人眼中的形象,以及他在社会集体中所占的情感位置,完成自我意识的确定和自我角色的形成。形成比较稳定、成熟的自我意识,才会使个体表现出前后一致的心理面貌,具有自控能力。在此过程中,人们需要从别人对他的态度中,从自己扮演的各种社会角色中,逐渐认清自己。从而清楚地知道自己想要成为什么样的人,想过什么样的生活。这种统一性的感觉也是一种不断增强的自信心,一种在过去的经历中形成的内在持续性和同一感。

然而,一方面青少年本能冲动的高涨会带来问题,另一方面更重要的是青少年面临新的社会要求和社会冲突而感到困扰和混乱。所以,这一阶段的危机是角色混乱。没有同一性的感觉,就没有自身的存在,产生同一性的混乱。如:怀疑自我认识与他人对自己认识之间的一致性;做事情马虎,看不到努力与成功之间的关系;无法确立自己的理想与价值观念,并对未来自我的发展作出自己的思考等。

4. 意志品质培养

意志是人自觉地确定目标,并为实现目标而自觉地支配、调节行为的心理过程。自我控制是个人对自己心理与行为的主动掌握,它是从人具有自我意识的角度来考察人的意志行动的。自我控制能力,可以分解为自我分析能力、自我设计能力和自我管理能力。自我分析指全面地了解自己,进行自我反思,明确自己的起点;自我设计指设定各阶段努力的目标,它用于激发斗志;自我管理指各方面的自我调节和对自身心态、行为的自我控制。自我分析、自我设计主要体现为对意志行动的准备阶段的自我控制,自我管理体现为对意志行动的执行阶段的自我控制。

所以意志与自我控制从本质上都是指的人的心理与行为的调节、控制系统,只是他们看问题的角度不同。如果说,意志回答的是人的心理与行为的调节、控制系统内部机制的话,自我控制则着重于回答人是如何意识、调节自己的意志的,他们的关系类似于认知与元认知的关系。意志品质是人的意志中比较稳定的一些方面或维度,人的意志品质是可以通过培养来优化的,例如:了解自己、认识自己的特点,进行自我分析;练习自己制定目标,做计划;培养自控和高效意识等。缺乏意志品质的培养是导致自控能力差的重要影响因素。

5. 情绪低落

回忆一下,你是否在情绪低落时更容易失控?当你情绪低落时,大脑会更容易受到诱惑。这种压力带来的欲望,本质上是大脑救援任务的一部分。大脑不仅仅会保护人的生命,它也想维持人的心情。当你感觉到痛苦时,你的大脑就会指引你,去做它认为会给你带来快乐的事情。这件事情可能会跟你的计划相违背,可能看似不合逻辑,例如:这个月的生活费已经不足了,你很苦恼,缓解这种压力的方法却是继续购物,因为对于只想获得快乐的大脑来说,这是个最好的办法。

可是这样的放纵不会从根本上让人们开心起来,而是带来自责、后悔、内疚的感觉,会让情绪更加低落,然后就像进入一个循环的怪圈让人不断地越陷越深。真正能缓解压力的,不是释放多巴胺,而是增加大脑中改善情绪的化学物质的方法。而往往这些方法不会释放像多巴胺这样的物质让人兴奋,我们往往低估了他们的作用。所以当我们情绪低落时,大脑经常做出错误的预测,瓦解了自制力而去获取短暂的快乐。

7.2.4 心理学小知识

"道德许可"效应

"道德许可"效应就是当自己对某事有一个明确的道德标准之后,在做出与这项道德标准相关的行为和判断时,反而更倾向于违背这项道德标准的行为。

简单来说,就是指当我们做了一件自己认为的好事(甚至只是在脑海中规划了一下)时,我们就会自我感觉良好。而这种良好的自我感觉,会让我们在做下一件事情的时候,倾向于放纵自己,做一些坏的事情、堕落的事情,来破坏自己之前的努力。

举几个例子:看1个小时书之后,纵容自己玩更长时间的手机;控制自己少买几件东西之后,会在网上买更多东西作为奖励;在健身房运动1小时后,马上犒劳自己吃一顿大餐;连续几天早睡之后,纵容自己晚睡一会儿,从此一发不可收拾……

那么是什么让我们走向自甘堕落呢?

"元凶"是我们心中的愉悦感。当我们向目标迈进一步时,心里产生的愉悦感会允许我们放纵一下自己,认为放纵自己是对自己向目标靠近的奖励。所以有时候在寝室里学习的效率与效果要远高于去图书馆或者自习室。这是因为当一些同学起大早去图书馆占了一个座位后,就感到自己已经比大多数人努力、勤奋了。于是,在图书馆里刷刷朋友圈、吃吃零食、打打游戏,当然也会去拍个照。于是,一天过去了,你感觉在图书馆待了一整天,收获满满,晚上可以尽情放松了。但实际上也许你已经被自己的"道德许可"效应欺骗了。你什么也没有做,除了起大早在图书馆占了一个座。相反的,也许你在寝室,会谴责自己没有起早,那么这份内疚感也许还会督促你认真学习一段时间,反而收获更多。

有时候我们的大脑会对可能完成的目标感到兴奋,错把可能性当成真正完成了目标。说得再简单一点,我们非常容易将某个举动带来的可能性当作已经达成了目标。

"帮凶"是我们对获得补偿的渴望。"我已经这么好了,应该得到一点奖励。"这种对补偿的渴望常常使我们堕落。因为我们很容易认为,纵容自己就是对美德最好的奖励。我们忘记了自己真正的目标,选择了向诱惑屈服,并且没有产生任何罪恶感。

"道德许可"效应最糟糕的并不是它可疑却坚实的逻辑,而是它会诱导我们做出背离自己最大利益的事。如何才能避免走入"道德许可"效应的陷阱呢?

1. 不要给事物贴道德化标签

将某种行为冠以道德的名义,只会让我们有矛盾心理,我们的前进的动力是获得想要的东西,而不是受道德的激励。如果为了必须完成某件事情,就应该增强自控力,我们就会排斥这种强加的负担。我们最应该先做的事情是将道德问题和普通问题明确区分,这样才能避免走入道德许可的陷阱。

2. 明确自己想要得到的

当我们产生放纵自己的念头时,如果能想起自己的目标、知晓放纵自己会远离目标,那我们便可以向成功更进一步。无论是习惯的培养,还是坚持一件事情,不是做了就好,不做就不好,而是我们要知道自己喜欢做这件事情,知道这件事情能给自己带来什么改变,知道这件事情能够实现自己的什么目标。那么坚持做这些事情,对于我们就不再是难事。

3. 提高自控力

如果可以做到强迫自己完成大脑发出的指令,我们就向成功迈进了一大步。无视潜意识中想要获得偷懒机会的想法,坚决执行原定的目标,不给自己留下左右摇摆的机会,就可以消除可能出现的行为变化的选择性问题,避免"道德许可"效应的反复出现,自然就能做到事半功倍。我们都知道这很难,但如果我们永远停留在"自控太难了"的认知上,而不去付出一丝一毫的努力,那就注定了我们的"失败者"身份。

4. 学会延迟满足感

贪图眼前的一时之快是每个人的弱点,不加节制的放纵固然能满足自己空洞的心,但长此以往导致的后果却是我们只能在欲望的边缘徘徊,触摸不到更遥远的前方。若是可以克制住每一个想要即时满足的当下,忍受一段漫长的等待期,相信生活总会为我们铺垫好意料之外的奖赏。

人生最大的敌人就是自己,只有战胜自己的弱点,才能成为笑到最后的强者。警惕"道德许可"效应的陷阱,不再做无谓的、只能感动自己的、低效率的努力。

7.2.5 发展自控能力的策略与方法

1. 训练你的大脑

神经学家发现,人脑对经验有着超乎想象的反应,它会根据你的要求重新塑形,就像通过训练能增加肌肉一样,通过一定的训练,大脑中某些区域的密度会变大,会聚集更多的灰质。所以如果你让大脑学数学,它就会越来越擅长数学;如果你让它专注,它就会越来越专注。

越来越多的科学研究表明,通过训练大脑可以增强自控力。那么我们可以通过怎样的训练来提升自控力呢?

(1) 冥想

专心呼吸是一种简单有效的冥想技巧,它不但能训练大脑提高自控力,还能减轻压力,指导大脑处理内在的干扰,比如冲动、焦虑和外在的诱惑等。

①原地不动，安静坐好

坐在椅子上，双脚平放在地上，或盘腿坐在垫子上。背挺直。双手放在膝盖上。冥想时一定不能烦躁，这是自控力的基本保证。简单的静坐对于意志力的冥想训练至关重要。你将学会不再屈服于大脑和身体产生的冲动。

②关注你的呼吸

闭上眼睛。要是怕睡着，你可以盯着某处看，比如盯着一面白墙，但不要看电视，注意你的呼吸，吸气时在脑海中默念"吸"，呼气时在脑海中默念"呼"，当你发现自己有点走神的时候，重新将注意力集中到呼吸上，这种反复的注意力训练，能让前额皮质开启高速模式，让大脑中处理压力和冲动的区域更加稳定。

③感受呼吸，集中注意力

几分钟后，你就可以不再默念了。试着专注于呼吸本身。你会注意到空气从鼻子和嘴巴进入和呼出的感觉，感觉到吸气时胸腹部的扩张和呼气时胸腹部的收缩，不再默念呼吸后，你可能更容易走神，像之前一样，当你发现自己在想别的事情时，重新将注意力集中到呼吸上。如果你觉得很难重新集中注意力，就在心里多默念几遍"呼"和"吸"。这样的训练能锻炼你的自我意识和自控能力。

刚开始的时候，每天锻炼 5 分钟就可以。习惯成自然之后，试着每天做 10~15 分钟。如果你觉得有负担，那就减少到 5 分钟。每天做比较短的训练，也比把比较长的训练拖到明天更好，尽量每天都有一段固定的时间进行冥想。

（2）运动

运动可以使大脑产生更多的细胞灰质和白质。白质能迅速有效地连通脑细胞。体育运动像冥想一样，能让你的大脑更加充实、运转更快。前额皮质则是最大的受益者，从而提升自控力。

5 分钟的运动就可以达到改善心情、缓解压力的作用，15 分钟的跑步运动就能降低美食对你的诱惑，每次并不用持续几个小时，运动的形式也可以根据你的喜好来定，你可以散步、跳舞、做瑜伽、游泳、打扫房间，甚至是逗逗宠物等。你可以将每一次符合要求的运动作为你提高自控力的生理储备。

（3）放慢呼吸

放慢呼吸能激活大脑前额皮质、提高心率变异度，有助于你的身心从压力状态调整到自控状态。

将呼吸频率降低到每分钟 4~6 次，也就是每次呼吸用 10~15 秒时间，比平常呼吸慢一些。这样训练几分钟之后，你就会感到平静，有控制感，能够克制欲望，迎接挑战。

2. 加强自我意识

自我意识关系到我们对自己的认识，对自身能力和特点的整体看法，并且可以指导我们的行为。加强自我意识，可以提高我们对事物客观正确的辨别力，提升自我引导、对成败的认识、体验水平和归因方式。我们应该如何增强自我意识，从而培养更强的自控力呢？

(1) 正确认识和评价自我

正确地认识自我是建立健全自我意识的基础。德国著名作家约翰保罗说:"一个人真正伟大之处,就在于他能够认识自己"。正确地认识自我、客观地评价自我,就能把握自己在社会中的位置。以铜为镜,可以正衣冠;以史为镜,可以知兴衰;以人为镜,可以明得失。我们应该学会像认识他人一样来正确地认识自己和评价自己。社会就像一面大镜子,个人对自己的认识和评价首先源于他人对自己的评价和肯定。父母、兄弟姐妹、老师和同学的评价对个人都有很大的影响。例如,教师对学生学习能力的评价会影响学生的发展的方向;父母的期望会激发不同的自我体验。除了以他人的评价作为依据,更要进行深刻的自我分析,我们可以通过自己的活动和行为结果来评价自我的能力和品质。例如,通过记忆效果考试来认识自己的记忆水平,评价自己的记忆能力;通过需要克服困难的活动来认识与评价自己的意志品质;通过自己在某些方面获得的成绩及所花费的时间、精力来评价自己的能力水平等。

(2) 悦纳自我

在客观的认识和评价自我之后,要给目前的自己一份认同和肯定的态度,这样才会有自豪感和自尊感。不要盲目地去与他人进行比较,有些同学总是拿自己的缺点去同别人的优点去比较,而忽视了自己的优点,从而产生自卑心理。另外,要合理设置自己的期望值,信心不足时不妨给自己一些积极的心理暗示,告诉自己"我可以"。

(3) 逐渐完善自我

自我意识的发展是一个动态的过程,需要逐渐地去完善。建立理想自我时要根据实际的条件来规划和设计。千里之行,始于足下,要脚踏实地,一点一滴去做起。多去参加社会实践活动,多去与别人交流,多去展示自我、激励自我、超越自我。

3. 寻找增强动力

在完成一项任务或挑战时,需要让自己的动力化作力量来克服困难、抵挡诱惑。寻找一些对自己有效的想法或者措施来增加动力,对提升自控力具有明显的帮助。你可以尝试以下的方法来增强动力。

(1) 遇见未来的自己

明确自己未来想要求为怎样的人,才能明确自己的目标,从而保护自己不被错误的冲动所伤,更有动力牺牲掉自己现在的幸福,为未来的自己投资。想象你未来完成任务成功时的景象,想象的未来图景越真实、越生动,你做的决定就越不会让你在未来后悔。你还可以给未来的自己写信,向未来的自己描述一下自己现在将要做什么,你对未来的自己有什么期望,你觉得自己未来会变成什么样。你也可以想象未来的自己因为现在的自己做了什么而变得因此不同。

(2) 寻找其中的乐趣

其实你的任务也不一定那么枯燥无味,你可以去发现其中的乐趣,如果通过自己的努力解决了一个问题,你可以去体验满足感和成就感。

（3）明确目标和计划

制定明确的目标和具体可行的计划可以增加掌控感和信心。在心中为自己设定成功的奖励品则可以大大增加执行的动力。

4. 优化社交网络

自控会受到社会认同的影响，我们会把别人的目标、信念和行为整合到自己的决策中，这使得意志力和诱惑都具有更强的传染性。

（1）将你的目标变成集体项目

你可以发动身边的朋友一起减肥；激励室友努力学习争取奖学金，考上研究生；你可以和大家互相监督、互相支持，一起坚持下来。

（2）给自己树立榜样

看看身边意志力强的人是如何做的，用他们的成功来激励自己，用他们的做法来要求自己。

（3）融入适合的圈子

如果你已经为自己定好了目标，可以去寻找一个跟你有相同目标的群体去融入其中。

5. 现在就行动，从小事做起提升自控能力

（1）设置"陷阱"

你可以布置一些自控力挑战"陷阱"，比如在家里放一些你要戒掉的零食，训练自己的抵抗力；在桌子上放一本英语词汇大全，训练自己的行动力。通过训练来增强自控力。

（2）保证充足的睡眠

长期的睡眠不足让你更容易感受到压力、情绪更难以控制、注意力难以集中。每晚连续睡眠8个小时，可以帮助你的大脑恢复到最佳状态，让自控力恢复。如果你无法满足8个小时的睡眠，你可以尝试有空的时候补个好觉、休息的时候打个小盹儿，这些方法也能帮你减少一些睡眠不足带来的危害，帮你重新集中注意力、恢复自控力。

（3）等待10分钟

当我们面对诱惑时，需要一个冷静明智的头脑，不妨试试等待10分钟。如果10分钟后你仍旧想要，你就可以拥有它。但在10分钟之内，你要时刻想着自己真正的目标，以此抵抗诱惑。如果是希望克服诱惑和拖延，去做自己要做的事情，可以将这个法则改成坚持10分钟，然后就可以放弃。当10分钟结束后，你就可以允许自己停下来。你会发现，只要一开始，你就会想继续坚持做下去。

（4）练习养成或改掉一个小习惯

你可以从一些生活上的小事着手去训练自己的自控力，比如尝试不说某些口头语，用不常用的手进行一些特定的日常活动，每天在家里寻找一件需要扔掉或者再利用的东西，或者是每天冥想5分钟。你可以选择一些跟你近期的挑战任务相关的活动去练习。比如你要减肥，你就可以让自己每天起床喝一杯温水，或是坚持不喝碳酸饮料；你要节约开支，你就坚持每天晚上记录当日的消费情况。

7.2.6 自助练习

1. 试着去察觉并记录下什么情况下需要自控力？什么想法有利于你完成自控行为？什么想法会消磨你的自控力导致任务失败？
2. 尝试每天5分钟的运动或冥想。
3. 为自己选择一个自控力挑战。

7.2.7 推荐读物

1. 凯利·麦格尼格尔. 自控力[M]. 王岑卉,译. 北京:文化发展出版社,2017.
2. 汉斯-乔治·威尔曼. 自控力心理学:如何成为一个自控而专注的人[M]. 马博,译. 北京:中国人民大学出版社,2018.
3. 戴尔·卡耐基. 每天学一点超级自控力:掌控术与意志力[M]. 孙豆豆,译. 海口:南海出版社,2014.

7.3 朋辈交往团体:人际互动(三)

7.3.1 团体设计理念

1. 团体理论

团体辅导是团体情境下进行的一种心理辅导形式,其理论依据具有重要的指导作用。

人际交互作用分析理论,由美国精神分析学家柏恩(Eric Beme)于1959年创立的心理治疗理论和方法,其目的是协助人们了解自己与别人互助的本质,教育当事人改变生活态度,对人际交往获得深刻的领悟力,建立自尊的、成熟的人际关系。人际交互作用理论注重人与人之间的互动、沟通。

社会学习理论,由美国社会心理学家班杜拉(Albert, Bandura)提出,他的基本立场是个人的行为不是由动机、本能、特质等个人内在结构决定的,而是由个人与环境的交互作用决定的,即行为与环境、个人的内在因素三者相互影响,构成一种三角互动关系。人的大部分社会行为是通过观察他人、模仿他人而学会的。

2. 主题构思

本次活动主题为学会人际交往过程中的表达与沟通,活动设计融入音乐节奏、绘画、舞动等表达性艺术方式,让成员亲身体验认识表达和沟通的重要性;通过讨论和分享,鼓励成员们敢于表达自己的真实想法,学会更有效地沟通。

3. 团体目标

本次活动通过团体内交互作用,促使个体在交往中通过观察、学习、体验来认识自我、探讨自我、接纳自我,调整改善与他人的关系,学习新的态度与行为方式,提升人际交往中的表达和沟通能力,以达到良好的适应和开发内部潜能的目的。

7.3.2 团体流程

团体流程见表7.1。

表7.1 团体流程表

次序	目标	活动内容	所需时间
1	暖身,调动成员的积极性	热身活动:团队节奏 备选热身活动:雨点变奏曲	约10分钟
2	完成团体互动、人际交往表达与沟通主题活动	主题活动:可爱的小动物 备选主题活动:毕加索/情绪纸条	10~20分钟
3	促进小组成员之间的交流,认识恰当表达和沟通的重要性	小组内分享	20~30分钟
4	促进大团体中成员之间的交流,训练和提升人际交往中的表达和沟通能力	大组内分享	约5分钟
5	促进成员领悟语言与情绪的正确表达在人际交往中的作用,加强沟通能力	总结	约5分钟

7.3.3 团体实施

团体实施方案见表7.2。

表7.2 团体实施方案

目的	活动内容
暖身,协助成员积极融入大团体,感受团队协作的气氛,主动与人交往 时间:10分钟	1. 热身活动:团队节奏 　　指导语:"现在在每组设计1个特有的声音节奏,可以是鼓掌、跺脚、哈哈声等,当我举起哪个组的牌子,哪个组就发出相应的声音。让我们来创造一首团队的交响乐。好,现在开始行动!"

表 7.2(续 1)

目的	活动内容
材料准备:牌子	注意事项:每组规定各自的节奏;正式开始前一定要分组反复演练,否则会全场一片喧哗,领导者会失去威信,成员也会失去兴趣;同时可以举好几块牌子,多加变化;事先强调成员要学会聆听,不要只顾自己,中途可以找些成员来担任领导者的角色指挥。
认识人际交往过程中表达与沟通的重要性,学习在团体中如何表达自己的感受和想法、如何沟通,增进团体凝聚力,同时促进组与组之间的互动交流 时间:50 分钟 材料准备:每人一张纸、一支笔、音乐	2. 主题活动:可爱的小动物 　　指导语:"这个活动的规则是每一位成员在纸上任意画出一个你想到的小动物,并向其他成员进行介绍,不能说出这种动物的名称,待介绍完这个动物的特征后,让其他成员猜测这是什么动物,如果其他成员猜出来了,就表示成功了,我们一起用鼓掌表示鼓励。若其他成员没有猜出来,该成员就要伴着音乐作出这种动物的典型动作进行舞动,以示惩罚。请能够遵守活动规则的小组成员举手示意同意,好,谢谢……接下来,请每个小组利用20 分钟的时间进行讨论,每个人分享活动中的感受和觉察,如何才能让别人清晰地明白自己想要表达的内容?如果你介绍的东西别人不明白,你有怎样的感受?人际交往中如何更好地表达自己的感受和想法,如何更好地沟通?" 　　注意事项:活动之前要强调不可以直接说出小动物的名称或者用动作去模仿,而是需要用语言去描述特征。
暖身,协助成员积极融入大团体,感受团队协作的气氛,主动与人交往 时间:10 分钟 材料准备:无	3. 备选热身活动:雨点变奏曲 　　指导语:"下面请跟我作出这些动作,打响指、两手拍大腿、大力鼓掌、跺脚。很好,下面让我们给这些动作赋予意义,'小雨'——打响指、'中雨'——两手拍大腿、'大雨'——大力鼓掌、'暴雨'——跺脚。接下来请根据我的指令作出动作,天上布满了乌云,一会儿下起小雨来了……雨越下越大……小雨变成中雨……终于变成大雨……大雨变成暴雨……渐渐地……暴雨变成大雨……大雨变成中雨……又渐渐变成小雨……雨停了……天晴了……太阳出来了。" 　　注意事项:正式开始前一定要反复演练,否则会全场一片混乱,领导者会失去威信,成员也会失去兴趣。

表7.2(续2)

目的	活动内容
协助成员认识到沟通的重要性;训练增强其沟通能力 时间:50分钟 材料准备:几张各样圆圈组合的图,每人一张纸、一支笔。	4. 备选主题活动:毕加索 　　指导语:"我预备了一些画有圆形的纸,每两人配对参加活动,开始前,每组两人背对背而坐。在2分钟内,一人负责讲圆形的位置、结构、样式,另一人则负责画圆。画圆的人,只可听不可问,也不可让讲的人看到。时间到,就看谁画得快而准。活动结束后,小组内讨论一下活动的过程中存在哪些沟通问题?沟通时应注意哪些问题?并在组内进行分享……每个小组在组内分享活动感受之后,请派出一位代表,向大团体介绍本小组的感受和收获。" 　　注意事项:要尽可能地调动成员积极性,充分讨论人际交往中沟通的问题和技巧。
促进大团体成员之间的联结,增加成员之间的互动,帮助成员感受和表达情绪 时间:50分钟 材料准备:写着不同情绪的纸条、每人一张纸、一支笔。	5. 备选主题活动:情绪纸条 　　指导语:"我事先准备了许多张写有不同情绪名称的纸条,现在我要找一位成员来抽取一张,并且用肢体语言表现出来,让其他成员猜测是何种情绪,谁愿意来?接下来,小组内讨论一下如果你表达的情绪别人不明白,你是什么感受?如何才能让别人清晰地明白你想要表达的情绪?每个小组在组内分享活动感受之后,请派出一位代表,向大团体介绍本小组的感受和收获。" 　　注意事项:第一轮,抽取情绪纸条后用肢体语言表现出来。包括无奈、困惑、开心、难过等;第二轮,抽取后通过描画面部表情呈现纸条上所写的情绪状态,包括兴奋、得意、高兴得流泪、恐惧等。其他成员根据绘画作品进行猜测。

第 8 章　后现代疗法

本章介绍了后现代疗法中的焦点短期解决疗法和叙事疗法,着重介绍两种疗法的核心理念和主要技术,及其在朋辈心理辅导中的应用。本章大学生常见心理问题为压力管理,从问题表现、心理测验、心理学解析、心理学小知识、压力管理的策略与方法、自助练习及推荐读物七个方面进行阐述,理论联系实际提升大学生抵抗压力的能力。本章朋辈交往团体的主题是团体协作。

8.1　理论知识介绍

8.1.1　后现代心理治疗思想概述

"后现代主义"(post-modernism)一词最早被使用在 20 世纪 60 年代中叶的建筑学领域中,后逐步应用于艺术、文学、社会学和心理学等领域。后现代主义心理学家们主张减轻人们的心理压力,倡导通过淡泊怡然来消除自我奋斗的焦虑和恐惧。

后现代主义认为,"真理"(true)是人们在语言、意义和文化中创造而来的。后现代建构主义(postmodern constructivism)尤其强调,"现实"(reality)是人们主观建构的产物,人们通过语言过程建构个人的心理现实,人们会建构、创造自己的经历并进行赋意和使用。

受后现代建构主义思潮的影响,后现代心理治疗特别重视人的正向力量,去病理化地看待心理问题,同时秉承系统论的观点,不以问题解决为目标。后现代心理治疗倡导在来访者与咨询师的良性互动过程中,通过积极改变和语言叙事等方法重新建构主观现实世界。来访者被鼓励以更多视角正向审视自身经历,以建设性眼光重新看待生活的苦难,反思建构方式对生活产生的影响,从而积极赋能赋意,达到心理和谐的目标。

后现代疗法通常包括焦点解决短期治疗、叙事疗法和女权主义疗法等。

8.1.2　焦点解决短期治疗

焦点解决短期治疗(solution-focused brief therapy,SFBT)是一种短程心理疗法。SFBT 于 20 世纪 80 年代初期,由美国威斯康星州密尔沃基短程家庭治疗中心的 Steve de

Shazer 和 Insoo Kim Ber 夫妇的工作团队创立。经过几十年的发展,SFBT 目前已被广泛应用于医院、学校、社区、社会福利机构、监狱等领域开展的心理健康服务中。

1. 基本理念

SFBT 深受后现代建构主义思潮的影响,强调的不是来访者客观存在的问题,而是来访者与咨询师在对话互动过程中建构的主观现实。SFBT 不以病理学视角看待来访者的问题及其成因,较少着眼过去,而是放眼未来,积极关注来访者自身拥有的宝藏,包括能力、优势、资源、希望、成功经验和想要改变的动机与行为等正向力量。SFBT 将心理咨询看成一个合作与改变的过程。咨询师带着尊重与希望,协助来访者一起建构生活目标,发现自身资源与能力,逐步发展出有效的问题解决之道。

学者们总结的 SFBT 基本理念有:

(1) 聚焦来访者未来想要的生活模样;

(2) 重在建构解决之道,而非仅仅解决具体问题;

(3) 相信来访者本已具备解决之道的潜能;

(4) 小的改变会累进至大的改变;

(5) 咨询师协助来访者发现不想要的行为模式和问题应出现却未出现的例外,鼓励来访者增加有效行为出现的频率;

(6) 人们拥有天然的复原力,会持续复原和改变自己;

(7) 每个人都已经竭尽全力来应对困境;

(8) 解决之道在人们的经验之中,最了解状况的是来访者自己;

(9) 来访者是带着解决之道来的,只是他们自己还不知道;

(10) 一个人愿意努力实践自己构想出的想法。

2. 主要技术

SFBT 以积极视角和系统论观点对待人们的心理问题,致力于协助来访者感受、思考和行动任何可能的"小的改变",从而积跬步以至千里。在尊重与信任来访者的对话中,咨询师主要通过开放式提问,运用以下技术引导来访者走上"做出改变"的"解决之道"。

(1) 一般化(normalizing)

SFBT 咨询师通常会用"一般化"的技术回应来访者的困扰,即来访者所遭遇的是多数人都可能遭遇的处境或者反应,是正常的、暂时的、可以理解的、有改变可能性的。"一般化"的应用,能够让来访者接纳自己所处困境,不觉得那么无能和孤单,促使来访者发展对困扰"去病理化"的思维,以及促进来访者觉察和调整绝对化、以偏概全和糟糕至极等非理性思维。

举例

来访者:"我总是被用人单位拒绝,觉得自己是个没人要的'废物'。"

咨询师:"找工作被拒绝是常有的事,这次面试被拒绝,让你感觉非常挫败,是吗?"

(2)咨询前改变的询问(pre-session change)

通常来访者在咨询前都会尝试各种办法改善困境。咨询师通过询问,可以了解来访者的应对方式,之前接受咨询的经历,以及对来访者有效或者无效的应对方法和建议。同时引导来访者开始建构"改变"的意识和行为。

举例1 咨询师:"你在来见我之前,为解决问题都做了哪些改变?"

举例2 咨询师:"之前你是如何应对困境的?"

举例3 咨询师:"你都采取了什么措施,没有让事情变得更糟糕?"

(3)赞许(compliment)

咨询师给予来访者真诚的赞美和鼓舞,协助来访者提升自我价值感、巩固成功经验和激发有益行为。

举例1 咨询师:"你主动寻求心理咨询的帮助,你为自己做了一件非常有益的事。"

举例2 咨询师:"你一直坚持有氧运动改善情绪,你是怎么做到的?"

举例3 咨询师:"你在自身这么困难的情况下还为你的朋友付出了这么多,如果某一天他向你表达感激,他会说些什么?"

(4)预设询问(presuppositional question)

预设询问旨在建构具体的、可行的目标,通过对目标结果和影响进行详细的描述和讨论,确定来访者改变行为的实操性,提升来访者改变的信心。

举例1 咨询师:"问题解决后会变成什么样?"

举例2 咨询师:"问题解决后会有什么不同?"

举例3 咨询师:"问题解决后你会做些什么不一样的事?"

(5)改变最先出现的迹象(first sign)

咨询师引导来访者对改变后的具体细节进行描述,能够协助来访者打破困境,清晰下一步行动的目标。

举例1 咨询师:"如果想达到10分的目标,你会做出哪些努力?"

举例2 咨询师:"当情况有所改善时,其他人注意到了什么?"

举例3 咨询师:"还有什么会变得更好?"

(6)例外询问(exception questions)

通过询问例外情况,可以让来访者了解问题产生和发展过程中的要素,并将例外作为成功经验拓展到生活中,这是来访者曾经有效应对困境的方法,也会让来访者面对困境更具自我效能感。

举例1 咨询师:"问题没发生或很少发生的时候是怎样的?"

举例2 咨询师:"之前有没有像你期待的那样?你是怎么做的?"

举例3 咨询师:"你做了哪些事情,才让事情没有变得更糟?"

(7)奇迹询问(miracle questions)

咨询师让来访者想象问题解决时的具体情形和对生活的积极影响,并引导思考如何开始小的改变从而到达目标,可以激发来访者的积极情绪体验和创造性思维。

举例1 咨询师:"假设奇迹发生了,你的问题都解决了,那么最初的迹象可能是什么呢?"

举例2 咨询师:"你一觉醒来,奇迹已发生,你的问题解决了。那时你是如何知道发生了奇迹的?"

(8)关系询问(relationship question)

通过关系询问可以了解来访者的重要关系人,以及他们之间互动的情形和彼此的需求。关系询问可以激活来访者的人际支持资源,发展来访者的人际互动能力。

举例1 咨询师:"谁会最先注意到你的改变?"

举例2 咨询师:"还有谁会注意到你的这个改变?"

举例3 咨询师:"她/他会希望你做出怎样的改变?"

(9)评量询问(scaling questions)

评估询问是咨询师协助来访者对自己的心理状态进行刻度化的描述,可以让来访者更加清晰和具体化了解自己的现状和进展,直观地比较改变前后的变化,获得不断进步的信心和掌控感。

评估询问通常是让来访者以1~10分,对现状或者目标进行评估。

举例1 咨询师:"10分代表事情出现最好结果时你的感受,1分代表事情最糟糕时你的感受。现在你的评分处于哪一个位置呢?"

举例2 咨询师:"你认为自己多久可以达到10分的目标?"

举例3 咨询师:"当你的目标再高1分时,会有什么不同?"

除上述技术外,SFBT还有家庭作业、目标询问、应对询问、鼓舞性引导等技术。

8.1.3 叙事疗法

叙事疗法(Narrative Therapy)的代表人物是澳大利亚心理学家麦克·怀特(Michael White)和新西兰心理学家大卫·爱普斯顿(David Epston)。1990年,怀特和爱普斯顿的代表作《故事、知识、权力——叙事治疗的力量》出版,之后叙事疗法得到迅速发展。

1. 基本理念

叙事疗法的基本理念是人们会用自己告诉自己的故事来建构生活的意义,而且会把主观的个人叙事当成事实真相。由于主流文化叙事受社会历史文化的影响,具有强大的影响力,人们会建构主流文化所允许的部分生活经验,并内化为自我认同的"真相"。当主流文化叙事与个人生活经验的重要部分产生矛盾时,会对人们的心理造成负面影响,产生心理问题。叙事疗法帮助人们将内化的主流叙事与个人叙事分离开来,让人们自主构建出新的个人叙事来重塑自己的生活(Freedman & Combs,1996)。

怀特还倡导对人的尊重,认为人本身并不是问题,问题本身才是问题。当个体运用构建的不合理认知看待世界中的人和事时,易感受消极的情绪,从而对心理发展产生负面影响。将人与问题分开,帮助人们在问题和自我之间建立合适的关系,才更有利于问题的解决和人们心理的成长。

2. 主要技术

叙事疗法的主要技术有"故事叙说""问题外化""由薄到厚"。

(1)"故事叙说"

每个人都有自己的生命故事。"故事叙说"是来访者讲述自己的故事,通过与咨询师的对话,重新发现和丰富自己的生命故事,从而促进改变的方法。当人们讲述自己的历史或者当下生活中的状态时,会将一些模模糊糊的记忆变得清晰起来,会重新审视生活中发生了什么,进行重新地理解和思考,赋予新的意义和多元化的价值,发现更多的可能性,进而产生新态度和尝试新行为。"故事叙说"让人们创造和发展出来一个更积极、更有联结、更有力量、更感动的人生故事。

(2)"问题外化"

"问题外化"就是把人与问题分离,人是人,问题是问题,不是人有问题,而是问题本身才是问题。每个人都是自己生活的主人,也是解决自身问题的专家。来访者和咨询师一起寻求自身的资源,发挥自身潜能和智慧,运用之前的成功经验面对和化解问题。人与问题分离,不仅让解决问题变得更容易,而且让来访者对自己的感觉更正向,减少认为自己本身有问题的消极想法和自我责备的情况。

(3)"由薄到厚"

"由薄到厚"是指由单薄到丰厚、由量变到质变的技术。对自己有消极自我概念的人,往往对自己的优点、力量等资源视而不见,就好像积极的部分被压缩成薄片。叙事疗法的这一技术引导来访者关注并越来越多地发现这些生命中的积极部分,从而由薄到厚,生命中的优势和力量能够被看见、被欣赏和被认同,由单薄到丰厚,从而形成积极的、丰盈的自我认同感。

8.1.4 后现代咨询方法在朋辈心理辅导中的应用

在大学生朋辈心理辅导中,我们可以运用后现代疗法的理念和技术去助人及自助。

1. 运用赞许技术快速建立良好关系

在心理辅导中,最重要的是和来访者建立良好的关系,让来访者能够感到安全和信任,在安全、温暖和自由的氛围中谈论、思考和疗愈。人本主义咨询方法的代表人物卡尔·罗杰斯认为,以下三个方法对于建立良好的咨访关系会有帮助。一是无条件地接纳,二是共情,三是真诚一致。当我们向另外一个人敞开心扉,谈论痛苦或者隐私的时候,就会担心对方是否接纳自己。所以,无条件地被接纳会让自我坦露的人感觉安全。

前面我们介绍过焦点解决短期疗法中的赞许技术,是指"咨询师给予来访者真诚的赞美和鼓舞,协助来访者提升自我价值感、巩固成功经验和激发有益行为。"在朋辈心理辅导中运用赞许技术,不仅能够让来访者感受到自己被接纳,而且能够帮助来访者提升自我价值感,学习欣赏和激励自己。

那我们怎样赞许呢?首先,可以赞许来访者的求助动机,称赞其积极寻求改变,想让自己好起来,做对自己有益的事;其次,可以赞许来访者在寻求帮助之前自己为解决问题所做出的种种努力,它们都是有价值的;再次,可以赞许来访者身上的优势、优点和做得好的部分。

当然,如果我们想运用好赞许的技术,首先在生活中要培养自己发现和欣赏自身优点的能力,当你善于发现和欣赏自己的优点和力量时,你也容易发现和欣赏他人的优势和力量。而且还要在生活中学习真诚、适时、恰当赞美他人的能力,真诚的态度,恰当的时机和语言才更有可能让对方感受到并相信自己是被接纳和欣赏的。

2. 从小的变化开始改变

心理辅导是协助来访者能够觉察和改变产生心理问题的认知、情绪和行为模式,而代之以新的、更健康的、更适应生活的方式。而累积多年的心理习惯的改变不可能一蹴而就,需要一个循序渐进的改变过程。老子的《道德经》有云:"合抱之木,生于毫末;九层之台,起于垒土;千里之行,始于足下。"焦点解决短期疗法的核心理念也是聚焦于小的改变而累进至大的改变。

在朋辈心理辅导中运用SFBT这一理念,我们就是要协助来访者找到开始改变的"足下"之处。怎么找到那些小的改变呢?我们需要和来访者讨论,询问来访者在其生活中容易做到的小的改变。我们可以采用之前介绍的焦点解决短期疗法中的一些技术,比如改变最先出现的迹象,关系询问、预设询问、例外询问和奇迹询问等,聚焦来访者的困扰问题,确定可行的行为,鼓励小的改变,进行及时和积极的反馈与讨论。

有的时候,来访者在实施建设性行为的时候,可能会遇到困难,因没有出现预期的结果而感到失望和沮丧,我们在协助其表达出负性情绪的同时,也要和来访者讨论这个过程中发生了什么,从中寻找可能的变化机会,赞许来访者已经做出的努力和做得好的地方,并鼓励来访者做出更多的新尝试。

3. 善于利用自身资源

心理辅导的核心理念是"助人自助"。"助人自助"指的是我们协助来访者发现和挖掘自身潜能,由来访者自己帮助自己解决问题、获得成长。即我们常说的"授人以鱼,不如授人以渔"。

焦点解决短期疗法的核心理念就是聚焦来访者自身拥有的优势、资源和成功经验,使得来访者能够重新获得力量行动,毕竟改变是要由来访者本人来完成的。我们在朋辈心理辅导中可以运用SFBT的理念,协助来访者讨论是什么阻碍其完成这些适应性的改变,并帮助来访者发现其生活中的资源。

那如何帮助来访者找到自身资源?我们可以使来访者感受到爱的联结,通过了解来访者的社会支持情况,比如其与家人、朋友、老师和同学的关系,让来访者看到在这个世界上还有人关爱和支持自己,这是一个人获得心理力量的重要源泉;我们可以让来访者意识到自己的学业成就,经过多年努力,凭借自身的聪明才智和不懈努力能够让自己接受到高等教育,在同龄群体中有了更好的发展机会,只要继续奋斗则未来可期;我们还可以通过交谈了解到的来访者的优点和成功经验,鼓励其再次运用这些资源帮助自己解决当下的生活困境。

4. 积极和多元化的视角看待生活

认知行为疗法的理论预设是一个人的认知会影响其情绪反应和行为结果。抑郁倾向的思维方式往往是消极和悲观的。古人云:"不如意之事十之八九",如果每天只看到八九分的不如意,不能满足于一二分的如意,甚至全然看不到满意之处,万事往坏处想,进而责备自己做得不够好,这样的思维方式容易让人产生抑郁情绪,陷入苦恼之中。老子的"故知足之足,常足矣。"告诉人们要知足常乐,的确是调节心情非常好的方法。

在朋辈心理辅导中应该如何帮助来访者以积极和多元化的视角看待生活呢?我们可以运用叙事疗法中的积极叙事理念和"故事叙说"技术,帮助来访者积极自我认同,练习培养积极有力的自我信念,提升自尊水平;协助来访者以成人的目光重新审视问题,重构历史、人际关系以及对自己的想法;协助来访者看到事物发展有很多可能性,乐观地看待生活中的变化并积极赋意,主动改变自己去适应新变化,影响生活朝向自己想要的方向变化。

一个人习惯的思维方式不是一朝一夕可以改变的,需要每天进行觉察和坚持练习,日积月累才能发生比较稳定的改变。在朋辈心理辅导中,我们也要能够成为来访者的榜样,乐观地看待生活,多角度审视问题,积极关注和鼓励来访者的每一个进步。

5. 信任自己是解决自身问题的专家

很多来访者前来寻求心理辅导时,认为自己对于解决自身问题已无能为力,倾向于相信心理辅导员比自己更有智慧,更善于解决问题,想依靠一个人来帮助自己解决难题。前面我们提到过心理辅导"助人自助"的理念,每个人都是自己的生活专家,世界上没有任何一个人能像我们自己一样,如此深刻地感受和了解自己和自己每天的生活,也唯有我们自己能够担负得起选择的责任。焦点解决短期疗法的理念也认为来访者本人是解决自身问题的专家。

如果来访者不相信自己有能力解决问题,也不愿意独自面对生活的挑战,如何在朋辈心理辅导中帮助来访者信任自己是解决自身问题的专家呢?首先,我们需要传递出这样的信息给来访者,让来访者意识到自己是自己生活的主人,是解决自身问题的专家;其次,我们要鼓励来访者信任自己,协助来访者找到改变当前困境的希望和力量;之后,我们要让来访者承担起管理自己生活的责任,不再幻想去依赖他人的帮助去克服困难,而是信任和依靠自己的力量迎接生活的挑战,不断走向人格成熟。

8.2 大学生常见心理问题之压力管理

8.2.1 问题表现

1. 生理表现

压力大的生理表现常见的有:疲惫,生病,睡眠和饮食发生变化,肌肉紧张,偏头痛,血压高,心跳快,手脚发凉等。

案例 A同学,大学三年级学生,准备报考"985"学校的硕士研究生。进入秋季学期的总复习后,压力剧增,对自己的学习效率总是不满意。每当记不住之前复习的内容时都会感觉非常沮丧和烦躁,觉得别人复习得都比自己好,自己能力不够,害怕自己又会像高考时那样考不上心仪的学校,晚上出现入睡困难,睡不好第二天就容易头痛,头痛会持续几天。午睡期间会经常突然醒来,心跳加快。吃饭也没有食欲,头发掉得厉害。

2. 情绪表现

压力大的情绪表现通常有,总是烦恼、易怒、敏感、沮丧、丧失兴趣与幽默感、孤独感、心理痛苦等。

案例 B同学,大学二年级学生,寒假开始前女朋友向他提出分手。他想要挽回,但女朋友态度很坚决,B同学内心非常苦恼,每天待在家里,中午才起床吃饭,不想出门,不想参加高中同学聚会,对之前喜欢做的事情也失去了兴趣,经常因为小事向父母发脾气,感觉自己非常孤独和痛苦,自己的世界变得一片灰暗,生活失去了意义,纠结在为什么女朋友不喜欢自己,是不是自己不够好的思维里。

3. 认知表现

压力大的认知表现通常有自我怀疑、贬低、否定及灾难预期等。

案例 C同学,大学一年级学生,高考发挥失常,没有考入自己向往的大学,看到自己的好朋友都考上了理想的大学,内心非常的失落和难过。来到大学后,他发现很多同学都比自己聪明,高等数学等科目自己需要花很多时间才能弄懂,经常做不出题目,又不好意思向老师和同学求教,害怕被拒绝和嘲笑。渐渐地,他不愿意再学习数学,结果期末考试高数挂科了。他从小到大考试没有不及格,而且成绩一直名列前茅,挂科让他备受打击,感觉自己愚蠢、懒惰、怯懦,怀疑自己的能力,认为自己不如同学聪明、不如同学有能力,未来不能够在竞争中获得成功,这一生都不会像同学们那样有好的发展。

4. 行为表现

压力大的行为表现通常有学习效率下降,匆忙,常出错,拖延,习惯改变,回避,依赖,人际冲突或疏离,自我伤害等。

案例 D同学,大学四年级学生,以前每天形影不离的好朋友出国留学了,D同学觉得非常失落和孤独,看着不感兴趣的毕业设计题目和不理想的实验数据,更加失望和难过。春季学期开学后,离提交论文的最后期限越来越近,但D同学每天搞模型和写论文的效率非常低,心里非常焦虑,但行为上很拖延,不想去做模型和写论文,特别希望有人能帮助自己完成建模,但又不想请教导师,害怕老师会批评自己不够努力,经常拷问自己,怎么自己这样无能?很生自己的气,最近一个星期,玩手机到凌晨才睡觉,感觉身心疲惫。

8.2.2 心理小测验

1. 压力自评量尺

如果有一个 0~10 分的压力感自评量尺,"0 分"代表完全没有压力,"10 分"代表压力极大,请选择符合您实际情况的量尺数字。

0　1　2　3　4　5　6　7　8　9　10

2. 压力自评小测试

请根据你一周以来的实际情况,勾选"是"或者"否"。

1. 常莫名其妙地感到心烦。
2. 因小事而发脾气。
3. 感觉时间不够用而匆匆忙忙。
4. 总在想令自己烦恼的事情。
5. 生活中点点滴滴都让自己不满意。
6. 自我怀疑或者自我否定。
7. 睡眠和饮食发生了改变。
8. 体重发生 2.5 千克以上的明显变化。
9. 总是感觉疲惫。
10. 身体容易生病或者出现慢性疼痛。

测验结果:勾选的"是"越多,压力感越大。

8.2.3 心理学解析

应激(Stress),也称为压力,其拉丁文最初的含义是"困苦"或"逆境"的意思。20 世纪的 20—30 年代,应激研究的奠基人是美国生理心理学家沃尔特·坎农(Walter Cannon),加拿大内分泌专家汉斯·塞里(Hans Selye)最早系统地使用"应激"这一概念。

那什么是心理压力呢? 我国研究应激的著名学者梁宝勇教授认为,"心理压力是由人在生活适应过程中的实际上的或认识上的至关重要的内外环境要求所引起的一种倾向于通过各式各样的生理和心理反应而表现出来的身心紧张状态"(梁宝勇,2006)。

关于心理压力的研究主要包含三个方面:压力源、压力过程和压力反应。

坎农认为,战斗和逃跑是人类的基本应激反应方式。在应激反应下,我们人体就像一台精密的仪器,会协调一致,调动身体的能量来应对环境中的威胁或者危险。

压力的心理反应包括认知反应、情绪反应和行为反应。在人类的情绪反应中,愤怒、焦虑、麻木和绝望等情绪反应会减少人的控制感和有效感。因此,我们在应激状态下,要尽可能地调控自己的情绪反应以更好地适应环境。

按照布朗斯坦(Braunstain)的分类,可以将压力源分为躯体性压力源、社会性压力源、文化性压力源和心理性压力源四类。卡奈特(Kannet)等将压力源概括为灾难性事件、生活事件、慢性应激和日常琐事四类。

美国的心身医学家霍尔姆斯(Holmes)和瑞赫(Rahe)编制了《社会再适应评定量表》,调查了5000多人,发现美国人日常生活应激性生活事件排在前几位的是:配偶死亡、离婚或分手、坐牢或打官司、人身伤害、结婚或为人父母、失业和退休。

在我们的日常生活中,与人激烈的争论,高盐等压力饮食,噪声等都可能成为压力源,尤其是伴有不愉快情绪的过度学习或工作,以及伴有自责的自我加压。在压力管理中,减少不必要的压力源是有效路径之一。所以很多人都会同意,当你的生活中不能承担压力时,需要做减法。

在同一压力情境下,不同个体可以有不同的生理心理反应。心理反应的类型与强度取决于应激源的特点、当事人的身心特点(如认知评价)和环境因素(如社会支持系统)。拉扎勒斯(Lazarus)曾区分出两种主要认知评价过程,初级评价和次级评价过程。

初级评价过程进行压力情境对个人的意义判断,即"这个情境对我意味着什么"。初级评价过程有三种不同评价:"无关"(无意义)评价;"好事"(积极意义)评价和"应激性"(充满压力感)评价。"应激性"评价又分为三类:

(1)"丧失—伤害";
(2)"威胁";
(3)"挑战"。

"应激性"评价在多数情况下会导致应激反应。

次级评价过程进行对个人的应对资源与应激情境的要求间匹配程度的判断。即"面临这个情境我应该做什么?""我能够做什么?"次级评价会影响甚至决定一个人在应激情境下的应对方式。拉扎勒斯认为:"有效化解压力的关键在于对压力的积极评价"。

个体拥有怎样的应对资源,采用何种应对方式,都对压力反应结果有着至关重要的影响。压力应对策略通常分为注重问题的应对策略和注重情绪的应对策略。注重问题的应对策略是分析情境或问题并设法解决;注重情绪的应对策略是努力减轻情绪压力反应,包括认知和行为调节,如寻求支持(倾诉)、放松、体力活动、读书、书写、饮食、性生活、娱乐、休闲、消费、玩手机、网络游戏、饮酒、服药等。其中,倾诉是最有效和最健康的应对方式,而喝闷酒、过量服药、网络游戏成瘾等方式不但不能够有效应对困境,反而对人们的身心健康带来了负面影响。

8.2.4 心理学小知识

沃尔特·坎农提出著名的"自稳态"理论,即人体在应激状态下,处于战斗或逃跑的状态,交感神经处于兴奋状态,肠胃功能处于减慢蠕动的状态,所以在压力大的时候会感觉不到饿。之后,人体会进入放松和消化状态,副交感神经处于兴奋状态,所以有的人在一段紧张生活状态后会有非常好的胃口,体重会增加,即使进行很多的有氧运动,也不容易把体重减下来。坎农认为,人会在应激状态和放松状态中自动摆动,达到身心平衡。但如果人为地打破身心自然平衡的规律,长期让自己处于应激的状态下,不能及时地进行放松,很容易导致身体脏器功能的紊乱,甚至形成疾病。

汉斯·塞里提出了压力反应三阶段理论。他认为压力反应分为警戒期、抵抗期和衰竭期三个阶段。我们可以运用这个理论来帮助我们探索自己的学习或者工作绩效高峰,从而了解自己适宜承受的学习和工作压力水平。让我们能够觉察自己在衰竭期到来的时刻,甚至是在衰竭期到来之前,刚刚有些疲劳或者在尚未疲劳的时候,就能遵从身心的自然规律,及时地放松和休息,预防过度疲劳、职业耗竭和崩溃状态。比如,当你学习有些疲劳,学不进去的时候,再逼迫自己继续学习是不利的,选择停下来进行适度的放松或者休息,比如出去散散步,或者做自己喜欢的事情,或者睡一会儿,体力和精力有所恢复后再进行学习,感觉整个状态得到刷新,才更有益于我们的身心健康。

8.2.5 压力管理的策略与方法

1. 智慧压力观

我们很容易对事物进行好坏的分别和评判。"好的"就乐于接受,翘首以盼,"坏的"则抗拒,嗤之以鼻。任何事物都有辩证的两面,压力也不例外,即使是逆境中的压力也有其积极的一面,它能够推动我们改变自己、适应生活,从而促进我们成长和发展。

我们对待压力的态度会直接影响身心健康。生活中似乎也有很多我们喜欢的压力,比如怀孕,结婚,按摩,因为满心的喜悦、美好的期待、全身心的放松而享受这一过程,欣然承受或者忽略了这些过程中的压力所带来的艰辛和不适。

心理学实证研究表明,前一年压力颇大的人死亡风险会增加43%,但只适用于那些认为压力有害健康的人。前一年承受极大压力而认为压力不是有害的人不会增加其死亡风险,其死亡风险反而比压力小的人还要低。也就是说,有着这样压力态度的人死亡风险最低。塞里认为:"我不能也不应该消灭我的压力,而仅可以教会自己去享受它"。拉扎勒斯认为:"有效化解压力的关键在于对压力的积极评价。"

压力无所谓好坏,不分别和评判"好的"或者"不好的","舒服的"或者"不舒服的",而是以积极的视角和愉悦的心情看待,发现压力的积极方面,并不断主动调适,善加利用和转化,为我所用,方得因应压力的生活幸福之道。

2. 充足睡眠

保证充足的睡眠,均衡的饮食,拥有健康、精力旺盛的身体,是应因压力的基础生理保障。《黄帝内经》中《上古天真论》有云:"食饮有节,起居有常,不妄作劳,故能形与神俱。"睡眠对人的生理健康和精神健康都是极为重要的。研究表明,缺乏睡眠不仅会影响人体的免疫系统、记忆力、注意力、器官、脑神经及脑脊液的修复等生理健康,而且会影响人的精神状态。当个体出现心理问题乃至精神障碍倾向时,很多时候睡眠会率先出现问题,如抑郁状态的人会出现早醒,躁狂状态的人会彻夜不眠等。很多专家学者建议,至少要在晚上11点前入睡,以保障我们的机体脏器得到修复。

很多大学生都经历过睡眠问题的困扰,比如入睡困难、早醒、睡眠质量差、多梦、失眠等，备受煎熬，非常痛苦。不必沮丧的是，睡眠质量是可以调节的。那如何拥有一个高品质的睡眠呢？

首先，睡眠的规律性很重要，人体有自己的生物钟，保持节律的稳定性，人更容易健康长寿，而经常熬夜对健康损害较大。所以，调整睡眠的第一要务是根据一年四季的节律有规律地早起早睡。

其次，睡眠时的内外环境对人很重要。一个安静的，光线、温度和湿度适宜的外在环境更容易让人入睡。睡前两小时不宜大量运动、进食和饮水，避免喝浓茶、咖啡等刺激性饮料，避免过度紧张、劳累等让人体交感神经兴奋的事情，创造一个身心放松平静的内在环境更让人容易入睡。

另外，对睡眠相关知识和放松方法的掌握也对调整睡眠质量至关重要。比如，很多人认为睡眠中多梦让自己晨醒时非常疲惫，觉得做梦不好。其实我们每个人熟睡后，在快速眼动阶段都会做梦，不管你醒来时是否记得梦境。梦在帮助人们调节白日的情绪，所谓"日有所思，夜有所梦"。从梦境中我们能够帮助自己了解自己近期的情绪状态，担心和恐惧，期待和愿望。学习一些能够促进入睡的放松方法，比如放空大脑、深呼吸、睡前热水泡脚等，对睡好觉也会很有帮助。

下面谈谈大学生常见睡眠困扰问题的应对方法。

大学的集体生活中，同一个寝室的同学们可能作息习惯不同，很多人际冲突也来源于此。如何协调睡眠时间似乎成为大学生入学时很重要的寝室议题。同学们的以往经验是可以通过协商寝室公约规定就寝时间的方法来解决作息不一致的矛盾。对于因此产生的人际矛盾反复耐心沟通，谈感受，不指责，会共情，看困难，互相理解，求同存异，达成共识。

过于紧张，内心有忧虑、愤怒等负性情绪，容易导致入睡困难甚至失眠。有效地调节方法是避免熬夜，放空思想，放松身心。可以运用本书教授的放松方法，躺在床上进行全身放松，最关键的就是躺下后一念不起，把注意力集中在呼吸上，关注一吸一呼，呼气时全身放松，不必数次数，随着深而慢地呼吸，身心越来越放松，副交感神经发挥作用，自然而然入睡，日日练习，就会更快地进入深度放松状态。如果刚躺下就开始想事情，越想交感神经越兴奋，就比较难以入睡。有些同学喜欢数数，数到1000只小白羊，心想怎么还没有睡着，越数越焦虑，入睡就更困难。

关于偶尔失眠的误区。失眠本身有可能不是问题，人偶尔一晚睡不着，躺在床上放松休息，也能缓解疲劳。但是如果把失眠的事一直放在心上，总担心今晚会不会又失眠，这个担心会形成心理压力。应对的方法就是接纳偶尔的失眠，并积极调整生活习惯，实践提升睡眠的方法，改善睡眠状况。如果睡眠出现问题一周以上，需要尽快调整睡眠状况，自己调节无效的情况下，应该寻求专业的帮助，去看看生理医生或者心理医生。对于内心有恐惧，又意识不到恐惧什么的人，比较有效的调节方式就是寻求心理咨询的专业帮助。

3. 均衡饮食

良好的饮食习惯有助于保持身心健康,缓解压力感。饮食做到"三节",有节律、有节奏、有节制。有节律——《吕氏春秋》有云:"食能以时,身必无灾",吃饭的时间有规律性,能使人体建立条件反射,可以保证消化和吸收功能有规律进行活动,有益身体健康;有节奏——吃饭时养成细嚼慢咽的节律,有助于人体消化、吸收食物和养分,有益身体健康。有节制——俗语说,"早晨吃好,中午吃饱,晚上吃少"。吃饭"八分饱",不暴饮暴食,有益身体健康。

另外,饮食要均衡。世界卫生组织建议每个人每天吃 0.5 千克蔬菜,2~3 种水果。维生素和钙是减压食谱,而高糖、高盐、咖啡因和尼古丁是压力食谱。饮食会带来生理变化,从而影响情绪,影响压力感。所以,选择吃利于健康的食品和减压的食品有助于我们保障应对压力的生理基础,有助于减少压力感。

4. 坚持运动

大量的心理学实证研究表明,有氧运动促进健康与精力,消除轻度焦虑与抑郁。运动要注意循序渐进、适时、适度和持之以恒。一个习惯的养成大概需要 90 天,找到一个适合自己、又能够坚持的运动项目,日积月累地坚持不懈,不仅能够保持身体健康,而且能够维护心理健康,百利无一害,受益终身。

此外,活动对减轻焦虑也很重要。玩耍,玩游戏,这些与朋友和家人进行愉快的活动,志愿活动等会给人带来愉悦和享受的感觉。每天可以做至少半个小时自己喜欢的事情来保持好心情。

5. 及时放松

应激时人体的交感神经活跃,放松时副交感神经活跃,交感神经和副交感神经交替进行,使人体得以从紧张的身心状态恢复平衡。我们每个人都需要掌握一些简便易行、行之有效的放松方法,每天及时放松,缓解或化解压力和疲劳。

这里简要介绍一些常用的放松方法。深呼吸是最简便、有效的放松方法,随时随地可做,可有效减轻轻度紧张。如果配合腹式呼吸,效果更佳。如何进行深呼吸?深吸一口气,吸到深、吸到满时,屏住呼吸几秒钟的时间,然后慢、长而均匀地呼出,所谓"纳唯细细,吐为绵绵"。

渐进式放松法由雅各布森于 1938 年发明,具体操作可以参见行为疗法一节;冥想。可以选择一个舒服的姿势坐着或者躺着,摘掉眼镜,先进行几次深呼吸,放松全身,然后开始进入冥想。可以冥想生活中曾经去过的、令你心旷神怡的地方,从看到了什么、听到了什么、闻到了什么、尝到了什么、皮肤感受到了什么,即从视觉、听觉、嗅觉、味觉和触觉五个感官通道,提取记忆,体验身心惬意、放松、愉悦的感觉。

此外,中国传统文化中的静坐、太极拳和科学气功,以及瑜伽、正念等都是有效的放松方法。

6. 调整认知

人的认知、情绪和行为是相互影响的。前面我们学习过,认知行为疗法的理论预设个体的情绪反应和行为结果不是由生活中的诱发事件引起的,而是人对事件的看法、解释和评价引起的。美国研究应激应对的心理学家理查德·拉扎勒斯(Richard Lazarus)认为,"有效化解压力的关键在于对压力的积极评价。"可见,时刻观照和调整认知在压力管理中的重要性。

培养乐观心态。国内外大量研究发现,乐观的人更容易长寿。对未来积极预期,相信好事情会发生在自己身上,"塞翁失马焉知非福"、"失之东隅收之桑榆"、"祸兮福所倚,福兮祸所伏"、"否极泰来"、"既来之,则安之"。吸收传统文化中善生的精髓,无论生活在顺境逆境中都保持充满希望的人生观,而不是万事往最糟糕处想,自己吓唬自己,更易让人心平气和,保持情绪稳定和愉悦心境,有利于身心健康。

接纳生活的馈赠。生活通常不会按照我们渴望的模样发生,生活按照其本来的样貌发生,不管我们喜欢不喜欢。我们要培养自己勇敢面对生活真相和压力,耐受生活中的无常和不确定性,接纳现实生活中的不完美,改变可以改变的,有所为有所不为,积极主动适应现实环境的变化,这样相比于回避和抗拒现实会体验到更少的压力感,收获更多的幸福感。

放下幻想负累。庄子有云"用心若镜,应而不藏,不将不迎,胜万物而不伤。"放下与现实不符的期望和恐惧,放下对过去的负担和对未来的不安,能够分清楚现实与幻想,能够活在当下的现实情境中,体会当下的感动和乐趣。

信任自我的力量。面对生活的压力,唯有勇往直前。是什么阻碍我们获得前行的勇气?很多时候是我们的自我妨碍。做自己最好的朋友,每天多鼓励、多欣赏自己做得足够好的部分,信任自己,而不是打击、否定自己,自然更容易神清气爽,攻坚克难时也可以信心满满。如果已经形成易苛责自我的心理习惯,则需要日日练习及时觉察自我攻击,停止自责,改变自我对话的态度,善待自己,自我关怀。

7. 调控情绪

压力管理中很重要的一部分是情绪管理,很多时候,我们应对的是情绪压力。

首先,我们要了解情绪生发有其自然规律。情绪从产生、发展、高峰到消退是一个类似抛物线的过程,就像家里来了位客人,坐了一会就走了。所以,我们可以遵循情绪发生发展的规律,接纳自己的情绪,情绪强烈时可以耐受,让自己放轻松,顺其自然,不必害怕自己会一直处在强烈的痛苦感受里。

情绪的生发不仅仅是反应也是决定。比如,你可以选择和决定是否在此时此刻发脾气,自己要生气多长时间。你可以选择今天是愉快地过一天,还是不愉快地过一天。你也可以选择负性情绪出现时是主动调节,还是等待其自然消退。

情绪是可以调控的。很难控制自己情绪的原因之一是之前自己压抑了太多情绪,不能及时疏解负性情绪,蓄积到决堤的一刻汹涌澎湃时就很难控制了。古人云:"喜怒哀乐之未发,谓之中;发而皆中节,谓之和"。及时地表达情绪,适度地表达情绪,我们就可以在可控的范围之内调节情绪。

那如何调控我们的情绪呢?倾诉是最有效、健康地调节情绪和压力的方法。找到值得信任的人,表达情绪,得到安慰和支持,恢复内心平静,获得力量面对现实困境;思考情绪的来源,可以有效降低情绪的强度。如询问自己什么让我这么生气,有助于恢复理性,看到内心的期待,而用更理智的方式在现实中满足自己的需求;培养适合自己的调节情绪方法,如发展兴趣爱好,做一些喜欢的事情转移注意力,在消极情绪体验向积极情绪体验的转化中重新获得心理平衡。

注重高情商培养,提升自己把控情绪的能力,激励自我的能力,认识他人情绪的能力,处理人际关系的能力。学习用语言平静地表达自己的情绪和需求,达成与人合作,而不是用冲动的行为去表达情绪。

8. 联结他人

建立社会支持系统,与人情感联结,建设高品质的亲密关系有助于消减压力感。哈佛大学医学院麻省总医院(MGH)一项连续75年的研究报告显示:"良好的关系让人们更幸福,更健康。社会联结有益而孤独有害。人们感到幸福的决定因素不是朋友的数量,不是是否处在一段稳定的亲密关系中,而是取决于亲密关系的质量。高品质的亲密关系既保护身体,又延缓大脑衰老。"

因此,我们在生活中要优先考虑亲密关系,建设善于陪伴、倾听、支持、沟通的高品质亲密关系,无论你说什么、做什么都感到安全和温暖,都会得到接纳和尊重、理解和支持,不会被嘲笑、贬低和责备。在想与人亲密和倾诉时可以得到支持,感觉自己不是一个人在面对困难,能够获得更多的安全感和对生活的掌控感。

9. 平衡劳逸

健康的生活方式与健康的行为习惯是压力管理的目标,同时也是压力管理的途径。心灵喜欢慢节奏,每天"吃饭时吃饭,睡觉时睡觉",时常"细嚼慢咽""慢步走"。找到适合自己的学习、工作和休闲的方式与节奏。在日常生活中花时间培养健康的所有成分,养成健康行为,并达到平衡,逐渐形成健康的生活方式。

在这里需要强调的是,很多大学生担心休闲浪费时间,实际上休息和休闲对我们保持健康的生活方式和维护身心的健康都是非常重要的。"日出而作,日落而息""一张一弛文武之道",只有劳逸结合,将学习与休闲平衡,才能可持续发展,充分发挥创造力,达到压力管理的最佳绩效目标,避免出现崩溃和耗竭状态。

10. 自律生活

自律、有效地管理生活。我们需要更加自控地生活是为管理自己的生活,并对自己的未来负起责任。

保持生活环境的井然有序。整洁的环境能带给人愉悦的感觉,相反,混乱易带来烦躁的情绪。

提高时间管理能力。可以在每天早晨计划一下当天的活动,如果任务事项很多或者有需要记住的重要事项,可以将这些记录在便签上,将这部分需要记忆的压力转移到便签上,完成后打一个勾。每天设立小目标也可以增加自己对生活的掌控感,小目标是做些许努力后就可以达到的,每天进步一点点,并欣赏自己每天做得好的部分。有弹性的安排一天的计划,不要忘记留出及时补充能量和放松的时间、锻炼的时间、休息的时间。有的时候设置开始的时间要比计划本身更重要,万事开头难,好的开始是成功的一半。

掌握任务管理技巧。处理任务时,通常会先处理那些对我们来说紧急且重要的任务;然后是紧急但不重要的任务,这些紧急但不重要的任务可以交给下属或者与人合作共同完成;再然后是那些重要但不紧急的任务,这些任务非常容易变成重要且紧急的任务,所以我们在有时间的时候,要规划好并着手处理它们;而那些既不紧急又不重要的任务是可以忽略的,等时间充裕的时候慢慢完成。

回顾我们谈论的因应压力的生活良方可以总结为享受压力十法口诀:"吃睡律松动,知情观联横。"

"吃"——均衡饮食　　　"知"——调整认知

"睡"——充足睡眠　　　"情"——调控情绪

"律"——自律生活　　　"观"——智慧压力观

"松"——及时放松　　　"联"——联结他人

"动"——坚持运动　　　"衡"——平衡劳逸

8.2.6　自助练习

1. 觉察和记录你生活的压力源,合理思考并科学减少压力源。
2. 制定每日减压计划,练习化解每日压力的有效方法。
3. 培养健康的所有成分,坚持90天,养成健康行为。

8.2.7　推荐读物

1. 西华德.压力管理策略:健康和幸福之道(第五版)[M].许燕,等,译.北京:中国轻工业出版社,2008.
2. 马克·克洛普利.如何才能没压力[M].牟微微,译.北京:中国友谊出版社,2017.

8.3　朋辈交往团体:团体互动(一)

8.3.1　团体设计理念

团体设计方案依据团体发展的阶段和特点进行,并且紧密联系团体目标与主题。我们的人际交往心理训练团体经过了相识、建立信任、认识自我的团体阶段。通过小组内的人际互动,小组内部的凝聚力逐渐增强,团体开始进入与大团体的融入与互动阶段。团体内聚力阶段的特点是团员对团体作出委身行为,主动参与团体活动,团员间相互帮助,乐意接受和给予别人反馈,团员通过学习共同将领悟转化为行动。

根据团体阶段特点和人际交往训练的主题,此次团体设计的核心目标是促进小组与小组间的互动,增强大团体的凝聚力,在大团体互动中体验个人与小组、个人与大团体、小组与大团体之间丰富的人际关系。与此同时,在复杂的人际关系互动中,通过自身和他人的观察与反馈,促进自我认识、与人联结和人际交往技能。

在设计具体训练活动时,综合考虑到团体总目标、团体阶段特点、大学生的心理特点,以及活动形式的趣味性。通常团体心理训练活动分为热身活动、主题活动、分享和总结四个环节。

此次团体的热身活动不仅起到暖身作用,而且与本次团体目标相结合,层层递进。"井中人生"活动可以迅速让小组成员间建立关系,领悟在群体中积极融入、主动交往和互惠互助的重要性,与备选活动"压力管理"主题有很高的契合度,可以导入享受压力的压力观。"揉肩捶背"活动通过身体的接触促进心灵的联结和亲密。

"搭塔"的主题活动可以很好地体验个人在集体活动中扮演的角色和行为模式,以及如何在团体中沟通和达成合作,共同完成团体任务。通过自我觉察、小组成员之间和大团体成员之间的观察和反馈,可以增进自我认识、增强小组凝聚力、增加大团体的互动。"苦恼对对碰"活动可以有效释放和舒缓当下的紧张和压力,不仅能够促进自我深入探索,尝试信任他人,又能增进团体的凝聚力,与压力管理主题的备选活动也有很好的匹配度。

应因压力计划主题活动,通过头脑风暴汇聚日常生活中的压力源,以及各种符合生活实际、行之有效的个性化应因压力的方法,不仅可以让成员们了解缓解压力的知识,有效、健康地应对压力,还可以进一步深入探索自己,审视自己日常的人际关系,向他人学习,并进一步增强团体的凝聚力。

8.3.2 团体流程

团体流程通常可分五步进行,也可以根据实际情况进行灵活调整,详见表8.1。

表8.1 团体流程表

次序	目标	活动内容	所需时间
1	暖身	热身活动:井中人生 备选热身活动:揉肩捶背	约10分钟
2	完成大团体互动及压力管理主题活动	主题活动:搭塔 备选主题活动:因应压力计划/苦恼对对碰	10~20分钟
3	促进小组成员之间的交流	小组内分享 (或者直接大组内分享)	20~30分钟

表 8.1(续)

次序	目标	活动内容	所需时间
4	促进大团体成员之间的交流,增强团体凝聚力	大组内分享	约5分钟
5	促进成员领悟	总结	约5分钟

8.3.3 团体实施

实施团体通常要考虑团体目标、时长、材料准备、热身活动、主题活动、注意事项等。具体团体活动实施方案详见表 8.2。

表 8.2 团体实施方案

目的	活动内容
暖身,协助成员积极融入大团体,主动与人交往,领悟匆忙时光中懂得享受生活过程中的点滴美好,而非仅关注完成目标,学习建立良好的人际关系和合作的有效方法 时间:5分钟 材料准备:每人一张"井中人生"习作,或者由每位成员绘制一幅"井中人生"习作,每人一支笔	1. 热身活动:井中人生 　　指导语:"现在每人有一张'井中人生'习作,'井'字的九个格内有九项任务,当我说'开始'后5分钟内,请大家在班级中邀请非本小组成员的九位同学完成上述九项任务,并请完成每项任务的同学在该项任务格中签名,看看谁能在规定时间内完成全部九项任务。最后30秒我会开始倒计时。还有什么问题吗?好,现在开始行动!" 　　注意事项:带领者需要逐项解释说明九项任务,提醒成员尊重对方意愿;带领者可以观察成员在团体中的表现,将成员在团体中积极有效赢得合作的行为,分享给全体成员;带领者最好不要在活动开始前介绍活动目的,可以在总结时再进行分享,成员在亲身体验之后会更有感受,更容易促进领悟。
自己在团体中的角色,学习在团体中如何沟通和解决冲突,从而达成默契与协作,增进团体凝聚力,同时促进组与组之间的互动交流 时间:50分钟 材料准备:每个小组约25张报纸,1卷透明胶带,小奖品若干	2. 主题活动:搭塔 　　指导语:"这个活动有个规则,不能用语言和文字进行交流,只能通过你的肢体语言与他人交流,如果哪个小组成员违反规则,则该小组失去评奖资格。请能够遵守活动规则的小组成员举手示意同意。好,谢谢!从现在开始,小组内的交流遵守活动规则。每个小组有同等面积的报纸和胶带,每个小组群策群力,利用这25张报纸、1卷胶带搭一座塔,限时20分钟,时间到时停止,之后我们会评选"最高之塔"、"最牢固之塔"、"最美观之塔"、"最有创意之塔"等。在这个过程中,可以观察搭塔创意是如何产生的,不同意见是如何沟通和协调的,你自己在团体中的角色等。大家还有什么问题

表 8.2(续 1)

目的	活动内容
	吗？现在是×时×分,到×时×分停止搭建,现在开始搭塔。""好,时间到。接下来,请每个小组利用 10 分钟的时间进行讨论,每个人分享活动中的感受和觉察,给小组的塔起个名字,一会儿每组派出一位成员为大家介绍你们独特的塔,以及搭建过程中的感受和觉察,分享你们的创意是如何产生的,出现不同意见时是如何沟通和协调的等。" 注意事项:评奖环节,可采取投票的方法,每一个奖项进行一轮投票,正在被评选的小组作品,本组成员不能参与投票,其他小组成员为其投票,每一轮票数最多的小组可获得该项奖励。活动也可以采用观察员的方式,在开始搭塔前,每组派出一位观察员,在搭塔过程中对所观察小组的沟通过程进行记录,在分享环节进行发言,并可以由观察员组成评奖团,对每个小组的作品进行投票,从而产生获奖作品。但如果采用观察员的方式,作为观察员的成员就不能参与到搭塔活动中,也会失去与本组成员互动的机会。
暖身,促进大团体成员之间的联结,体验身心放松和互相照顾,协助成员学习如何照顾别人和自我关怀,尊重别人需求的同时,也能够表达自身需求。协助成员了解压力有时也是受欢迎和有益处的,该活动可以作为享受压力主题的导入 时间:10 分钟 材料准备:宽敞的空间	3. 备选热身活动:揉肩捶背 指导语:"请大家围成一个圆圈,面朝一个方向,后面的同学将双手搭在前面同学的肩上,调整一下前后距离,可以为前面的同学按摩。先按揉肩部,可以询问前面同学的需求,喜欢轻一点还是用力一点,为别人服务的同时也别忘了享受被按摩的惬意,非常好!接下来请为前面的同学温柔地捶捶背,同时也享受下自己身体的放松。非常好!现在我们"投桃报李",反转服务,请大家向后转,为刚才为你按摩的同学揉肩捶背,先揉揉肩,询问对方需求,同时享受按压的舒适感,再捶捶背,照顾对方,也记得照顾好自己,告诉对方自己的需求,享受被人照顾的感觉。大家做得非常好!揉肩捶背后,大家有什么感受吗?" 注意事项:提醒成员在揉肩捶背时注意力度,不要过于用力,要尊重和询问对方的需求。
协助成员了解自己生活中的压力源,找到应对方法,同时学习别人应对压力的方法,并在这个过程中感受彼此的支持和相互帮助 时间:50 分钟	4. 备选主题活动:因应压力计划 指导语:"请每位成员将自己目前生活中的压力源写在便签上,并在组内进行分享。每个小组将本组成员分享的生活压力源进行排序,选择具有共性的生活压力源前十名写在大白纸上。接下来小组内进行"头脑风暴",针对每一项压力源,讨论出具体的应对方法,将其也写在大白纸上,然后每个小组将本组探讨的生活压力源以及应对之道贴到黑板上。每个小组在组内分享活动感受之

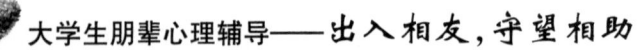

表8.2(续2)

目的	活动内容
材料准备:每个小组一张大白纸,便签若干张,每人一支笔	后,请派出一位代表,向大团体介绍本小组应对压力的计划、集体讨论压力及其应对过程的感受。" 　　注意事项:要尽可能调动全体成员的积极性,充分讨论压力源及其应对方法,并在分享过程中倾听、共情、尊重和接纳每个人的感受和想法,给予支持和安慰,避免直接给出建议和分析。
促进大团体成员之间的联结,协助成员学习健康、有效应地对压力的方法,尝试信任他人,用语言表达自己的压力困扰 时间:30分钟 材料准备:每人一张纸和一支笔,一定的空间	5. 备选主题活动:苦恼对对碰 　　指导语:"请将目前生活中最令你苦恼、又可以在这个团体中分享的一件事,用一句话总结出来,写在纸上。给大家几分钟的时间,如果你写好了,就放下笔,我们等所有人都写好。""好,现在每个人都写好了,请大家拿着写着自己烦恼的这张纸,在这个房间内随意走动,走动过程中看谁是值得你信任的人,找到5位你信任的同学,分别向他们说出你写在纸上的那句话。被信任的同学,请向选择信任你的人表达感谢,并给出恰当的回应。请注意非评判、尊重、接纳的原则。请大家回到座位,我们一起来分享将苦恼分享5次之后你的感受。" 　　注意事项:带领者要提醒成员分享内容由自己决定,同时提醒倾听苦恼的同学如何回应更为恰当。

附:习作《井中人生》,如表8.3所示。

表8.3　井中人生

找个你想认识的人握握手 签名:	找个和你有共同爱好的人 签名:	找个一周没生气的人 签名:
找个你感觉了解你的人 签名:	找个人抱抱(前提是对方同意) 签名:	找个给你讲笑话听的人 签名:
找个人,你让对方露出笑容 签名:	找个你欣赏的人,告诉他你为什么欣赏他 签名:	找个人借样东西(稍后归还) 签名:

第 9 章 危机干预与预防

进入 21 世纪,我国大学生自杀率相对 20 世纪末呈现显著下降趋势。由于目前国内没公开权威渠道发布大学生自杀率情况,国内有学者对此进行了推测。杨振斌、李焰(2015)依据对部分高校的调查数据,总结大学生自杀率的为 2.37/100 000(十万),低于全国人口自杀率,且远低于美国和世界平均水平。后有学者持基本相同观点,推测大学生自杀率大致介于 1/100 000 ~ 3/100 000 之间。马建青、朱美燕(2014)在了解我国高校心理危机干预工作现状的调查分析进一步表明,心理危机干预工作成效明显。

什么是心理危机,哀伤与危机存在怎样的关系,遭遇突然的心理危机后会出现怎样的应激反应?又该怎样处理心理危机,进行危机干预?

9.1 理论知识介绍

9.1.1 什么是危机

我们每个人从小到大一直在经历心理危机,几乎都是从危机当中成长起来的。日常生活中,人人都可能面对不同的分离、失落和突变,比如小时候心爱的玩具的丢失、因搬迁与好友分离、失恋等。当然不要低估大学生的应对能力。一个人经历过创伤、丧失,不一定会走向不好的一面,人是有应对、修复能力的。

1. 心理危机内涵

自 1964 年 G. Caplan 首次发表心理危机干预理论以来,心理危机已成为世界范围内备受关注的公共卫生和公共安全话题。危机(crisis)是一种改变或破坏平衡状态的现象,也可以视为系统的失衡状态。在 G. Caplan 看来,当一个人面对困难情境(problematic siutaiton),而他先前处理问题的方式及其惯常的支持系统不足以应对眼前的处境,即他必须面对的困难情境超过了他的应对能力时,这个人就会产生暂时性的心理困扰(psychological distress),这种暂时性的心理失衡状态就是心理危机。危机当事人认为某一事件或境遇是个人的资源和应付机制无法解决的困难时,就会产生紧张、焦虑,除非及时缓解,否则危机会导致情感、认知和行为方面的功能失调。G. Caplan 所说的"困难情境"是指一个人赖以生存和发展的基本需要和供给发生了改变。引起心理危机的变化可能是负面的,如天灾人祸造成的损失、学习压力、失恋困扰、丧亲等;也可能是正面的,比如没有做好心理准备的升迁、搬家、嫁娶等。生活中发生的任何变化都会相应地带来生活方式的变化,如果个体不能及时调整自己应对这种变化,就很容易产生心理危机。当然,一个人能否产生心理危机,不仅取决于他是否正在经历或即将经历基本供给的改变,更重要的是取决于他对自己应对困难情境能力的评估。从这个意义上来说,心理危机不是个体经历的事件本身,而是他对自己所经历的困难情境的情绪反应状态。

心理危机本质上是伴随着危机事件的发生而出现的一种心理失衡状态。在个体的成长过程中发生,危机事件的不可避免性决定了心理危机的不可避免性。危机伴随于人生发展的各个阶段,但出现危机并不意味着失败。从汉语中"危机"二字的字面意思来看,"危机"由"危"和"机"两部分构成,可见危机既意味着"危险",又隐含着"机会",成功地度过危机将意味着个体可以获得了新的发展。

大学生心理危机指的是大学生在遭遇某种事件时,通过惯用处理手段不能有效解决问题而导致严重的心理失衡状态,这种状态可能是暂时的,也可能是长期的。

(1)大学生心理危机特征

①普遍性特点

每个人或多或少的都具有心理危机状态,这既是人生的挑战也是成长的机遇,虽然个人难以冷静地处理心理危机,但是把握机会作出积极地应对举措是十分必要的。

②内心冲突特点

心理危机带给大学生的心理体验是煎熬的,甚至会涉及个体的尊严丧失,若没有及时干预和疏导往往使个体痛苦难耐。

③失衡特点

心理危机暗藏的隐患可能影响到大学生日常学习生活的方方面面,更为严重的状态还可能促使大学生作出过激行为,从而危及自己和他人的生命安全。

④生活化特点

当前大学生面临的心理危机具有鲜明的时代性,其影响因素也与社会中的压力息息相关。

⑤复杂性特点

大学生心理危机的产生往往是由多种因素共同作用的结果,同时大学生面临的心理危机状态也呈现出复杂性的特点。

(2)大学生心理危机表现

大学生心理危机产生的原因错综复杂,例如重大事故的影响、学业压力和人际关系不和谐等,在面对这些冲突时他们更容易产生不良情绪,有的伴有沉迷网络、厌学和失眠等行为。通过观察个体的外部行为表现,有助于帮助我们识别当事人是否处于心理危机之中。心理危机的主要表现有:

(1)生理表现:失眠、胃部不适、胸闷头疼、食欲不振等;

(2)心理表现:消极焦虑、情绪紧张、抑郁、淡漠、空虚、恐惧、愤怒等;

(3)认知方面:反应减慢,不能集中注意力、推理和判断能力减弱,记忆力和知觉下降;

(4)行为方面规避社会或以特殊方式表现出自己的存在,不能专心学习、工作或劳动,甚至出现对自己或他人的破坏性行为。

2.心理危机类型

(1)成长性危机,也称为发展性或内源性危机

根据美国哈佛大学著名心理学家埃里克森的心理社会性发展理论,人的自我意识发展将持续人的一生,并且要经历不同的发展阶段。埃里克森把自我意识的形成和发展划分为八个必经阶段,在埃里克森看来每个阶段都不可逾越,人生是由一系列连续地发展阶段组成的,每个阶段都有其特定的身心发展课题,都可以视为一个关键期或危机期。比如婴儿期存在对人信任与不信任的冲突;儿童早期存在活泼自主与羞愧怀疑的冲突;学步期存在积极主动与自罪内疚的冲突;学龄初期存在勤奋进取与自贬自卑的冲突;青春期存在自我统合与角色混乱的冲突;成年期存在友爱亲密与孤独疏离的冲突;中年期存在精力充沛与颓废迟滞的冲突;老年期存在完美无憾与悲观绝望的冲突。

在这八个阶段中每一阶段都构成下一阶段的发展基础,前一阶段的任务不能顺利完成便可能导致后一阶段的发展危机。

大学阶段,正是一个人的人生的转折点,即人格形成的重要阶段,是一个人从青春期向成年期转变的重要时期,也是人的自我意识形成、发展并走向完善的重要飞跃时期。在大学阶段,人们将面临学业、就业等各方面的心理压力。更为重要的是在自我意识形成上面临着巨大的挑战与压力,并出现了一系列大学生自我认识过程中的困惑。例如:我到底怎样(我在他人眼里到底是怎样一个人),我应该是怎样的(我要努力使自己成为一个怎样的人),我将来会怎样(将来我会成为一个怎样的人)。大学时期是一个人心理变化最激烈的时期。从中学到大学,环境的改变,大学生要面对新的集体、新的生活方式、新的学习特点,面临爱情的追求、职业的选择等人生难题。由于大学生心理发展不成熟、情绪不稳定,当面临一系列生理、心理、社会适应的问题时,心理冲突矛盾随时可能发生,如理想与现实的冲突、理智与情感的冲突、自尊与自卑的冲突、竞争与求稳的冲突等。这些冲突和矛盾若得不到有效疏导、合理解决,将会形成心理困扰甚至心理危机。

(2)境遇性危机

此类型危机又被称为外源性危机、环境性危机。指由外部事件引发的心理危机,个人无法预测和控制,是任何人在任何时候都可能遭遇到的危机。境遇性危机的关键特点在于它是随机的、突然的、震撼性的、强烈的和灾害性的。例如意外交通事故、绑架、强奸、突发的重大疾病、同学好友的死亡、父母离婚等。如发生在2020年卷席全球的新冠肺炎,作为一种新型传染病,每个人都是易感者,很多人都处于心理应激状态,个别人甚至是处于心理危机状态,需要得到心理帮助。世界卫生组织专家指出,目前没有什么

能像心理创伤那样给人们带来持久而深刻的痛苦和恐惧了。非常规的突发事件和灾难,由于事先缺乏预测性和准备性,使许多当事者遭遇事件后都出现了不同程度的心理创伤,危机引发的各种身体和心理问题。危机事件的发生,不仅影响正常的生产、生活、人际交往等社会秩序,还会给受害人群产生不同程度的社会心理影响,比如睡眠障碍、头疼、胃肠疾病、哮喘、急性应激障碍、创伤后应激障碍、抑郁与焦虑障碍、自杀、酗酒等心理行为问题等,直接影响并危害到个人和家庭的正常生活,造成社会的不安定。轻者会有压力、焦虑、压抑以及其他情绪和认知问题;重者会影响受害人的身心健康,引发创伤性精神障碍,甚至身心疾病。

(3)存在性危机

指随着重要的人生问题而出现的心理内部冲突和焦虑,存在性危机往往不具有突发性。人的社会属性存在决定了人必须面对存在本身的问题困扰,如关于生老病死、自由、孤独和自我认同的问题;关于人生价值、责任和义务等问题。存在性危机的成功应对和解决,对大学生的心理保健起着基础性的作用,对大学生确立正确的人生观、价值观和世界观的有着深远的影响。对一些人来说,缺乏人生意义和目标可能会导致焦虑、恐惧,乃至抑郁。存在性危机可能让人产生"被生活困住"或"无路可逃"的恐惧,导致个体的社会功能在不同程度上受到影响,甚至危及其自身生命。北京大学心理咨询中心副主任徐凯文老师提出了"空心病"概念,他发现北大有约30%的学生有"空心病"——缺乏价值观,不知道自己要什么,不知道自己为什么而活。其实对处于飞速成长期的大学生而言,人生观、价值观尚未定型,有一些人对人生、对未来产生迷茫,再正常不过。尤其是对于那些刚刚从应试教育中脱颖而出的佼佼者,当以考试为中心的价值观突然崩塌后,难免会产生虚无感。大学生对人生意义的适度焦虑,并非都是负面作用,相反有一定积极意义,这会促使他们去寻找更有意义的人生。

3. 心理危机演变与结局

我们每个人都会面对不同程度的生活变故,尽管我们都会不同程度地体验到内心的紧张,但并非每个人都会被压倒。面对生活中发生的变化,个人会主动地作出调整,只有情绪失衡状态达到一定的程度,才会出现精神的崩溃。

(1)心理危机演变

心理危机是一个过程。G. Caplan认为,处于危机中的个体要经历四个阶段。

第一阶段,当一个人感受到自己的生活突然发生变化或即将出现变化时,其内心的基本平衡被打破了,表现为警觉性提高,开始体验到紧张。为了重新获得平衡,个体试图用其惯常的策略作出应对。这一阶段的个体一般不会向他人求助,有时还会讨厌别人对自己处理问题的策略指手画脚,因此这个阶段主要体现为个体应对危机的自助行为模式。

第二阶段,经过一段时间的努力,个体发现惯常的策略未能解决问题,于是焦虑水平开始上升。为了找到新的解决办法,个体开始试图采取尝试错误的方法解决问题。在这个阶段中,当事人开始有了求助动机,不过这时的求助行为只是他尝试错误的一种方式。需要指出的是,情绪高度紧张在一定程度上会妨碍当事人冷静地思考,也会影响当事人采取有效地行动。此阶段表现为对自助行为模式的动摇,开始尝试寻求帮助。

第三阶段,如果经过尝试各种方法未能有效地解决问题,当事人内心的紧张程度持续增加,并想方设法地寻求和尝试新的解决办法。在这一阶段中,当事人求助的动机最强,常常不顾一切地发出求助信号,甚至去尝试自己曾经认为荒唐的方式。此时当事人最容易受到别人的暗示和影响。此阶段特征表现为自助的信念瓦解,求助的信念最强烈,因此容易受外部信息的影响。

第四阶段,如果当事人经过前三个阶段仍未能有效地解决问题,他很容易产生习得性无助心理。他会对自己失去信心和希望,甚至会把问题泛化,对自己整个生命意义发生怀疑和动摇。很多人正是在这个阶段中企图自杀。同时,强大的心理压力有可能勾起以前未能完全解决的、被各种方式掩盖的内心深层冲突,产生连锁反应,放大情绪和反应,由此而走向精神崩溃和人格解体。这个阶段的当事人特别需要通过外援性的帮助,才有可能度过危机。

(2)心理危机结局

由生活变故产生的强烈的情绪失衡状态并不是持续终生的。一般情况下,人的心理危机状态大约要持续一个月左右。在这期间,由于处理危机的手段和方式不同,个体先前经历的创伤事件影响不同,当事人人格特质的不同,以及是否具有良好的社会支持系统,当事人的结局也不相同。一般来说,心理危机会产生四种结局:

第一种,当事人不仅顺利度过危机,而且从危机发展过程中学会了处理危机的新方法,心理健康水平整体得到提高,个体通过危机获得了一次成长的机会。这是危机发展的最佳结局。

第二种,危机虽然度过,但当事人却在心理上留下一块"印痕",形成偏见,留下痛点,下次遇到同样的危机事件时,可能会出现新的不适应的状况。

第三种,自杀。当事人经不住强大的心理压力,对未来失望,于是企图以结束生命来解脱。

第四种,未能度过危机,陷于神经症或精神病。从此,当事人任何生活变化都可能诱发心理危机。

9.1.2 识别自杀线索

在青春期,偶尔出现焦虑情绪是正常的,但对一些年轻人来说,如果这种焦虑情绪延续时间较长或具有压倒性,就会引起日常生活困难,在最糟糕的情况下甚至会导致自杀。根据世界卫生组织发表的首份全球预防自杀报告,每年有 80 多万人死于自杀,即约每 40 秒钟就有一人因自杀死去。全世界所有地方都存在自杀情况,且几乎在任何年龄都在发生。从全球来看,自杀率最高的人群年龄为 70 岁及 70 岁以上。而在某些国家,年轻人的自杀率最高。值得注意的是,自杀是 15～29 岁人员中的第二大主要死因。

2016 年年底,国家 22 个部委下发《关于加强心理健康服务的指导意见》,指出要

"重视提升大学生的心理调适能力,保持良好的适应能力,重视自杀预防,开展心理危机干预"。大学生自杀问题不仅是公共卫生系统急需解决的问题,也是影响我国高校教学和管理秩序的一个不可忽略的重要因素,直接关系到高校的稳定和发展。长期以来,关于我国大学生自杀率的研究数据差异较大。我国学者吴才智等在综合一系列研究基础上,对当前我国大学生自杀率进行推断,认为与20世纪末相比,21世纪中国大学生自杀率已经显著下降,处于较低水平,但面临的自杀风险仍居高位。

1. 自杀认识误区

自杀本身不是病,也不是一种疾病的必要表现,但精神疾病是与自杀相关的重要因素。自杀可以得到预防,减少自杀手段的可获得性是减少死亡的一种方式。对于科学认知自杀问题可以有效提升预防自杀工作效果。以下列出了自杀认知方面的常见误区,可供心理危机干预工作者参考。

(1)谈论自杀的人不会伤害自己,他们只是想引起别人的注意。

在遇到某人谈论自杀的念头、企图或计划时,应当采取一切必要的防范措施。所有可能构成自残的威胁均要认真对待。

(2)自杀往往是一时冲动,没有任何征兆。

自杀看上去可能是一时冲动的结果,但也可能是经过一段时间的酝酿。许多自杀者会通过口头或行为来传递他们意图伤害自己的信息。

(3)自杀来访者确实想死或是一心求死。

大多数想自杀的人都会至少跟一个人交流他们的自杀想法,或者拨打紧急电话、医生的电话,这正是他们犹豫不决的证据,而非一定要死。

(4)当一个人显示改善迹象或自杀未遂,他就脱离危险了。

事实上,最危险的时刻之一正是在危机刚刚过去的那一刻,或自杀未遂后住院治疗的这段时间。出院后的一周是人最脆弱时期,他仍处于自我伤害的危险中。因为过去行为是未来行为的征兆,所以自杀来访者通常仍处于危险边缘。

(5)自杀往往是遗传的。

并非每起自杀事件都和遗传有关,这种研究结论很不全面。然而,家族中有人自杀的历史则是自杀行为很重要的一个风险因素,尤其是在患抑郁症普遍的家庭里。

(6)自杀来访者或有自杀企图的人都是精神疾病来访者。

自杀行为与抑郁症、酗酒吸毒、精神分裂及其他精神疾病有关,同时还与破坏性或好斗性行为有关。这些症状的相对比例在各地区各不相同,有些自杀事件中精神异常现象并不明显。

(7)不能和想要自杀的人谈论自杀,因为谈论自杀会诱发其自杀的行为。

事实并不是这样。以温和的、镇定、接纳的态度与对方交谈,可以让对方重新思考,可以赢得时间来做危机干预。更重要的是,理解、支持和接纳对想要自杀的人是非常重要的,他们的苦闷会得到宣泄,他们的情绪会得到承托。有可能他们会因为这些温暖而留恋世界,把跨出去的那只脚收回来。

(8) 自杀只会发生在"另外一类人"身上,不会发生在我们身上。

自杀会发生在任何人群、任何社会制度和任何家庭当中。

(9) 一旦一个人尝试过自杀后,他绝不会再尝试第二次。

事实上,自杀企图正是自杀的重要征兆。如果一个人的目的只是用自杀去威胁别人,自杀未遂、达到目的后会停止。但如果一个人一心求死,因偶然原因自杀未遂,连续实施的可能性依然存在。那些状态转变得非常快、非常好的自杀未遂者值得关注,因为其背后可能酝酿着更大的危机。

(10) 把自杀挂在嘴边的人不会自杀。

有一些自杀者会在发出预警信号后实施自杀,据研究80%的自杀死亡者生前曾发出各种预警信号和求救声。当我们没法辨别对方属于哪一种时,最安全的策略是充分重视。

(11) 有过一次自杀念头的人总会想自杀。

自杀念头和实施自杀之间有一段长长的路。很多人在遇到危机时都曾动过一死了之的念头,但这只是短暂的念头,过后往往会克服危机,重新投入生活。

(12) 自杀是冲动性行为。

那些受到强烈情绪支配的自杀,确实可能是冲动行为,但有些自杀行为是在强大理性支配下的行为,会有充分的准备和周密的安排。

(13) 只有严重的抑郁症者才会自杀。

有些严重的抑郁症者可能连实施自杀的动力和精力都没有了。那些处于抑郁加重、想要摆脱又无力摆脱的人自杀的危险性最大。

2. 自杀行为影响因素

(1) 自杀行为分类

在有关自杀行为的研究中,自杀的定义不一。有些学者从结局来定义自杀行为,有些学者从动机来定义自杀,有些学者认为任何造成自我伤害的行为都是自杀;另一些学者强调只有在死亡愿望的支配下,自己采取行动,并导致了死亡的结局才能成为自杀。我国学者肖水源以指导预防自杀行为为目标,提出了自杀行为分类的方案,即类别维度自杀死亡;自杀未遂;自杀准备;自杀计划;自杀意念。

①自杀死亡

基本特征是采取了伤害自己生命的行动,该行动直接导致了死亡的结局。死者在采取行动时,必须有明确的死亡愿望,才能认定是自杀死亡。但死亡愿望的强烈程度不作为判断是否自杀的主要依据。

②自杀未遂

基本特征是采取了伤害自己生命的行动,但该行动没有直接导致死亡的结局。自杀未遂者通常存在躯体损伤,但躯体损害不是自杀未遂的必备条件。

③自杀准备

基本特征是做了自杀行动的准备,但没有采取导致伤害生命的行动。这一类包括实际准备了用于自我伤害的物质、工具、方法,比如购买了用于自杀的毒物、药物,或者枪支弹药等,或者到自杀现场作实际的考察。

④自杀计划

基本特征是有了明确的伤害自己的计划,但没有进行任何实际的准备,更没有采取任何实际的行动。如一个人考虑用安眠药自杀,但还没有购买或积存安眠药。

⑤自杀意念

基本特征是有了明确的伤害自己的意愿,但没有形成自杀的计划,没有行动准备,更没有实际的伤害自己的行动。

(2) 自杀相关理论

①应激—易感模型

研究者发现在自杀者身上有某种自杀的易感性特质 5 - 羟色胺(被称为快乐因子),它被认为是感性特质的重要的生物基础。去甲肾上腺也影响自杀的易感性,但不如 5 - 羟色胺对自杀的影响那么恒定。自杀过程中的应激—易感模型,认为自杀是应激因素、保护性因素(包括家庭、社会、文化等因素)与个体素质(包括易感性、人格、认知等因素)三者之间相互影响的过程。这一理论不仅打破了自杀是某种精神疾患或单纯是某种危机应对的结果这种传统的看法,而且注意到了易感性的生物和心理两个层面,并将易感性放到各种个体素质和社会文化环境的角度上来加以考察,为自杀的评估和治疗提供了一个新的视角。

②逃避自我理论

该理论从认知层面,对自杀行为过程进行了阐释,逃避理论认为自杀行为是一系列环环相扣的阶段,比如最近的某个事件或状况达不到自己的期望和标准;进而不恰当地往内归因,将对事情的消极评价转换成了对自己的责备,认为自己有某种稳定的、不好的特点,会使以后遇到更多的麻烦;觉得自己没有能力、不受人喜欢、自己有罪等,也就是开始出现自卑和低自尊的状况,也由此产生消极情绪。

③杀死自我理论

该理论由荣格心理学家戴维·罗森提出。依据荣格的理论,自我是意识的中心,同时也是一个情结,其原型核心为自性(Self)。人的自性化过程,实际上是一个不断地杀死自我,不断地与自性靠近的过程。罗森认为在一生之中人至少有三次机会去体验这种象征性的杀死自我和新生:早年、中年、晚年。青春期又称为第二逆反期,是心理上的断乳期,人们在生理、心理、社会、精神上都会经历暴风骤雨般巨大变化,必然要求要杀死消极的占支配地位的代表父母声音的自我和来于社会的人格面具和自我意象,这是不可逾越的人生阶段。心理学家纽伊曼说过:"大量的事实告诉我们,一般来说,一个不能象征性地'杀死'父母的'好孩子',在其以后的生活中,将以牺牲自己的独立性或是类似的危险作为高昂的代价。"

3. 自杀线索识别

一般而言,自杀是有先兆的。最有效地阻止自杀的方法就是尽早识别自杀的先兆,慎重对待并做出及时、适当反应。

(1) 言语行为层面

①谈论自杀、把自己想死的念头对周围的人诉说,或在日记、绘画中表现出来;

②总是谈论或想到死亡;

③经常说一些诸如"如果我不在的话,情况也许会好些"、"我想去了"的话;

④明显减少与其生活中的重要人物的交流;

⑤拜访或打电话道别;

⑥退缩和独处益加明显。上课无故缺席,迟到早退,成绩骤降;

⑦行为明显改变。之前对生活麻木且冷漠的人,自杀前像突然变了一个人,敏感又热情;

⑧有死亡的愿望,如故意闯红灯等;

(2) 情绪情感层面

①情绪性格明显反常,焦虑不安,无故哭泣;

②感到失望、无助、无用;感到自卑感和羞耻感等;

③对既往爱好失去兴趣;

④抑郁加重,食欲不振。出现失眠并且很持久;

⑤将事情布置得井井有条,突然间改变计划,回避与人接触,与集体不融洽或过分注意别人;

⑥突然收拾东西,向关系密切的人道谢,无理由地送礼物、打电话、写信等。

9.1.3 自杀风险评估

自杀行为并不仅仅指自杀死亡,还包括自杀意念到自杀计划等内隐行为,及自杀准备、自杀未遂等外显行为。即使是自杀意念,如果伴有强烈负性情绪唤起,也可能会导致冲动性自杀。综合来看,这些原因很难分清什么是自杀的主要原因,什么是从属原因;往往是多因素间的互相影响、交互作用,形成恶性循环。

1. 自杀心理过程与心理特征

自杀不是突然发生的,它有一个发展的过程。日本学者长冈利贞指出,自杀过程一般经历以下心理过程:产生自杀意念,反复强化自杀意念,继而出现行为层面变化,自杀计划,自杀准备,自杀的实施。我国学者一般把自杀过程分为三个阶段:

(1) 自杀意念形成阶段

由各种原因导致自杀意念形成,在意念形成的初期,内心对自杀意念的形成是排斥和恐惧的,担心自己会实施自杀,因此会回避和自杀相关内容与刺激。比如回避到高处、回避能伤害自己的一些工具。有时候防御性的表现为很乐观积极,这种在别人看来的乐观和积极恰恰是为了抵御内在的自杀冲动,因此有的人呈现一种"微笑型抑郁"自杀。

（2）矛盾冲突阶段

产生了自杀意念后，由于求生的本能会使打算自杀的人陷入生与死的矛盾冲突之中，从而表现出谈论自杀暗示自杀等直接或间接表现自杀企图的信号。自杀者求生的本能和牵挂促使其陷入生与死的矛盾冲突中，内心会充满激烈的斗争。有的自杀者还会经常谈论与自杀有关的话题，预言、暗示自己的自杀可能，或以自杀来威胁他人，从而表现出直接或间接的自杀意图。事实上，这表现的信息可以看作是自杀者向他人寻求帮助或引起注意的信号。此时，如能及时得到有效的社会支持和理解就很可能会减轻或打消自杀的企图。

（3）自杀的平静阶段

从矛盾冲突中解脱出来，决死意志坚定，情绪逐渐恢复，表现出异常平静，考虑自杀方式，心理上已经完成了自杀准备。一旦准备完成，遇到合适的时机就会完成自己的自杀行为。在这一阶段，自杀者已从困扰中解脱出来，不再谈论或暗示自杀，情绪好转，睡眠问题改善，自杀态度坚定，自杀者认为自己已找到了解决问题的办法，不再为生与死的选择而苦恼。

2. 自杀行为保护性因素和风险因素

国际自杀学研究发现，自杀是一个极其复杂的心理、生理和社会问题，目前的研究尚不能清晰地界定自杀的确切原因。有些因素已被证实与自杀的促成具有高度相关性，而被称为自杀的危险因素或风险因素；另有一些因素与阻止自杀相关，被称为自杀的保护性因素。在诸多危险因素中，目前尚没有发现哪一个因素是决定性的。

（1）保护性因素

保护措施可减少自杀风险，被认为是防止自杀的隔离体，包括：

①来自家庭、朋友和其他有重要关系的人士的支持；

②文化、信仰；

③参与社区活动；

④满意的社交生活；

⑤与社会相融合，即通过参加工作以及建设性地利用业余时间的方式；

⑥提供精神健康方面的关怀与服务。

（2）风险因素

自杀行为在特定环境，如文化、遗传、心理以及环境因素影响下会更加普遍。一般的风险因素包括：

①低下的社会经济地位和教育水平，失业；

②社会压力；

③与家庭生活、社会关系以及保障系统有关的问题；

④创伤，例如躯体虐待以及性虐待；

⑤个人损失；

⑥精神疾病，例如抑郁症、个性障碍、精神分裂、酗酒和吸毒。

⑦感觉自身毫无价值或绝望;
⑧古怪行为,例如认知方式、性格、性情;
⑨判断能力受损,缺乏自制力和出现自我毁灭行为;
⑩身体疾病及慢性病痛;
⑪目睹过他人自杀;
⑫具有进行自残的手段。

过去有过自杀或多次自杀未遂经历则是对未来自杀风险最具有预测力的因素。此外,较明显的风险因素包括:持续不断的自残想法、拟定自杀计划及为自杀作准备。因此,风险最大的时候就是一个人具备了自杀的必要手段、机会以及具体的实施计划而没有制止方法的时候。

3. 自杀风险评估

(1) 评估内容

自杀评估的主要目的是为预防和辅导工作积累相关信息。评估还能够指导临床诊断、辅导性干预、预防和事后干预。一般而言,自杀评估均应包括:

①检查相关风险因素;
②任何自杀行为史;
③无法改变的生物、心理、精神、环境、医疗状况;
④目前自杀症状的程度,包括绝望的程度;
⑤突如其来的压力;
⑥冲动程度和个人自制力;
⑦其他安抚忧伤的信息;
⑧保护因素。

具体需要了解当事人是否存在以下内容:

评估当事人是否存在长期的生活质量不高;长期的心情抑郁;评估其是否慢性心理压力大;评估应激强度多大,当事人受到了多大伤害,其所受伤害是否无法接受等。

评估当事人是否定下了自杀的日期;是否有特殊的日子;自杀的计划是否具体;具体内容是什么;其内容是致命的吗?他是否有可能实施这个计划。

评估当事人是否有既往的自杀企图;是否有自杀未遂史;是否有重要关系人的伤逝、疾病、恋爱与人际关系的严重冲突或破裂;以及性侵犯等。

如果一个大学生存在长期的心情抑郁,生活质量不高,慢性心理压力大,有自杀未遂史,有血缘关系的人有过自杀行为,并当事人看起来无法接受的应激,并有了自杀计划,那么这个大学生自杀的可能性就比较大。

(2) 风险定级

根据世界卫生组织关于自杀评估以及高校心理危机防控工作经验,我们将自杀风险从"轻微"到"极高"进行三级评定,该评级可在辅导过程中作为一般指导:

①轻度风险

自杀想法有限,无自我伤害的成熟计划或准备,几乎不存在已知的风险因素。自杀企图不明显,但是存在自杀想法;无具体计划且从未尝试过自杀。在大学生中出现下列情况预示着心理危机和轻度的自杀风险。比如:

a.近两周内情绪低落抑郁者;

b.有自杀史,但已经回归正常生活者;

c.存在诸如失恋、学业严重受挫、躯体疾病、家庭变故、人际冲突明显或突遭重挫者;

d.家庭亲友中有自杀或自杀倾向者;

e.性格有明显缺陷如孤僻内向、与别人缺乏正常的情感交流者;

f.有强烈的罪恶感、缺陷感或不安全感者;

g.感到社会支持系统长期缺乏或丧失者,如父母离异、家庭破裂、亲子关系恶化等;

h.有明显的精神障碍者;

i.过度关注个人的外在条件,如形象、成绩、地位等。

②中度风险

有明显的成熟计划和准备工作,以及明显的自杀想法,以往可能有过自杀史。在大学生中存在以下情况提示可能存在中等程度心理危机和自杀风险。比如:

a.谈论过自杀并考虑过自杀方法,包括在信件、日记、网络、图画等载体中流露死亡的念头者;

b.近期突然与周围的人探讨人生终极意义和解脱方式等;

c.行为突然发生明显改变者。如从过去邋遢、混乱无秩的生活习惯突然变得整洁、井井有条,并将个人物品打包整理;从原来消极、悲观的生活态度或行为模式突然变得非常主动、积极乐观;不明原因突然给同学、朋友或家人送礼物、请客、赔礼道歉、述说告别的话等;

d.情绪突然明显异常者,如特别烦躁、高度焦虑、恐惧,感情易冲动,或情绪异常低落,或情绪突然从低落变为平静、轻松,或饮食睡眠受到严重影响等;

e.出现幻觉、妄想等异常心理,并伴随有精神障碍(抑郁症、癔症、恐惧症、强迫症、焦虑症、精神分裂症、边缘型人格等)的临床表现者;

f.存在明显的攻击性或反社会行为倾向,或其他可能对自身、他人、社会造成危害者。

③重度风险

已具有明确且成熟的自我伤害计划和准备,或曾多次尝试自杀,存在更多项的风险因素。已表述出自杀想法和意图,具备成熟的计划及实施方式。来访者表现出认识上的偏执和对未来的绝望,拒绝任何社会援助;曾有过自杀尝试。

a.自杀未遂者;

b.出现严重的精神分裂症状,完全不能进行正常的学习和生活者;

c. 出现严重的攻击性或反社会行为,对他人构成严重威胁或伤害,对社会秩序已构成严重威胁或破坏者。

9.1.4 朋辈心理辅导在危机预防与干预中的应用

1. 学校危机预防与干预网络体系

心理健康教育是提高大学生心理素质、促进其身心健康和谐发展的教育,是高校人才培养体系的重要组成部分,也是高校思想政治工作的重要内容。2018年,教育部出台了《高等学校学生心理健康教育指导纲要》(教党〔2018〕41号),文件明确提出要加强心理健康知识的普及和传播,充分挖掘学生心理潜能,培养积极心理品质,促进学生身心和谐发展。重视心理问题的及时疏导,加强心理危机预防干预,健全心理危机预防和快速反应机制,建立学校、院系、班级、宿舍"四级"预警防控体系。

目前,在我国高校普遍推行的三级或四级危机干预预警体系,已被证实是行之有效的工作机制,关键在于要强化落实。学校层面应加强心理健康教育中心的建设,使中心切实能够担负起危机预警体系的神经中枢功能。院系层面应强化党政领导对自杀预防工作的主体责任,具体安排辅导员或心理健康教育专干配合工作。班级层面应发挥学生骨干与心理委员等人的积极性,充分利用学校资源,自主开展心理健康工作。还应对预警机制的各个节点、相关工作人员进行培训,使这个"神经网络"上通下达,这是高校开展危机干预的保障性机制。

2. 朋辈心理辅导在危机预防中的应用

我国高校心理健康教育起步于20世纪80年代中期,多年的理论探索和实践发展对大学生的健康成长发挥了积极作用。然而,由于一方面心理健康教育工作整体起步晚、基础弱,专业咨询人员严重不足导致高校心理健康教育服务提供能力不足;另一方面受传统应试教育的深刻影响,心理健康教育在中学普遍不被重视,大学生的独立生活能力和心理成熟水平低,导致高校学生心理求助需求量大。朋辈心理辅导是高校开展心理健康教育的重要形式,是发展大学生个性品质的有效模式,是学生自我教育、自我管理、自我服务的重要载体。当前我国高校学生心理发展需求与专业心理咨询提供能力不足的矛盾在短期内难以得到根本性的解决,朋辈心理辅导为缓解这一矛盾提供了另类途径。心理健康教育工作是学校人才培养体系中的重要内容,是思想政治教育工作体系中重要形式和载体,承担着塑造社会责任、传承道德文明、倡导主流价值的责任,这要求面对问题必须主动预防,而不是消极等待学生寻求帮助。我国高校开展朋辈心理辅导具有较大的比较优势,在工作网络上可以充分发挥学生党、团、社团、班级、寝室等组织载体优势;在文化氛围上,和谐发展早已深入人心;在心理接纳上,我国青年更倾向于与同龄人沟通而不是咨询师和长者。

3. 朋辈心理辅导在危机干预中的应用

有效应对大学生心理危机事件是高校心理健康教育工作必须扼守的一条底线,及时发现和识别潜在的或现实的危机因素,是成功干预心理危机的关键。心理危机干预工作的难点,一是危机学生早发现、早预警,二是危机学生日常监控。这一任务单靠专业心理教师和学生工作干部显然是难以完成的,危机干预体系触觉必须向下延伸到学生班级、学生寝室和学生社团。朋辈心理辅导队伍是心理危机干预体系中的重要组成部分,是心理危机预警和干预的重要力量。在专业心理咨询中,遵循有需求就有服务的原则,采取咨询预约的一对一模式,受现阶段专业咨询队伍数量不足的影响,专业心理咨询难以扩大咨询覆盖面。朋辈心理辅导可以突破咨询队伍不足的瓶颈,渗透到班级、寝室、社团中,深入到学生的学习、生活、交往等各个方面。相对于专业个体咨询需要事先预约,在固定时间和地点进行咨询,朋辈心理辅导可以在双方达成的任何时间、地点进行,在时间和空间上具有一定的灵活性。因此,在某些一般心理问题处理上,朋辈心理辅导处理时效性比较高;在心理危机干预上,朋辈心理辅导的突出作用体现在"早期发现"和心理危机发生时在辅导员的指导下发挥的"监护"作用。

9.2 大学生常见心理问题之生命关怀

9.2.1 问题表现

生命是教育的原点,教育因生命而产生,教育源于生命,促进生命的教育乃教育之本。伟大的科学家爱因斯坦认为,"学校的目标始终应当是青年人在离开学校时,是作为一个和谐的人,而不是作为一个专家"。近年来,作为青年人的精英代表,高校学生伤人、杀人的报道也不时见诸媒体,人们在惊惧之余更多的是忧叹孩子们对生命的轻贱与漠视。我国学者吴才智等进行的调查结果表明,大多数自杀大学生存在不同程度的人格问题,其中有三组性格偏差比较突出。

1. 自恋型人格偏差

过分追求完美,事事要强,不能跟人建立密切的情感联系,没有知心朋友。某高校大四学生 L 各方面表现得很优秀:懂事、上进、学习好、同学关系表面上也不错,但长年生活在自己的高标准和压力下,没有欢乐和放松,只有一个接一个地需要实现的目标和压力。她本科英语过了专业八级,读研是公费,平时学习刻苦,工作认真负责,深受教师器重。她在别人眼里十分优秀,用同学的话说,"作为学生,能拿到的都拿到了",但她对自己的评价却很低:"回首 4 年来,感觉自己很失败。"她对自己的完美要求,甚至选择死亡时都没有忘记。她给同学留下的遗书中这样写道:"帮我维护我的形象,呵呵,多么虚伪的人啊。"这样一种生活方式,让 L 本人心力交瘁。

2. 抑郁性人格偏差

其特点是自卑、内向、自限、敏感。这类性格特点的人自我评价较低,认为自己一无是处;封闭自己,从不跟人吐露心事;兴趣少而狭隘,整天生活在个人时间空间里,咀嚼自己的痛苦,不关心周遭发生的事情。这是在自杀大学生中最为常见的性格偏差类型。

比如L个案,同学反映她像一个口袋,只进不出,从不向他人讲述自己的事;甚至连朝夕相处的男友都不知道她究竟是快乐还是不快乐。

3. 冲动性人格偏差

其特点是依赖、任性、冲动,具有边缘型人格障碍特点。心情波动特别大,经常出现情绪和行为失控,非常需要跟人建立亲密的关系,并在关系中表现得特别纠结,特别容易冲动。因为恋爱关系破裂而自杀的学生都表现出这个性格特点。在面临要失去自己所要依赖的对象、用其他办法都不能挽回的情况下,他们以死要挟,期望能挽回对方。

9.2.2 心理小测验

90秒快速筛查抑郁

问题1:过去几周(或几个月)是否感到无精打采、伤感,或对生活的乐趣减少了?

问题2:除了不开心之外,是否比平时更悲观或想哭?

问题3:经常有早醒吗(每个月超过1次以上为阳性)?

问题4:近来是否经常想到活着没意思?

以上4个问题,都需要在90秒之内回答出来,这是第一步的判断。如果对这些问题的回答都是"是"也不要过于担心,通过到专业医疗机构做进一步测评。

9.2.3 心理学解析

在希腊神话中有一个狮身人面的怪兽,叫斯芬克斯,它常以隐谜害人,回答不对它的谜语的人都被它一一吃掉。这个谜语是:什么东西早晨用四只脚走路,中午用两只脚走路,傍晚用三只脚走路?俄狄浦斯回答:是人。在生命的早晨,他是个孩子,用两条腿和两只手爬行;到了生命的中午,他变成了壮年,只用两条腿走路;到了生命的傍晚,他年老体衰,必须借助拐杖走路,所以被称为"三只脚"。斯芬克斯听罢,又羞又愧,就跳崖自杀了。这就是著名的"斯芬克斯之继",它固然是一个神话故事,但它说明,在古希腊时期,人类已经开始自我认识、自我反思和自我解答了。斯芬克斯之链包含着深刻的思想:能否正确地认识自我实在是一件性命攸关的大事。

当前,许多大学生出现"生命的困顿",表现为陷入严重的郁闷、无聊、纠结、"活得很累";严重者则发展到网瘾、自闭、斗殴、自残;再严重者就沦落到吸毒、自杀、伤害他人的种种困境之中。当代中国大学生之生命困顿主要表现在生命价值的缺失与生活意义的迷惘上。

美国学者杰·唐纳·华特士在1968年提出生命教育的概念并开始倡导生命教育的思想,他在加州创建的"阿南达村"学校(被认为是全世界第一所践行生命教育思想的学校)。美国当时的生命教育更多地与"自杀防治"相联结,以预防药物滥用、防止暴力和个人的伤害为主旨。1977年美国《死亡杂志》创刊,被认为是全世界第一份以生命教育为主题的专业期刊。随后西方许多国家着眼于本国青少年的实际,开展了不同内容的生命教育活动。英国在教育改革法中提出"学校通过整个课程体系有责任提供机会以促进学生的精神、道德、社会和文化发展,以及为这些学生在成人生活的机会、责任感和经验方面做准备"。2004年我国第一家生命教育研究机构——河南大学生命教育研究中心成立;2005年辽宁启动"生命教育工程",在全省中小学开设生命教育课,对学生进行心理健康教育、青春期教育、毒品预防教育、法制教育、安全教育、公共卫生教育、预防艾滋病教育、环境保护教育、性教育等专题教育。2005年上海市正式公布了《上海市中小学生命教育指导纲要》,生命教育进入了上海市的中小学课堂。2010年,"生命教育"写入《国家中长期教育改革和发展规划纲要(2010—2020)》,提出要"加强和改进德育、智育、体育、美育""重视安全教育、生命教育、国防教育、可持续发展教育",第一次在国家层面为生命教育颁发了"出生证"。

一般而言,生命教育即是关于生存、生活、生命以及生死的教育,可以细化为认知生命、体验生命、敬畏生命、珍惜生命、悦纳生命、尊重生命、热爱生命、发展生命、不朽生命。所以,生命教育从正面来看,是为广大学生构建生命的价值与生活的意义,其目标在于使学生学会如何积极地应对人生过程及生死的挑战,学会尊重生命并理解生命的意义,进而培养学生对待自己、他人乃至一切生命体的责任感,提高自我的整体生活品质和生命归属感,增进人与自然、与自己、与社会、与世界的和谐发展,从而获得身、心、灵的健康成长。

维克多·弗兰克尔是20世纪的一个奇迹,他是一位集中营里诞生的心理学家。维克多·弗兰克尔是医学博士,维也纳医科大学神经与精神病学教授,担任维也纳神经综合医学院的首席专家长达25年之久,著有《活出生命的意义》感动千千万万的人,它被美国国会图书馆评选为具有影响力的十本著作之一。纳粹时期,身为犹太人,他的全家都被关进了奥斯威辛集中营,他的父母、妻子、哥哥,全都死于毒气室中,只有他和妹妹幸存。弗兰克尔不但超越了这炼狱般的痛苦,更将自己的经验与学术结合,开创了意义疗法,替人们找到绝处逢生的意义,也留下了人性史上最富光彩的见证。弗兰克尔一生对生命充满了极大的热情,67岁开始学习驾驶飞机,并在几个月后领到驾照,甚至80岁还登上了阿尔卑斯山。在弗兰克尔看来,生命的意义比幸福更重要,人的本性在于探求意义。

研究表明找到生活的目标和意义能够提升整体幸福感和满意度,提升精神和身体健康,增强抵抗力,增强自信,降低抑郁的风险。一项最新研究中,心理学家们采访了将近400名18~78岁之间的美国人,询问他们觉得自己的生活是否有意义和是否幸福。研究者们发现有意义的生活和幸福的生活在某些地方虽然有交集,但基本上来说区别很大。心理学家发现,要想过上幸福的生活,一个人就要学会索取;而要想过上有意义的生活,一个人就要学会付出。幸福的生活和有意义的生活区别在哪里?研究人员发现幸福就是感觉良好。幸福的人倾向于认为生活很轻松,他们身体很健康,能够买到自己需要和想要的东西。金钱的匮乏则容易导致幸福感的降低,让你觉得生活失去意义,这对幸福感的影响特别大。从社会角度来看,对幸福的追求其实是一种自私的行为,追求幸福的人扮演得是一个索取者的角色,而非贡献者。一味地追求幸福反而会让你更不快乐。"正是对幸福的一味追求,阻碍了幸福的到来。"弗兰克尔说。心理学家给出了一个革命性的解释:幸福就是欲望的减少。拥有明确生命意义的人,即便生活得不如意,对生活的满意度也比那些没有明确生活目标的人更高。"如果生活真有意义的话,那么痛苦一定能给生活带来意义"——弗兰克尔。

9.2.4 心理学小知识

美国心理学家马丁·塞利格曼,宾夕法尼亚大学心理系主任,著名的学者和临床治疗专家,是习得无助和习得乐观领域的开创者。"积极心理学"一词最初是由塞利格曼教授在1998年美国心理学会年度大会上明确提出,2000年塞利格曼教授的《积极心理学导论》标志着积极心理学的正式兴起。

早年,塞利格曼教授一直致力于消极情绪的研究,在1967年研究动物时发现,他起初把狗关在笼子里,只要蜂音器一响,就给狗施加难以忍受的电击。他们给狗不能逃避的电击,狗作出任何自主反应都不能阻止电击。有了这种体验之后,当狗再经历类似的电击后,即使它能够通过跳跃来逃避电击,也只是稍微挣扎之后,就放弃反应,被动地接受电击。他们将这种现象称之为"习得性无助"。他们在对动物研究的基础上发现,人类身上也普遍存在着习得无助现象,即当个体面临不可控的情境时,一旦认识到无论怎样努力,都无法改变不可避免的结果后,便产生了放弃努力的消极认知和行为,表现出无助、无望、抑郁等消极情绪。"习得性无助"现象产生的主要根源在于一个人的归因方式。当他认为造成他学业、心理问题的因素,是内在的、稳定的、不可控制的时候,就容易感到内疚、沮丧和自卑,认为无论尽多大努力,都将难以提高自己的学习成绩,从而降低学习动机,不愿做尝试性努力,得过且过的心灵偏差。

从习得无助转向习得乐观源自塞利格曼与五岁女儿的一席对话。一天他在花园里除草,女儿快乐地在周围奔跑,他对女儿大发脾气。女儿对他说:"从三岁开始我每天都抱怨,现在我五岁了,我决定不再抱怨了,这对我来说很难,但是如果我能停止抱怨,你能停止发脾气吗?"这句话对塞利格曼产生了心灵的震撼。他开始反思自身及所从事的职业,首先他意识到改正女儿抱怨习惯的力量不是来自他人,而是来自她自己,她自身具有这种神奇的力量,在心灵深处不断增强、发展,帮助她去改变自己的弱点和抵抗生活中的风暴;其次,培养孩子不是去修正他们的错误,而是识别和培养他们最强的品质,帮助他们增强令他们生活得更好的力量。塞利格曼认为自己在过去的50年中,是一个抱怨者,灵魂深处始终阴冷潮湿,那一刻他决定改变自己。这一转变也预示着塞利格曼理论研究方向的转折。

乐观的实证研究为积极心理学运动奠定了理论和实践的基础。1996年,塞利格曼以高票当选美国心理学会主席,他开始反思心理学的历史与发展。他认为二次大战前,心理学有三个特殊的使命:治愈心理疾病,鉴别和培养天才,使所有人的生活更加美好、更富有创造性。早期心理学关注天才的培养、婚姻的幸福和探索生命的意义。而在二战后心理学家开始更多地关注治愈心理疾病,渐渐地忘记了后两个使命,心理学研究关注点转移到评估和治疗个体的痛苦、心理失调和环境压力中的负性情感,如离婚、丧亲、性侵害等,治疗师的工作模式大多是修复损伤,这背离了心理学的宗旨。心理学不仅要研究病态、弱点和损伤,也要研究力量和美德;治疗不仅要修复,更要培养最好的品质;心理学不仅要关注疾病和健康,还要更多地关注工作、教育、洞察力、爱、成长和游戏。积极心理学要以科学的方法探索什么是人类适应复杂社会的最好行为。1998年,在美国心理学年会上,塞利格曼竭力主张将心理学的研究从对病态心理的研究和治疗扩展到研究人类幸福和美德的科学上,将积极心理学提升到重要的位置上。积极心理学不是一门新的学科和流派,而是吸纳了众多心理学理论研究的成果,2002年,塞利格曼先生提出了著名的幸福成分理论,这是当前在美国影响最为广泛的理论,他所著的《幸福的真谛》被认为是全美最畅销的书之一。根据塞利格曼的理论,幸福有三个主要成分:愉快的生活、充实的生活和有意义的生活。第一个成分,愉快的生活是对生活的享受,包括许多积极情感,而积极情感是主观幸福感的镜子,从时间维度上分,过去的积极情感包括满意、知足、实现、自豪和平静;对未来的积极情感包括希望和乐观、真实、信任和信心;当前的积极情感包括直接来自愉快的满意感。第二个成分是充实的生活,包括在工作、亲密关系和休闲生活中投入、卷入和入迷,伴随着高投入的活动有一种流畅感(flow),时间飞逝而过,注意力完全集中在活动上,忘记了自我。第三个成分是追求生活的意义,包括运用一个人的力量和才能从事比自我更广泛的事业。跳出小我的圈子,服务于宗教、政治、家庭、团体和国家。追求一种有意义的生活,会产生满意感,生活也会拥有会更好的信念。

9.2.5 生命关怀的策略与方法

1. 基本策略

如果你担心某个人会寻短见,那么你应该知道:

自杀是可以预防的;可以谈论自杀话题;询问自杀想法不会引发自杀行为,却往往可以减少焦虑,让人们感觉自己得到了理解。如果您知道某人可能想自杀,就同其谈论这个话题,不带偏见地倾听并提供支持。

您可以采取以下行动:

私下与同学交谈,找个适当的时间和安静的地点同您所担心的人谈论自杀问题,让他们知道您愿意倾听;表达您的忧虑,并认真倾听他们的心声,但不加评判;鼓励同学与其信任的人交谈,例如与家长或其他信赖的家人、成人或学校的辅导员、心理教师交谈,主动陪其赴约。如果同学已试图或表示将故意伤害自己,则应立即寻求校内如辅导员或心理咨询老师支持,不要让此学生独处。

2. 基本方法

(1) 放松疗法

一个人的心情反应包含"情绪"与"身体"两部分,换句话说身心反应是交互的。假如能改变躯体的反应,情绪也会随着改变。放松疗法既可以作为自我调节情绪的方法也可以作为助人情绪稳定的方法。以下为放松疗法进行过程。

①深深吸进一口气,保持一会儿。(大约 15 秒)好,请慢慢把气呼出来,慢慢把气呼出来。(停一停)我们再来做一次,请你深深吸进一口气,保持一会儿。(大约 15 秒)好,请慢慢把气呼出来,慢慢把气呼出来。

②伸出你的前臂握紧拳头,用力握紧,注意你手上的感受。(大约 15 秒)好,然后请放松,彻底放松你的双手,体验放松后的感觉,你可能感到沉重、轻松,或者温暖,这些都的放松的标志,请你注意这些感觉。(停一停)我们再做一次。

③现在开始放松你的双臂,先用力弯曲绷紧双臂肌肉,保持一会儿,感受双臂肌肉的紧张。(大约 15 秒)好,放松,彻底放松你的双臂,体会放松后的感受。(停一停)我们再做一次。

④现在,开始练习如何放松双脚。好,紧张你的双脚,用脚趾抓紧地面,用力抓紧,用力,保持一会儿。(大约 15 秒)好,放松,彻底放松你的双脚。(停一停)我们再做一次。

⑤现在,放松你小腿部位的肌肉。请你将脚尖用力上翘,脚跟向下向后紧压地面,绷紧小腿上的肌肉,保持一会儿,保持一会儿。(大约 15 秒)好,放松,彻底放松你的双脚。(停一停)我们再做一次。

⑥放松你大腿的肌肉。请用脚跟向前向下压紧地面,绷紧大腿肌肉,保持一会儿。(大约 15 秒)好,放松,彻底放松。(停一停)我们再做一次,保持一会(约 15 秒)。

⑦现在我们放松头部肌肉。请皱紧额头的肌肉,皱紧,皱紧,保持一会儿。(大约 15 秒)好,放松,彻底放松。(停一停)现在,转动你的眼球,从上至左、至下、至右,加快速度。好,现在朝反方向旋转你的眼球,加快速度,好,停下来,放松,彻底放松。(停一停)现在,咬紧你的牙齿,用力咬紧,保持一会儿。(大约 15 秒)好,放松,彻底放松。(停一停)现在,用舌头顶住上颚,用劲上顶,保持一会儿。(大约 15 秒)好,放松,彻底放松。(停一停)现在,收紧你的下巴,用力,保持大约 15 秒。

⑧现在,请放松躯干上的肌肉群。好,请你往后扩展你的双肩,用力向后扩展,用力扩展保持 15 秒(停一停)我们再做一次。

⑨现在,向上提起你的双肩,尽量使双肩接近你的耳垂。用力上提双肩,保持 15 秒。

⑩现在,向内收紧你的双肩,用力收,保持一会儿。(大约 15 秒)好,放松,彻底放松。(停一停)我们再做一次。

⑪请抬起你的双腿,向上抬起双腿,弯曲你的腰,用力弯曲腰部,保持一会儿。

⑫现在,紧张臀部肌肉,会阴用力上提,保持一会儿。(大约 15 秒)好,放松,彻底放松。(停一停)我们再做一次(同上)(休息 3 分钟,从头到尾再做一遍放松)

整个放松过程,感受你身上的肌肉群,从下至上,使每组肌肉群都处于放松的状态。(大约 20 秒)请注意放松时的温暖、愉快、轻松感觉,并将这种感觉尽可能地保持 1~2 分钟。

（2）保险箱技术

保险箱技术可以看成是想象练习的"第一堂课"，因为第一次接触它就很容易学会，有助于当事人掌控自己的创伤性经历，或有意识地对之进行排挤，从而使自己——至少是短时间地，从压抑的念头中解放出来。

在保险箱技术中，我们要求当事人将创伤性材料锁进一个保险箱，而钥匙由当事人自己掌管，并且当事人可以自己决定，是否愿意随时打开保险箱的门，来探讨相关的内容。具体的引导词可参考如下话术：

"请想象在你面前有一个保险箱，或者某个类似的东西。现在请你仔细地看着这个保险箱：它有多大（多高、多宽、多厚）？它是用什么材料做的？是什么颜色的（外面的，里面的）？外壁有多厚？这个保险箱分了格，还是没分格？仔细观察保险箱，它的箱门好不好打开？关箱门的时候，有没有声音？你会怎样关上它的门？钥匙是什么样的？"

"当你看着这个保险箱，并试着关上它，你觉得它是否绝对可靠？如果不是，请你试着把它改装到你觉得百分之百地可靠。然后，你可以再检查一遍，看看你所选的材料是否正确，外壁是否足够结实，锁是否足够牢实……

现在请你打开自己的保险箱，把所有给你带来压力的东西，统统装进去……"

有些当事人可以轻松完成此项任务，有些当事人则需要帮助，因为他们不知道如何把压力装进保险箱。此时，我们应该帮助当事人把心理负担"物质化"，并协助当事人将它们放进保险箱。

感觉：如对死亡的恐惧以及躯体的不适，给这种感觉和躯体的不适设定一个外形（如巨人、章鱼、乌云、火球等），尽量使之可以变小，然后把他们放进一个小盒子或类似的容器里，再锁进保险箱里。

念头：将某种念头写在一张纸条上（可以使用某种看不见的神奇墨水，通过某种特殊的东西才能使之显现），将纸条放进一个信封封好，再放进保险箱。

图片：激发想象力，想象一张图片，可以将之缩小、去除颜色、使之泛黄等，然后装进信封封好，再放进保险箱。

内在电影：将影响你的压力设想为一部电影录像带，可以将之缩小、去除颜色、倒回到开始的地方，再把磁带放进保险箱。

声音：想象把相关的声音录制在磁带上，将音量调低，倒回到开始处，放进保险箱。

气味：将气味吸进一个瓶子，用软木塞塞好，再放进保险箱。

"锁好保险箱的门，想想看，你想把钥匙藏在哪儿？"

从心理卫生的角度讲，最好不要把钥匙藏在治疗室，也不要把它丢弃，因为这样，当事人就没有了寻找创伤性材料的途径了。

"请把保险箱放在你认为合适的地方。这地方应该在你力所能及的范围里尽可能地远一些，并且在你以后想去看这些东西的时候，就可以去。原则上，所有的地方都是可以的，可以把保险箱沉入海底，或发到某个陌生的星球等。但有一点要事先考虑清楚，就是如何能再次找到这个保险箱，比如，使用特殊的工具或某种魔力等。

如果完成了,就请你集中自己的注意力,并将注意力带回到这间房子里来。"

(3) 蝴蝶拍技术

蝴蝶拍,顾名思义,就是像蝴蝶一样,拍打着翅膀,又好像我们在自己拥抱自己、安慰自己,可以促进心理和躯体恢复并进入一种"稳定"的状态。从生理学的角度讲,这个练习,是对身体进行双侧刺激,促进信息加工,激活副交感神经,从而使我们的情绪稳定、获得安全感、愉悦感。1998 年,"蝴蝶拍"由墨西哥心理学家在墨西哥飓风灾害后,干预幸存者过程中发展起来的,并曾用于巴勒斯坦难民营的儿童进行进一步的验证,结果表明该技术可以增强遭受持续战争创伤的儿童的适应能力。"蝴蝶拍",虽然简单,但却是经过专家认真研究、探索出来的,是眼动脱敏加工 EMDR 心理治疗方法中的一种稳定化技术。

①学习蝴蝶拍:双手交叉在胸前,轻抱自己对侧的肩膀或上臂,双手交替轻拍自己的肩膀或上臂,左右各拍一次为一轮,用自己感觉舒服的力度去拍,以时钟上秒针"嘀嗒"声为轻拍的速度和节奏,一般 8~12 轮为一组。(注意:是左右交替轻拍,速度不要过快)

②准备动作:让自己坐在家里或其他安全的地方,体验身体的姿势和周围环境的联结,譬如感觉自己脚和地板的接触、感觉自己的背部和椅子背的接触,让自己尽量保持慢慢地、平稳地呼吸,面带微笑,并告诉自己"现在,我是安全的"。

③开始轻拍:带着"现在,我是安全的"(可以不断重复)感觉,感受自己和周围环境联结的感觉,开始轻拍。过程中允许自己的头脑中自然浮现的各种感受、想法、情境以及身体的各种感觉,让其自然而然地发生。拍完一组后停下来,做一次深呼吸,感受当下的体验和安全感。当一组完成后如果感受是安全的或者是你自己喜欢的,可以重复上述过程 2~3 组停止。

(4) 正念疗法

正念疗法被广泛用于减压,治疗焦虑、抑郁等情绪问题,它的理念包括将注意力集中于当下以及不评价当下出现的任何观念。

恐惧在我们的身体里不断积聚,造成很多的紧张和压力,休息是治愈的前提。森林里的动物如果受了伤,他们会找个地方安静地躺下来彻底休息,放松几天,他们不会去思考食物或其他问题,就只是休息,这样便能自然痊愈。而当我们人类感到恐慌时,或者当我们被压力推倒时,我们会去寻医问药,甚少有人会有这样的智慧,让自己停下来,不再奔波,不再追逐,我们不懂得如何照顾自己。

躯体扫描,让身体有休息、疗愈和恢复体力的机会,将注意力按顺序放在身体的各个部位,将爱与关怀送到自己的每个细胞里。每天最少要做一次深度放松的练习,可以是 20 分钟或者更久,利用晚上或者一早醒来躺在床上的时候做,也可以在任何你觉得方便的时候做、可以坐在客厅里,也可以在任何能让自己躺下来的地方,任何不受干扰的地方都可以做这个练习。

如果心中的恐惧和焦虑让你晚上无法安眠,深度放松对你一定会有所帮助。你可以躺在床上保持清醒,随着一呼一吸享受深度放松的修习,有时你可能会因此而睡着,即使睡不着,你也可以从这个修习中得到滋养和休息。休息对你来说同样非常重要,这样的放松练习甚至可以让你得到比睡眠更深层的休息。

在团体中做深度放松的时候,可以请一个人用下面的引导词来带领大家休息,引导词可以根据需要稍做修改,独自坐的时候也可以一边默念一边休息,或者播放录音。

如果你有几分钟坐下或躺下来放松,你可以默念:

吸气,我觉知双眼。

呼气,我对双眼微笑。

这就是对双眼的正念觉知。当你生起正念的能量,拥抱双眼并对它们微笑时,能感受到你拥有一个幸福的源泉。拥有健康的双眼真好!只需要睁开眼睛,就能看到五彩缤纷的世界,而且随时都能做到。

吸气,我觉知心脏。

呼气,我对心脏微笑。

当你以正念的能量来拥抱心脏,对它微笑,你看到自己的心脏依然运作如常,这真是一件美妙的事情。很多人希望能拥有正常的心脏,这是健康的基本条件。以正念的能量来拥抱你的心脏,让它得到舒缓。你忽略心脏很久了,你只顾着想别的东西,追逐你以为幸福的事情,而忘了自己的心。

你的作息和饮食习惯,可能为心脏带来麻烦。每次你点起香烟,都会增加心脏的负担。喝酒也是对心脏不友善的行为。你的心脏多年来日夜为你的健康工作,但由于缺乏正念,你没有好好地照顾它。你身体的各个器官,就像你的孩子一样需要被保护。

你可以继续对身体的其他部位做同样的练习,例如你的肝脏。想象着温柔、关爱和慈悲地拥抱你的肝脏。以正念呼吸来生起正念能量,正念地拥抱身体。当你把正念能量集中于身体某部位,以爱和关怀拥抱它时,那就是在给予身体所需要的。如果身体某部位不舒服,你要多花一点时间用正念和微笑去拥抱它。也许在一次练习中没有足够的时间把注意力带到身体的每个部位,但可以每天练习1~2次,每次集中于最少一个身体部位来练习深度放松。如果有时间,可以试一下第二项深度放松的练习。

给自己至少20分钟来做这个练习。在团体中练习深度放松,其中一人可以利用以下的指引来引导练习,你也可以用这些指引为基础来编写引导语。如果单独练习深度放松,则可以预先录音,在练习时播放。每天在家里,最少做一次深度放松练习。

你也可以跟家人一起练习,由其中一位家庭成员带领做深度放松。

平躺着,双臂放在身体两旁,让自己舒服地躺着,放松身体。觉察地面……还有你身体跟地面的接触。(呼吸)

让身体下沉到地面。(呼吸)

觉知呼吸,吸气,呼气。觉察小腹在你吸气和呼气的时候升起和下降。(呼吸)升起……下降……升起……下降……(呼吸)

吸气,把注意力放到双眼。呼气,让双眼放松,让双眼下沉到头里……释放眼睛周

围所有微小肌肉里的紧张……眼睛让我们看到天堂般的各种形状和颜色……让眼睛休息……把爱与感恩给你的眼睛……(呼吸)

吸气,把注意力带到你的嘴巴。呼气,让嘴巴放松,释放嘴巴周围的紧张……你的嘴唇像是花瓣……让温柔的微笑从你唇上盛放……微笑,放松了脸上几百块肌肉……感觉紧张从你的脸颊、下颚、咽喉释放……(呼吸)

吸气,把你的注意力带到双肩。呼气,让双肩放松,让双肩下沉到地板……让所有累积的紧张沉到地下……你双肩背负得太多了……现在,在你关爱它们的同时让它们放松。(呼吸)

吸气,觉知你的双臂。呼气,放松双臂,让它们下沉到地板……你的上臂……手肘……下臂……手腕……手掌……手指头……手上所有细微的肌肉……需要的话动动手指头,帮助放松肌肉。(呼吸)

吸气,把注意力带到心脏。呼气,让心脏放松。(呼吸)

你的工作、饮食、焦虑与压力,让你长年累月地忽略自己的心脏……(呼吸)。

你的心脏日夜跳动……以正念温柔地拥抱你的心脏……体谅并好好照顾它。(呼吸)

吸气,把注意力带到你的双腿。呼气,让双腿放松,释放腿上所有的紧张……你的大腿……膝盖……小腿……脚踝……脚掌……脚趾头……脚趾头上所有细微的肌肉……你可以动一动脚趾头来放松一下……把爱与关怀给你的脚趾头。(呼吸)

吸气,呼气……感到整个身体非常轻松……好像漂浮在水面上的浮萍一样……你无处要去……无事要做……自由自在如天上的浮云……(呼吸)

把你的注意力带回自己的呼吸……感受小腹的一起一伏。(呼吸)

跟随着呼吸,觉察你的双臂和双腿……你可以动一动双臂和双腿来伸展一下。(呼吸)

准备好的话,请慢慢坐起来。(呼吸)

(5)绘画疗法

绘画疗法的分类及操作技术,绘画疗法的操作及实施比较灵活。第一类是自由绘画,指把脑海里出现的事物、形象、场景等画出来。利用涂鸦法在不进行任何思考的情况下,信手画出线条,再根据线条偶然形成的某种意向绘画出图画。第二类是规定了内容的绘画。在绘画完毕之后,要求绘画者讲述自己的画,可以根据绘画的内容讲故事。绘画疗法可以应用在团体辅导中,即集体作画,集体讲述,集体分享。

负面情绪是每个人生命中自然而真实存在的部分,它会给我们带来真实而自然的影响。当我们处于焦虑、伤心、难过或恐惧等负面情绪下,渴望与人倾诉或分享时,除了言语表达以外,还可以用绘画的方法,通过线条、造型、色彩等美术元素来纾解当下的心情,帮助人们获得积极的情绪状态。

(6)意义疗法

意义疗法由著名精神病学家、心理学家维克多·弗兰克尔创立。弗兰克尔认为对生命和生活意义的探索和追求是人类的基本精神需要,人所追求的既非弗洛伊德所说的求乐意志，也非阿德勒所说的求权意志，而是追求意义的意志。弗兰克尔认为人的存在是由身体、心理、精神三个层面构成，其中精神层面为人类存在的最高层面。意义疗法包括三种相互联系的基本假设：意志的自由、意义意志以及生命意义。

意志的自由：弗兰克尔认为每个人都是自由的，但与此同时人的自由又是有限的、相对的，人总是受到生物、心理和社会文化等多种因素的制约，人在身体、心理层面并不自由，但他认为精神层面可以超越这些限制，人的意志可以超越这些限制，意义自由奠定了意义疗法存在的基础。弗兰克认为人类具有精神上的自由，态度上的自由，能够把握自己的命运，拥有自己独特的人生。通常在人生的紧要关头，人超越现实的精神自由就会表现出来，意义自由是瞬间体验到的。弗兰克尔指出人有选择的自由，但也需要承担选择后果的责任，人们有责任实现自己生命的独特意义，每个人都会被生命所询问，只有自己的生命才能回答这一问题。

意义意志：弗兰克尔认为人追求意义的意志，它是主动的、原发的，它是实现人生责任的基础。意义意志不仅对心理健康有益，而且能帮助个体摆脱痛苦和忧伤的状态。意义意志是属于精神层面的，是具有主动性的，是一种人类的基本的生活态度。寻找意义是人们生活的目标，人们的生活意义是独特的，只有达成对个体而言具有独特意义的事，才能满足其生命意义感。

生命意义：意义问题是人的本质问题，追求生命的意义是人类存在的一种基本需要，它标志着人类存在的本质。弗兰克尔认为生命意义具有两重性，既包括客观性，也包括主观性，一方面意义是可以发现的，意义本身就具有现实性，它是我们无法改变的；另一方面，每个人的生命意义又具有独特性。每个人不论性别、年龄、种族，他们都会具有与生俱来的生命意义。

弗兰克尔认为人对命运的选择完全取决于人的精神态度，即使面对无法抗拒的命运力量，人仍然可以选择自己的态度和立场。弗兰克尔认为许多症状都是由不良的态度导致的，通过改变态度可以使这些症状得到缓解。

（7）非言语干预

在心理干预中，干预者除运用语言来对来访者加以疏导和安慰，还会通过非语言行为与来访者进行沟通，对语言内容进行补充，这在心理干预中也起着同样重要的作用。社会心理学家艾根（Egen）提出了在别人心目中建立良好第一印象的 SOLER 模式，SOLER 是由五个英文单词的词头字母拼写起来的专用术语。

①面对来访者（squarely）并非正面对正面，关键是要将身体朝向当事人，能够告诉当事人，你正与他同在。这是一种表达投入专注的姿态；

②开放的身体姿势（open）表示保持自然、开放的姿势；

③身体稍向前倾（lean）表示倾听对方讲话时，身体要微微前倾，表达了积极关注当事人的问题；

④保持良好的目光接触（eye）表示与对方交谈时，目光要与对方接触，不要逃避或东张西望；

⑤身体姿势放松自然(relax)放松意味着大方自然,泰然自若。有助于来访者保持轻松状态。

9.2.6 自助练习

1.情绪日记

情绪日记不是一般的日记,主要以记录一天的情绪为主,每天自己的情绪如何,在记录的过程中需要专注地、不加批判地觉察并记录下来,在此过程中可以附以绘画,涂鸦来表达情绪。

2.八段锦减压

相对于其他健身方法,八段锦柔和连绵、动静相宜、简单易学、强度适中,八段锦通过"调身""调息""调心",疏通经络,保证气血畅通。一方面可以稳定情绪、改善焦虑紧张;另一方面可使全身肌肉张力下降,达到脏腑组织功能协调统一的状态。

3.音乐疗法

音乐疗法是最古老的治病方法之一。人处在优美悦耳的音乐环境之中,可以改善神经系统、心血管系统、内分泌系统和消化系统的功能,促使人体分泌一种有利于身体健康的活性物质,可以调节体内血管的流量和神经传导。良性的音乐能提高大脑皮层的兴奋性,可以改善人们的情绪,激发人们的感情,振奋人们的精神。同时有助于消除心理、社会因素所造成的紧张、焦虑、忧郁、恐怖等不良心理状态,提高应激能力。

9.2.7 推荐读物

1.亚隆.直视骄阳:征服死云恐惧[M].张亚,译.北京:中国轻工业出版社,2015.
2.丹尼尔·吉尔伯特.哈弗幸福课[M].张岩,时宏,译.北京:中信出版社,2015.
3.夏洛特·斯泰尔.向好而生[M].丁敏,译.北京:人民邮电出版社,2020.

9.3 朋辈交往团体:团体互动(二)

9.3.1 团体设计理念

促进成员间的情感交流,在沟通中学会尊重彼此的需要,提升团体的凝聚力和归属感,促使成员学会正确表达情绪,增强成员在生活中认识压力和建立珍爱生命的意识。

9.3.2 团体流程

团体流程见表9.1。

表9.1 团体流程表

次序	目标	活动内容	所需时间
1	暖身,构建积极融洽的氛围。识别情绪,释放情绪	热身活动:情绪气球 备选热身活动:石头剪刀布	约10分钟
2	完成大团体互动及压力管理主题活动,启发学生树立良好的规则意识,学会为自己的行为负责,为自己的生命负责	主题活动:规则的意义 备选主题活动:胡萝卜、鸡蛋与咖啡豆	10~20分钟
3	促进小组成员之间的交流,通过活动启发学生思考压力应对方式	小组内分享 (或者直接大组内分享)	约20~30分钟
4	促进大团体中成员之间的交流,增强团体凝聚力,学会正确表达情绪,尊重和理解他人需要	大组内分享	约5分钟
5	促进成员领悟每个人都会遇到压力、遭遇困境,学会珍爱生命,守候生命	总结	约5分钟

9.3.3 团体实施

团体实施方案见表9.2。

表9.2 团体实施方案

目的	活动内容
暖身,构建积极融洽的氛围,帮助成员识别情绪,释放情绪 时间:10分钟 材料准备:室内外均可,空间足够大,各种颜色气球,彩笔	1. 热身活动:情绪气球 　　指导语:"每个人都会有情绪,情绪在我们身体里,也会在我们的头脑里。现在让我们来抓住我们的情绪,看看她在哪里,是什么颜色的,我们来给她命名。同学们,我们手边有很多各种颜色的气球,现在大家可以任意选择并吹起气球,然后自己来给这个气球命名,是快乐还是悲伤?让我们的情绪充满整个气球……" 　　注意事项:活动空间要足够大,可以鼓励同学们写上各种情绪,如果在室外,可以集体释放或者踩气球。
树立良好的规则意识,学会为自己的行为负责,为自己的生命负责 时间:50分钟 材料准备:每人一份阅读材料、纸、笔若干	2. 主题活动:规则的意义 　　指导语:"班级同学分为6个小组,每个小组8人左右;每位同学阅读材料,读完材料后,请回答后面的问题;每个人思考完后再在小组内交流,由记录员记录,最后总结出小组的观点。" 以下为阅读材料: 　　有一列火车轨道,由于道路改道,原来的铁轨废弃不用了,新的路轨建好并通车了。在新修建的路旁,竖了一块牌子,上写"严禁在此轨道玩耍"。有几个学生放学后来到了这里,有一个学生看到牌子的警告语后,他就跑到了原来的旧轨道上去玩,而其他三个学生虽然看到那块牌子,但他们不理会,仍旧跑到新修建的轨道上去玩。这时突然一列火车疾驰而来,速度太快,学生们已来不及从轨道上离开。假定这两个岔道口中间有个控制装置,可以决定火车往哪个方向开,既可以沿着新的轨道也可以沿着原来的旧轨道开。 (1)如果你是控制员,你会把火车调到哪个方向?是原来的旧轨道还是新的轨道?为什么?说说你此时的心情。 (2)如果你是下面那三个在新轨道上玩耍的学生之一,你希望控制员把火车调到哪个方向?为什么?说说你此时的心情。 (3)如果你是上面那个在旧轨道上玩耍的学生,你希望控制员把火车调到哪个方向?为什么?说说你此时的心情。 注意事项 (1)由于这个选择游戏看起来有点残忍,在活动中,有许多学生或许会逃避选择,这一点希望主持人能够有一个心理准备,有的学生

表9.2(续1)

目的	活动内容
	会说在火车来临之前让学生们都离开,或者说生活中根本就不会出现这种事情。这实际上是逃避对问题的回答。 (2)主持人在引导游戏讨论时,要让同学们充分讨论和争辩,主持人也可以和同学们对各自的观点进行辩论。在活动时遇到一些问题,主持人不能仅仅凭自己的经验而轻易判断对错,特别是当同学们表示希望自己不死时这不能说是同学们自私,而是人的一种本能反应。
帮助学生体会协助与合作的重要性 时间:10分钟 材料准备:一定的空间	3. 备选热身活动:石头剪刀布 　　指导语:"同学们,我们以前都玩过'石头剪刀布'游戏吧?今天我们换一种全身玩法。同学们可以两两一组,配合一起玩儿。石头怎么表示?就是身体下蹲,双手放于胸前,全省肌肉绷紧;剪刀怎么表示?就是舌头伸出来,眼睛斜向上看,做个鬼脸就可以,好笑吧!布怎么表示?就是身体打开,双手、双腿分开,深呼吸,全身肌肉放松。" 　　注意事项:场地要宽敞一些,充分让学生感受到躯体紧绷与放松的感觉,在游戏中体会放松的乐趣。
每个人都会遇到压力、遭遇困境。在压力和困境中,每个人的反应是不同的,通过活动启发学生思考正确的压力应对方式 时间:50分钟 材料准备:胡萝卜、鸡蛋、咖啡豆、电火锅	4. 备选主题活动:胡萝卜、鸡蛋与咖啡豆 　　指导语:"先给大家讲一个'胡萝卜、鸡蛋、咖啡豆'的故事:一个女孩对父亲抱怨她的生活、工作事事都不顺心。她不知道自己应该如何应付这些压力,好像一个问题刚解决,新的问题就又出现了。在这种巨大的压力下,她甚至想放弃了。女孩的父亲是个厨师,他一句话也没有说,直接把女孩带进厨房。到了厨房,他先往三只锅里倒了一些水,然后开始放在火上烧,不久锅里的水烧开了。他往第一只锅里放了些胡萝卜,第二只锅里放了几个鸡蛋,最后一只锅里放入碾成粉末状的咖啡豆,然后继续用开水煮。女儿纳闷地看着父亲,不耐烦地等待着。大约15分钟后,父亲把火闭了,他把胡萝卜和鸡蛋分别放到两个碗里,然后把咖啡舀到一个杯子里。做完这些后,他转过身问女孩:'宝贝儿,你看到什么了?''胡萝卜、鸡蛋和咖啡',女孩回答。父亲让女孩用手去摸摸胡萝卜,女孩发现,胡萝卜变软了;父亲又让女孩剥开一只鸡蛋,女孩看到的是一个煮熟了的鸡蛋;最后,父亲让女孩品品香浓的咖啡。女孩怯生生地问父亲:'这些意味着什么?'父亲解释说,这三样东西面临同样的逆境——沸腾的开水,但它们的反应却各不相同。胡萝卜开始是强壮的、结实的,沸水煮后,它变得柔软;鸡蛋壳毫不示弱的外壳保护着呈液态的内脏,但是经开水一煮,它的内脏变硬了;

表 9.2(续 2)

目的	活动内容
	而粉状咖啡豆则很独特,进入沸水之后,它们改变了水,并在高温下散发出了最佳的香味。"哪个是你呢?"父亲问女孩,"当逆境和压力找上门来时,你如何反应?你是胡萝卜,是鸡蛋,还是咖啡豆?" 注意事项:面对压力和困境,你通常会如何反应呢?你是胡萝卜,是鸡蛋,还是咖啡豆?这个游戏给你的启示在哪里?
学会正确表达情绪,启发学生倾听和理解他人的感受和需要 时间:30 分钟 材料准备:无	5. 备选主题活动:非暴力沟通 　　指导语:"在生气时,批评和指责他人都无法真正传达我们的心声。如果想充分表达愤怒,我们就不能归咎于他人,而要把注意力放在自己的感受和需要上。与批评和指责他人相比,直接说出我们的需要更有可能使我们的期望得到满足。现在让我们看看运用非暴力沟通的方式来表达愤怒的具体步骤。 (1)首先,停下来,除了呼吸,什么都别做。我们避免采取行动去指责或惩罚对方。我们只是静静地感受自己; (2)接着,想一想是什么想法使我们生气了; (3)感受自己的需要; (4)表达感受和尚未满足的需要。有时,在第 3 步和第 4 步之间,我们需要先倾听他人。在得到倾听和理解之后,他们也就可以静下心来体会我们的感受和需要。" 　　注意事项: (1)什么是愤怒的外在刺激? (2)为什么区分外在刺激和内在原因如此重要? (3)用"我生气是因为我需要"代替"我生气是因为他们"有什么意义。

9.3.4 习作

习作见表9.3。

表9.3 非暴力沟通四要素

观察	感受	需要	请求
外在刺激（如某人说的某句话）	觉察身体的感受、情绪和脑海中的念头	体会内在的需要	表达请求

第10章 常见心理障碍识别

10.1 理论知识介绍

10.1.1 大学生常见心理障碍

心理障碍是异常行为的表现形式,包括心理功能或行为的紊乱。在日常生活中,人们常常会问,我到底有没有心理问题,严重程度如何,心理问题是不是人们常说的神经病?很多人对心理障碍并没有明确的认识,即使是看到心理障碍的定义也很难说清楚自己是否有心理疾病,到底什么情况才算是异常行为。事实上,人的心理健康状况是一个从健康到疾病的连续谱,每个人心理健康的水平都是一个动态变化的过程。当个体生活平顺,社会支持系统良好等心理健康保护性因素较多的情况下,心理健康水平就会向健康一端偏移。当个体面临创伤事件、生活压力增大、没有足够好的社会支持等心理健康的破坏性因素时,心理健康水平就会向疾病一端偏移。当然,决定个体是否会罹患心理障碍的因素是很复杂的,绝非仅仅是一两个因素的简单叠加,而是年龄、性别、遗传、心理易感性、原生家庭、文化背景、社会支持、创伤事件、应激事件等各种因素综合作用的结果。总之,个体的心理健康是一个复杂的动态变化过程。

下面我们就来介绍在朋辈辅导中,较为常见的一些心理障碍。在了解这些心理障碍之前,首先要明确的是,心理障碍的评估是非常复杂和具有挑战性的,是需要具有专业资质的精神科医生经过非常专业和系统的临床评估才能给出判断的专业工作。国内外行业认可的诊断标准主要是《国际疾病分类》(ICD-10)和《美国精神病学会精神障碍诊断与统计手册》(DSM-V),国内精神科主要参考 ICD-10。但由于心理障碍的复杂性,给出准确的诊断仍然是一件相当困难的工作。不可以仅仅依据本章节的介绍就给身边的同学贴标签,轻易地给出某某同学患有某种心理障碍的结论。我们在这里对于大学生中最常见的一些心理障碍进行简单的介绍。目的主要以了解基本症状为主,希望帮助朋辈心理辅导员能够对心理障碍的表现有一个初步的判断和认识,有能力识别出身边哪些同学可能需要帮助,尤其是对高危风险的自伤、自杀或是攻击行为能够有较为敏锐的觉察,从而以朋辈互助的方式对可能存在的心理危机做出初步的正确处理,最大限度降低危机事件发生的频率,为有心理问题的同学后期接受更为专业的帮助奠定基础。

1. 心境障碍(mood disorder)

心境是我们每个人情绪的底色,而许多生活体验会使得我们在这种情绪底色的基础上产生各种情绪变化。比如,当我们取得了很好的成绩,被父母、老师或是领导等夸奖时,我们会很高兴;而遭遇危机,被人冷落、考试失败时,我们就会感到郁闷,情绪低落。这些情绪的变化都是正常和适当的,个体通常都具有心理复原力,不会持续处于负性情绪之中。但当这些生活体验中,负面的体验频率过高、时间过长、程度过于严重,甚至损害了他们的正常社会功能时,就会发展为心境障碍。心境障碍是一组以显著而持久的情感高涨或低落为主要特征的心理障碍,常伴有相应的认知和行为改变,往往有复发倾向,间歇期基本与正常人无异。大约6%的心境障碍来访者死于自杀,是校园危机干预的高危群体,心境障碍包括抑郁症、躁狂症、双相情感障碍和持续性心境障碍等。在这里主要从症状学角度进行介绍。

(1) 抑郁症(depression disorder)

抑郁症以显著而持久的心境低落为主要临床特征,是心境障碍的主要类型,可以表现为单次或反复多次的抑郁发作。抑郁发作的主要表现主要包括:

①心境低落

主要表现为显著而持久的情感低落,抑郁悲观。轻者闷闷不乐、无愉快感、兴趣减退,重者痛不欲生、悲观绝望、度日如年、生不如死。典型来访者的抑郁心境有晨重夜轻的节律变化。在心境低落的基础上,来访者会出现自我评价降低,产生无用感、无望感、无助感和无价值感,常伴有自责自罪,严重者出现罪恶妄想和疑病妄想,部分来访者可出现幻觉。

②思维迟缓

来访者思维联想速度缓慢,反应迟钝,思路闭塞,自觉"脑子好像是生了锈的机器""脑子像涂了一层糨糊一样"。主动言语减少,语速明显减慢,声音低沉,对答困难,严重者无法正常交流。

③意志活动减退

来访者意志活动呈显著持久的抑制。临床表现为:行为缓慢,生活被动、疏懒,不想做事,不愿和周围人接触交往,常独坐一旁,或整日卧床,闭门独居、疏远亲友、回避社交。严重时连吃、喝等生理需要和个人卫生都不顾,蓬头垢面、不修边幅,甚至发展为不语、不动、不食,称为"抑郁性木僵",进行精神检查时,来访者会流露出痛苦、抑郁情绪。伴有焦虑的来访者,可有坐立不安、手指抓握、搓手顿足或踱来踱去等症状。严重的来访者常伴有消极自杀的观念或行为。消极悲观的思想及自责自罪、缺乏自信心可萌发绝望的念头,认为"结束自己的生命是一种解脱""自己活在世上是多余的人",并会使自杀意念发展成自杀行为。这是抑郁症中最危险的症状,应提高警惕。

④认知功能损害

研究认为抑郁症来访者存在认知功能损害。主要表现为近事记忆力下降、注意力障碍、反应时间延长、警觉性增高、抽象思维能力差、学习困难、语言流畅性差、空间知觉、眼手协调及思维灵活性等能力减退。

⑤躯体症状

主要有睡眠障碍、乏力、食欲减退、体重下降、便秘、身体任何部位的疼痛、性欲减退、阳痿、闭经等。睡眠障碍主要表现为早醒，一般比平时早醒 2~3 小时，醒后再次入睡困难，这对抑郁症发作具有特征性意义。有的表现为入睡困难，睡眠不深；少数来访者表现为睡眠过多。体重减轻与食欲减退不一定成比例，少数来访者可出现食欲增强、体重增加。

迄今，抑郁症的病因尚不明确，但可以肯定的是，生物、心理与社会环境等诸多方面因素参与了抑郁症的发病过程。在过去的 30 年间，全球报告的抑郁症发病率暴增 10~20 倍，现在仍然呈上升趋势，中国亦是如此。根据世卫组织估算，全球已经共有约 3 亿抑郁症来访者。我国抑郁症患病率达到 2.1%，抑郁症近些年的患病率不断上升，因抑郁自杀的来访者比例不断增加，它已经名副其实地成为人类第二大"杀手"，是自杀率最高的单病种心理疾病。

(2)躁狂症(manic disorder)

躁狂症以情感高涨或易激惹为主要症状，伴随精力旺盛、言语增多、活动增多，严重时伴有幻觉、妄想、紧张症状等精神病性症状。躁狂发作时间需持续 1 周以上，一般呈发作性病程，每次发作后进入精神状态正常的间歇缓解期，大多数来访者有反复发作倾向。躁狂发作的主要表现是：

①情绪方面，主要表现为异乎寻常的心情高兴，轻松愉快，无忧无虑，笑容满面，兴高采烈，没有难事(情感高涨)，有人表现为一点小事或稍不随意就大发脾气(易激惹)，在严重的易激惹情况下可能出现冲动行为。

②认知方面，表现为思维联想加快，言语增多，一句接一句，出口成章，滔滔不绝，内容丰富，诙谐幽默(思维奔逸)，来访者自身感到脑子变得非常灵敏、聪明、反应迅速。自我感觉良好，夸大自己的能力、财力、地位，认为自己有本事，可以做大事、挣大钱(夸大妄想)。

③行为方面，活动多、好交往、好管闲事、要干大事、要做许多事，让自己不停忙碌着(意志行为增强)。精力旺盛，睡眠需要减少，不知疲倦。做事有头无尾，易被周围发生的事吸引而转移注意力(随境转移)，对结局过于乐观、行为草率、不顾后果。好花钱、追求享乐、随意挥霍。易与周围发生冲突、产生冲动行为。性欲增强、性行为轻率。

躁狂状态时，来访者自我感觉良好，通常对自己病情没有认识能力，即对自身疾病无自知力。伴随思维奔逸、意志行为增强。表现为协调性精神运动性兴奋，即情绪、内心体验、意志行为之间协调一致，并与周围环境相协调。严重时可表现出不协调症状，言语凌乱、行为紊乱，幻觉、妄想等精神病性症状。

(3)双相情感障碍(dipolar disorder)

双相情感障碍是一类既有躁狂发作或者轻躁狂发作,又有抑郁发作(典型特征)的常见精神障碍,首次发病可见于任何年龄。双相障碍是躁狂和抑郁的结合体,患有双相障碍的人就像是在坐过山车,可以在没有明显外因的情况下,在躁狂和抑郁的状态间摆动,但也有一部分来访者的躁狂和抑郁是同时混合出现的。躁狂相和抑郁相的发作症状表现可以参考上述抑郁症和躁狂症的主要症状。简而言之,可以总结为:典型的躁狂发作时,以情绪高涨、思维奔逸和意志增强的"三高"症状为特征,属于精神运动性兴奋。典型抑郁发作时,以情绪低落、思维迟缓和悲观、意志行为减退"三低"症状为特征,伴有认知功能减退和躯体症状,处于精神运动性抑制状态。

(4)持续性的心境障碍(persistent mood disorder)

持续性的心境障碍分为环性心境障碍和心境恶劣。环性心境障碍最典型的特点是循环变化的情绪体验,这种情绪障碍通常开始于青少年晚期或者成年早期,持续数年。这是一种相对温和的情绪波动,无论是躁狂还是抑郁,严重程度都不足以达到双相障碍的诊断标准,但正常情绪期很少超过1个月或2个月。情绪高涨时期被称为轻躁狂相,在这个阶段,来访者有较高的自尊感,充满能量,可以长时间工作而不知道疲劳或不需要睡觉,比平时更敏捷、躁动和易激惹。然而,当情绪反过来时,他们会进入相对温和的抑郁相,感觉昏昏欲睡和郁郁寡欢,由于情绪的低落,社会关系变得紧张,工作或学习完不成任务。环性心境障碍和双相障碍的界限并不是非常清楚,环性心境障碍更像是早期相对温和的双相障碍,有一部分环性心境障碍会发展成为双相障碍。而恶劣心境则需要和重性抑郁相区别。重性抑郁更为严重,并且是与个体先前的状态相对比,突然发生的改变。恶劣心境相对温和,多从儿童青少年时期缓慢起病,病情相对较轻,但持续时间长,来访者大部分时间都会感觉情绪很差,人际交往、工作学习也同样会受到影响。绝大多数心境恶劣的症状最终都会发展为重性抑郁。

2. 焦虑障碍(anxiety disorder)

有很多事情令我们感到焦虑——我们的健康、社会关系、考试、生涯规划、国际关系、环境状况等,都可能是我们所关注的。每个适应正常的个体,有时也会为生活中诸如此类的方方面面感到有点焦虑。焦虑是一种情绪状态,特征是伴有生理唤醒的、不愉快的紧张感,或长期处于疑虑所致,又或长期对事物怀有不祥预感的一种状态。焦虑包含了三个基本成分:

①紧张、担忧和畏惧的内心体验和个人不能应对的预测;

②认知、言语和运动功能受损及回避的行为反应;

③生理反应,如肌肉紧张颤抖、心率加快、呼吸加速、口干、恶心和腹泻等。一定程度的焦虑是有益的,它像一套人体的预警机制,可以在短时间内调动人体的各种资源,去应对生活中的各种危急。适度焦虑是面临威胁时的正常反应,但当焦虑程度超过了应对威胁时的适度水平,或者焦虑是由心情抑郁引发的,即焦虑并非是单纯对环境改变所做出的反应时,焦虑便是不正常的了。

适应不良的焦虑反应可能是显著的情绪抑郁或是个体功能受损所致,被描述为焦虑障碍。焦虑障碍的主要类型包括了恐惧症、广泛性焦虑障碍、强迫障碍,以及创伤后应激障碍等。

(1)恐惧症(phobic disorder)

恐惧症是对事物或情境的持续的恐惧感,这种恐惧与他们所面临的威胁并不成比例。当你乘坐的汽车将要失控时,你感到强烈的恐惧感是正常的,因为你的确处在危险之中。然而,恐惧症来访者的恐惧已经超过了对危险的合理评价。例如:一个驾驶恐惧症来访者,就算他在晴朗的天气里,在并不拥挤的高速公路上低速行驶得很好,他也会感到恐惧。或者他们对汽车非常恐惧,以至于根本不能驾车,甚至不能够去乘车。恐惧症来访者并不脱离现实,他们大都能认识到他们的恐惧是过度的或是不合理的。令人好奇的是,恐惧症来访者所惧怕的往往是生活中的普通事件,如乘电梯、在高速公路上驾驶汽车、乘飞机或是坐轮船、购物、外出等。当恐惧症实者受到干扰时,他们就会开始出现功能障碍。DSM 系统介绍了三种恐惧症:特定恐惧症、社交恐惧症和广场恐惧症。

①特定恐惧症是一种对特定的事物或情境持续的、过分的恐惧,例如:恐高症是害怕登高,幽闭恐惧症是害怕封闭环境,或是对特定的某种动物害怕,诸如老鼠、狗、蛇等。当遭遇恐惧对象时,恐惧对象促使个体产生回避和逃离该处境或是避免令人恐惧的、刺激的、强烈的欲望,个体从而体验到高度恐惧和生理唤醒。恐惧必须显著影响到个体的生活方式或社会功能,或是导致了明显的疾病。你可以害怕蛇,但除非这种害怕影响了你的日常生活或是引起你明显的情绪障碍,否则就不能诊断为恐惧症。特定恐惧症通常始于童年期,许多儿童在发展过程中都会害怕一些特定事物或情境,但是其中一些会发展为慢性的、具有临床显著性的恐惧症。

②社交恐惧症(也称为社交焦虑障碍)来访者对于社交情境过于强烈的恐惧,以至于他们会尽量避免与人接触或是非常痛苦地忍耐着和别人在一起。社交恐惧症来访者害怕自己做事或说话后遭到羞辱或尴尬。他们觉得自己的一举一动都被千万双眼睛盯着。他们对自己的社交能力异常地吹毛求疵,与他人交往时又以错误的定位来评判自己。甚至一些来访者会在社交场合经历全面的惊恐大发作。怯场和演讲焦虑是社交恐惧症的常见类型,很多人都经历过在大众面前讲话或者表演时过度焦虑,从而发挥失常。在极端的社交恐惧症案例中,来访者过于害怕与人交往,以至于逐渐不能正常外出。

③广场恐惧症就是身处开放的、热闹的地方时会感到强烈的恐惧。患广场恐怖症的个体会对一些地方或场景感到恐惧,他们可能会害怕到吵闹的商店里购物,害怕走过繁华的街道,害怕穿过大桥,害怕乘坐公交车、火车、飞机、轮船,不愿在餐馆就餐,甚至是不愿离开家。他们将自己的生活构建在自认为安全的范围内,一些病例可以数月甚至数年足不出户。广场恐惧症是恐惧症中最有可能逐渐丧失社会功能的一种类型。

(2)广泛性焦虑障碍(generalized anxiety disorder,GAD)

广泛性焦虑障碍则表现为不因为任何特定的事物、情境或活动所触发的持续性焦虑感。是一种多数情境下的一般性焦虑。人们操心着方方面面的生活问题,例如经济、健康、家庭以及社会关系等,这样就可能会在各种情境下都处于担心状态。他们很容易对日常生活中的一些小事过分担心和焦虑,也会整日担心世界末日等一些遥不可知的未来事件。有此障碍的学生则容易对学校生活中的学业、体育和社会因素过分担心。这种与广泛焦虑障碍相关的情绪性焦虑会深刻地影响个人的日常生活。广泛性焦虑障碍就像是一个人的情绪底色,几乎对任何事都会有担心和害怕,因此广泛性焦虑障碍经常会伴随着其他的障碍,如抑郁、广场恐惧症、强迫障碍等。另外还会伴有一些相关的症状,如躁动、紧张、激动、焦虑、容易疲劳、注意力难以集中、大脑空白、易怒、肌肉紧张、睡眠障碍(如入睡困难、睡不醒、睡不宁、睡眠质量不满意)。

(3)强迫障碍(obsessive-compulsive disorder)

强迫障碍是个体被重复发生的强迫观念或强迫行为所困扰并达到一定程度以至于引起了显著的痛苦,每天所占用的时间超过 1 小时,或者显著干扰了正常的生活习惯、工作和社会机能。强迫观念是一种干扰性的重复出现的观念、想法或强烈欲望,并且这种欲望超出了人为可控的范围(难以控制)。强迫观念的强烈和持久性足以干扰日常生活并且能够造成显著的痛苦和焦虑。这些观念包括怀疑、冲动和幻想。比如一个人可能会反复洗也认为手是脏的,可能不断想象离家之后没有锁门,一直担心家里的煤气没有关好等,可能被自己想伤害家人的冲动所困扰,也可能隐藏着一种想象,例如,反复幻想着自己在回家的路上发生交通意外。强迫行为是一种反复的行为(如:反复洗手或检查门锁)或心理动作(如:祈祷、重复某个单词或计数),个体会感觉被迫或被驱使去执行这些行为。强迫行为往往是对强迫观念的反应,并且足够频繁和有力以至于干扰日常生活或引发显著的痛苦。

(4)创伤后应激障碍(post-ttraumatic stress disorder,PTSD)

创伤后应激障碍是对创伤经历的一种延期的适应不良的反应。创伤性事件包括真实地或威胁性的死亡或严重的肢体伤害,以及那些危及个人或他人生命安全的事件。比如亲历了地震、海啸、泥石流、洪水、火灾等天灾人祸,亲眼看到了自杀、车祸现场的惨烈境况,甚至部分来访者仅仅是听人叙述或者看到一些报道、图片等,都可能因此感受到威胁,产生强烈的恐惧感、无助感和憎恶感等,从而患上 PTSD。PTSD 可能会持续好几个月、好几年甚至十几年,而且可能在创伤性经历后的几月或几年内都不会有任何改变。虽然经历过创伤的大多数人都会体会到不同程度的心理应激,但不是所有的创伤经历者都会发展出 PTSD。

PTSD 的特征症状包括:

①回避行为:PTSD 来访者倾向于回避那些与创伤有关的情境或事件。一名被强奸的受害者会避免到被害地点。一名上过战场的老兵会避免与战友相聚,或去看与战争有关的电影或故事。

②创伤的再体验:其形式有强制性的回忆和纷乱重复的梦境,甚至是好像回到战场或被害地点的短暂体验。

③功能障碍:PTSD通常伴随着心理问题,如抑郁、焦虑、酗酒或药物滥用等,这些都会使人在日常生活中产生一定程度的功能障碍。

④提高唤醒水平:PTSD来访者经常会强烈地感觉到"焦虑"。他们时刻保持着戒备状态,睡眠受到干扰,易怒且注意力难以集中。他们受惊吓时可能会反应过度,比如听到一个突然的声音会跳起来。

⑤情感麻痹:PTSD来访者内心可能会变得麻木,会失去那些之前带给自己乐趣的享受以及爱与被爱的情感。

3. 躯体化障碍(somatization disorder)

躯体化障碍以多重的且反复发作的躯体疾病为特征,一般起病于30岁之前(通常在十几岁左右),持续至少数年,导致来访者不断求医,社交、职业等社会功能受损。有些人抱怨自己会出现呼吸或吞咽困难,或是出现头痛、腰痛、腹痛、发热等各种症状,但临床检查却不能发现任何器质性病变,有证据显示这些症状是心理因素或心理冲突的反应。尤其是负面的情绪无法通过表达或是恰当的方式宣泄时,内在的痛苦有可能会转化为躯体的症状。躯体化的症状在青少年及成人中都很常见,来访者的躯体疾病通常包括不同的组织系统,可能是呼吸系统、循环系统、神经系统等各种系统疾病的组合形式,而且来访者对病痛的描述常常含混不清或是夸大其词,他们是医疗服务机构的常客,时常去看病,频繁接受许多医生的治疗,有时甚至是几位医生同时治疗。与疑病症不同的是,疑病症的基本特点是害怕得病,将躯体症状看作是疾病的先兆。相反,躯体化障碍来访者则被症状本身困扰着。

4. 精神分裂症(schizophrenia)

一提到精神疾病,社会大众普遍想到的是那些精神错乱,胡言乱语,衣不遮体,浑身污垢的疯子。他们常常被大众称为"精神病""神经病"。事实上,他们多数是精神分裂症来访者,往往会引起他人的恐惧、误解和谴责,而不是同情和关注。精神分裂症是一种高度致残的心理障碍,是最符合疯狂和精神错乱条件的一种病态,而至今精神分裂症的病因仍然是个谜。精神分裂症并不是唯一的使个体与现实分离的精神病性障碍,但它却是最为常见的。精神分裂症是一种慢性衰退性的疾病,多起病于青少年末期或二十几岁的年龄,正处于大脑完全发育成熟的时期,该病具有特征性的思维、知觉、情感和行为等多方面的障碍,来访者一般无意识和智能障碍,病情多迁延。

精神分裂症的主要临床特征是在1个月的病程之内,必须在足够长的时间内出现两项或两项以上的下列症状:

①妄想;

②幻想;

③言语紊乱(比如:频繁地离题或不连贯);

④行为紊乱或紧张症的行为;

⑤阴性症状(情绪表达减少或动力缺乏)。

这些症状至少持续6个月,此6个月期间必须包括一个至少持续1个月的精神病症状活跃期。并且自发病以来,至少有一个或一个以上重要功能受损的症状,比如:工作、学习、人际关系或者是自我照顾,明显低于发病前具有的水平,如果在儿童至青少年期发病,则可能达不到社会发展的预期水平。精神分裂症的症状是一个很大的症候群,我们不在这里一一介绍,而精神分裂症最典型的症状是幻觉和妄想。可以依据这些症状来初步判断来访者是否可能患病。我们具体介绍一下这两种症状。

幻觉是最为常见的知觉障碍,表现为来访者在没有外部刺激作用于感觉器官的情况下产生知觉体验,并且无法与现实区分开。幻觉可能是幻听、幻视、幻嗅等,其中以幻听最为常见。幻听的内容多半是评论性、争论性或命令性的,比如,听到有个人不断对自己的所作所为评头论足;听到脑海里有两个人不停地争执;听到有人命令别人把自己杀掉或者让自己去伤害别人等。幻视也比较常见,幻视形象往往很逼真,常与幻听同时出现,如一个来访者拒绝吃饭,因为他看到自己的盘子里都是玻璃碴。幻觉并不仅仅是精神分裂症的症状,有时严重的抑郁或者躁狂发作可能会出现幻觉,某些宗教仪式、药物也可能诱发幻觉。

妄想是指歪曲的信念和病理性的推理和判断。虽不符合客观现实,也不符合所受的教育水平,但来访者对此坚信不疑,无法被说服,也不能以亲身体验和经历加以纠正。妄想属于思维内容障碍,有关系、迫害、被控制、被洞悉或者思维被广播、思想插入和思想被抽出等妄想,此外也可以出现罪恶妄想、疑病妄想、虚无妄想、夸大妄想等。最常见的是被害与关系妄想,这种妄想的对象最初通常是与来访者有过矛盾的某个人,之后慢慢扩散到同学、同事、朋友、亲人甚至陌生人,来访者坚信对方的一举一动、一言一行都是在针对他,就算是一般的寒暄问候、家常聊天都会被认为是别有深意,在预谋害他。钟情妄想则是单方面地认为对方喜欢自己;夸大妄想则可能会认为自己是某位伟人,自己可以拯救世界等。

10.1.2 心理小测验

症状自评量表(SCL-90)由 Derogatis L. R. 编制,王征宇修订,共 90 个项目(汪向东,1999),SCL-90 在国内外的应用非常广泛,是非常常用的一个精神症状的自陈量表,包含了躯体化、强迫、人际关系敏感、抑郁、焦虑、敌对、恐怖和精神病性 9 个临床最为常见的症状维度,常用于精神症状的初步筛查,具有临床参考意义。

表10.1 症状自评量表（SCL-90）

指导语：以下表格中列出了可能会出现的状况或问题，请仔细阅读每一条，然后根据最近一星期以内下列情况影响您或使您感到苦恼的程度，在最合适的方格内打"√"。

项目内容	从无 0	轻度 1	中度 2	偏重 3	严重 4
1. 头痛	□	□	□	□	□
2. 神经过敏，心中不踏实	□	□	□	□	□
3. 头脑中时常有不必要的想法	□	□	□	□	□
4. 有过头昏或昏倒	□	□	□	□	□
5. 对异性的兴趣减退	□	□	□	□	□
6. 对旁人责备求全	□	□	□	□	□
7. 感到别人能控制自己的思想	□	□	□	□	□
8. 经常责怪别人制造麻烦	□	□	□	□	□
9. 忘记性大	□	□	□	□	□
10. 担心自己的衣饰是否整齐及仪态的是否端正	□	□	□	□	□
11. 容易烦恼和激动	□	□	□	□	□
12. 胸痛	□	□	□	□	□
13. 害怕空旷的场所或街道	□	□	□	□	□
14. 感到自己的精力下降，活动减慢	□	□	□	□	□
15. 想结束自己的生命	□	□	□	□	□
16. 听到旁人听不到的声音	□	□	□	□	□
17. 发抖	□	□	□	□	□
18. 感到大多数人都不可信任	□	□	□	□	□
19. 胃口不好	□	□	□	□	□
20. 容易哭泣	□	□	□	□	□
21. 同异性相处时感到害羞和不自在	□	□	□	□	□
22. 感到受骗，中了圈套或有人想抓住自己	□	□	□	□	□
23. 无缘无故地突然感到害怕	□	□	□	□	□
24. 自己不能控制地大发脾气	□	□	□	□	□
25. 怕单独出门	□	□	□	□	□
26. 经常责怪自己	□	□	□	□	□
27. 腰痛	□	□	□	□	□
28. 感到难以完成任务	□	□	□	□	□
29. 感到孤独	□	□	□	□	□

表10.1（续1）

项目内容	从无0	轻度1	中度2	偏重3	严重4
30. 感到苦闷	□	□	□	□	□
31. 过分担忧	□	□	□	□	□
32. 对事物不感兴趣	□	□	□	□	□
33. 感到害怕	□	□	□	□	□
34. 感情容易受到伤害	□	□	□	□	□
35. 旁人能知道自己的私下想法	□	□	□	□	□
36. 感到别人不理解自己，不同情自己	□	□	□	□	□
37. 感到人们对自己不友好，不喜欢自己	□	□	□	□	□
38. 做事必须做得很慢才能保证做得正确	□	□	□	□	□
39. 心跳得很厉害	□	□	□	□	□
40. 恶心或胃部不舒服	□	□	□	□	□
41. 感到自己比不上他人	□	□	□	□	□
42. 肌肉酸痛	□	□	□	□	□
43. 感到有人在监视自己，谈论自己	□	□	□	□	□
44. 难以入睡	□	□	□	□	□
45. 做事必须反复检查	□	□	□	□	□
46. 难以作出决定	□	□	□	□	□
47. 怕乘电车、公共汽车、地铁或火车	□	□	□	□	□
48. 呼吸有困难	□	□	□	□	□
49. 一阵阵发冷或发热	□	□	□	□	□
50. 因为感到害怕而避开某些东西、场合或活动	□	□	□	□	□
51. 脑子变空了	□	□	□	□	□
52. 身体发麻或刺痛	□	□	□	□	□
53. 喉咙有梗塞感	□	□	□	□	□
54. 感到前途没有希望	□	□	□	□	□
55. 不能集中注意力	□	□	□	□	□
56. 感到身体的某一部分软弱无力	□	□	□	□	□
57. 感到紧张或容易紧张	□	□	□	□	□
58. 感到手或脚发重	□	□	□	□	□
59. 想到死亡的事	□	□	□	□	□

表 10.1(续 2)

项目内容	从无 0	轻度 1	中度 2	偏重 3	严重 4
60. 吃得太多	□	□	□	□	□
61. 当别人看着自己或谈论自己时感到不自在	□	□	□	□	□
62. 有一些不属于自己的想法	□	□	□	□	□
63. 有想打人或伤害他人的冲动	□	□	□	□	□
64. 醒得太早	□	□	□	□	□
65. 触摸某些东西后,必须反复洗手	□	□	□	□	□
66. 睡得不深不稳	□	□	□	□	□
67. 有想摔坏或破坏东西的冲动	□	□	□	□	□
68. 有一些别人没有的想法或念头	□	□	□	□	□
69. 感到对别人神经过敏	□	□	□	□	□
70. 在商店或电影院等人多的地方感到不自在	□	□	□	□	□
71. 感到做所有事情都很困难	□	□	□	□	□
72. 一阵阵恐惧或惊恐	□	□	□	□	□
73. 感到在公共场合吃东西很不舒服	□	□	□	□	□
74. 经常与人争论	□	□	□	□	□
75. 单独一个人时神经很紧张	□	□	□	□	□
76. 别人对自己的成绩没有作出恰当的评价	□	□	□	□	□
77. 即使和别人在一起也感到孤单	□	□	□	□	□
78. 感到坐立不安,心神不定	□	□	□	□	□
79. 感到自己没有什么价值	□	□	□	□	□
80. 感到熟悉的东西变得陌生或不像是真的	□	□	□	□	□
81. 大叫或摔东西	□	□	□	□	□
82. 害怕自己会在公共场合晕倒	□	□	□	□	□
83. 感到别人是想占自己的便宜	□	□	□	□	□
84. 为一些关于性的想法而感到苦恼	□	□	□	□	□
85. 经常感觉自己应该因为自己犯下的过错而受到惩罚	□	□	□	□	□
86. 要尽快把所有的事情都做完	□	□	□	□	□
87. 感到自己的身体有严重问题	□	□	□	□	□

表10.1(续3)

项目内容	从无0	轻度1	中度2	偏重3	严重4
88. 从未感到和其他人很亲近	□	□	□	□	□
89. 感到自己有罪	□	□	□	□	□
90. 感到自己的脑子有毛病	□	□	□	□	□

量表分数计算的方法:分为五级评分 0 = 从无,1 = 轻度,2 = 中度,3 = 偏重,4 = 严重。

分析统计指标包括总分和因子分。

1. 总分:

(1)总症状指数(总均分),即总分除以90。

(2)阳性项目数是指评分为1～4分的项目数,阳性症状痛苦水平是指总分除以阳性项目数。

2. 因子分:

SCL-90包括9个因子,每个因子的因子分反映出某方面症状痛苦的程度。

因子分为该因子项目的总分除以该因子的项目数。

9个因子包括的条目为:

(1)躯体化:包括1,4,12,27,40,42,48,49,52,53,56,58共12项。

(2)强迫症状:包括3,9,10,28,38,45,46,51,55,65共10项。

(3)人际关系敏感:包括6,21,34,36,37,41,61,69,73共9项。

(4)抑郁:包括5,14,15,20,22,26,29,30,31,32,54,71,79共13项。

(5)焦虑:包括2,17,23,33,39,57,72,78,80,86共10项。

(6)敌对:包括11,24,63,67,74,81共6项。

(7)恐怖:包括13,25,47,50,70,75,82共7项。

(8)偏执:包括8,18,43,68,76,83共6项。

(9)精神病性:包括7,16,35,62,77,84,85,87,88,90共10项。

另外还有未归类的7个项目为附加项目。

该问卷如果作为朋辈心理辅导中,了解个体精神症状的总体状况的参考,而不是临床诊断使用的话,可以计算一下总均分和各因子分,在如实作答的情况下,分值大于2可以作为有症状的参考,如果分值超过3的话,已经具有明显症状,就需要非常重视,应立即到专业机构寻求帮助。

10.1.3 寻求最适合的专业帮助途径

1. 学校心理咨询机构

随着各个高校认真贯彻落实中发[2004]16号文件精神,高校的心理健康教育体系越来越完善,工作机构的健全、人员的配备充足、专业队伍素质提升,工作平台的搭建等方面取得明显进展,高校的心理健康教育机构或是隶属于学生工作部门,或是成立了独立机构,已经越来越完善。当在校大学生出现心理困扰时,首选就是求助于学校心理健康机构。

2. 社会专业心理咨询机构

近些年来,社会专业机构越来越多,但社会乱象也非常严重,有些资质不全的机构甚至宣称交多少费用包治愈,或者24小时贴身服务等违反职业伦理的做法。因此来访者求助社会机构的时候,必须仔细甄选,否则会有上当受骗的风险。选择社会专业机构的时候一定要认真了解其资质背景,注意咨询师的受训背景、学历、咨询经验,以及是否有持续的专业培训经历、督导、个人体验等专业能力必备的审查条件。目前对心理咨询师专业资质考核最为严格和专业的体系是隶属于中国心理学会临床与咨询心理学的临床心理注册系统,注册系统申请者根据自己的学历背景、受训背景、临床能力等申请督导师、注册心理师或助理注册心理师,通过注册系统的全方位审查方可具备相应资质。来访者可以通过注册系统微信公众号或者注册系统网站上查阅名录找到适合自己的咨询师。

3. 专业的网络咨询平台

近些年国内网络咨询市场非常大,尤其是近两年全球受新冠疫情的影响,网络咨询更成为常态,而提供网络咨询的平台也层出不穷,但专业性参差不齐,这里提供一个目前专业性最强,对入驻咨询师审查严格、正规的网络咨询平台。

简单心理:https://www.jiandanxinli.com

4. 心理援助热线

处于危急状态下的个体,在出现无法控制的强烈的负面情绪及自杀意念时,个体最需要的是得到及时的专业帮助,但专业心理咨询的面询一般都是需要提前预约的,很难满足24小时处理危机的需要,因此绝大多数省份主要城市的专业心理机构或精神卫生机构都提供了心理危机干预的援助热线,以下热线供有需要时参考:

青少年心理咨询热线:12355

妇女儿童心理咨询热线:12338

心理卫生热线:12320

全国生命危机干预热线:4001619995

中国心理危机与自杀干预中心救助热线:010-62715275

北京市心理援助热线:010-82951332

上海市心理援助热线:021-12320-5

广州市心理危机干预中心热线:020-81899120

深圳心理危机干预热线:0755-25629459

天津市心理危机干预热线:022-88188858

南京自杀干预中心救助热线:16896123

南京生命救助热线:025-86528082

杭州心理研究与干预中心救助热线:0571-85029595

湖南省精神医学中心心理热线:0731-12320

武汉市心理医院危机干预中心心理热线:027-85844666

郑州市心理援助热线:0371-967886

合肥市心理危机干预中心热线:0551-63666903

贵州省心理援助热线:0851-88417888

四川省心理危机干预中心热线:028-87577510,028-87528604

重庆市心理援助热线:023-12320-1

南宁心理援助热线:0771-3290001

福州市心理援助热线:0591-85666661

昆明市心理危机研究与干预中心:0871-65011111

哈尔滨心理援助热线:0451-82480130

长春市心理援助热线:0431-89985000,0431-86985333

沈阳市心理援助热线:024-23813000

青岛心理危机干预中心心理援助热线:0532-85669120

山西省心理援助热线:0351-8726199

陕西省心理援助热线:4008960960,029-63609258

石家庄市心理援助热线:0311-68052995

香港地区生命热线:+852-23820000

香港地区撒玛利亚热线:+852-28960000

5. 本地精神卫生医疗机构

当心理障碍超过发展性心理问题范畴,怀疑有严重心理障碍时,必须到当地精神专科医院就诊,先明确诊断,再确定治疗方案。如果确定是精神病性的,如躁狂发作、精神分裂症等,需要立即入院正规药物治疗,重度抑郁根据病情有时也需要住院治疗,但多数抑郁症或是焦虑症更适合结合药物治疗的情况下进行系统的心理治疗,而药物需要精神科医生定期指导,适时调整。

10.1.4 朋辈心理辅导中的应用

作为一个朋辈心理辅导员,如何粗略判断个体是否患上比较严重的心理障碍,在什么情况下必须要接受专业帮助呢?有两个简单的标准可以用来帮助非专业人士进行初步的判断,而具体的诊断与治疗方案则需要交给专业人员。这两个标准一是"变",二是

"怪"。具体来说,"变"指的是与个体以往的心理状态相比,有明显变化;"怪"指的是与同龄人相比,行为表现偏离绝大多数人。仅仅是有变化或是看起来"怪",都不能作为判断标准,而是需要将两者结合起来看,就是说:一个人与自己以往的心理状态相比较有了明显的变化,而且与周围人相较变得消极、怪异。当"变"和"怪"同时持续一段时间,可以大致判断一个人有了一定程度的心理问题,需要进一步寻求专业机构来具体诊断。

案例分析:以下三位同学,谁最有可能出现了心理问题?

案例一 20岁的小林是个沉默寡言的人,最近一段时间他变得越来越爱笑,话也多了起来。

案例二 18岁的小莫是个学习优异的街舞少年,他非常喜欢跳舞,也喜欢街头文化,常常打扮得比较另类,头发染成绿色,乞丐装、嘻哈装束都是他的最爱。

案例三 19岁的小王以前是个活泼开朗,有很多朋友的孩子,但这个学期开始变得越来越沉默,离别人都远远的,上课也经常睡觉、提不起精神,考试成绩也下降了。

第一个案例,小林虽然比较沉默寡言,但这是他相对稳定的人格特点,近期虽然有变化,但是变化的方向是向着更为开朗的方向,所以不能判定为存在心理问题。第二个案例,小莫的着装虽然让父母、老师觉得过于奇装异服,有些"怪",但小莫表现稳定,社会功能良好,也不能判定他有心理问题。第三个案例,小王不但变得与以往不同,而且变化是朝着学习成绩下降,社会功能降低,情绪低落的方向发展,所以可以基本判断为存在一定的心理问题,需要尽快接受专业的心理咨询机构或者精神科的诊断治疗。

作为大学生,对身边的同学进行朋辈心理辅导,首先要具备的是对心理问题的基本辨别能力和恰当的初步处理方法。对于不同程度的心理障碍,采取的助人策略是不同的。一般情况下,以下四点可以作为初步判断心理障碍严重程度的参考:

①是否有自知力(精神病性心理障碍来访者多数没有自知力,即不知道自己是谁,否认自己的真实身份与职业等);

②是否能认识到自己有病(精神病性心理障碍来访者多数否认自己有心理疾病,而非精神病性的心理障碍来访者,如抑郁症、焦虑症及强迫症等,多数承认自己的问题并主动寻求帮助);

③行为紊乱或冲动行为的程度(严重的心理障碍来访者多数有明显的行为紊乱,甚至冲动伤人或自伤行为,风险较高);

④社会功能是否受损(严重的心理障碍来访者多数无法正常工作、学习,也很难维持正常的友谊等社交关系)。

经过初步判断确认个体存在心理障碍后,可以参考上文介绍的各种常见心理问题的基本症状以及心理测量问卷的结果来大致判断个体可能属于哪种心理问题,如果怀疑其有相对比较严重的心理障碍、已经超过朋辈心理辅导员互助的范畴,就需要建议对方尽快在学校心理健康中心预约心理咨询。如果遇到身边同学出现非常危急的情况,切记不要让该同学独处,应第一时间请几位同学帮忙一起看护,同时立即通知辅导员,再由辅导员联系学校心理健康教育中心的专职老师,后继处理方案需要在专职心理老师的指导下、学院配合下共同处理。这些比较危急的情况包括：

①自杀或自伤；

②攻击或有可能攻击他人；

③精神疾病发作，如精神分裂症急性发作或躁狂发作等。

这部分处理属于危机干预范畴，可以参考第9章。

10.2　大学生常见心理问题之丧失应对

10.2.1　生命中的丧失

我们以丧失开始人生，以丧失走过人生，以丧失结束人生。

丧失贯穿了我们的一生。我们在丧失中遭受创伤，又在丧失中成长。

丧失意味着失去，失去的对象是物、是人、是地方、是时间、是一种生活状态、是一种关系等。随着时光的流逝，我们一直在失去，生活中的丧失无处不在：丢掉旧物，和亲人朋友分别，搬家，毕业，离职，残疾，衰老，死亡等，从日常生活的琐碎小事，到与亲人的生死别离。很多时候我们对丧失没有很大的感觉，但投入感情越多，就越容易使我们感受到丧失之痛，有时甚至是锥心之痛，难以释怀。

提到丧失，多数情况下我们经历地更多的是分离，似乎分离和我们的情感联系得更密切一些，也能引发我们更多地焦虑感，但事实上分离是丧失的一个过程，每一个丧失都会经历分离，但分离的结果有时是暂时的，可以失而复得，也可以再见；有时却是永远的失去，此生不复相见。

丧失是我们生活的一部分——它们普遍存在、无法避免、不可阻挡，总会以不同的形式来与我们相遇，仿佛在提醒与考验着我们的脆弱和韧性。这些丧失也是必不可少的，因为失去、离别、放弃会促使我们成熟。然而，那些改变生命体验的丧失可能会大大地动摇生者的人性，甚至是粉碎生者的生活以及其他的林林总总，而有些丧失可能是在极其复杂的社会情境下，发生在那些非常复杂的人身上，带来了非常复杂的伤害。

10.2.2　问题表现

从出生那一刻起，我们就开始经历自己人生的第一个创伤、第一次分离，我们失去了母亲子宫里安逸的环境，被迫经历千辛万苦来到一个寒冷、干燥的环境中，一无所有。窒息是令人恐惧的，婴儿努力地发出第一声啼哭，无助地抓住每一个可以依赖的人。在多数家庭里，母亲置身于婴儿与外界之间，守护着婴儿，不让婴儿感到焦虑不安，母亲成了婴儿最大的需求。当婴儿脱离母体并开始依附母体的时候，婴儿就必须接受一些丧失，尽管母亲的细心照料可以抚平丧失之痛。但如果在我们年纪尚小、毫无准备，对周围的环境还很恐惧且深感无助的时候，母亲离开了，那么这种丧失的代价将会非常高昂。虽然总有一天我们会离开母亲,但是无论是我们主动离开她还是被她抛弃,只有在我们做好准备的时候才可以与母亲分离,否则分离就是一件糟糕的事情。分离的焦虑来自一个事实:没有人照顾,婴儿就会死去。

因此,在我们来到这个世界,留下记忆的最初几年里,母亲对婴儿照料的质量,也就是母婴依恋关系的质量,它决定了婴儿对待分离的感受。婴儿需要依赖母亲获得生存感和安全感,因此,婴儿很自然地与和母亲形成了紧密的依恋关系,从这种依恋关系中获得生活和情感需求的满足。当他和母亲分离时,往往会出现焦虑的情绪和行为反应,如:沮丧、悲伤、害怕、孤单、愤怒等感受,以及大声哭闹、害怕陌生、对外界事物失去兴趣等行为,这就是我们所熟悉的分离焦虑。在稳定和充满关怀的氛围下,大多数正常的分离不会给我们的心灵留下创伤,外出工作的母亲也可以跟孩子建立起相互喜爱、彼此信任的关系。正是一次次正常的分离过程积累了我们日后应对重要丧失的基本能力。然而当父母持续缺乏帮助孩子健康应对分离的意识和行动,分离危及了早期的依恋关系时,孩子不仅会立即表现出焦虑不安,更容易转变成孩子创伤性的情感体验,我们便很难在孩子心中建立信任,终其一生都可能使孩子很难相信他人可以满足自己的需求。如果我们在生命中第一次与人建立的关系不够可靠,甚至遭到割裂或者损害,我们就可能把这次体验转移到未来对自己的子女、伴侣、朋友乃至同事的期待上。研究显示,幼年的丧失会使我们对以后遇到的丧失十分敏感。因此我们到成年时,会因为家人的逝去、离婚或是失业而万分沮丧,这也正是一个无助、绝望、愤怒的孩子面对丧失时的反应。

为了避免焦虑和沮丧的痛苦,不经历丧失才是更加安全的,但我们又不得不面对诸如丧亲、失业、离婚等,我们无能为力,只有应对。但童年对分离的创伤性体验会使得我们采取扭曲的措施来应对分离的痛苦:

(1)情感疏离。不在乎,不投入感情,就没有失去在乎的人一说。当孩子想要妈妈时,妈妈一再离开,孩子就会得出结论:"爱和需要会使自己受到莫大的伤害",于是在未来的生活中,面对各种人际关系,孩子可以既不索取也不付出,几乎不在任何事情上投入感情,总是置身事外,冰冷得像一块石头。

(2)不由自主地去过度关心别人。我们用不停地帮助那些痛苦的人们来缓解自己的痛苦,通过善举不仅减轻了过去的无助感带给自己的痛苦,还能从自己所帮助的人身上得到一些心灵的慰藉。但这样入不敷出地付出,总有坚持不住的时候。

(3)过早的形成独立意识。不依靠任何人的爱和帮助来生存,因为我们很早就懂得,不能依赖任何人的爱和帮助来生存。我们把一个无助的孩子装扮成了自我依赖的成人,给他们穿上了一套脆弱的成年人的外衣。

因此,幼年过早的分离会扭曲我们的期待和反应,也会使我们看待以后生命中必要的丧失的态度发生偏移。(Viorst J,2012)

10.2.3 心理学解析

人们对待丧失的反应中,哀伤是个必经的过程,是正常人面临重大的丧失都会有的反应,有别于抑郁。但哀伤的程度是不同的,我们有时候并不在乎失去的对象,而有时生活中的一些令人悲痛的丧失挥之不去,也有的时候,我们是在失去了那些人或者物之后才真正明白他们的价值。不管怎样,要想弄明白丧失的意义,我们必须回顾自己与他们曾经的关系。我们在这里重点讨论的,是那些会与我们有最多联系,让人难以面对的重要的丧失,比如亲人的死亡。

哀伤是对丧失的内在和外在的反应。哀伤与情感有关,每个哀伤的人都会有情绪上的宣泄,这也是哀伤的重要组成部分,但我们对丧失的反应又不仅仅是情绪上的事,哀伤是一个更广义和复杂的概念。(Charles A. Corr 等,2011)人们有很多方式来表达哀伤,包括身体上、心理上和行为层面的反应:

(1)身体感觉:如胸闷、身体某些部分的疼痛、胃的空虚感、嗓子胀痛、对噪声敏感、气短、无力、口干、失去协调性。

(2)情绪:因哀伤产生的情绪感很复杂:悲伤、气愤、愧疚、自责、焦虑、孤单、脆弱、无助、震惊、解脱、麻木,甚至是人格分裂的感觉。

(3)心理:不信任、困惑、逝者还在身边、幻觉、时常梦到逝者。

(4)行为:睡眠的饮食规律紊乱、注意力分散、社交减少、对以前的爱好失去兴趣、哭泣、害怕回忆、寻找、叹息、躁动、珍视逝者的物品等。

(5)社会功能受损:交往困难,工作受挫。

(6)寻找生命的意义等。

可以看到,哀伤不是单纯的情绪问题,它会对个体的方方面面产生影响,甚至过度的哀伤还可能导致疾病甚至是致人死亡。

我们把哀伤这一过程纳入一个通用的基本模型,见图 10-1。以最为悲痛的丧亲为例,听到消息的那一刻,我们的第一反应可能是僵住了,震惊和否认,可能拒绝相信事实,更可能会失眠、失去食欲、感到无力,工作难以集中注意力、不想面对他人等。在最初的否认后,我们开始期待奇迹的发生,渴望和寻找丧失的个体,比如我们会讨价还价,在心里一遍遍地说:"如果我能早点知道就好了""要是能重来,我就不让你出门了"。讨价还价无果,随之而来是愤怒,生自己的气,生其他人的气,之后会因希望的破灭而陷入深深的绝望和悲痛之中,随后,如果在这个过程中我们能有充分的哀悼,多数人都可以渐渐走出哀伤的循环,开始努力规划和适应新的生活,但如果我们对待丧失的反应是扭曲的,无法完成哀悼的过程,就很可能在这个情绪的循环中走不出来,反复在丧失的情绪循环中沉沦。

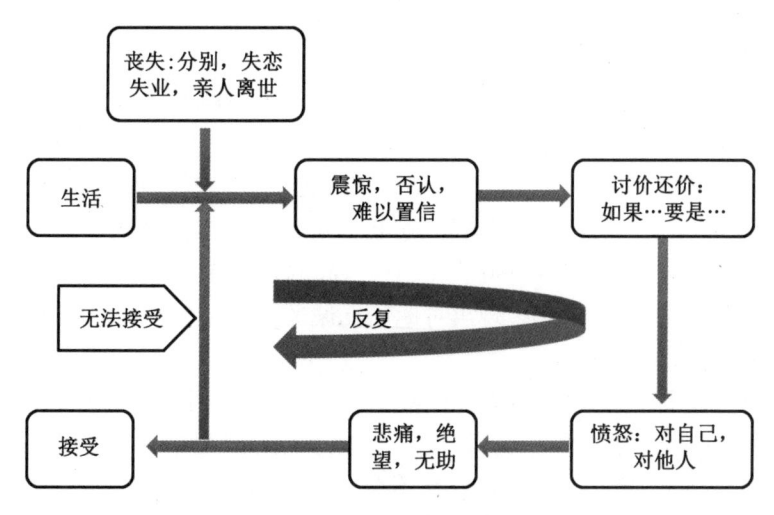

图 10-1 对丧失哀伤的情绪模型

10.2.4 心理学小知识

哀悼是一种表达丧失哀伤或感情的社会或文化状态。哀悼是大家对死亡的共同反应，而不仅仅是个人对亲人死亡的反应，哀悼一般会在它发生的文化传统和时间框架中得到详细的描述。一个哀伤者在公共场合的形象、他们所穿的衣服、听的音乐、宗教仪式甚至吃的食物都是哀悼文化的一部分。哀悼既可以应用于死亡丧失，也可以应用于非死亡的丧失。

从古至今，各个国家或民族都有自己独有的哀悼仪式，比如中国民间自古以来有"做七"的习俗，"头七"设立灵座，每日哭拜，每个七天都有一次纪念，直至"七七"四十九天。从现代心理学视角来看，这些哀悼的仪式给人们提供了一种寄托哀思、宣泄情绪的途径，是一种与过去、与逝者联结的方式，有抚慰生者心灵的作用。在古代，哀悼仪式是非常具有地方文化特色的，在一些边远的地方，仍然保留了传统的仪式。但在现代都市生活中，悼念亡者的过程越来越制度化，哀悼活动倾向于离开家里，在殡仪馆提供的专门场地进行，程序在专业的丧葬服务机构辅助下变得更加流程化。但无论是怎样的变化，类似的哀悼仪式也被保留了下来，因为这是抚平生者伤痛的必要过程。

每一个重要的丧失都需要经历哀悼的过程，才能慢慢从哀伤中走出来。然而，现代生活的节奏是如此之快，人们留给自己哀悼的时间非常短暂，以至于很多时候哀伤都是没有机会充分表达或者根本没有表达，长久地压抑在心中。中国有句古话我们常用于安慰丧亲的朋友："节哀顺变"，强调的是对哀伤的压抑。在中国传统文化中，死亡是一个沉重的话题，人们常常选择避而不谈。但是眼泪并不会消失，悲痛也不会就此殆尽，悲痛滞留在身体的某个位置，成为一个未完成的事件，在日后的生活中产生一些莫名的情绪和生理问题，导致一系列的身心疾病。在下一小节朋辈辅导策略中我们会具体讨论如何帮助哀伤者充分进行哀悼。

10.2.5　丧失应对的策略与方法

莎士比亚在戏剧《麦克白》中写道:"悲痛的人们需要将悲痛宣泄出来。"一个充满关爱的帮助者可以帮助这一过程升华到人们的意识层面,并渐渐开始理解这种过程。如果个体能够清醒地认识到自己的强烈情绪,如:愤怒、谴责、内疚等,他们就能够战胜困苦继续生活下去。作为朋辈心理辅导员,我们可以尝试着去帮助身边遭遇重要丧失的朋友,陪伴、倾听、给予温暖的支持。我们只能起到辅助作用,并在整个过程中必须做到敏感体察哀伤者的情感,时刻表现出对他们真诚的关爱。"专心倾听和陪伴"被认为是最有利于哀伤者的策略。

帮助哀伤者进行哀悼,有十项基本的准则,然而这些准则大多跟辅导者的专业性并没有很大关系,辅导员通过学习都可以做到,所以在朋辈辅导中是很实用的:

1. 帮助哀伤者面对现实。逝者已逝,不会回来,但我们的第一反应常常是否认,不肯面对现实,会产生强烈的不真实感。而哀伤者总要从面对现实,不再幻想开始。就像在灾难性事件,如地震、洪水、火灾、车祸、坠机等,搜救的不仅是生者,找到遇难者的遗体也是很重要的。就像2014年马来西亚航空公司MH370飞机失联事件,因为至今找不到飞机残骸,也无法找到这些乘客的遗体,他们的亲人有的至今都无法接受亲人已经死亡的事实,活在虚无的幻想中,无法进行哀悼,让这个巨大的创伤一直无法愈合。生者必须接纳"死不复生"的事实,才能面对因死亡而引起的复杂情绪与反应。充满感情的聆听和开放式的问题都可以让哀伤者一次次地体会亲人逝去时的情况,就如同每次去扫墓一样。强化死亡的真实感的最好方法之一,是鼓励面对死亡和谈论悲伤。例如:

灾难发生时你在哪里?

当时的情况怎样?

灾难是如何发生的?

是谁告知你的?

葬礼怎么举行的?

亲友们是如何谈这件事?

类似这些问题的讨论都有助于检视死亡事件的发生,来强化死亡的真实感,可以让生者接受死亡发生的事实。

2. 帮助哀伤者认清自己的感受,并将其表达出来。大部分哀伤的情绪都是令人不安的,例如:恐惧、无助、愤怒、愧疚、紧张、焦虑、压抑和悲哀等。识别那些与过去发生的或者预期要发生的事件的相关感受,可以问"除了悲伤和想念那个人,还有其他感受吗?这些感受还可以跟什么相关?"拓展这些记忆,以及由这些感受所引发的那些对将来的恐惧。当一个人失去的时候,不是哀叹过去,他常常还在恐惧未来,哀伤里面裹挟了他对失去的不舍,以及对于未来变动的恐惧。区分一下,哪些是与目前丧失相关的感受,哪些是被过去的经验和对将来的恐惧所强化的感受?这种感受是否与自己的早期经验有关?是否与失去了掌控的恐惧有关,如果有办法去增进对未来的掌控,感觉会不会好一点?在谈论负面情绪的同时,也想办法谈谈逝者的一些好处,或过去曾享有的美好回忆。辅导者可以问"你思念他什么?""你不思念他什么?"让哀伤者在正面与负面情绪之间找到一个平衡点。不切实际的愧疚感常常会是一个普遍现象,辅导员可以逐渐帮助他们意识到:"我们已经做了所有能做的了。"如果哀伤者渐渐认同自己在逝者过世之前的确努力过,也尝试过各种可能的方式去救助,他们会感觉好一些。但是,哀伤者必须自己去寻找这些安慰来原谅自己。很多哀伤者需要他人温和地鼓励他们将自己的情绪表达出来,而不是强迫他们表现出自己的悲伤,惹他们大哭。

3. 帮助哀伤者独立生活。辅导者可以帮助悲痛的人们解决问题或者支持他们自己作出决定。在深深地悲痛之中时,情绪尚未稳定,人们很难做出明智地判断,并且容易产生不良适应而影响到未来新情境的适应或新关系的建立,可能使自己未来的生活更加陷入混乱,因此,需要冷静一些,先不要做改变。如:变卖财产、改行、换工作、领养孩子或很快跳入一个新的亲密关系中。辅导者并不是要承担替哀伤者做决定的责任,而是尽力帮助他们做出理智的决定,最好是以一种有效而非武断的方式。

4. 帮助哀伤者在痛失亲人的经历中寻找生命的意义。帮助失去挚爱的人寻找生命的意义是件很艰难而又重要的事,但辅导者不能单纯地把生命的意义强加给哀伤者,也不能武断地为哀伤者定义他的失去意味着什么。尽管如此,我们还是可以帮助他们寻找能够让他们继续好好活着的意义。没有了那个人,整个世界都变了,但总还是有意义让他们继续活下去。很多人会从逝者生前从事的活动中找到些许安慰,有的会以逝者的名义建立基金会,有的会为减少酒驾等做义工,有的会继续逝者未竟的事业,有的会为了孩子努力活下去,甚至有的人会选择皈依某种宗教等。这些行为使他们在广义或者狭义的层面上确信他们还有活下去的意义。

5. 帮助哀伤者从精神上将逝者重新定位。这种重新定位不仅仅是建立一种新的关系,这个观点的核心是:"帮助哀伤者在生活中找到一个新的空间留给逝者,一个可以让哀伤者继续前行的空间,最终他会与逝者建立新的关系。"(Charles A. Corr,2011)找一些纪念物或者纪念的方法来正视痛苦,宣泄痛苦,重新建立与逝者的关系。比如刚刚失去了父亲的儿子,可以去体育馆再看一场篮球比赛,这可以帮助他表达自己的悲伤,尽管之前有段时间他很害怕再来看球。这也可以让他带着曾经的美好回忆前行。重新建立与逝者的关系并不是将逝者抛弃,或者不尊重逝者,相反,这是在鼓励丧亲者更好地活着,而这也是逝者最大的愿望。

6. 给哀伤者时间悲伤。接受逝者的离开,生活因此发生的转变,都是需要时间的。人们需要足够的时间来缅怀、哀伤,充分地释放哀伤才能把心中的悲痛一点一点地化解。一些人可能迅速在生命中找到了平衡点,很快走出悲伤,但有一些人步调会慢一些,需要更长的时间来接受所有的变化,他们可能会在很长的时间里一到关键的纪念日悲痛欲绝,所以辅导者也需要对在很长一段时间里可能都要帮助对方有心理准备。

7. 重新解读"正常"行为。很多人不能短期内恢复到以往的心理状态,哀伤的多种心理、行为反应可能会持续一段时间,人们常常会感觉自己失控了,自己是不是疯了,抑郁了,但通常这和真正的抑郁是不同的。辅导者需要帮助他们将这些哀伤的心理行为尽量正常化。让他们了解到诸如出现幻觉,过度关注逝者等都是丧亲后的正常反应。

8. 理解个体差异。每个人都是不同的,理解个体差异是个很重要的原则。逝者的死亡对生者的影响是各不相同的。每个失去至亲的人都是独特的个体,应对能力、理解力各不相同,与逝者有着不同的爱恨纠葛,每个人会有自己的方式来表达自己的悲痛,所以一家人面对同样的丧失也会有着不同的表达,这需要每个亲人的相互理解与尊重。

9. 防御和应对方式。每个人有自己的方式来应对困难,朋辈心理辅导员需要温和信任地关注哀伤者用自己的方式应对困难,可以帮助哀伤者认清、自检和改善自身的行为。非常温和而间接的建议他们可以尝试不同的方式来应对悲痛,以及来自我检查他们的想法和行为为否合适,帮助哀伤者理解他该怎样应对。例如,可以这样提问:"什么可以帮你度过困难?""目前,你感觉什么是最难应付的?"

10. 确定病理及参考专业意见。朋辈心理辅导员大多数没有专业技能,也不是具备专业资质的心理师或是精神科医生,因此并没有足够的专业知识储备来应对哀伤者的病理性复杂的反应,但是我们可以时刻警惕这些病理性的症状,必要时寻求专业帮助。这种向专业人士寻求帮助的举动并非朋辈心理辅导员的失败,而是基于自身的知识局限性而做出的负责任的举动、每个需要帮助的对象遇到的困境都是不尽相同的,谈论的内容也是因人而异,辅导者需要根据实际情况,在合适的时机谈论。

10.2.6 自助练习

《我的失去与思念49天——一本哀伤中的自我心灵陪伴手册》,这是孙瑛老师和马凯旋老师编写的一本公益性的小册子,是一本为丧亲者提供哀伤自我疗愈的工具,陪伴其经历哀伤的过程,并逐渐把哀伤整合进自己的生活,最终能够接受现实,安置好逝者在自己心中的位置。在这本册子中,每天准备了一份任务,每周小结一次,让使用者跟随着手册中的话语引导,记录自己的想法,梳理自己的情绪,形成自己的计划,逐步完成与逝者的"道谢""道歉""道爱""道别",慢慢地实现与逝者"健康的持续性联结"。由于版权问题,具体内容可以关注"新华社工"公众号,搜索"哀伤自我心灵陪伴手册",下载这本册子的电子版本,可以打印也可以自己准备一本笔记本,跟着册子的指引把自己的所思所感书写在本子上。

10.2.7 推荐读物

1. 查尔斯·科尔,克莱德·内比,多娜·科尔.死亡课[M].榕励,译.北京:中国人民大学出版社,2011.
2. 维奥斯特.必要的丧失[M].吴春玲,江滨,译.南京:江苏人民出版社,2012.
3. 约翰·鲍尔比.依恋三部曲第二卷[M].万巨玲,译.北京:世界图书出版社,2017.
4. 约翰·鲍尔比.依恋三部曲第三卷[M].付玲,译.北京:世界图书出版社,2017.
5. 巴斯卡利亚.一片叶子落下来[M].任溶溶,译.海口:南海出版公司,2019.

推荐一部电影:《寻梦环游记》皮克斯动画工作室与华特迪士尼影片公司共同制作。

10.3 朋辈交往团体:团体结束

10.3.1 团体设计理念

这是最后一期团体活动,也是结束阶段最重要的一次活动。一个团体从陌生开始,经历的初期相识,彼此试探,逐步在团体中找到自己的位置,相互信任、默契合作,最终成为成熟团体。在这个阶段中,成员需要对自己的团体体验做出总结,并向团体告别。领导者的主要任务是使成员勇于正面即将分离的事实,给予成员心理支持,并协助成员整理、归纳在团体中学到的东西,肯定成长,鼓舞人心,将在团体中的体会逐渐应用于生活,实现持续性的改变。

团体主题:本期是最后一期团体活动,主题是告别、分离,团体的解散。活动的设计以总结团体收获、悦纳自我,处理分离情绪,圆满告别和面向未来为主要目标。

10.3.2 团体流程

团体流程见表10.2。

表10.2 团体流程表

次序	目标	活动内容	所需时间
1	暖身	集体兔子舞 备用:轻柔体操	5~8分钟
2	悦纳自我	我爱我自己	约5分钟
3	认识和体验分离的感受,处理分离焦虑	乘坐生命列车 备用:把心留住	30~40分钟
4	促进深入思考,巩固团体中的感悟	成员发表感言及指导者总结	10~20分钟
5	结束曲,告别,提升团体凝聚力	合唱告别及升华感情的歌曲	5~10分钟(根据所剩余时间来定)

10.3.3 团体实施

团体实施方案见表10.3

表10.3 团体实施方案

目的	活动内容
暖身,协助成员积极融入团体,调节团体氛围 时间:5~8分钟 材料准备:兔子舞音乐	1. 主题活动:集体兔子舞 　　指导语:"请大家先以小组为单位围成一个圈,面朝一个方向,双手搭在前面同学的肩膀上,跟随音乐,一起跳舞。(跳一小节左右,感觉大家跳得比较熟悉后)请所有的团体成员一起围成大圈,双手搭在前方同学的肩膀上,跟随音乐一起跳舞。" 　　注意事项:指导者需要先学会兔子舞动作给学员们示范(Left, Left, Right, Right, Go, Turn Around, Go, Go, Go),指导大家学会基本动作。可以邀请学员们先在小组的圈内尝试,熟悉音乐节奏,相互配合协调后,再邀请所有成员一起围成大圈舞蹈,感觉大家跳得比较累,气氛很好的时候就可以停止,不需要放完所有音乐。结束后邀请几位同学分享感受。
悦纳自我,肯定自己,增强自信心 时间:5分钟 材料准备:无	2. 主题活动:我爱我自己 　　指导语:"每人轮流说:'我爱我自己,因为我……',重复三遍。比如:我爱我自己,因为我很真诚!我爱我自己,因为我很真诚!我爱我自己,因为我很真诚!" 　　注意事项:在优点轰炸后让小组成员自己表达对自己的认可,可增加学员的自信。根据时间可以选择在小组内轮流说或是在大组内轮流说,因为简短,所需时间并不多,建议尽可能在大组里进行。注意强调重复三遍。结束后邀请几位同学分享感受,最后请指导者进行总结。
体验分离,对离别进行哀伤,分享对成员想说的话 时间:30~40分钟 材料准备:提前收集每个成员家乡城市名字,按小组打印指导语,每组一份	3. 主题活动:乘坐生命列车 　　指导语:"请大家以小组为单位,把椅子摆成公交车座椅的形式,两排,中间有过道,一侧留出下车门的位置,每位成员坐到座位上后,请一位小组成员按印纸读出指导语,例如:'生命列车开车了,轰隆轰隆轰隆……列车到达北京站(其中一位小组成员的家乡),请去往北京的乘客下车……',每到一个车站,就请家乡在这个车站的乘客下车,此时请要下车的成员站起来,小组成员轮流对他说一句告别的话,要下车的成员回应后,下车到旁边站着,直到最后一位乘客下车。需要注意的是,已下车的乘客也要站在'列车'旁边对正要下车的成员说临别赠言。(所有乘客都下车后)请

表10.3(续1)

目的	活动内容
	所有同学回到小组围成圈,圈中间放一把空椅子代表列车的座椅,大家轮流谈论一下自己的感受。" 　　注意事项:指导者对主题活动进行总结,可以和成员分享《生命的列车》这首散文诗。给每个小组打印的指导语内容(车站名逐一填写每个小组成员的家乡): "生命列车开车了,轰隆轰隆轰隆……列车到达＊＊站(其中一位小组成员的家乡),请去往＊＊的乘客下车……" "生命列车驶出＊＊车站,下一站是##站,请乘客做好下车准备……轰隆轰隆轰隆……列车到达##站,请去往##的乘客下车" ……(重复每位成员的家乡城市) "生命列车驶出##车站,下一站是终点站&&站,请乘客做好下车准备……轰隆轰隆轰隆……列车到达终点站&&站,请所有乘客下车"
分享每位学员在团体中的感受与收获,促进成员反思,巩固团体中的感悟(10～20分钟) 材料准备:指导者可以拿一份整个的团体计划,在总结的时候作为参考	4. 分享与总结 　　注意事项:根据团体活动的总时长来确定分享的时间,如有可能,让每位成员在大组中都有机会表达自己的感悟。最后由指导者对整期的团体活动进行梳理与回顾,表达活动的意义及赞许成员们在团体活动中的成长。
提升团体凝聚力,充分处理分离情绪,憧憬未来,为团体画上圆满的句号(5～10分钟,根据所剩余的时间来定) 材料准备:打印歌词每人一份,歌曲视频及播放器	5. 主题活动:合唱 　　指导语:"在团体结束的这一刻,请每个小组围成一个圈,小组成员搭肩一起随音乐歌唱,不会唱的同学可以跟着哼唱(根据所选的歌曲,也可以整个团体围成一个大圈)。" 注意事项:根据所剩余的时间来选择播放几首歌曲,歌曲的选择以结合团体的主题,积极向上,表达朋友情谊,美好祝愿等的充满感情色彩的歌曲为主,尽可能选择大家都比较熟悉的老歌,歌曲参考:《相亲相爱》《明天会更好》《朋友别哭》《友谊地久天长》等,也可以根据成员的年龄阶段找一些适合他们的新歌曲。

表10.3(续2)

目的	活动内容
暖身,协助成员积极投入团体,在相互模仿中感受团体接纳、安全、温暖的氛围 时间:5~10分钟 材料准备:节奏不同的背景音乐(可以剪辑几段曲风不同的音乐);足够成员围成一圈的空间	6. 备选热身活动:轻柔体操 　　指导语:"请所有的成员站起来,围成一个大圈,保证每个成员都能看到所有成员,下面请一位成员随便做一个自创动作,然后大家跟随音乐重复三遍,然后其他成员轮流做一个动作,大家一起模仿三遍,一直轮流做下去,直到结束。" 　　注意事项:可以由指导者先示范,大家模仿,再邀请其他同学做动作,之后可以轮流,也可以随机由不同成员带领,指导者可以根据小组成员的状态灵活掌握。注意音乐的选择结合舒缓、快节奏等不同曲风。
结束团体,憧憬未来 时间:30~40分钟 材料准备:心形卡片,每人若干(数量为本小组人数,根据每个人的需要可以再索要),每组一盒水彩笔,提供轻柔的活动背景音乐	7. 备选主题活动:把心留住 　　指导语:"请大家在每张卡片上写出自己所拥有的、所想要的好的特质或东西,一张卡片写一条。这些卡片就是成员的一颗心,请成员衡量自己及其他人的需要,送给其他成员自己的一点心意。"(全部送完后)请大家围圈坐下,每个人可以谈谈送礼物的心情如何;为什么送这些"心";接受礼物的心情如何;你认为送礼物的人的用意是什么;带着这么多成员送的"心",离开团体后你打算怎样生活。 　　注意事项:播放轻柔的音乐,指导者给每个成员发若干张心形卡片(根据小组人数),心形卡片代表成员的心愿与期盼,当一位成员接收到其他人的"心",则更能体验到人间温情与亲情。不过,指导者要注意把握团体气质,不要过分依恋、伤感,而应该充满活力、尽兴。做完这个主题活动后,每个人分享感受后,最后的整体大组分享可以简短一些,避免重复。

附散文诗:

生命的列车

作者:亦铭

不久以前,我读了一本书,
书中把人生比作一次旅行。
人生一世,就好比是一次搭车旅行,
要经历无数次上车、下车。
时常有事故发生:
有时是意外惊喜,

有时却是刻骨铭心的悲伤……

降生人世,我们就坐上了生命列车。
我们以为我们最先见到的那两个人——我们的父母,
会在人生旅途中一直陪伴着我们。
很遗憾,事实并非如此。
他们会在某个车站下车,
留下我们,孤独无助。
他们的爱、他们的情、
他们不可替代的陪伴,
再也无从寻找。

尽管如此,还会有其他人上车。
他们当中的一些人将对我们有着特殊的意义。
他们之中有我们的兄弟姐妹,有我们的亲朋好友,
我们还将会体验千古不朽的爱情故事。

坐同一班车的人当中,有的轻松旅行,
有的却带着深深的悲哀……
还有的,在列车上四处奔忙,
随时准备帮助有需要的人……
很多人下车后,
其他旅客对他们的回忆历久弥新……
但是,也有一些人,
当他们离开座位时,
却没有人察觉。

有时候,对你来说情深义重的旅伴却坐到了另一节车厢,
你只得远离他,继续你的旅程。
当然,在旅途中,
你也可以摇摇晃晃地穿过自己的车厢,
去别的车厢找他……
可惜,你再也无法坐在他的身旁,
因为这个位置已经让别人占据了……
没关系,
旅途充满挑战、梦想、希望、离别……
就是不能回头。

因此,尽量使旅途愉快吧!

善待旅途中遇见的每一位旅客,
找出他们身上的闪光点。
永远记住,在某一段旅程中,
有人会犹豫彷徨,
但我们自己也会犹豫彷徨。
我们要理解他人,
因为我们自己也需要他人的理解。

生命之谜就是:
我们在什么地方下车?
坐在身旁的伴侣在什么地方下车?
我们的朋友在什么地方下车?
我们无从知晓……

我时常这样想:
到我该下车的时候,我会留恋吗?
我想我还是会的;
和我的朋友分离,
我会痛苦;
让我的孩子孤独地前行,
我会悲伤;
我执着地希望在我们大家都要到达的那个终点站,
我们还会相聚……

我的孩子们上车时没有什么行李,
如果我能在他们的行囊中留下美好的回忆,
我会感到幸福。
我下车后,
和我同行的旅客都还能记得我,想念我,
我将感到快慰。

献给你,
我生命列车上的同行者,
祝你旅途愉快!

参考文献

[1] 黄小忠,龚阳春,方婷,等.朋辈咨询的发展与启示[J].中国学校卫生,2007(12):1145-1147.

[2] 石芳华.美国学校朋辈心理咨询述评[J].上海教育科研,2007(8):4.

[3] 石芳华.探析美国学校中的朋辈心理咨询[J].健康教育与健康促进,2007(1):5.

[4] BLACK D R,TOBLER N S,SCIACCA J P. Peer helping/involvement:an efficacious way to meet the challenge of reducing alcohol, tobacco, and other drug use among youth? [J]. Journal of School Health,2010,68(3):87-93.

[5] 周莉,雷雳.美国朋辈心理咨询模式及其对我国的启示:以美国斯坦福大学为例[J].教育理论与实践,2016,36(15):51-53.

[6] 谢红岭.英国高校朋辈关爱的经验和启示:以英国里丁大学为例[J].才智,2012(5):301-302.

[7] 梅锦荣,隋玉杰,曾建国.大学生的求助倾向[J].中国临床心理学杂志,1998(4):210-215.

[8] 胡伟,胡峰.朋辈心理辅导模式在高校中的运用[J].江西理工大学学报:社会科学版,2006,27(5):66-67.

[9] 杨凤池.咨询心理学[M].北京:人民卫生出版社,2012.

[10] 钟谷兰,杨开.大学生职业生涯发展与规划[M].上海:华东师范大学出版社,2008.

[11] 金树人.生涯咨询与辅导[M].北京:高等教育出版社,2008.

[12] 蔡飞.自身心理学:科赫特研究[M].福建教育研究,2008.

[13] 刘翔平.哈特曼自我心理学述评[J].心理科学,1991(5):39-44,67.

[14] 张道龙.精神障碍诊断与统计手册:案头参考书[M].北京:北京大学出版社,2019.

[15] 陈福国.实用认知心理治疗学[M].上海:上海人民出版社,2012.

[16] 斯蒂芬·霍夫曼.认知行为治疗.[M].王觅,余苗,赵晴雪,译.北京:电子工业出版社,2014.

[17] 罗伯特·莱希.认知治疗技术:从业者指南[M].张黎黎,陈曦,聂晶等,译.北京:中国轻工业出版社,2005.

[18] 郭念锋.心理咨询师[M].北京:民族出版社,2005.

[19] 叶浩生.心理学史[M].北京:高等教育出版社,2006.

[20] 赵佳.试论存在主义对人本主义心理学的影响[J].心理学探新,2002,22(2):5.

[21] 钟有彬.现代心理咨询:理论与应用[M].北京:科学出版社,1993.

[22] 车文博.西方心理学史[M].杭州:浙江教育出版社,1998.

[23] 唐淑云,吴永胜.罗杰斯人本主义心理学述介[J].哲学动态,2000(9):4.

[24] 钟建军,郭志宏.罗杰斯人本主义心理学思想及其对教学指导意义[J].内蒙古农业大学学报:社会科学版,2005,7(1):3.

[25] 曾昱.罗杰斯心理治疗观述评[J].淮北师范大学学报:哲学社会科学版,2011,32(1):4.

[26] 江光荣.心理咨询的理论和实务[M].北京:高等教育出版社,2005.

[27] 罗鸿.行为主义和人本主义关于异常心理的探究[J].成都大学学报:教育科学版,2007,021(001):80-82.

[28] 李红艳.罗杰斯人本主义心理咨询理念及技术的发展脉络[J].社会心理科学,2008,23(3):5.

[29] 张小乔.心理咨询的理论与操作[M].北京:中国人民大学出版社,1998.

[30] 马斯洛,林方.人的潜能与价值[M].北京:华夏出版社,1987.

[31] CARL R R. A way of Being:"the founder of"the human potential movement[M]. Houg Mifflin,1961.

[32] 布勒.人本主义心理学导论[M].陈宝铠,译.华夏出版社,1990.

[33] 罗杰斯.罗杰斯著作精粹[M].刘毅,钟华,译.北京:中国人民大学出版社,2006.

[34] 索恩.罗杰斯[M].陈逸群,译.上海:学林出版社,2007.

[35] 卡尔·罗杰斯.当事人中心治疗:实践,运用和理论[M].李孟潮,李迎潮,译.北京:中国人民大学出版社,2004.

[36] GERALD COREY.心理咨询与治疗的理论及实践[M].石林,译.7版.北京:中国轻工业出版社,2007.

[37] BARRY A,FARBER,DEBORA C,等.罗杰斯心理治疗:经典个案及专家点评[M].郑钢,译.北京:中国轻工业出版社,2006.

[38] 津巴多,约翰逊,韦伯.津巴多普通心理学[M].王佳艺,译.北京:中国人民大学出版社,2016.

[39] 麦格尼格尔.自控力[M].王岑卉,译.北京:文化发展出版社,2017.

[40] 山中康裕.表达性心理治疗[M].穆旭明,译.北京:中国人民大学出版社,2018.

[41] 爱德华斯.艺术疗法[M].黄赟林,孙传捷,译.重庆:重庆大学出版社,2016.

[42] 麦克唐纳.焦点解决治疗:理论,研究与实践[M].骆宏,洪芳,沈宣元,译.宁波:宁波出版社,2011.

[43] 许维素.建构解决之道:焦点解决短期治疗[M].宁波:宁波出版社,2013.

[44] 梁宝勇.精神压力:应对与健康[M].北京:教育科学出版社,2006.

[45] 查尔斯·科尔,克莱德·内比,多娜·科尔.死亡课:关于死亡、临终和丧亲之痛[M].榕励,译.6版.北京:中国人民大学出版社,2011.

[46] 维奥斯特.必要的丧失[M].吴春玲,江滨,译.南京:江苏人民出版社,2012.

[47] 汪向东,王希林,马弘,等.心理卫生评定量表手册[J].北京:中国心理卫生杂志社,1999(12):31-35.